ハンドブック
刑事弁護

武井康年・森下 弘 編著

Criminal Defense Cases & Materials

現代人文社

●刊行によせて

　国費による被疑者弁護制度が発足し、裁判員による裁判が開始されることにより、刑事弁護のスキルアップがこれまで以上に要求されることは言うまでもありません。

　これまで刑事弁護の世界における技術の習得は、もっぱら刑事専門弁護士の「秘伝」ともいうべき技術をいかに個人的に習得していくかというレベルにとどまっており、弁護士集団が討論と相互批判を通じてスキルアップをはかっていくというものではありませんでした。

　技術の向上のみならず、具体的事件において、そもそも刑事弁護を引き受けるべきか、また、刑事弁護人としてどこまでの弁護活動ができるのかといった疑問や悩みに直面しても、ABAの事例解説集のように、それに解答を与えてくれるものは存在せず、これも個人のレベルでの解釈・解決にとどまっていました。

　このような状況を改善する立場から、日弁連刑事弁護センター刑事弁護実務研究小委員会の委員が中心となって、具体的事例をもとに、どのような弁護活動を行うべきかの指針を明らかにすべく精力的に検討を重ねてきました。その成果をまとめ、今回『ハンドブック刑事弁護』として刊行されるに至ったものです。本書においては、具体的な事例をもとに設問と解説が示されており、今後、刑事弁護にかかわる弁護士のみならず、司法修習生、さらには法科大学院生に対する教材としても広く活用されることを期待したいと思います。

　また、本書における解説は現時点における到達点を示したものであり、その意味で第一歩にすぎません。これをもとにさらに議論が深まり、内容が豊かにされていくべきものです。

　最後に、多大な労力と時間を費やして本書の刊行にあたられた執筆者諸氏に深甚なる敬意を表して、刊行によせての言葉といたします。

2005年3月

　　　　　　　　　　　　　　日弁連刑事弁護センター委員長　佐藤太勝

●刊行にあたって
　本ハンドブックの成り立ちとその目的

　1　われわれ弁護士は、刑事弁護の過程でさまざまな問題に遭遇する。その問題には、重大なものもあれば瑣末なものもある。かつて自ら経験し、あるいは先輩から学んだ問題もあるし、経験したことのない問題もある。また、経験した問題であっても、そのとき深く考えて対処した問題もあれば、深く考えずにとりあえず対処した問題もあろう。

　いずれにしても、われわれが遭遇する問題は、その対処を誤ればたんに「誤った」だけで済まないことがある。弁護人の活動は、われわれ弁護士のためのものではなく、まずなによりも被疑者・被告人のためのものであり、当然のことながら、弁護活動の効果が良きにつけ悪しきにつけ被疑者・被告人に及ぶからである。そのように重大な問題をとり扱う職業に就きながら、われわれの近くには、さまざまな問題に遭遇したときに、どう考え、どのように対処すべきかをひろく検討した書物がなかった。

　たしかに、これまで刑事弁護に関する書物やマニュアルあるいはパンフレットは数多く出版されてきた。最近では弁護人の倫理を説いた書物は少なくない。実際の弁護活動と裁判を素材に弁護技術を伝えようとする書物も多くある。日弁連もこれまで多くの研修会を主催してきた。さらに、弁護活動全般にわたるアクションプログラムを提起している。日弁連が主催した研修会における研究の成果なども書物になっている。日常の弁護活動や先輩同僚との交流に加えて、それらの書物を読むことによって、弁護活動上遭遇する諸問題に対処することはできるかもしれない。

　しかし、弁護人が弁護活動の過程で遭遇するかもしれないさまざまな問題をひろく検討して、それを一冊の書物にしたものは今日まで出版されていない。

そのような書物があれば、弁護活動上どれほど役に立つことだろうか。とりわけ刑事訴訟法の改正や裁判員法の成立など、刑事裁判がかつてない激変の時代を迎えている今日、その必要性は高い。

このような要請に応えるべく、日弁連刑事弁護センター刑事弁護実務研究小委員会に所属するわれわれは、これまでの間、同小委員会内の「刑弁ハンドブック研究会」において弁護活動上遭遇するであろう、さまざまな問題について討議を重ねてきた。

2　われわれは、まず刑事弁護に携わる弁護士が弁護活動の過程で実際に遭遇する可能性があると考えられる問題を選び例題を設けた。そして、その設問に含まれる問題点をキーワードとして抽出し、弁護士法、刑事訴訟法、刑事訴訟規則や弁護士職務基本規程などの関連条文を挙げ、問題の所在を指摘したうえで、解説を加えることとした。設問は、できるだけ広範に、しかも、どこにでも起こりうる問題を選ぶように心がけた。また、解説にあたっては、見解が対立している点があれば、その対立についてもできるだけ紹介するように努めた。

もっとも、すべての見解を等しく紹介してはいない。われわれは、「弁護人の最も基本的な責務は、被疑者・被告人の権利と利益を守ることことにある」という点で意見が一致していたからである。それゆえに、弁護人の職責をそのように理解していない前提に立つ見解を紹介する価値はないと判断した。そのような見解に価値があるとすれば、それは批判の対象としての価値があるにすぎないのである。

また、解説では、学問的な観点にも目を配ることを心がけつつ、主として実務的にどう対処すべきかについて説明を加えるようにした。

とはいえ、われわれは深い学識を有しているわけではない。そのため、解説には不十分なところや掘り下げの足らないところが多くあるであろう。また、できるだけ詳しく問題点を指摘すると同時に、多くの論点を網羅したいとも願ったことから、かえって中途半端な論述になってしまったところも少なくない。

さらに、複数の執筆者が分担した結果、討議を重ねたとはいえ、解説の中に不統一や矛盾がみられるであろう。

このような本書の至らざるところは読者自身が補っていただきたい。そして、大いに議論していただきたい。

3　本書の成り立ちと執筆者であるわれわれの視点は以上のようなものである。

本書は、さまざまな場面でさまざまな問題に遭遇した弁護人が、いかに対処すべきかを考察しているが、以上のところから、また、実際に本書を一読すれば分かるとおり、本書は、弁護活動を制約しようとするものではない。

弁護活動上どのような問題が起こりうるのか、その問題についてどのような考えがあるのかを知らないでは、実際に問題が生じたときに的確な答えを見い出すことが困難である。起こりうる問題の所在を知り、日ごろからその問題を考えていてはじめて、問題が生じたときに有効適切な対処ができるのである。

本書はその手がかりを提供するものである。われわれは、本書が弁護士諸氏の弁護活動に資するものとなることを目指している。また、弁護士諸氏だけでなく、法曹を目指して法科大学院で学ぶ学生諸君にも勉学の素材を提供することになろう。

本書が被疑者・被告人の権利と利益を擁護すべく日々奮闘している弁護士諸氏に、そして明日の法曹を志す学生諸君に、少しでも役立てば幸いである。

2005年3月10日

　　　　　　　　　　　　　　　　　　　　　　　　　　　執筆者一同

◎目次　ハンドブック刑事弁護

刊行によせて　i

刊行にあたって――本ハンドブックの成り立ちとその目的　ii

第1章　弁護人の基本的役割

総論 ……………………………………………………………3
第1　最善努力義務・誠実義務 ………………………………8
　1　最善努力義務 …………………………………………8
　　〔設問1〕弁護士偏在と最善努力義務 ………………8
　　〔設問2〕頻繁な接見要求 ……………………………15
　　〔設問3〕弁護人の個人的良心と最善努力義務 ……18
　2　弁護方針と被告人の意向 ……………………………22
　　〔設問4〕被告人の意思に反する弁護活動（金庫指紋事件）…22
　　〔設問5〕無罪主張と被害弁償等 ……………………28
　　〔設問6〕早期釈放のための被疑事実の自認
　　　　　　　（事実に反する場合）……………………30
　　〔設問7〕心神喪失と正当防衛の主張（ボンボン虫事件）……32
　　〔設問8〕弁護方針が被告人と弁護人とで異なっている
　　　　　　　場合の立証活動 …………………………36
　　〔設問9〕執行猶予期間経過を目的とする無罪主張 ………41
　3　権利告知 ………………………………………………48
　　〔設問10〕黙秘の勧めと不適切弁護 …………………48
　　〔設問11〕黙秘の妥当性・取調べ立会・署名拒否 …54
　　〔設問12〕余罪への対応・供述拒否 …………………61

目次　v

4　身体拘束からの解放 ……………………………………62
　　　　〔設問13〕身体拘束解放手続の履践と捜査妨害 …………62
　　　　〔設問14〕否認と身体拘束からの解放 ……………………67
　第2　守秘義務 ………………………………………………………76
　　1　秘密の厳守 ………………………………………………………76
　　　　〔設問15〕守秘義務 …………………………………………76
　　2　マスコミへの対応 ………………………………………………82
　　　　〔設問16〕接見内容のマスコミへの公表 …………………82
　　3　守秘義務の解除 …………………………………………………86
　　　　〔設問17〕被告人からの非難に対する弁明と守秘義務………86
　　　　〔設問18〕公共の危険と守秘義務 …………………………90
　　　　〔設問19〕逮捕状発付の事実の告知と犯人隠避 …………93
　第3　真実義務 ………………………………………………………97
　　　　〔設問20〕被告人からの有罪の告白 ………………………97
　　　　〔設問21〕身代り犯 …………………………………………102
　第4　訴訟関係人との私的な交渉の回避 …………………………107
　　　　〔設問22〕裁判官、検察官との私的交渉 …………………107

第2章　弁護人の権利

　　[総論] ………………………………………………………………113
　第1　証言拒絶権 ……………………………………………………115
　　　　〔設問23〕解任された弁護人を証人とする証拠調べ請求 …115
　第2　押収拒絶権 ……………………………………………………120
　　　　〔設問24〕弁護人が預かった証拠に対する差押え ………120
　第3　弁護活動における正当業務行為（違法性阻却）…126
　　　　〔設問25〕任意同行されている被疑者との面会 …………126

〔設問26〕弁護人による証拠の収集と正当業務行為 ………… 131

第3章　受任

総論 …………………………………………………… 135

第1　受任時の留意事項 ……………………… 146
〔設問27〕報酬、預り金の説明・清算義務 ……………… 146
〔設問28〕面識のない被疑者からの弁護依頼 …………… 151
〔設問29〕弁護費用の第三者提供 ………………………… 155

第2　複数当事者間の利害対立 ……………………… 163
〔設問30〕共犯者の同時受任 ……………………………… 163
〔設問31〕共犯同時受任後の利害対立 …………………… 169
〔設問32〕共犯者の同時受任（集団事件・費用・組合弾圧）…… 176
〔設問33〕顧問会社の従業員の弁護 ……………………… 182

第4章　接見交通権

総論 …………………………………………………… 187

第1　接見の留意点 ……………………………… 193
〔設問34〕接見に赴くまでの留意点 ……………………… 193
〔設問35〕初回接見時の留意点 …………………………… 195
〔設問36〕接見時における弁護依頼者の開示要求への対応 …… 197

第2　接見妨害 ………………………………………… 201
〔設問37〕捜査係員による接見妨害 ……………………… 201
〔設問38〕被疑者自身の接見拒否を理由とした接見妨害 … 203
〔設問39〕執務時間外を理由とした接見妨害 …………… 205
〔設問40〕検察官不在を理由とした接見妨害 …………… 211
〔設問41〕接見指定による接見妨害 ……………………… 212
〔設問42〕接見施設がないことを理由とする接見妨害 …… 216

第3 接見の手段と内容等 ……………………………219
　〔設問43〕接見時のカメラ・録音機器などの利用 ………219
第4 接見等禁止と接見交通権 ……………………………225
　〔設問44〕接見等禁止と手紙の差入れ ……………………233
　〔設問45〕接見等禁止と弁護人の秘密交通権 ……………238
　〔設問46〕共犯者の弁護人間の接見内容等にもとづく協議 ……244

第5章　証拠

総論 ……………………………………………………247

第1 弁護人による証拠収集と検討 ………………………251
　〔設問47〕弁護人による証拠収集 …………………………251
　〔設問48〕被告人に不利な記載もある日記の証拠調べ請求 …254
第2 証拠隠滅の回避 ………………………………………260
　〔設問49〕情報提供と被疑者からの伝言等の依頼 ………260
　〔設問50〕けん銃の提出 ……………………………………264
　〔設問51〕預り品等の取扱い ………………………………266
　〔設問52〕被疑者・被告人に対する捜査情報の提供と
　　　　　　罪証隠滅 …………………………………………275
第3 捏造証拠の提出の回避 ………………………………280
　〔設問53〕合意と異なる内容の示談書の作成・提出 ………280
　〔設問54〕偽造された証拠の提出（調理師免許のコピー）……282
第4 証人等の偽証・虚偽供述、あらたな犯罪の回避 …286
　〔設問55〕逃走資金提供者に関する身代り依頼の伝言 ……286
　〔設問56〕虚偽のアリバイ証言 ……………………………288
第5 参考人との面談 ………………………………………294
　〔設問57〕参考人との接触と捜査妨害 ……………………294

〔設問58〕共犯者からの事情聴取 …………………………298
第6 記録の取扱い …………………………………………304
総論 ……………………………………………………304
〔設問59〕検察官が開示した証拠の謄写・差入れ・交付 ……313
〔設問60〕公判の記録の一般への公開・配布 ……………319
〔設問61〕弁護人としての開示証拠の取扱い ……………321

第6章　保釈

総論 ……………………………………………………327
〔設問62〕保釈手続に際しての留意事項……………………331
〔設問63〕保釈請求と同意・不同意、公訴事実の認否 ……340

第7章　公判

総論 ……………………………………………………347
〔設問64〕不当な訴訟指揮と弁護人の退廷 ………………349
〔設問65〕勾留理由開示公判における陳述時間の制限 ……351
〔設問66〕証拠調べ請求の却下と翌々日の弁論期日の指定 ……353
〔設問67〕複数弁護人間の意見対立（独自の弁論）…………357

第8章　情状立証

総論 ……………………………………………………361
第1 被害回復 …………………………………………………368
〔設問68〕被害弁償意思のない被告人への対応 ……………368
〔設問69〕弁償金の供託と取戻し …………………………369
第2 被害者のプライバシーへの配慮 …………………………372
〔設問70〕強姦事件の被害者に対する被害弁償 ……………372

第9章　国選弁護

総論 ·· 375

第1　国選弁護人の最善努力義務 ································· 377
〔設問71〕国選弁護事件における接見・保釈請求・被害弁償 ···377
〔設問72〕国選弁護事件等における私的鑑定と費用負担 ······380
〔設問73〕外部交通権の確保（金魚に餌をやるべきか）······382

第2　国選弁護事件における被害者との関係 ········· 387
〔設問74〕国選弁護事件における被害弁償 ·····················387
〔設問75〕国選弁護事件における被害者からの供応・相談 ···389

第3　受任の範囲と留意事項 ··· 393
1　示談と被害回復 ·· 393
〔設問76〕国選弁護人の権限の範囲 ·······························393
2　報酬その他の対価の受領の禁止 ··································· 394
〔設問77〕報酬その他の対価の受領（儀礼的品物）・
　　　　　私選切替え ·· 394
〔設問78〕報酬その他の対価の受領（実費）·····················398
3　国選弁護事件における利害相反 ··································· 401
〔設問79〕国選弁護事件における共犯者の同時受任 ······401

第4　関連事件への対応 ··· 404
〔設問81〕別件余罪への対応 ·······································404
〔設問81〕国選弁護事件の被告人からの民事事件等の依頼 ······406
〔設問82〕国選弁護人の執行猶予取消請求事件への関与······410

第5　判決後の国選弁護人の活動 ·································· 414
〔設問83〕一審判決後の国選弁護人の権限と対応 ············414
〔設問84〕一審判決後の弁護活動 ·································416

参考設問 ·· 419

刑事弁護関係の懲戒処分例一覧 …………………………… 444
その他の懲戒関連事件 ……………………………………… 449
参考文献 ……………………………………………………… 450
資料 …………………………………………………………… 465
　　弁護士の役割に関する基本原則　465
　　弁護士職務基本規程　468
　　弁護士倫理　478
　　刑事法廷における弁護活動に関する倫理規程　483
　　国費による弁護人の推薦等に関する準則　485
キーワード索引 ……………………………………………… 487

　コラム　刑事弁護ワンポイントレッスン
❶　熱心弁護（zealously）　14
❷　無罪判決を獲（と）る？　27
❸　ケンメン？　インメン？　60
❹　「ヨンパチ」　66
❺　身柄（ミガラ）？　75
❻　受刑被告　192
❼　検室（ケンシツ）　210
❽　上申書　215
❾　カリカン？　たまり？　218
❿　「差入れ」「宅下げ」　237
⓫　囚人のディレンマ　246
⓬　控室（ヒカエシツ）？　250
⓭　出頭（シュットウ）？　259
⓮　提示義務　318
⓯　「KS」「PS」　326
⓰　畏、虞、惧、恐、……オソレ？　330
⓱　請求書・申立書　339
⓲　罪状認否　345
⓳　お請けします！　348
⓴　御寛大な判決を賜わる　359

凡　例

●**条文**　条文見出しは、『模範六法』（三省堂）を使用した。

●**文献**　太字が略称
- 『**注釈弁護士倫理[補訂版]**』
　日本弁護士連合会弁護士倫理に関する委員会編『注釈弁護士倫理[補訂版]』（有斐閣、1996年）
- 『**接見交通権マニュアル**』
　日本弁護士連合会接見交通権確立実行委員会編『接見交通権マニュアル2004.4[6版]』（日本弁護士連合会、2004年）

●**判決・決定の表記**　太字が略称
奈良葛城簡判（決）昭55年4月2日　奈良葛城簡易裁判所昭和55年4月2日判決（決定）
大阪高判（決）昭59年8月21日　大阪高等裁判所昭和59年8月21日判決（決定）
最三小判（決）昭36年5月9日　最高裁判所第三小法廷昭和36年5月9日判決（決定）
最大判（決）平11年3月24日　最高裁判所大法廷平成11年3月24日判決（決定）

●**判例集の表記**　太字が略称

刑　録	大審院刑事判決録
民　録	大審院民事判決録
刑　集	大審院刑事判例集
	最高裁判所刑事判例集
民　集	大審院民事判例集
	最高裁判所民事判例集
高刑集	高等裁判所刑事判例集
高民集	高等裁判所民事判例集
判　特	高等裁判所刑事判決特報
高刑特	高等裁判所刑事裁判特報
東高刑時報	東京高等裁判所刑事判決時報
下刑集	下級裁判所刑事裁判例集
下民集	下級裁判所民事裁判例集
刑裁月報	刑事裁判月報
判　時	判例時報
判　タ	判例タイムズ

ハンドブック刑事弁護

第1章　弁護人の基本的役割

[総論]

1　弁護人の基本的役割をめぐる見解の対立

　本章では、弁護人の基本的役割を考察する。これまで、弁護人の義務として「最善努力義務」「誠実義務」「守秘義務」あるいは「真実義務」などが議論されてきた。

　その議論の背景には、弁護人の役割に関する見解の対立がある。

　すなわち、一方には、〈弁護人の役割は、被疑者・被告人の権利擁護を貫徹することの結果として、健全なる司法制度の確立に資することができるにすぎず、被疑者・被告人の権利擁護を離れて、独立にその公的役割を考えるべきではない〉との考え方がある。

　しかし、他方では、〈被疑者・被告人の権利を擁護するのはもちろんであるが、それに加えて、弁護人は、裁判官、検察官とともに、刑事司法制度の担い手の一人として、公的立場に立った役割が期待されている〉との考え方がある。この説は、弁護人は代理（人）的機能の他に、司法制度を担う一員としての司法機関的機能も有していると考えている。

　また、〈被疑者・被告人の権利擁護〉のあり方についても〈被疑者・被告人の後見人的立場（保護者的機能）[1]を強調する見解〉と、〈弁護人は被疑者・被告人にとって『hired gun』[2]であり、被疑者・被告人の意思・意向から乖離し

1　弁護人には、被疑者・被告人の代理（人）的機能だけではなく、後見人（保護者）として、被疑者等を補佐する後見人（保護者）的な機能も有していると考える。この点については、上田國廣「被疑者・被告人と弁護人の関係②」季刊刑事弁護22号31〜38頁、小坂井久「弁護人の誠実義務」同44〜50頁を参照されたい。

2　弁護人は、射撃手の意のままに弾丸が発射される gun（けん銃）のように、被疑者・被告人に忠実な防御活動をなすべきであると考える。「hired gun man」であれば、gun man（弁護人）の意思が介在する。弁護人の意思を介在させてはならないことを強調し、武器になりきらなければならない例えとして用いられる（村岡啓一「被疑者・被告人と弁護人の関係①」季刊刑事弁護22号〔2000年〕23〜30頁）。

た弁護活動を行うべきではない〉とする見解、あるいはこれらの中間的見解など、さまざまな見解がある。

　このように弁護人の役割をめぐっては、さまざまな見解がある。しかし、弁護人の基本的役割について、誠実義務を中核とすべきことには異論はない。

　なお、1998（平10）年12月開催の「刑事被疑者弁護に関する意見交換会」（第4回）において、検察庁から示された「不適切弁護」29事例と、これに対する日本弁護士連合会（以下「日弁連」という）からの反論（第5回）、あるいは東京地判平6年12月16日（〔設問10〕参照）などにみられるように、弁護人の役割に関する理解は、裁判官や検察官のそれぞれの立場によっても相違がみられる。

　弁護人の役割に関するこのような「理解の隔たり」が、刑事弁護の現場において「対立」「摩擦」あるいは「萎縮」などのさまざまな現象を引き起こしている。弁護人は、被疑者・被告人（以下「被疑者等」または「被告人等」ということがある）の防御のために最善の弁護活動を行うにあたり、この「理解の隔たり」についての理論的背景を理解しておく必要がある。同時に、弁護人として拠って立つべき「理解」を確かなものとして、「対立」や「摩擦」を恐れることなく、けっして「萎縮」しないようにしなければならない。

　　3　hired gun 説の中にも、死刑事件については自己の生命を絶つ権利はないとして、あるいは、心神喪失を争う事件では正常な自己決定ができないとして、被疑者等の意思に反する弁護活動を例外として認める説もある。
　　4　ドイツでは、伝統的に、弁護人は刑事裁判を構成する司法機関の1つだと考えられており、これが通説・判例だとされている。もっとも、司法機関説、制限的司法機関説、利益代理人説、自己決定権説、契約説などの対立があり、後3者は、弁護人の代理（人）的機能を強調する。ただし、わが国との法制度の違いから、ドイツの議論状況をそのままわが国にあてはめることはできないが、参考となる。なお、この点については、吉村弘「刑事『弁護権』の本質と機能――ドイツ理論状況の一断章――」法学博士井上正治先生追悼論文集編集委員編『刑事実体法と裁判手続―法学博士井上正治先生追悼論集―』（九州大学出版会、2003年）245頁以下を参照されたい。
　　　他方、アメリカでは、弁護人の役割を考えるにあたり、被疑者等の代理（人）的機能を重視すべきであるとの説が多数を占めており、それ以外の弁護人に対する制約は「officer of the court」の立場から導かれるとされているようである。
　　5　1998（平10）年7月に、法務省、最高裁、日弁連の間で、「被疑者段階の刑事弁護に関連する諸問題について幅広く論議する」場として、「刑事被疑者弁護に関する意見交換会」の設置が合意され、同年12月15日に第4回が、翌1999（平11）年1月28日に第5回が開催された。なお、この経緯については、丸島俊介「被疑者弁護に関する意見交換会　第4〜6回」季刊刑事弁護18号（1999年）116〜118頁を参照されたい。

2　弁護享受権

　憲法34条は「何人も、理由を直ちに告げられ、且つ、直ちに弁護人に依頼する権利を与へられなければ、抑留又は拘禁されない」とし、同37条3項は「刑事被告人は、いかなる場合にも、資格を有する弁護人を依頼することができる。被告人が自らこれを依頼することができないときは、国でこれを附する」と規定している。

　また、国連「弁護士の役割に関する基本原則」[6]の第1原則は「すべての人は、自己の権利を保護、確立し、刑事手続のあらゆる段階で自己を防禦するために、自ら選任した弁護士の援助を受ける権利を有する」とする。さらに同第6原則は「すべての人は、その犯罪の性質に見合う経験と能力を有する弁護士を付される権利を有するものとし、この者に資力がないときには、無償とする」と規定する。

　これらの基本的な規定からも明らかなように、犯罪の嫌疑をかけられ、国家により刑罰を科せられる可能性のあるすべての人（被疑者・被告人）には、防御のために弁護士による援助を受ける権利（効果的でかつ十分な弁護を受ける権利）が保障されている[7]。

3　弁護人の基本的役割と義務

　弁護人の基本的役割は、上述のとおり、被疑者・被告人の自己防御権を実効あらしめて、被疑者等の有する弁護享受権を保障することである[8]。

　そのため、弁護人は、「被疑者及び被告人の防御権が保障されていることに

6　Basic Principles on the Role of Lawyers　第8回国連犯罪防止および犯罪者処遇会議において1990（平2）年9月「弁護士およびリーガル・サービスへのアクセス」に関する決議を行い、同年12月14日国連第45回総会において採択されたもの（巻末資料参照）。
7　憲法37条3項の英文版は、刑事被告人を「the accused」と、資格を有する弁護人を「competent councel」と表わしている。したがって、この英文からすれば、主体には被疑者も含まれ、保障の内容も、「資格を有する弁護人の選任」だけにとどまらず「効果的で十分な弁護人の援助」を受ける権利とされている。
8　従前は、「弁護人選任権」あるいは「弁護人依頼権」などの用語が用いられていたが、本書では、被疑者・被告人には効果的かつ十分な弁護を受ける権利があることを的確に表現するため、「弁護享受権」という用語を用いることとした。

かんがみ、その権利及び利益を擁護するため、最善の弁護活動に努め」（弁護士職務基本規程46条)[9] なければならない。また、被疑者・被告人に対する誠実義務を尽くすため、「弁護士は、真実を尊重し、信義に従い、誠実かつ公正に職務を行う」（弁護士職務基本規程5条）ことを求められている。国連「弁護士の役割に関する基本原則」の第15原則も「弁護士は、常に依頼者の利益を誠実に尊重するものとする」と規定する。これらの規定からすれば、弁護人は被疑者等の代弁者としての役割を与えられていると考えられる。

　一方、刑事訴訟法は、弁護人に被疑者等の権利とは独立した権限（弁護人の固有権）を認める。また、弁護士職務基本規程1条は「弁護士は、その使命が基本的人権の擁護と社会正義の実現にあることを自覚し、その使命の達成に努める」とし、同2条は「弁護士は、職務の自由と独立を重んじる」と規定する。

　これらの規定からすれば、弁護人は被疑者・被告人のたんなる代弁者ではなく、刑事司法制度の適正な実現のため、被疑者等の立場に立ちつつも、被疑者等の意思・意向とは異なる行動が要請される場合もあると考えられる。

　また、これら弁護人の基本的役割の発現として、弁護人には「最善努力義務」「誠実義務」「守秘義務」などが課せられ、また「証言拒絶権」「押収拒絶権」が認められている。これらは、「義務」といい「権利」という表現をとるもの

9　2004（平16）年の弁護士職務基本規程の改正点は、第1に、弁護士倫理9条にあった「正当な利益」という表現が削除されたことと、46条に「防御権が保障されていることにかんがみ」という文言が加わったこと、第2に、「利益と権利」が46条で「権利及び利益」に入れかえられたこと、第3に、「常に」が削除されたことである。
　第1の点については、被疑者等の「正当な利益」とは何かについて、とくに刑事弁護の観点からは、検察側からの「不当な訴訟遅延」や「不当な黙秘権の慫慂」など、弁護活動が「正当」ではないとの不当な攻撃を受けてきたことから、その文言の削除が強く求められてきた。したがって、「防御権が保障されていることにかんがみ」という文言が加わったことは評価できる。ただし、同21条には、一般条項として「依頼者の権利及び正当な利益を実現するように努める」と規定されている。しかし、同46条は刑事事件の特則であるから、刑事事件については「正当な利益」という表現が削除されたと解すべきである。第2の点については、「利益」よりも「権利」の擁護が重要であるとの確認的意味をもつ。第3の点については、「常に」が削除されたことには問題がある。なぜなら、「ときどき」最善の弁護活動をすれば足りるとの解釈の余地を生じさせるからである。もっとも、「最善」の文言の中には、「常に」という意味が含まれているので、屋上屋を架すことはないとの趣旨で「常に」が削除されたにすぎないと解すべきである。したがって、弁護人としては、弁護士職務基本規程では「常に」という文言が削除されたことをもって、「最善の弁護活動は常に行わなくともよくなった」との理解をすることは厳に慎まなければならない。

の、具体的場面により、義務性と権利性が表裏となって現れてくるものである。

　本章では、弁護人が弁護活動において行うべき事項につき、これを義務と捉えて検討する。しかし、ここで義務と捉えている事項の違反がただちに懲戒処分や国選弁護人の推薦停止措置につながるものではない。義務の履行の必要性については事案によって千差万別であり、その義務違反が重大であれば推薦停止や懲戒となりうるにすぎない。

　弁護士は、推薦停止や懲戒とならないかぎりどのような弁護活動をしてもよいと考えるべきではないが、刑事弁護において最も重要なことは、被疑者・被告人の権利・利益の擁護であることを忘れてはならない。また、推薦停止、懲戒を懸念するあまり弁護活動が萎縮することがあってはならない。本章で検討する弁護人の基本的役割を常に念頭におき、積極的な弁護活動を模索していく必要がある。

　なお、真実義務については、第１章、第３において考察する。

10　日弁連は、国費による弁護人の推薦資格および推薦停止の要件を定める「国費による弁護人の推薦等に関する準則（モデル案）」を作成し、2002（平14）年10月22日の理事会において承認された。これは、国費による被疑者弁護制度の実現を目前にして、被疑者・被告人の弁護人の援助を受ける権利を実効あるものとし、弁護活動の自由と独立を保障するためには、国費による弁護人の推薦資格および推薦停止の要件を弁護士会が自律的に整備すべきであると考えられたことによる。
　もっとも、同準則は、あくまでもモデル案であり、各弁護士会において制定されている具体的な準則は、モデル案よりも厳しい内容を定めているもの、モデル案とほぼ同内容のもの、推薦停止規定のみのもの（モデル案の行為規範部分を除いたもの）、モデル案の行為規範のなかから一部を削除したものなど、さまざまである。また、2005（平17）年２月時点で、名古屋弁護士会と富山県弁護士会の２会は未制定となっている。なお、巻末の資料を参照されたい。

第1　最善努力義務・誠実義務

1　最善努力義務

> 〔設問1〕弁護士偏在と最善努力義務
> 　県庁所在地に事務所を構える弁護士Xは、車で片道3時間あまりの町で起こった殺人事件で、同町所在の警察署に逮捕・勾留された被疑者Aの弁護を依頼された。勾留期間中にXが接見可能なのは3日程度であった。しかし、その町や近辺には弁護士がいない。
> ① Xは受任すべきか。
> ② Aの費用負担能力の大小によって結論は異なるか。
> ③ Aから「ぜひとも先生（X）に」と言われた場合は、結論は異なるか。

キーワード

最善努力義務　弁護享受権　弁護士過疎　受任義務　被疑者等の承諾　弁護依頼契約

関連条文

○憲法37条3項（刑事被告人の諸権利）
○弁護士職務基本規程5条（信義誠実）　46条（刑事弁護の心構え）
○国連「弁護士の役割に関する基本原則」第1原則　第6原則　第15原則

問題の所在

　十分な弁護を行えないと思われる弁護依頼に対する受任の当否とともに、弁護士過疎のために受任せざるをえない場合に十分な弁護活動を行うための方策を検討する。

解説

1 小問①について

(1) 十分な弁護の必要性

弁護士職務基本規程46条において「弁護士は、被疑者及び被告人の防御権が保障されていることにかんがみ、その権利及び利益を擁護するため、最善の弁護活動に努める」と規定されているとおり、弁護人は、被疑者・被告人のために、十分に効果的な弁護ができるよう努めなければならない。また、総論で述べたように、憲法や国連「弁護士の役割に関する基本原則」においても、被疑者等には、効果的で十分な弁護を受ける権利が保障されている。

設問は、殺人事件での逮捕・勾留事案である。これが否認事件であればもちろん、そうでない場合でも、被疑者は重大な犯罪の嫌疑をかけられており、防御の必要性は高く、弁護人との十分な接見が必要である。

設問のような事案で、逮捕・勾留期間中に3日（回）程度しか接見できないとすれば、被疑者が十分な防御権を行使するために必要な弁護人の援助として不十分とみるべきであろう。したがって、不十分な弁護しかできない事件は引き受けるべきではないと考えれば、Xは、この事件を受任すべきではないこととなる。

なお、ABA刑事弁護スタンダード[11]4-1.3（仕事負担量）は、次のとおり規定している。

「弁護人の仕事負担量は、良質の弁護を提供できなくなるほど、あるいは事件の迅速な処理という依頼者の利益を危うくするほど、あるいは専門家責任の違反に至るおそれがあるほどに、多量であってはならない」。

(2) 弁護士の偏在

しかし、わが国における弁護士の偏在は、中央と地方だけではなく、地方における都市部と郡部にもひろく存在する。設問でも、被疑者が勾留されている

---

[11] ABA（アメリカ法曹協会 American Bar Association）刑事司法の運営に関するスタンダード特別委員会により作成され、ABA代議員会により承認された刑事弁護に関するガイドライン。1971（昭46）年に採択され、現在まで改正が行われてきている。
参照 http://www.abanet.org/crimjust/standards/home.html

町には弁護士はいない。片道3時間もかかる町へ接見に行くことが容易でないのは、他の弁護士も同様であろう。そうすると、弁護士Xだけではなく、同地方の他の弁護士も必要かつ十分な防御のための援助ができない可能性が高い。X以外に十分な時間を確保できる弁護士を見つけることの困難性は容易に想像できる。

しかし、Aには、殺人事件という重大な嫌疑がかけられている。このような場合、一般的には不十分と思われる接見回数しか確保できないとしても、弁護人の援助がないよりは、はるかに望ましい。Aの防御の必要性を考慮すれば、引き受けるべきだとの結論になろう。

(3) 弁護依頼契約の準委任契約性からの検討

設問は、逮捕・勾留された被疑者Aに対する私選弁護の依頼である。私選弁護のための契約は、被疑者・被告人と弁護士との委任契約類似の契約（準委任ないし無名契約。なお、以下では「弁護依頼契約」ということがある）と解される。

かりに3日（回）程度しか接見できないとしても、そのことを被疑者側も十分に認識し、弁護としては不十分かもしれないことを理解したうえで、それでも弁護士Xに依頼した場合には、依頼の内容は明確である。このような弁護を受任することも、依頼者（A）の承諾があるので問題がないと考えることもできる。また、契約である以上、費用の制約から受任内容が定められることにも一定の合理性が認められる場合もある。

さらに、弁護人は、被疑者等の意向にそって、契約に定められた内容の弁護を行えば、その職責を全うしたことになるとの考えもある。

しかも、被疑者段階で弁護人の援助をまったく受けられない事態に陥るより、不十分ながらも弁護人の援助を受けられたほうがより良いことは間違いない。

したがって、時間的経済的な制約から、客観的には不十分な弁護しかできないことが予想される場合であっても、弁護士が被疑者やその家族等に十分な弁護ができない旨を説明し、被疑者本人がそのことを了解したうえで、弁護士に対して積極的に弁護人となるよう依頼した場合には受任すべきとも考えられ

る。

 しかし、刑事弁護を依頼するということは、憲法上の弁護享受権を全うするための契約を結ぶことであり、かつ、契約当事者は、専門家としての弁護士と刑事訴追を受ける可能性のある一般人たる被疑者・被告人である。また、被疑者等の守るべき権利・利益は、身体の自由や財産であり、ときには生命そのものにも及ぶ。

 そして、生命や身体の自由は、安易に放棄されてはならず、また個々の事件における真摯な刑事弁護そのものが、刑事裁判の全体的な信頼性を担保するものであることを考えれば、私的な契約であり、被疑者等が承諾しているからといって、不十分な弁護でも問題はないと考えることは妥当ではない。

2 小問②について

(1) 弁護士の受任義務

 被疑者側に、費用負担能力がある場合には、接見に要する時間や労力の大変さを十分に説明すれば、妥当な合意内容に至るであろう。また、被疑者側が費用負担能力があるにもかかわらず、相当の費用の支払をなさない場合には、前述1の(3)のとおり、契約による合意内容や被疑者の承諾を重視して、費用と合理的な対価関係にある範囲内で弁護活動をすれば足りると考えることができる。

 他方、被疑者側に費用負担能力がない場合には、問題が残る。この場合は、弁護人を付すべき義務は国にある。被疑者国選制度がないことを前提としても、受任するか否かは弁護士の自由意思に委ねられており、弁護士に受任義務があるとまでは言えない。

 しかし、そのことを無条件に認めてしまうと、資力のない人には実質的な弁護享受権の保障が与えられなくてもよいこととなる。ことに、従前は、被疑者国選制度がないこと、被疑者弁護援助制度も不十分であること、そのため、資力のない被疑者の弁護享受権を実質的に保障するためには、弁護士が、たとえ無償でも弁護を受任しなければならないとする考え方が有力であった。

もっとも、この場合の受任義務は努力義務であり、受任しない場合にも当不当の問題が生じるにすぎない。

　なお、被疑者段階の弁護享受権の保障のため、１回は無料で弁護士の法的アドバイスを求めることができる制度として、1990（平２）年〜1992（平４）年の間に、各地の弁護士会では当番弁護士制度を発足させた。

(2)　被疑者国選制度の実施との関係

　2004（平16）年５月の刑事訴訟法などの改正にともない、2006（平18）年秋からは主に法定合議事件に、2009（平21）年からは必要的弁護事件に、原則的に被疑者の無資力を要件として、被疑者段階から国選弁護人が付されることとなった。したがって、設問のような重大事件では、被疑者国選制度の新設によって、被疑者が無資力であっても、最低１名の弁護人の費用は国から支弁されることとなった。なお、複数名の弁護人を必要とする場合には、「死刑又は無期の懲役若しくは禁錮に当たる事件」については、さらに１名（合計２名）の国選弁護人を付することができる（刑訴法37条の５）こととなる。

　なお、複数の弁護士を必要とするような「死刑又は無期の懲役若しくは禁錮に当たる事件」以外の事件で、複数名分の費用の負担能力のない場合には、私選弁護人の選任に加えて国選弁護人を付しうる運用も考えられるべきであろう。

　このように、被疑者段階での国選弁護制度が始まれば、費用負担能力不足が問題となる事案は減少すると考えられる。しかし、任意的弁護事件などにおいて費用の用意ができない事案はやはり残ってしまう。このような場合には、弁護士、弁護士会は、前述のように被疑者等が十分な弁護を受けられるよう努力すべきである。

(3)　今後の課題

　そのためには、法律扶助協会の被疑者弁護援助制度や、弁護士会の弁護費用

12　現時点では、財団法人法律扶助協会で、民事扶助事件と同様に、原則として無資力を要件として弁護費用を支弁または立て替える被疑者弁護援助事件の制度がある。また、日本司法支援センターの設立を契機として、この存続についての議論がなされている。なお、費用の援助を行う制度を設けている弁護士会もある。

の支援制度を利用する等して、十分な弁護ができる体制を構築すべきである。

なお、日弁連は、弁護士過疎問題の解消に向けて、全国的に法律相談センターの開設やひまわり公設事務所を弁護士過疎地で設立する等の施策を展開している（http://www.nichibenren.or.jp/jp/katsudo/katsudo/kaso/index.html）。

設問のような事例においても、各地の公設事務所の弁護士との協力等も検討されるべきである。

さらには、これらの制度が利用できない場合のことも想定し、弁護士偏在を抱える地域に所在する弁護士は、日頃からの協力体制を構築しておくなどの工夫も求められよう。

3　小問③について

前述1の(3)のとおり、被疑者側の意思・意向が強い分だけ、わずかな接見回数での弁護活動が正当化される方向に結論が傾くが、被疑者等の合意があったことの一事でもって、すべての問題が解決しうるものではない。

4　実務上の留意点

弁護士は、弁護人となる以上、私的契約により弁護人になったとしても、可能なかぎり必要かつ十分な弁護活動を行うよう努力しなければならない。また、設問のような重大事案における弁護の必要性はきわめて高い。

したがって、実務的には、つぎのような方法で受任する工夫も必要であろう。まず、Xは、Aの弁護活動を共同して行える他の弁護士を何人か依頼し、その数名の弁護士で交替して被疑者に対する必要かつ十分な接見を行うようにする。また、自らが他に受任している事件の期日の変更等を含めて、接見回数を増やす努力をする。さらに、家族との面会を利用し（接見禁止がなされていれば取り消すよう努力する）、簡単な連絡であれば留置主任官（以下本書では「留置係」という）を通じて行い、あるいは被疑者ノートや手紙を利用して、

13　2005（平17）年9月時点で、日弁連ひまわり基金による「ひまわり公設事務所」は、全国で47ヶ所（累計）に設置され、さらに6ヶ所の設置が予定されている。

被疑者との接見の足らざるところを補うなどである。

ただし、複数の弁護士が弁護人となる場合には、費用も多額になるのが通常である。そのため、被疑者側でその費用を用意できないこともある。本来弁護士は無償で弁護活動をすべき義務まではないので、被疑者弁護援助制度を利用して受任することも考慮することになろう。もっとも、事案によっては、無償で弁護を行わざるをえないことも少なくない。

> **コラム** 刑事弁護ワンポイントレッスン
>
> # 熱心弁護(zealously)
>
> 憲法37条3項は、「資格を有する弁護人」を依頼する権利をすべての被告人に認めています。ここで「資格を有する」(competent)とは、「有効で適切な」、いわば「ちゃんとした弁護」をする弁護人の意味です（憲法違反の「不適切弁護」を根絶しましょう）。
>
> 大阪の刑事こうせつ事務所では、これに加えて「熱心(zealously)弁護」という刑事弁護用語を提唱しています。
>
> すでに皆さんがやっておられる弁護のことです。
>
> 熱心弁護こそ、来るべき新しい刑事司法制度のもとで、真に被疑者・被告人の権利と利益を守る基本的な姿勢であると信じます。

---

14 日弁連刑事弁護センターおよび接見交通権確立実行委員会により作成された、被疑者等に取調べ状況を記録してもらうためのノート。取調べ状況等の可視化、監視を通じ被疑者等の権利擁護を実現しようとしている。日弁連ホームページからダウンロードできる。

> 〔設問2〕頻繁な接見要求
> 　弁護士Xは、事実関係に争いがないと思われる覚せい剤事件の弁護人となった。被疑者Aは毎日の接見を要請している。
> ①　Xは、手持ち事件が多く、せいぜい1週間に1回程度しか接見できない。以下のXの対応方法につき、当否をどのように考えるべきか。
> 　ア　Aの要求する回数の接見要請には応じられないので、ただちに辞任して着手金を返還する。
> 　イ　Aに接見に行けない事情を説明して了解を求め、了解が得られないときは辞任する。
> 　ウ　週1回程度の接見を行えば一般的には問題はないので、Aの要請には応じない。
> 　エ　Aの要請に応じ、毎日接見するように努力する。
> ②　Aが外国人の場合は、上記の結論は異なるか。
> ③　Aが国選弁護事件の被告人の場合はどうか。

キーワード

誠実義務　最善努力義務　頻繁な接見要請　外部交通権

関連条文

○弁護士職務基本規程5条（信義誠実）　46条（刑事弁護の心構え）　47条（接見の確保と身体拘束からの解放）

問題の所在

　弁護人が被疑者・被告人に対する誠実義務を負い、最善を尽くすといっても、被疑者等の求めるままに接見に応じなければならないのであろうか。必要な程度を超えた接見要請と思える事例は、多くの弁護人が経験するところである。

このような場合の弁護人の対応が問題となる。

解説

1　接見の重要性

　警察署や拘置所に身体を拘束されている被疑者・被告人が、不安感から弁護人を唯一の頼りとするのは当然の心情である。したがって、弁護人がなかなか接見に行かなかったり、接見要請に素っ気ない態度を示すことは、弁護人と被疑者等との信頼関係の形成に大きな障害となる。また、被疑者等が弁護人を信頼しないと、しばしば、被疑者等から防御のうえで必要な情報を聞き漏らすということが起こる。このため、弁護人は、どのように防御活動を行うかを組み立てる前に、被疑者等との信頼関係の形成のためにも、できるかぎりの接見を行う必要がある。

2　小問①について

(1)　アの対応について

　私選弁護における弁護人と被疑者等との間の契約は、準委任ないし委任契約類似の無名契約である。委任契約は当事者の一方がいつでも解約することができる（民法651条1項）。したがって、〔小問①〕の場合、弁護人はすぐに辞任しても問題がないようにも考えられる。

　しかし、被疑者等が弁護人の援助を受ける権利は憲法上の権利であり、原則として弁護士のみが弁護人となることができる。すなわち、弁護士は弁護人としての役割を独占的に負託されている。したがって、いったん弁護人となれば、たんなる委任契約と同様に解約しうると考えるべきではない。

　しかも、前記のとおり、いったん弁護人となった場合には、被疑者等に対する誠実義務が生じる。弁護人の誠実義務からしても、着手金を返還しさえすれば辞任してよいと考えることはできない。

　したがって、できるかぎり被疑者Aの不安を解消しつつ、弁護人の事情等を説明して理解を求める努力をすることが必要であり、やむなく辞任する場合で

も、Aの了解を得る努力がなされるべきである。
　(2)　イの対応について
　弁護人の事情を説明し、理解を求めるための説得をしても、なお辞任するのがやむをえない場合もある。私選弁護事件では、辞任の自由もあると考えざるをえない。しかし、辞任する場合でも、辞任によって被疑者Aに及ぶ不利益ができるだけ少なくて済むように、辞任の時期に配慮し、後任の弁護人への引継ぎに配慮しなければならない。また、辞任することについてのAの了解を得る努力も必要である。
　なお、民法上、委任終了後の報告義務（645条）、委任者に不利な時期の辞任による賠償義務（651条2項）、委任終了時の緊急処分義務（654条）が定められていることが参考となる。
　(3)　ウの対応について
　事実関係に争いがなくとも、身体を拘束された被疑者等が不安を訴えている場合、接見等禁止決定はなされていないが家族等との連絡が取りにくい場合には、「週1回程度」の接見だけでは、一般的には少ないと言うべきであろう。
　Xは手持ち事件が多く「週1回程度」の接見しかできないことが明らかであったというのであるから、そもそも受任してはならなかったとも考えられる。少なくとも、受任する際に、「週1回程度」の接見しかできないことを説明し、了解を得ておくべきである。そのうえで、〔設問1〕の解説4で述べた、手紙などの利用による接見不足の補完方法を考慮する必要がある。
　(4)　エの対応について
　被疑者等との意思疎通の充実という観点からは、できるかぎり接見に応じることが望ましい。しかし、「争いがないと思われる事件」であれば、「毎日」のように接見に行く義務があるとまでは言えないであろう。なお、この場合もAの理解を得ておくことは重要である。
　要するに、必要最大限の接見を行う、それが最善努力義務の履践なのである。

15　必要かつ最善の接見を行うべきであることを強調しようとした、本書の造語である。

3　小問②について

　被疑者等が外国人の場合、生活習慣・言葉の違い等から、意思疎通や弁護人との信頼関係の形成のために、多数回の接見、長時間の接見が必要となることが多い。さらに、外国人の場合、通訳人の確保という困難な問題も発生するが、基本的な考え方は〔小問①〕と同様である。

4　小問③について

　国選弁護事件の弁護人は、原則として辞任ができず、「被疑者等が不必要に頻繁な接見要請をする」ことは、刑訴法38条の3第1項各号の国選弁護人の解任事由に該当しないと考えられる。
　また、国選弁護人といえども、接見が困難であることの理解を求めること、接見に代わる意思疎通の代替手段を講じること、できるかぎり接見要請に応じる努力をすることの必要性は、私選弁護人となんらの変わりもない。

〔設問3〕 弁護人の個人的良心と最善努力義務
　弁護士Xは、子どもの権利の擁護者として精力的に活動している。Xは、「10歳の少女を強姦したうえ殺害し、その死体をバラバラにしてごみ焼却場に捨てた」という強姦殺人事件の被告人Aの国選弁護人に選任された。XはAと接見し、本気で「こんな奴、死ねばいいんだ」と思った。
　①　Xはこのまま弁護を続けるべきか。
　②　Aは、当初は反省の弁を述べていたものの、途中から「自分（A）のしたことは悪くない」と言い出した場合はどうか。
　③　Xが私選弁護人であった場合は、上記の結論は異なるか。

▶キーワード◀

誠実義務　弁護人の思想信条　最善努力義務

関連条文
○弁護士職務基本規程46条（刑事弁護の心構え）

問題の所在
　弁護人の個人的な思想信条等からはとうてい容認できない被疑者・被告人でも弁護すべきか否かが問題となる。
　弁護人は、「被疑者及び被告人の防御権が保障されていることにかんがみ、その権利及び利益を擁護するため、最善の弁護活動に努める」責務を負っている（弁護士職務基本規程46条）が、弁護人個人の思想信条等から被疑者・被告人のために全力を尽くして弁護活動を行う自信が持てないと考える場合、弁護人はどのように対応すべきかを検討する。

解　説

1　被告人の犯行と弁護人の個人的良心
　Xは、日頃から子どもの権利擁護活動を精力的に行っており、設問のような被告人の弁護活動を行うことは、日頃の活動と相反するものとして、Xが非難を受ける可能性もある。しかし、そもそも刑事弁護とは、被告人の行為を支持するものではない。国連「弁護士の役割に関する基本原則」の第17原則でも、「弁護士は、その職務を果たしたことにより、依頼者あるいはその主義と同一視されないものとする」とされている。これは、殺人事件の弁護人の誰一人として「殺人は許される」と考えている弁護士はいないことからも明らかなところである。かりにAの弁護人としてのXの活動に対し、上記のような非難があったとしても、その非難はまったくいわれのないものであり、いわれなき非難があるからといって辞任はできないと言うべきである。
　しかし、Xは、日頃子どもの権利の擁護者として活動しているのであるから、「こんな奴、死ねばいいんだ」と思ったとしても至極当然の心の動きである。そして、その心の動きは、たんなる印象などではなく、Xのこれまでの活動に裏打ちされた個人的良心と言える。このように、弁護人に課せられた義務と個

人的良心とに明確な対立がある場合に、弁護人はいかなる行動をとるべきであろうか。

2　小問①および②について
(1)　理念と現実との矛盾対立

〔小問①〕および〔小問②〕における弁護士Xは国選弁護人であり、辞任の自由はない。[16]

したがって、接見の結果「こんな奴、死ねばいいんだ」とXが思ったとしても、理念的には、プロフェッショナルたる弁護人である以上、個人的な思想信条にかかわらず、弁護人の義務に従い、被告人Aのために最善の弁護活動を行うことが必要とされる。

しかし、現実の弁護活動においては、被疑者等との打ち合わせの際の弁護人の態度に被疑者等への不快感が現れてしまうこともあろう。また、例えば、遠隔地に所在する参考人や証人との連絡について、他の事件（とくに弁護人自身が被疑者等にシンパシーを感じるような場合）であれば弁護人自らが赴いてまで打ち合わせなどを行うのに、それを手紙で済ませてしまうなど、最善努力義務を尽くしたとは言えないことが起こりうる。

これらの結果、被疑者等と弁護人との間の信頼関係が維持できなくなる可能性は高くなる。とくに、〔小問②〕のように、被告人に反省の情が認められない場合はなおさらである。

このように、理念としては、弁護人は、個人的な思想信条によることなく、プロフェッショナルとして、被疑者等の権利・利益を擁護するために最善の努力を尽くすべきこととなる。しかし、現実問題としては、「気乗りのしない」弁護活動に終始してしまうおそれもある。

理念を強調する立場からは、自己の思想信条を刑事弁護に持ち込むべきでは

---

[16] 国選弁護人の性格をめぐり、裁判所選任説と契約説との対立があり、通説・判例は前者に立つが、日弁連は辞任の自由を弁護人に留保すべきであるなどとして後者に立ってきた。しかし、2004（平16）年の刑事訴訟法の改正により、38条の3が新設され、実務的には、同条1項2号の解釈・運用に議論の場面が移ったように思われる。

なく、プロフェッショナルに徹し、弁護を続けるべきこととなる。それに対して、現実を重視する立場からは、「気乗りのしない」不十分な弁護を続けるよりは、辞任をして、他の弁護人に弁護を委ねるほうが、かえって被疑者等の防御に資するため、辞任すべきこととなる。

(2) 解任の可能性とその是否

もっとも、〔小問①〕および〔小問②〕は国選弁護事件なので、そもそも解任がなされうるかが問題となる。従前は国選弁護事件においては、解任事由はもとより、解任規定すらなかったが、刑訴法38条の3の新設により解任事由が明記された。

また、被疑者段階における国選弁護制度が新設されることによって、初回接見前には事案の詳細が分からず、接見時に初めて設問のような事態に遭遇することが増加することとなろう。さらに、流動的な事実関係のもとで、迅速かつ機敏な弁護活動が求められる被疑事件については、短期間のうちに、弁護人の思想信条と被疑者等の利益相反を調整することも、公判国選弁護事件と比べると、きわめて困難なことが予想されうる。

したがって、被疑者段階における国選弁護制度のもとでは、弁護人の個人的思想信条との対立を理由とする解任が認められる事案も増えるのではなかろうか。

(3) 解任を求める際の留意事項

解任を求める場合には、弁護人自らの個人的良心との関係で被疑者・被告人との信頼関係が築けないなどと、利害相反の内容は抽象的に述べるにとどめ、被疑者等に反省の情がないといったような被疑者等に不利となる事情を裁判所に告げてはならないことは当然である（弁護士職務基本規程23条〔秘密の保持〕）。なお、この点については、〔設問17〕の解説を参照されたい。

3 小問③について

(1) 私選弁護事件の場合

〔小問③〕のように、私選事件であった場合にも、いったん弁護人となって

被告人と接見し、事情を聞いた以上は、弁護人の義務に従った弁護活動に努めることが望まれる。

しかし、私選弁護人には受任・辞任の自由が認められるので、個人的良心と弁護人の義務との葛藤に悩むよりは、むしろ辞任をしたほうが、被疑者等のためにも良いとも考えられる。

(2) 当番弁護士の場合

単位会において当番弁護士に受任義務を課している場合に、弁護士の個人的信念として、暴力団員の事件や強姦事件の弁護はしないという弁護士に、その事件を受任させるべきか否かが議論されている。そして、多くの場合は、当番弁護士だと割り切って受任しているか、その割切りができなければ他の弁護士に交替してもらっているのが実情ではなかろうか。

この場合においても、プロフェッショナルとしての弁護人の責務に力点をおくか、弁護士の個人的良心を尊重するかという二者択一的な選択を求められるが、この点については、各単位会の実情に合わせて、柔軟な対応をせざるをえないのではなかろうか。[17]

2 弁護方針と被告人の意向

〔設問4〕被告人の意思に反する弁護活動（金庫指紋事件）

弁護人Xは、「B社内の金庫をこじ開けて、在中の金品を窃取した」という事件の被告人Aの弁護人となった。Aには前科があり、同金庫内の小箱からAの指紋が検出されている。しかし、Aは容疑を否認し「自分（A）はB社に勤務したこともB社に行ったこともない。なぜ自分（A）の指紋が付いているのか分からない」と言うだけであった。

Xは「B社に行ったこともない者の指紋が、金庫内の小箱につくはずがない。Aは嘘をついている。このままでは、不合理な否認をして

---

[17] 特別案件受任者名簿が完備され、当番弁護士数に余裕がある弁護士会では、特別案件受任者に弁護を引き継ぐことで対応は可能であろうが、そうでない弁護士会での対応には工夫を要しよう。

いるとの理由で実刑になってしまう」と考え、有罪の答弁を行い、情状弁護のみを行った。
　Xの弁護活動は適切か。

>キーワード

被疑者等の意思に反する弁護活動　誠実義務

>関連条文

○弁護士職務基本規程22条（依頼者の意思の尊重）　46条（刑事弁護の心構え）

>問題の所在

　弁護人が、被告人にとって「利益」になると判断した場合、たとえそれが被告人の意思に反するものであっても、弁護人の判断に従った弁護活動ができるのかが問題となる。これは、「被告人の利益」をどのように考えて弁護活動をすべきかという弁護人の誠実義務に関する問題である。

>解説

1　弁護人の誠実義務

　弁護人が被告人のために最善を尽くすといっても、弁護人が被告人の言うがままに活動することを意味しない。弁護人には、被告人の説明、検察官が開示した証拠、さらには自ら探索した証拠などを検討して、専門家としての的確な判断をすることが求められている。そのような検討と判断を通して、被告人のために有利な弁護方針を見い出していかなければならないのである。

　被告人が弁護人の方針を理解し、同調する場合は問題がない。しかし、ときとして、専門家としての判断にもとづく方針が被告人の希望や考えと対立する場面が生じる。

　そのような場合でも、専門的知識と経験を有する弁護人には一定の裁量権が認められる。しかし、いくら弁護人が専門家であっても、基本的な事項に関す

る対立がある場合に、被告人の希望や考えに反する弁護活動はできない。例えば、有罪か無罪かについて被告人と弁護人の意見が対立し、被告人が無罪を主張しているのに、弁護人が、その主張に耳を貸さず、その意思に反して有罪を前提とした弁護活動をすることはできない。

弁護人の役割をどう考えるかについては諸説がある（第1章総論参照）。しかし、どのような説に立っても、被告人が無罪を主張しているのに、その意に反して有罪の主張をしてもよいとの考え方はない。それは、弁護人には「公的立場に立った役割が期待されている」と考える説を含め、どのような説でも、弁護人が「常に依頼者の利益を誠実に尊重するものとする」（国連「弁護士の役割に関する基本原則」の第15原則）、被告人の「権利及び利益を擁護するため、最善の弁護活動に努め」なければならない（弁護士職務基本規程46条）とされていることを、当然の前提としているからである。

したがって、被告人が無罪を訴えているのに、その意思に反して有罪を前提とした弁護活動をすれば、誠実義務違反に問われることになる。

2 設問について

設問においては、指紋まで検出されていることに照らすと、Aの主張は一見不合理でとうてい信用できないように思える。しかし、捜査側による証拠の捏造や指紋照合の過ち等の可能性もある。Aが思い出さないだけで、何らかの原因で金庫内の小箱にAの指紋が残ったのかもしれない。それゆえ、Xは安易に捜査段階での記録だけで事案を判断してはならない。まずはAの弁明に謙虚に耳を傾ける姿勢が必要である。

つぎに、謙虚かつ柔軟な姿勢で被告人の弁明を聴き、あらゆる可能性を考えても、なおかつAが、不合理でとうてい裁判所を説得することができないような主張を貫こうとしていると思われる場合、XはAの主張を貫いた場合の公判の見通し、すなわち予想される判決や身体拘束の期間の伸延などをAに対して正確に説明する必要がある。また、その時点でXが最良と考える方針を再度説明することも必要となろう。

そのような過程を経て、それでもなおAが無実を主張する場合には、XはAの意思に反する弁護活動をしてはならない。Xには、無罪に向けた弁護活動が求められる。

設問において、XがAの意思に反して有罪を前提とする弁護活動を行うことは許されない。Aの意思に反する弁護活動は、場合によっては懲戒対象にもなりうる。

3 弁護人の保護者的機能と自己決定権

しかし、どのような場合でも被告人の意思に反する弁護活動は許されないと考えるべきだろうか。例外的に、弁護人の保護者的機能が被告人の自己決定権に優先する場面があると考える方が合理的なことがある。

その一つは、被告人の精神が正常でない場合である。被告人の「自己決定権」は、被告人が正常な判断力（事理弁識能力）を有していることを前提とする。かりに被告人が、自己の決定が裁判の結果にどのような影響を及ぼすのかを弁別できないとすれば、そのような精神状態にある被告人の決定に従うのは、弁護人が果たすべき役割、機能を正しく果たしたとは言えない。かりに被告人の自己決定が「精神鑑定を必要としない」というものであっても、精神鑑定が採用されるように最善を尽くすことも必要となる。

もう一つは、死刑の場合である。例えば死刑判決を受けた被告人が「控訴をしない」と決定したとしても、弁護人はこの被告人の意思に反してでも死刑を避けるべき弁護活動を継続することができる。なぜなら、被告人の自己決定権は、たとえ自己の生命であっても、生命には及ばないと考えられるからである。

上記の二つの極限的な場合にのみ自己決定権に保護者的機能が優先するとの見解に対しては、事理弁識能力をなくしてはいないがその能力に問題がある場合や、生命までは奪われないとしても無期懲役の場合などを、上記の二つの場合と区別する合理性があるのか、との批判もある。しかし、原則が被告人の自己決定権の尊重にあるとすると、例外的な場合を広げることには問題があるのではなかろうか。ただ、具体的事案によっては、困難な選択を迫られることが

あるであろう。

なお、葛城簡判昭55年4月2日（後掲参考判例参照）は、設問と類似の事案について無罪とした。この事案は、被告人がかつて勤務していた会社で金庫番のような仕事をしていたことがあり、この金庫が中古物として被害会社に購入されていた可能性もあるという被告人の弁解を、捜査機関は荒唐無稽なものとしてなんらそれに関する捜査を行うことなく、被告人の指紋が検出されたとの動かしがたい証拠をもとに自供に追い込んだものの、後日真犯人が現れ、被告人の冤罪が晴れたというものである。

この事案は、弁護人は被告人の言い分を無視して軽々に独自の判断をしてはならないとの教訓を示している。

参考判例
○葛城簡判昭55年4月2日（公刊物未登載）
○大阪高判昭59年8月21日判タ544号158頁（前記事件の国賠請求訴訟・認容・確定）
○広島高判平15年9月2日判時1851号155頁
　（判示事項要旨）
被告人が公訴事実につき否認したにもかかわらず、弁護人がこれを争わず、検察官請求書証を全部同意したのに対し、裁判所が被告人に同意の有無を確かめることなく、検察官請求の書証を同意書証として採用し、取り調べたことが違法とされた事例（刑訴法326条1項は、書証についての証拠能力付与の要件として被告人の同意を要求しており、本来、弁護人の同意のみでは証拠能力を付与できない）。

---

18 例えば、違法収集証拠であることが明らかな覚せい剤事案において、被告人が「所持していたことは間違いないので、罪を認めて服役します」と言い切っている場合に、弁護人が独自に違法収集証拠の排除を主張して無罪を争うことは許されるか、という問題がある。

コラム　刑事弁護ワンポイントレッスン❷

無罪判決を獲(と)る?

　無罪判決を「獲(と)った」という言い方をすることがあります。いかに困難であったかを端的に表す表現ではあるでしょう。

　たしかに、無罪判決を獲得することは弁護活動の真髄であり、最大の喜びです。

　しかし、「無実の人」が「無罪」になるのは、本来は当り前のことであって、「獲(と)る」という表現は何かそぐわないような気がします。

　弁護人は、誤って起訴された被告人のために全力を尽くし、裁判官に「無罪を発見」(後掲渡部保夫『無罪の発見』参照)させるのが責務なのです。

> 〔設問5〕無罪主張と被害弁償等
> 　弁護人Xは、以下の場合に、どのように対処すべきか。
> ① 　被告人Aは、無罪を主張していたが、Aの両親には貯えがあり、「Aが執行猶予になってくれさえすれば、被害弁償をしてもよい」と言っている。
> ② 　Xは、一審ではAの意思に従い無罪を主張したが、有罪判決がなされた。Xは、控訴審において「このままでは無罪判決を得ることは困難である」との判断をAに伝えたが、Aは「あくまでも無罪でいきたい」と言っている。しかし、Xは、無罪を主張するほかに、仮定的だとの留保を付けたうえで量刑不当の主張をし、情状弁論をすべきではないかと考えている。

キーワード

被疑者等の意思に反する弁護活動　誠実義務　後見人（保護者）的機能　仮定的情状弁護

関連条文

○弁護士職務基本規程20条（依頼者との関係における自由と独立）　22条（依頼者の意思の尊重）　46条（刑事弁護の心構え）

問題の所在

　弁護人が、被告人の主張どおりに事実を争えば、実刑になる可能性が高いとの見通しをもっているときに、基本的な主張（無罪）は維持しつつも、被告人の意思に反して有罪を前提とする被害弁償や情状弁論をなしうるかが問題となる。

解説

1 小問①について

〔小問①〕では、Xは、まずAから事実関係の詳細を聴取し、証拠にもとづいた的確な公判の見通しや身体拘束の期間等をAに説明し、両親の意向等についても伝える必要がある。そのうえで、Aと弁護方針を検討していくことになる。

その際、Xが、被害弁償をすれば執行猶予になるとの見通しをもっている場合、そのことをAに説明しておく必要がある。しかし、その前提として、Xは、証拠を十分に吟味して、裁判の行方をよく検討しておかなければならない。間違った公判の見通しを述べて、Aの判断を誤らせることがないように注意を要する。

それでもなお、Aが有罪を前提とする情状立証に反対する場合には、誠実義務からすれば、やはり情状立証はなしえないこととなろう。

2 小問②について

仮定的な情状弁論をすることが、その無罪主張にいかなる影響を及ぼすかという難しい問題である。

仮定的情状弁論をするか否かの判断は、専門家としての弁護人が的確な見通しを立ててしなければならない。しかし、客観的には的確な見通しのもとになされた適切なものであったとしても、それがAの目には「Aの意思に反する弁護活動」と映るようでは、被告人との信頼関係上問題が生じる。その結果、以後の弁護も適切にできなくなるおそれもある。したがって、Xが仮定的情状弁論は必要であると判断した場合、Aの納得を得るよう最大限の努力を払うことが必要である。どうしても納得が得られない場合には、被告人の自己決定権（〔設問7〕において詳述する）を尊重することとなろう。

3 示談における実務上の工夫

なお、実務上の留意点としては、横領罪における民事上の預り金返還義務や、

詐欺罪における騙取金の金銭貸借契約上の返済義務など、犯罪の成否のいかんにかかわらず、民事上の契約の履行という形での被害回復がはかりうる場合には、有罪を前提としない示談も可能である。したがって、その点の工夫が弁護人に求められる。

〔設問6〕早期釈放のための被疑事実の自認（事実に反する場合）

被疑者Aは、Bを含む5人組から因縁をつけられ、袋叩きになりそうになったことから、身を守るためにBを殴り返したところ、Bに対する傷害罪の現行犯で逮捕・勾留された。5人組は、「AがBに因縁をつけ、一方的にBに殴りかかってきた」と嘘の供述をしている。

Aは、弁護人Xに「一日でも早くここ（留置場）から出たいので、正当防衛は主張せずに罪を認めることにしたい」と言って、検察官と交渉をするように依頼した。

Xは、以下の場合にどのような対処をすべきか。
① Bの負傷は軽く、罰金になることが確実な場合
② Bの負傷は重く、起訴されるかもしれない場合に、Aが「執行猶予でもよい」と言った場合
③ Bが死亡してしまった場合

▶ キーワード

被疑者等の意思に反する弁護活動　誠実義務　自己決定権　被疑者等の権利・利益

▶ 関連条文

〇弁護士職務基本規程20条（依頼者との関係における自由と独立）　22条（依頼者の意思の尊重）　46条（刑事弁護の心構え）

問題の所在

　弁護人は、被疑者・被告人が早期釈放を意図して、事実に反して被疑事実を自認しようとしている場合に、弁護人の代理人的機能と、保護者的機能（後見人的機能）のいずれを重視し、弁護活動を行うのかが問題となる。

解説

　「人質司法」とまで言われるわが国の刑事裁判の現状を考えたとき、被疑者から「早期釈放を考えて、事実には反するが、罪を認めることにしたい」という相談を受けて、悩まない弁護士はいないであろう。はたして、被疑者の言うとおり、罪を認めることが事実に反しているのか否か、被疑者の真意はどこにあるのか、被疑者の意思に従うことが「被疑者の利益」にかなうのか、あるいは検察官とどのような交渉をすればよいのかなど、弁護人として考慮すべきことが多い。また、被疑者の相談にどのような対応をするかは、被疑者との信頼関係にただちに響いてくる。弁護人には、事件の重大性、被疑者の人生観、結果の予測、被害者の対応など、さまざまな要素を考えて事案に応じた総合的判断が求められる。

　設問については、最終的に、弁護人は被疑者の自己決定に従うべきであるとする考え方と、最終的にも専門家として「被疑者の利益」に従って弁護活動をすべきであり、無実の被疑者にとっての「利益」は、無罪を獲得することであるとの考え方がある。さらに折衷的な考え方として、結果の重大性により、弁護人の保護者的機能を被疑者の自己決定権に優先させる考え方がある。

　第1の最終的には被疑者の自己決定に従うべきであるとの考えに立てば、本〔小問①〕ないし〔小問③〕のいずれの場合であっても、Aの意思に従って弁護をすることになる。ただし、Aに正確で慎重な弁護人による予測内容を説明するのは当然の前提となる。

　第2の、被疑者の意向に反しても、被疑者の利益（この場合は無罪の獲得）のために弁護をすべきであるとの考えに立てば、Aの意思に従ってそのまま弁護をすることはできない。当然Aを説得することになる。それでもAが翻意を

しなければ、辞任・解任の問題が生じる。

　最後の折衷的な説では、〔小問①〕については、結果がそれほど重大ではないと考え、弁護人が罰金を前提に検察官と交渉することに問題はないとする意見が多いのではないかと思われる。しかし、〔小問②〕および〔小問③〕の事例のようにBの負傷の程度が重くなる程（〔小問③〕の場合は死亡）、弁護人がAの意思に従うのは問題であるとの意見が多くなってくるのではなかろうか。すなわち、Aに科せられるであろう刑罰（不利益）が軽ければAの意思に従うことにはそれほど問題はないが、Aに科せられるであろう刑罰（不利益）が重くなればなるほど、弁護人がAの意思にそのまま従うことには問題があると考えるわけである。

　なお、弁護人の結果に対する見通しについては、証拠の開示がされていない捜査段階と証拠が開示された後の公判段階とでは、被疑者・被告人の受ける不利益の「確実性（見通し）」に相当の差異があるので、捜査段階ではより慎重な判断と弁護活動が求められる。

〔設問7〕心神喪失と正当防衛の主張（ボンボン虫事件）

　被告人Aは「被害者Bの体からボンボン虫（この虫に当たると、その毒で死亡するという殺人虫）が湧いて出て、自分に向かって飛んできたので、このままでは自分が殺されると思い、Bを殺した。正当防衛である」と、弁護人Xに言った。Xは、Aの精神状態は心神喪失にあたると考え、Aに精神鑑定を強く勧めたが、Aは「私は正気だ。狂っていない」と、これを強く拒絶した。

　Xは、以下の①ないし③のうち、どの弁護活動を選択すべきか。
① 正当防衛を主張し、かつ、精神鑑定の請求を行う。
② 正当防衛を主張せず、精神鑑定の請求を行う。
③ 正当防衛を主張し、精神鑑定の請求を行わない。

> キーワード

誠実義務　弁護人の固有権　精神鑑定の請求　被疑者等の意思に反する弁護活動　信頼関係

> 関連条文

○弁護士職務基本規程5条（信義誠実）　20条（依頼者との関係における自由と独立）　22条（依頼者の意思の尊重）　46条（刑事弁護の心構え）
○刑事訴訟法298条1項（証拠調べの請求）　299条1項（同前）

> 問題の所在

被告人に、心神の障害があると思われる場合、その明示の意思に反する弁護活動を行ってよいか、また、その必要性がある場合には、明示の意思に反しても独自の弁護活動を行うべきかが問題となる。

> 解説

1 被告人の自己決定権と弁護人の保護者的機能

弁護人の役割をどう考えるかによって、さまざまな局面において、どのような弁護活動をすべきかの結論が異なることは前述した。そこで検討したのは、被疑者・被告人が正常な判断能力を有していることを前提とした検討であった。しかし、設問は、被疑者・被告人の判断能力が疑われる場合である。

弁護人の公的役割を強調する立場からは、被告人の意見や意思とは別に、健全かつ適正な刑罰権の行使という観点からも弁護活動が要請されることになる。また、弁護人には、専門家として、被告人の保護者的機能を果たすべき責務があるという見解によっても、一定の場合には被告人の意思に反しても被告人の利益を守るべき弁護活動をすべき場合があるとされる。設問の場合、明らかに被告人の精神障害が疑われ、被告人自身の判断では、自己の権利と利益を自ら守ることができない。これを見過ごして刑罰が科されることになると、健全・適正な司法権が行使されたことにはならない。また、被告人自身の防御能

力に問題があるときこそ、まさに弁護人の保護者的機能を果たすべきときである。いずれにしても、このような場合にこそ、弁護人は、〈被告人の意思に反しても被告人の利益を守らなければならない〉。

これに対し、被告人は、専門家の目から見れば不利益な方針であっても、その運命を自ら決定する権利をもっていることを基本に考える立場によると、説得などの手続を経た後の最終的な弁護方針の決定は、基本的に被告人の選択に委ねるべきことになる。しかし、そのような立場も、被告人が「自己決定」できる精神的肉体的能力をもっていることを前提とする。設問のように、被告人の精神の障害が疑われる場合には、「自己決定」自体ができないと考えてよい。したがって、このような見解によっても、被告人の「(不合理極りない)意思」に反する弁護活動が許されることになる。

もっとも、自己決定権をより強調する立場からは、設問のような場合でも、なおかつ〈被告人の意思に従った弁護活動を行わなければならない〉との原則を貫くべきだとの見解も成り立ちうる。

2 弁護人のとるべき方針

(1) 小問①の対応について

〔小問①〕の対応は、「弁護人Xが正当防衛を主張する」ことによって、〈被告人の意思に従った弁護活動を行わなければならない〉との原則に従うとともに、「精神鑑定の請求を行った」ことによって〈被告人の意思に反しても、被告人の利益を守らなければならない〉との原則にも従っていることとなる。また、被告人の了解も得やすいであろう。

しかし、形式的には被告人の意思に従っているようにみえて、その実、「被告人の意思」そのものがはたして「(合理的な)意思」と評価できるのかが問題である。しかも、形式的にであれ、「正当防衛を主張」することが、裁判所が行う責任能力の判断にマイナスの影響を与える可能性をも考慮しなければならない。

(2) 小問②の対応について

弁護人が〔小問②〕の方針をとることも許される。上記のとおり、〈被告人の意思に従った弁護活動を行わなければならない〉との原則の前提となる「被告人の意思」とは事理弁識能力を備えた意思である。被告人が事理弁識能力を備えていなければ、弁護人の専門的知識にもとづいた最善の方針をとるべきである。〔小問②〕の方針は弁護人として当然とるべきものと考えられる。ただし、設問のように、何人にも明らかな精神障害が窺えるような場合とは異なり、事理弁識能力の有無がそれほど明確でない場合には、どのような対応をすべきかには困難な問題が残る。

(3) 小問③の対応について

〔小問③〕の弁護活動の当否については、以下のとおり、見解の対立がある。

第1の見解は、被告人の正当防衛の主張に沿った弁護活動であり、〈被告人の意思に従った弁護活動を行わなければならない〉との原則を守るものであるから、適正と言うべきであるとする。

第2の見解は、許されないとする。この見解は、設問の事案では、被告人が心神喪失状態であることは明らかであり、心神喪失状態での被告人の意思は〈被告人の意思に従った弁護活動を行わなければならない〉という場合の「被告人の意思」とは認められない。むしろ、被告人の意思のない場合とも言うべきであって、この原則が適用される余地はなく、弁護人の保護者的機能のみが要請される場合である。したがって、〔小問③〕の弁護活動は弁護人の保護者的機能の放棄として許されないとする。

なお、この見解も〔小問③〕の弁護活動は「許されない」とするものの、「懲戒相当」とまでは言えないとしている。

第3の見解は、この弁護人の活動は不適切にとどまり、許されないとまでは言えないというものである。この見解は、被告人の心神喪失状態の明確性、すなわち具体的事案において「被告人の意思」が不健全なものであって、その意思がないとして無視してよいかどうかの判断が困難であること、心神喪失状態が強度である者ほど精神鑑定に強く反発することもあり、被告人との信頼関係の維持のためには、被告人の意思の健全性に多少疑問があったとしても「被告

人の意思」に従わざるをえない事案が少なくないこと、を理由とする。

(4) 正当防衛も主張せず、精神鑑定も請求しない場合

なお、正当防衛の主張も精神鑑定の請求も行わないことは、〈被告人の意思に従った弁護活動を行わなければならない〉との原則にも反し、〈被告人の意思に反しても被告人の利益を守らなければならない〉との原則にも従っていないので、この弁護活動を正当化することはできない。

(5) 実務的な留意点

被告人によっては、設問のように、「自分は正気だ」と言い張り、弁護人の精神鑑定の請求に強く反対し、被告人の承諾が得られないことも少なくない。

この場合、弁護人からの精神鑑定の請求をすることによって、被告人との信頼関係に亀裂が生じるような場合には、裁判所の職権による精神鑑定の採用を促すことも検討すべきである。

また、実務的には、誤想防衛、誤想過剰防衛の主張の是非を考慮すべきこととなろう。

参考判例

○最決平7年6月28日刑集49巻6号785号、判時1534号139頁
　（判示事項要旨）

死刑判決を言い渡された被告人が、その判決に不服があるのに、死刑判決の衝撃および公判審理の重圧にともなう精神的苦痛によって精神障害を生じ、その影響下において、苦痛から免れることを目的として控訴を取り下げたなどの事情のもとでは、被告人の控訴取下は、自己の権利を守る能力を著しく制限されたものであって、無効である。

〔設問8〕弁護方針が被告人と弁護人とで異なっている場合の立証活動

1　Aは、建造物侵入、窃盗の容疑で起訴されたが、無罪を主張し、弁護人Xに以下の要請を行った。Xはどうすべきか。

① 現場検証の請求

②　Aの要望する証人の尋問請求
　　③　新聞社主催の身体障害者を救う事業団への募金に対する感謝状を裁判所に提出すること
　　④　検察側目撃証人を偽証罪で告訴すること
　2　Xは、検証や証人および証拠書類の取調べ請求を行ったが、裁判所にすべて却下されてしまった。Aの無罪主張が無理なものであり、Xが証拠を検討しても却下はやむをえないと考えられる状態であった。しかし、Aは、Xに対し再度の証拠調べ請求および新たな証拠収集を求めた。
　Xはどうすべきか。

キーワード

被疑者等の意思に反する弁護活動　誠実義務

関連条文

○弁護士職務基本規程5条（信義誠実）　21条（正当な利益の実現）　22条（依頼者の意思の尊重）　46条（刑事弁護の心構え）

問題の所在

　被告人と弁護人の弁護方針が不一致（有罪無罪のような根本的部分以外の不一致）の場合の立証活動はいかにあるべきか。ことに、被告人の要望どおりの弁護活動をすることが、弁護人の考えによれば、無益あるいは有害と考えられる場合に、どのような対応をすべきかが問題となる。

解説

1　被告人の自己決定権と弁護人の保護者的機能の衝突

　防御権の主体は、被告人である。刑事裁判の経過と結果に最も直接的で強い影響を受けるのは被告人本人である。一方、弁護人は、法律および訴訟の専門

家として、被告人の権利・利益を擁護する役割を担っている。

　かかる観点からは、弁護人は、被告人が要望する証拠調べ請求について、被告人の希望を十分に尊重しつつ、かつ、それが被告人の権利・利益を擁護するために効果的なものかどうかを、専門家として検討しなければならない。検討の結果、弁護人において必要と判断した証拠調べは、それが採用されるよう十分な訴訟活動を展開すべきである。また、必要がないと判断した場合は、被告人に対し、不必要であることの理由や、もし不必要な証拠調べ請求をすると、裁判所からは「無用な証拠調べ請求をして、裁判を引き延ばそうとしている」との悪心証を抱かれかねないことなどを十分に説明し、被告人の納得を得るようにしなければならない。しかし、弁護人の説得にもかかわらず、被告人が証拠調べ請求をすることに固執して譲らないような場合が問題として残る。

　総論で述べたように、被告人の自己決定権を重視する立場からは、被告人が望む以上、その意思に従わなければならないとの結論になる。しかし、この立場でも、基本的な選択、例えば被告人が無罪を主張しているのに有罪を前提とした弁護活動をすることは許されないものの、そのような被告人の運命を決する基本的な選択に関する事項以外の法廷技術的な方針や活動に関してまで、すべて被告人の意思に従う必要はないとの考えもある。

　弁護人の保護者的役割を重視し、弁護人固有の判断を重んじる立場からは、防御の一つの方法でしかない証拠調べ請求についてまで被告人の意思に従わなかったとしても、非難はされないとの結論になる。

2　小問1の①について

　現場検証の請求がAの無実を証明するのに少しでも有益であれば、Aが希望するまでもなく、Xは証拠調べ請求をすべきである。

　犯行現場の確認は、無罪を争うような事件の場合、とくに重要である。Xは、Aの主張および検証の必要性を十分に考慮し、現場に自ら足を運ぶことが望ましいであろう。そのうえで現場検証の請求をするか否かの判断を行うこととなるが、犯行現場の確認の重要性から考えても、とくに現場検証を行うことでA

に不利益となるような事情がないかぎり、証拠調べ請求するのが相当である。

3 小問1の②について

Aが要望していても、訴訟の帰趨はもちろん、情状にとっても有益な証言がまったく望めない証人がいる。そのような場合、なぜ有益でないのかの説明をして、Aを説得する必要がある。Aが要望し、Aの防御にとって有益な証人は当然証人調べ請求をすべきである。有益か否かが不明な場合、証人テストをして判断することになる。

ただし、必要性や有益性に関して、Xの見解とAの考えが食い違う場合がある。証人として有益な証言が望めないこと、裁判所からみて必要性のない証人であること、あるいは、裁判所からみて無理な証人調べ請求を繰り返すことそのものが、Aにとって不利益に働く場合もあることなどを説明し、説得することが必要な場合もある。

そのような説明と説得をしても、Aがあくまで証人の尋問請求を求める場合にはどうすべきかが問題となる。これについては、一方では、あくまでAの要求を拒否するとの考え方もある。ただし、この場合にも、Aが独自に証拠調べ請求をするかもしれないことは、念頭に置いておかなければならない。他方、もともと被告人が望む証人の証人尋問はひろく行うのが原則であると考えれば、一見必要性や関連性に乏しいような証人でも、尋問請求すること自体は被告人の権利であるから、証拠調べ請求をして、採否は裁判所に委ねるという考え方もあろう。

4 小問1の③について

〔小問1〕の③のような感謝状は、一般的に情状面でAに有利なものと考えられる。

無罪主張を行っている場合には、情状証拠を提出することが無罪主張の姿勢を脆弱なものにするおそれもあるが、Aが提出を望んでいるのであれば、情状証拠として提出すべきであろう。また、有罪を前提とした情状証拠としてでは

なく、無実の前提となるAの善性を立証趣旨にすることも考えられる。

5 小問1の④について

　被告人が証人の証言を偽証であると主張する場合、弁護人として、まず行わなければならないのは、同証言の弾劾である。偽証罪として告訴することは必ずしも同証言の弾劾になるとはかぎらないし、被告人がいたずらに感情的になっているのではないかとの印象を裁判所に与え、情状面において不利に作用する場合もありうる。そもそも偽証罪の告訴までもが被告人に対する弁護活動のなかに含まれるか否かにも疑問が残る。しかも、告訴した場合、虚偽告訴罪の問題まで生じる可能性もある。

　事前に十分の検討が必要であり、Xは、その利害をAによく説明しておくべきである。

6 小問2について

　無罪主張が、証拠上困難である場合でも、Aがあくまで無罪主張に固執する場合は、Xも、無罪主張の弁護活動をなすべきことはすでに述べたとおりである。もちろん、事前に、Xの意見をAに十分に伝え、無罪主張で通した場合の裁判手続の進行や、判決に与える影響の予測等も十分に説明しておくことは、当然必要とされる。また、無罪立証のための証拠調べ請求も行うべきことは、これまでに述べたとおりである。

　防御権の主体は被告人であるから、被告人が再度の証拠調べ請求や新たな証拠の収集を弁護人に依頼した場合、弁護人は、可能な範囲で応じるべきである。

　ただし、それがまったく無駄と考えられる場合には、被告人に十分な説明をすることを前提として、証拠調べ請求等を行わないことも許されるであろう。

　警察や検察が収集した証拠以外に新たな証拠があれば、その収集はきわめて重要である。ことに、被告人が、相当の根拠をもって新しい証拠の存在を訴えているようなときは、弁護人は全力でその探索をなすべきである。

　しかし、被告人が収集を要請している証拠が防御にとって有益か否かは、証

人の場合と同様である。また、有益性の有無とは別に、その証拠収集に過大な時間あるいは労力を要する場合には、一般論としては、弁護人の弁護活動の範囲に含まれるかについては、消極的な見解が有力であろう。したがって、それがまったく無駄だと考えられる場合、被告人に十分な説明をすることを前提として、証拠調べ請求等を行わないことも許されるであろう。

> **〔設問9〕執行猶予期間経過を目的とする無罪主張**
> 弁護士Xは、覚せい剤所持事件の被告人Aの弁護人となった。XがAと接見したところ、Aから以下のように言われた。
> ① 「以前に執行猶予の判決を受けており、その猶予期間が過ぎるまで、裁判を長引かせてくれ」
> ② 「どうしたら長引かせることができるか」
> ③ 「実際には持っていたが、執行猶予を消すために、公判では争いたい。執行猶予さえ消せれば、そのときには認めるから」
> Xはどのように対応すればよいか。

キーワード

正当な利益　裁判手続の遅延

関連条文

○刑法25条（執行猶予）　26条（執行猶予の必要的取消し）
○弁護士職務基本規程1条（使命の自覚）　5条（信義誠実）　21条（正当な利益の実現）　22条（依頼者の意思の尊重）　31条（不当な事件の受任）　46条（刑事弁護の心構え）　74条（裁判の公正と適正手続）　76条（裁判手続の遅延）

問題の所在

執行猶予期間中に別の犯罪で禁錮以上の刑に処せられると、再度の執行猶予

が得られないかぎり、執行猶予は取り消され、前刑も併せて受刑しなければならない。しかし、裁判が長期化し、その間に執行猶予期間が満了すれば、被告人は前刑の執行を受けなくて済む。

他方、弁護士は、裁判の公正および適正手続の実現に努めなければならず（弁護士職務基本規程74条）、不当な目的のため、裁判手続を遅延させてはならない（同76条）とされている。

そこで、弁護人は裁判の進行についてどのように対応すればよいのかが問題となる。

解説

1 弁護士職務基本規程等の解釈について

弁護人は、被告人に対する誠実義務（弁護士職務基本規程5条）、最善努力義務（同46条）を負う。しかし、一方で、弁護士は、社会正義の実現（同1条）に努めなければならず、最善の努力とは、被告人のたんなる「利益」ではなく、「正当な利益」を擁護し、実現するため（同21条）のものであるとの理解もできよう。また、弁護士は、「依頼の目的又は事件処理の方法が明らかに不当な事件を受任してはならない」（同31条）とされ、さらに「裁判の公正及び適正手続の実現に努め」なければならず（同74条）、「不当な目的のため、裁判手続を遅延させてはならない」（同76条）とされている。

刑訴法1条も、公共の福祉の維持や、刑罰法令の適正かつ迅速な適用を目的とする旨規定しており、さらに、「裁判の迅速化に関する法律」も、迅速な裁判を要請している。

被告人の権利として、迅速な裁判が保障されているところ（憲法37条1項）、迅速な裁判は、被告人の権利であるとともに、社会正義実現の一つの現れであると考えることもできる。

しかし、もともと、たんなる正義ではなく、「社会正義」を標榜したのは、平等社会を前提にした平面的な正義を考えるのではなく、正義の概念に社会的弱者の保護を持ち込んだからである。刑事事件の被疑者等は、国家によって訴

追される一個人である。そのような被疑者等の利益と権利を守ることから離れて社会正義の実現はない。被疑者等の利益と権利を守ることこそがとりもなおさず、社会正義の実現であるとも言える。

被疑者・被告人には迅速な裁判を受ける権利があるが、迅速に処罰されるために協力すべき義務はない。

執行猶予についてみると、現行の法制度が、執行猶予期間中に犯罪が行われたことそのものではなく、その刑の確定を執行猶予取消の要件としている以上、執行猶予の取消を避けようとする被告人の要求は、適正な手続という正当な利益を求めるものと考えることができる。そのための防御は、不当な訴訟遅延にはあたらない。もっとも、違法不当な手段や方法を用いてはならないことは当然である。

2 弁護人の「公益性」に関する見解の対立

執行猶予が取り消された場合には前刑も併せて刑が執行されることとなり、長期の服役を余儀なくされる。被告人が、このような事態を避けたいと望むのは自然である。また、被告人には、有罪を認める義務はない。

そして、弁護人は、被告人の意思決定に従わなければならず、弁護人の義務は刑罰の軽減を図ることであるとの考えに立てば、設問の場合、被告人の意思を尊重し、被告人の望むとおりの弁護活動を行うことには問題がなく、また、そうしなければならないこととなる。

これに対して、弁護人は被告人の権利・利益の擁護とともに公益的観点から別個の義務も負っていると考える場合は、設問のような被告人の要望が被告人の正当な利益と言えるのか、弁護人にとっての正当な弁護活動と言えるのかの考察が必要となる。

しかしながら、弁護人の使命は、捜査や検察官の公判遂行、さらに裁判所の訴訟指揮および裁判の違法・不当を指摘し、被告人の権利・利益を、捜査や裁判に十分に反映させることである。

それによって、捜査に支障が生じる、あるいは裁判が長期化すること等があ

っても、弁護人が前記の弁護活動に徹することが、刑事司法全体の公正を担保し、国家が刑罰権を発動することを社会的に許容する前提となるものである。

弁護人にとっての社会正義の実現や公正かつ適正な手続の実現は、捜査側はもちろん裁判所のそれとは、おのずから異なるものと言わざるをえない。

3 被告人の正当な利益とは何か

被告人には、黙秘権が保障され、有罪を認める義務はない。かりに、実際には罪を犯している被告人が、無罪を争っても、それだけで被告人が犯人隠避罪や証拠隠滅罪に問われることもない。

このことからしても、被告人には、執行猶予期間内に早く罪を認め、執行猶予の取消を受けなければならない義務はないと言うべきである。また、被告人が執行猶予を取り消され刑務所に収容されることは、被告人が望まない事態であり、身体の自由を奪われて拘束されるのであるから、一般論としても被告人には不利益となる。

したがって、被告人が、執行猶予の取消を免れようとすることそのものは、被告人の正当な利益の追求と評価できる（少なくとも不当なものではない）と考えるべきであろう（以下、この考え方を「肯定説」という）。

これに対して、執行猶予の判決を受けた者が、その猶予期間中にさらに罪を犯したとすれば、それは、いわば約束違反（遵法精神の欠如の現れ）であり、約束を破った以上、いさぎよく刑に服すべきだとの考えもあろう。そのような説に立てば、被告人が執行猶予の取消を免れようとすることは「正当な利益」ではなく「不当な訴訟遅延」にあたることになる（以下、この考え方を「否定説」という）。

しかし、法律上は、執行猶予が取り消されるのは「……に処せられた」ことが必要とされている。しかも、その前提となる「更に罪を犯し」たことは、厳格な裁判手続で確定されなければならない。

したがって、上記の否定説は、刑事訴訟法が厳格な手続を定め、弁護人、さらには裁判所や検察官による十分なチェックを経て初めて、国家が刑罰権を発

動できるという刑事訴訟の大原則からすれば、必ずしも正しくはないと言うべきである。

そして、訴訟上の厳格な手続が履践されることで、結果的に執行猶予期間が経過し、被告人が執行猶予の取消によってその刑の執行を免れることがあっても、それは被告人が猶予期間の相当部分を無事過ごしてきたことの結果でもあり、刑事訴訟の大原則を貫くことの結果として認められるべきものである。

以上述べたところにより、被告人が、執行猶予の取消を免れようとすることそのものは、不当なことではないし、執行猶予の取消原因となる新たな罪につき、その確定について、厳格な手続を追求し、結果として猶予期間が経過することは法的に認められていると言うべきである。

4 手段・方法の相当性について

弁護人の活動は、その目的だけではなく手段・方法も相当でなければならない。

被告人が無罪を主張し、弁護人がこの主張に沿って弁護活動を行うことはなんらの問題もないが、弁護人自らが、証拠を偽造したり、故意に虚偽の証言をさせたりすること等が許されないことは当然である。しかし、さらに進んで、設問のように、執行猶予期間を経過させるために訴訟を長引かせることができるかという問題については、上記の議論を前提としつつも、その手段や方法が相当であるか否かを検討しなければならない。そして、その当否については、猶予となった刑の内容、猶予期間の残期間、新たな起訴事実に対する被告人の認否、新たな起訴事実の内容（有罪の場合にどの程度の刑が予想されるか）、新たな起訴事実に関する捜査や公判手続の内容、猶予が取り消された場合の被告人の不利益（刑期がたんに短くなること以外にも利益があるか）、これまでおよび今後の勾留日数等々が総合的に勘案される必要がある。それとともに、弁護人における事件処理可能性（弁護人の日程状況等）も総合的に勘案して、判断されるべきであろう。

ことに、捜査手続に違法がある場合、例えば違法収集証拠の問題がある場合

に、それを指摘することは、弁護人の刑事訴訟法上の義務であるとさえ言えよう。また、弁護人の日程も踏まえて、次回期日までの十分な準備期間を確保することも正当な要求である。

ちなみに、『注釈弁護士倫理』の55条（弁護士職務基本規程76条に相当する）の解説では、被告人側の生活の脅威や事業の破綻、父母の病気や妻の出産、子供の卒業という事情を例示して、被告人側の付加的利益が存在する場合、服役を一時先に延ばす方向で弁護人が助力を与えることは弁護士の使命と職責に反しないとしている。

しかし、事案の内容や、期日に行われるべき内容、弁護人の日程などからしても、十分な準備期間があり、日程確保が可能であるにもかかわらず、いたずらに日程の不都合を理由にして、訴訟の引き延ばしを図るようなことは問題である。

5 被告人からの事情聴取と被告人への助言

〔小問①〕のような要請があった場合、Xは、まずAから十分事情を聴取するのはもとより、資料を検討して、前科の有無、前刑の内容、猶予期間の満了時期等を把握する必要がある。また、今回の覚せい剤取締法違反事件についての事実関係や証拠を精査するのは当然である。その意味では、〔小問②〕のAからの質問に対しても、偏見を抱くことなく、これらの諸事情をAから聞き出すべきである。そのうえで、猶予期間経過を実現できる程度の審理期間を要する事件か否かの判断をしなければならない。

そして、すべての事情を総合考慮して方針を立てることになる。手続的違法を見い出せば、その主張をする。伝聞証拠に信用性がなければ不同意にする。かりに争いがなくとも、伝聞証拠による調書裁判ではなく、証人による直接主義、口頭主義の原則に忠実な裁判を求める。そのような弁護活動を行った結果、猶予期間を経過したとすれば、それはそれで適切な弁護活動と言うべきである。

しかしながら、猶予期間満了までの時間も長く、事案の内容からしても、弁

19　『注釈弁護士倫理［補訂版］』204頁

護側の主張・立証がきわめて限定され、弁護活動の余地も少ないような事案の場合には、裁判所は、無駄かつ故意に争ったとの心証を抱く可能性がある。そして、粛々と裁判を進めた場合よりも厳しい判決も考えられる。このような不利益を十分に説明し、Aの理解を求めるべきであろう。

　Aの今回の事案が、手続的にも内容的にも争いようのない事案の場合（覚せい剤取締法違反の場合は手続違反を追及すべき場合は少なくないと思われるが、内容的な無罪主張は難しいケースが多い）であるにもかかわらず、〔小問③〕のように、Aが執行猶予期間の満了までの時間稼ぎのみを目的に無罪で争いたいと言い張った場合は、被告人と弁護人の弁護活動方針が異なった場合に弁護人はどうすべきかの問題となる（〔設問5〕～〔設問10〕、〔設問20〕、〔設問21〕参照）。

　なお、執行猶予を言渡すため、職権で約10ケ月先に判決期日を変更したことが違法であるとの最三小決昭36年5月9日（後掲参考判例）がある。また、この取消対象となった大阪地決昭36年2月9日も、設問を考えるための参考となろう。

参考判例

○最三小決昭36年5月9日判時262号2頁（公判期日変更決定に対する検察官の異議を棄却する決定に対する特別抗告事件）

（判示事項要旨）

1. 特別抗告にも刑事訴訟法411条の準用がある。
2. 特段の必要もなく単に約10箇月半の期間経過を待つ目的で公判期日を変更することは違法で、これを維持した異議申立棄却決定は、刑事訴訟法411条の準用により取消すべきである。
3. 単に時の経過を待つ目的で判決言渡期日を10箇月半の後に変更することは、迅速な裁判の要請に反する。
4. 公判期日変更決定に対し検察官からなされた刑事訴訟法309条の異議申立を棄却した決定には特別抗告が許される。

5．被告事件の審理が判決に熟しているものと認められるのにかかわらず、専ら約10月箇半の時の経過を計る目的でなされた判決宣告期日変更決定は、刑事訴訟規則182条1項に違反する。
6．審理が判決に熟しているのに、専ら時の経過を図る目的で約10箇月半の後に期日を変更することは許されない。
7．執行猶予の言渡をすることが適正・公正と考えられるとしても、その言渡をする条件を具備させるために、判決言渡期日を10箇月半延期することは違法である。

○大阪地決昭36年2月9日判時250号8頁（判決言渡期日変更決定に対する異議申立事件）
（判示事項要旨）
1．被告人にとって苛酷な結果を招来する虞のあるときは、これを避けるため判決言渡期日を10箇月余の後に変更することは許される。
2．執行猶予の言渡をすることが適正・公正と考えられる場合には、判決の言渡期日を10箇月余延期することも適法である。

3　権利告知

〔設問10〕黙秘の勧めと不適切弁護
　被疑者Aは、ディスコで知り合った女性Bをワゴン車に同乗させた後、同車内でBに暴行・脅迫を加えて、傷害を負わせたという被疑事実で逮捕・勾留された。捜査段階で、弁護人XはAに強く黙秘を勧めた。この助言を受けて、Aは、捜査官に対し終始黙秘権を行使し、勾留質問や弁護人が請求した勾留理由開示法廷で否認供述をした。また、Xは、勾留・勾留延長に対する準抗告申立、勾留延長後の再度の勾留理由開示請求などを行ったが、いずれも棄却された。
　その後、Aは起訴された。捜査段階とは異なる弁護士YとZが弁護

人となり、Aは、和姦ではなかったかという合理的な疑いが残るとして無罪となった。

その際、無罪判決を下した裁判所は、捜査段階の弁護人Xの弁護活動に対して、「外見的には精力的に弁護活動をしているが、当時としてはまったく認容される見通しがなかったものであり、黙秘の勧めを中心とするような弁護活動は、当時としては被告人Aに変な期待を持たせると共に、検察官による公訴提起を招き寄せる効果しか有しなかったものであると評せざるを得ない」と批判した。

上記の事件における捜査段階での弁護人Xの弁護方針の妥当性をどのように考えるべきか。

キーワード

被疑者等の利益　黙秘権の行使　真実の尊重

関連条文

○憲法38条1項（不利益な供述の強要禁止）
○刑事訴訟法198条2項（被疑者の出頭要求・取調べ）　291条2項（被告人の権利の告知）　311条1項（被告人の黙秘権・供述拒否権）
○弁護士法1条（弁護士の使命）　23条（秘密保持の権利及び義務）
○弁護士職務基本規程5条（信義誠実）　21条（正当な利益の実現）　23条（秘密の保持）

問題の所在

弁護人が被疑者・被告人に憲法上、刑事訴訟法上の権利を告知するだけでなく、積極的に権利の行使を勧めること、および、権利行使が認容される可能性

20　判例は、勾留理由開示請求については、1勾留につき1回限りだとしている（最決昭28年10月15日刑集7巻10号1938頁他）が、勾留延長の「やむを得ない」事由についても、その理由開示請求が認められるべきであり、上記事件の弁護人Xは、この考え方にもとづいて、再度の勾留理由開示請求を行ったようである。

の低い状況で、被疑者等にこれらの権利を行使させることの妥当性が問題となる。

解説

1 設問の前提事案（東京地裁判決）

東京地判平6年12月16日判時1562号141頁は、強姦致傷被告事件において、被害者Bの証言の信用性が乏しく、和姦であるとの被告人の弁解を排斥できないとして、被告人Aに無罪を言い渡した。その判決中で弁護活動のあり方に言及し、以下のとおり述べている。

「記録中の勾留関係を含む手続書類や被告人の公判供述等によると、被告人は、逮捕されるや直ちにいわゆる当番弁護士を弁護人に選任し、その弁護人の強い勧告に従い、捜査官に対しては終始黙秘権を行使し、勾留質問や勾留理由開示法廷で否認供述をしたものであること、右弁護人は、勾留に対する準抗告申立、勾留期間延長に対する準抗告申立、勾留理由開示請求、警察官のワゴン車等の差押処分に対する準抗告申立を順次行い（各準抗告はいずれも理由がないとして棄却されている）、外見的には精力的に弁護活動をしていることが認められる。

しかし、当番弁護士による右のような準抗告の申立は、当時としては全く認容される見通しがなかったものであり、黙秘の勧めを中心とするこのような弁護活動は、当時としては被告人に変な期待を持たせると共に、検察官による公訴提起を招き寄せる効果しか有しなかった、まさしく有害無益なものであったと評せざるを得ない。被告人は起訴後、Y・Z両弁護士を弁護人に選任したのであるが、捜査段階から、本件のような刑事事件の捜査・公判につき的確な見通しを立てることが出来る両弁護士が一人でも弁護人に選任されていたとすれば、本件はこのような帰趨をたどらず、被告人がこれほどの苦痛を受けることもなかったであろうと惜しまれるところである」

これに対し、日弁連は、要旨「被疑者・被告人には、憲法上自己に不利益な供述を強制されない権利を保障され、刑事訴訟法も黙秘権を保障している。被

疑者・被告人は、黙秘権の行使が自己にとって利益になるか否かを問わず、刑事手続のあらゆる場面において黙秘権を行使することができる。黙秘権の行使をするか否かは、もっぱら被疑者・被告人側の自由に属する事柄である。黙秘権の行使が、かりに捜査の進行に支障をきたしたとしても、それは、法の予想することであって、これは、捜査妨害として、非難される事柄ではない」との見解を示した。

2　黙秘権行使の勧めの正当性

　弁護人は、黙秘権の行使について、たんに権利の存在を知らせるだけでなく、諸般の事情に鑑みて、これを行使すべきか否かを的確に判断して、助言し、被疑者・被告人に行使させる責務を負っている。そして、場合によっては被疑者等の意思決定に強く働きかけることも弁護人の義務である。

　全米法律扶助・弁護人協会（NLADA）の「刑事弁護のための行動ガイドライン」は、接見に際して、「まず弁護人に相談することなく事件の事実につき、誰にも話してはならないことを指示すべきである」としている。わが国の場合にも妥当するガイドラインであり、アメリカ合衆国とは違った理由ではあるが、黙秘権の行使や調書への署名・指印の拒否を強く助言することこそが適切な弁護活動であることが少なくない。

　わが国の供述調書なるものは、密室での長期間、長時間の取調べのなかで作成される。しかも、その調書は、取調べ官と被疑者の問答をそのまま録取するのではなく、取調べ官が被疑者の一人称スタイルで作成するという世界的にもあまり例をみないものである。ある外国の法曹は日本の調書を「取調べ官のエッセイである」と評した。のみならず、その取調べや調書作成状況は、日弁連の要求にもかかわらず不可視なままに放置されている。

　このような取調べと調書作成の現状を前提とすると、被疑者の供述がそのまま調書に記載される見込みはまったくない。趣旨において間違いではないという限度であれば、調書に問題がないと言えるのかもしれない。しかし、無実であることを訴える被疑者が取り調べられているときは、密室での取調べの結果

作成される一人称スタイルの調書こそが最大の問題となる。否認している被疑者を相手に、取調べ官が誘導・誤導などを行って、いかにも被疑者が嘘をついているような調書を作成することなどはいとも容易いことである。

したがって、設問の事例で、黙秘権の行使を強く勧めることは、問題がないどころか、正しい弁護活動であると言うべきである。

法務省が黙秘権行使の勧めを『捜査妨害』であるとして非難するのも、そもそも取調べ状況が不可視な密室で取調べ官が作成する供述調書なるものの問題点を棚に上げた立論である。取調べの現状を前提にすると、黙秘権の行使を勧めるべき事件は多い。法務省の見解は正当な弁護権の行使を理由なく非難するものである。

3 法的救済手続の履践の正当性

弁護人が、勾留・勾留延長に対する準抗告申立、勾留理由開示請求などを行うことも、問題がないどころか、いずれも正当かつ適切な弁護活動である。上記判決は「外見的には精力的に弁護活動をしているが、当時としては全く認容される見通しがなかったもの」であるなどと述べている。しかし、同判決の論理は、自らの間違いを棚に上げたまったく転倒した考えにもとづいている。同判決によれば「和姦」であったというのであるから、被疑者がはじめに否認していたのが正しく、逮捕・勾留した捜査側が間違っていたことになる。結果的には、弁護人が勾留理由開示請求や勾留・勾留延長に対する準抗告をしたのは正しく、準抗告を棄却した裁判が誤っていたことになる。裁判はその時点における証拠にもとづくので、それほど単純には言えないとしても、弁護人の請求を認容しなかった裁判所自らの間違いを棚にあげて、間違いを正そうとした弁護人の熱心な弁護活動を非難しており、論理的にも結論においても誤っている。「検察官による公訴提起を招き寄せる効果しか有しなかった」などというのも、和姦を強姦と間違った起訴をしたのは検察官であるのに、強姦ではないとしてあらゆる弁護活動をした弁護人が間違いであるように言うもので、正しい評価とは言えない。

法務省が、弁護人の身体拘束解放手続や勾留理由開示請求を捜査妨害であると非難するのも、これらの権利が被疑者・被告人の権利であることを棚に上げた立論である。「人質司法」「監禁司法」と呼ばれる憂うべき司法の現状を打破するためには、これらの権利を積極的に行使していかなければならない。

　したがって、前記判例の見解や法務省の非難は、違法・不適切な身体拘束手続の運用を所与のものとして、正当な被疑者等の権利をことさらに認めようとしないものであって、根本的に間違っている。

4　黙秘権行使の困難性と弁護人のフォローの必要性

　もっとも、被疑者が黙秘権を行使するのはそれほど容易いことではない。取調べ受忍義務を否定する学説でさえ、取調室滞留義務なるものを認めている。取調べ官は被疑者が「黙秘する」と明確に意思を表明しても取調べをやめない。実際には黙秘権の行使を明確に表明している被疑者に対して、繰り返し供述するよう求めることが堂々と行われており、裁判所もそのような取調べを違法とは判断しない。前記のような裁判所の考え方をみれば、そのことは容易に理解できよう。

　その結果、黙秘権行使を積極的に勧めたときに被疑者が取調べ室でどのような状態におかれるかを理解しておかなければならない。そして、被疑者に何が起こるかを説明しておかなければならない。さらに、取調べ官は言うに及ばず裁判官でさえも、黙秘権の行使が被疑者・被告人の当然の権利行使であるとの意識が希薄であり、何か特別のことをしているような感覚をもって受け取られることも考えて対処することが必要である。弁護人が被疑者等に黙秘権行使を積極的に指導するときには、取調べ官は被疑者等に対して、そのような助言・指導をする弁護人があたかも普通の弁護士ではないかのように吹き込むであろうことまでをも説明し、被疑者等が動揺しないようにしておかなければならない。

　以上述べたところをよく理解したうえで、被疑者等に黙秘権行使を積極的に指導するか否かは、弁護人の的確な情勢判断と防御方針の選択にかかっており、

弁護人の技量が最も問われるところである。また、被疑者等の自由な意思を尊重するという姿勢も必要である。

5　実務上の留意点

　事案によっては、積極的に否認供述をし、あるいは自供をすることのほうが、被疑者等にとって有利な展開になる事案が少なくないことも事実である。なお、この点については、財前昌和「被疑者の供述の証拠化」（季刊刑事弁護15号〔1998年〕36頁）などの後掲の文献を参照されたい。

〔設問11〕黙秘の妥当性・取調べ立会・署名拒否
　被疑者Aは、社長専用車を借りて帰宅途中に飲酒運転をしていたところ、スピード違反で検挙された。所持品検査の結果、同車のダッシュボードの中から覚せい剤が発見され、覚せい剤所持容疑で逮捕された。
　接見した弁護人Xは、Aから以下のように言われた。Xは、どのように答え、どのように対応すべきか。
　① 「私は車の中に覚せい剤があることを知りませんでした。私の言い分を素直に取調べ官に説明してもよいか、それとも黙秘したほうがよいか、アドバイスをして下さい」
　② 「黙秘すると勾留が長引いて、かえって不利になりませんか」
　③ 「黙秘すると、私にとってどういうメリットがあるのですか」
　④ 「私は黙秘するつもりですが、それよりも留置場から出ることを拒否して、取調べを受けること自体を拒否できないのですか」
　⑤ 「先生に取調べに立ち会ってもらうことはできないのですか」
　⑥ 「供述録取書への署名拒否はできるのですか。署名拒否をする場合、警察官や検察官に対して、どう言えばよいのですか」

[キーワード]

被疑者等の権利・利益　黙秘権の行使　黙秘と勾留　取調べ受忍義務　取調べ立会権　調書への署名・指印の拒否

[関連条文]

○憲法38条1項（不利益な供述の強要禁止）
○刑事訴訟法60条（勾留）　198条（被疑者の出頭要求・取調べ）　207条（被疑者の勾留）　311条1項（被告人の黙秘権・供述拒否権）

[問題の所在]

　黙秘権の行使にともなって、実務上どのような影響があるかを踏まえつつ、どのように被疑者に助言すべきかが問題となる。また、弁護人の取調べへの立会、供述調書への署名・指印の拒否についても同様の問題が生じる。

[解説]

1　黙秘権行使の弁護例

　〔小問①〕のようなアドバイスを求められた場合、被疑者の真摯さ、性格、知性などの資質、事案の性質により対応も異なってくると思われる。そのため本稿においては参考例を述べるにとどめざるをえない。

　Aに対し、弁解録取時には「車の中に覚せい剤があることを知らなかった」旨の供述をし、それ以降は黙秘するように勧める。Aが黙秘権を行使すると取調べ官は一層供述をするよう圧力をかけたり、弁護人を悪し様に言う取調べをするであろうから、それに耐えられない場合のことも助言しておく。具体的には、「黙秘できない場合、取調べ官に自分の弁解を述べてもやむをえないが、その場合も調書に署名・指印をしないように」などと注意することになる。

　当初から完全黙秘をすることも、一つの弁護方針ではある。また、「ダッシュボードの中に覚せい剤があることを知らなかった」という弁明だけであれば、たとえ供述したとしても失うものは何もないと考えることもできる。

完全黙秘を勧める場合、そのようなアドバイスをする理由は、以下のとおりである。また、この理由は同時に〔小問③〕に対する回答でもある。

　前設問で述べたとおり、取調べは不可視であり、その不可視の密室から一人称かつ独白スタイルの調書なるものが現れてくる。また、いったん調書が作られてしまうと、実際に供述したことではなく、調書に記載されたことがすなわち供述になってしまう。さらに、調書作成による不利益以前に、事情を「素直に」供述した場合には、捜査官がそれを素直には受けとめずに、嘘を述べて罪を逃れようとしていると考えると、捜査官はAの供述内容を否定する証拠集めをすることとなる。かりにAが嘘を言っているのであれば、問題は比較的少ない。しかし、Aの弁明が事実である場合、いったんその事実を否定するような証拠集めをされてしまうと、きわめて困難な反証を強いられることになる。

　このような事態を避け、Aにとって不利益な調書が作成されることを阻止するためには、黙秘がベストである場合が多い。

　その後、Xが接見を重ねて事情を聴取し、Aの弁明に筋が通っており、かつ、不起訴の可能性がある場合には、検察官だけには事情を説明して検察官調書を1通だけ作らせる。このような判断をする必要があるのは、黙秘だけで通した場合、検察官は黙秘だけを理由にして起訴に踏み切ることがありうるからである。微妙な判断ではあるが、黙秘の後、時期をみて調書を作成させることが有効な場合がある。

　弁護士職務基本規程5条は、「弁護士は、真実を尊重し」なければならないと規定するが、被疑者等の権利・利益を擁護するという原則が優先すると考えるべきである（弁護士職務基本規程21条、同46条。〔設問20〕参照）。

2　黙秘権行使の際の捜査側の対応と取調べ拒否

　黙秘権を行使した場合に、捜査側のどのような対応が考えられるかに関する設問の一つが〔小問②〕である。勾留が長引くことは必定である。勾留延長されて20日間は勾留されるであろう。ただし、現在の実務では勾留は20日間が原則であるかのような運用がなされているので、「黙秘したから」延長されると

いうわけでもない。

　また、前設問で解説したとおり、被疑者が「黙秘する」と明確に意思を表明しても、取調べ官は取調べをやめない。取調べ受忍義務を否定する学説のなかにさえ、刑訴法198条1項が「但し、被疑者は、逮捕又は勾留されている場合を除いては、出頭を拒み、又は出頭後、何時でも退去することができる」と規定していることから、取調室滞留義務なるものを認める説がある。さらに実務では、黙秘権の行使を明確に表明している被疑者に対しても、執拗に供述するよう求めることが堂々と行われている。そして、裁判所もそのような取調べに対して違法の判断を下さない。したがって、〔小問④〕に対する答えは、「黙秘権を保障するには、本来、取調べを受けること自体を拒否できるはずであり、取調べを受けないために留置場から取調べ室に出ること自体を拒否することができると考えるべきであるが、日本の現在の実務を前提とすると、拒否することは至難の技である」ということになる。

　アメリカにおけるミランダルール（黙秘権保障）のもとでは、黙秘権行使は取調べ拒否権と同義に解されている。イギリスでは、そこまでの解釈はなされておらず、それゆえに取調べのテープ録音化がなされている。

3　取調べへの立会権

　警察や検察は、取調べの可視化を、「密室でなければ真実は聞き出せない」などと、検証不能で、多くの虚偽自白が密室で作られた冤罪事件の歴史から何一つ学ぼうとしない不当な理屈で拒否している。密室でしか取調べができないというのであるから、もちろん弁護人の立会を認めない。逮捕・勾留中の被疑者の取調べに弁護人が立ち会った例は絶無に近い。したがって、〔小問⑤〕の質問に対する答えは、「君の取調べに立ち会いたいが、警察官や検察官は不当にも絶対認めないだろう」ということになる。

　結局、Aが明確に黙秘権の行使を言明している場合にも、密室で弁護人の立会なしに、録画・録音もされないまま延々と取り調べられることになる。黙秘権の侵害以外のなにものでもないが、警察官も検察官もそのように対処するで

あろうことを、あらかじめAに忠告しておかなければならない。

4 黙秘と不利益処分

問題は警察官と検察官の対応だけではない。〔設問10〕のような判断をする裁判官にかかれば、有罪の場合に「否認料」（有罪の宣告がされる場合に、否認していたことが量刑上不利に考慮されること）が加算されることもありうる。したがって、黙秘するときには、これらの不利益も考慮したうえで黙秘することになろう。

以上を前提として〔小問②〕を考える。〔小問②〕に対する答えは「黙秘すると勾留が長引いて、かえって不利になることもありうる」ということになる。しかしそれでも、黙秘が最良の防御方法となる場合がある。否認事件では、無実を訴えるために警察官や検察官に供述しても、警察官や検察官がそれを偏見なしに受け取るとはかぎらない。被疑者は嘘をついて言い逃れをしていると考えると、供述から得られた事実の裏付けを取ったり、誤解を解いたりするのではなく、供述を潰すために捜査をしたり、いかにも被疑者が嘘をついていたという印象を与えるような調書を作ることもある。人の記憶はしばしば不正確である。無実の人であればあるほど、無実を分かってほしいと思うあまり、取調べ官から追及されるままに、こと細かく説明したくなる。それが、後に「言うことがコロコロ変わった」とか、「すぐ分かるような嘘をついた」とかという理由で、否認の供述そのものが信用されないことにつながりかねないことにも配慮が必要である。

5 弁護人の支援活動の必要性

基本的な権利である黙秘権の行使をするだけなのに、以上のように難しく考えなければならないところに、現在の刑事手続の病巣がある。ともあれ、要は、上記のようなさまざまな困難があることをよく理解したうえで、被疑者にもよく説明し、黙秘権行使をするときには断固として行使するよう助言すべきである。そして、被疑者にその行使をさせるだけでなく、弁護人も、黙秘権の侵害

に対して抗議するなど、全力で被疑者を支えることが必要である。

6 署名拒否権の活用

　黙秘権の行使はせずに供述をしつつ、取調べ官が密室で作成する警察官調書、検察官調書がそのまま証拠となることを阻止する手段はあるか。

　刑訴法198条は検察官、警察官らによる被疑者の取調べと調書の作成に関する規定である。同条5項は、「被疑者が、調書に誤のないことを申し立てたときは、これに署名押印することを求めることができる」が、被疑者が署名・押印を「拒絶した場合は、この限りでない」と定めている。すなわち、調書に誤りがあればもちろんのこと、誤りがなくとも、調書への署名・押印を拒絶できると定めているのである。供述録取書への署名拒否に理由はいらない。したがって、〔小問⑥〕の質問に対する答えは「当然できる。『拒否する』と言えばそれで足りる」ということになる。より丁寧な助言としては、Aに刑訴法198条5項の内容を詳しく説明することとなる。

コラム 刑事弁護ワンポイントレッスン❸

ケンメン？　インメン？

　検察官の作成した供述録取書のことを「ケンメン」「検面調書」と言う人がいます。これは、「検察官の面前における供述を録取した書面」（刑訴法321条1項2号）の「面前」の「メン」をとったものでしょう。

　しかし、このような用語は、検察官の面前（密室）で述べられたことがきちんとそのまま調書に録取されているかのごとき錯覚を生じるので、使用すべきではありません。調書には、被疑者が本当に供述したことが書かれているのではなく、検察官が問い質した結果がまとめて記載されているにすぎないのです。

　ましてや、司法警察員に対する供述調書を何の根拠もなく「インメン」「員面調書」などと呼ぶのは無意味かつ有害です。

　検察官が作成する調書なのだから「検察官調書」、警察官が作成する調書なのだから「警察官調書」と正しく呼びましょう。

〔設問12〕余罪への対応・供述拒否

　Bから覚せい剤を譲り受けたという被疑者Aから、「警察官から、『本件以外にもBから覚せい剤を受け取ったことがあるだろう』と追及されています。今回の事件とは別の事件についても答えなければいけないのですか」と聞かれた場合に、弁護人Xはどのように対処すべきか。

キーワード

余罪　事件単位の原則　黙秘権　供述拒否権

関連条文

○憲法38条（不利益な供述の強要禁止、自白の証拠能力）
○刑事訴訟法198条（被疑者の出頭要求・取調べ）　291条2項（冒頭手続）
　311条1項（被告人の黙秘権・供述拒否権、被告人質問）

問題の所在

　捜査官による被疑者・被告人に対する余罪の追及に関して、弁護人はどのような助言をすべきかが問題となる。

解説

1　余罪に対する供述拒否権

　被疑者・被告人には黙秘権がある。したがって、被疑事実がいかなるものであっても「答えなければならない」ことはなく、この点には争いがない。しかし、「答えるか否か」以前に、取調べを受忍すべき義務があるか否かについては周知のとおり争いがある。取調べ受忍義務があるとする説でも、あるいは取調室滞留義務なるものを認める説でも、それは被疑事実に関する取調べについてである。取調べ受忍義務を認める説も、被疑事実以外の事実についての取調

べ受忍義務を認めてはおらず、被疑事実以外の取調べは任意の取調べになると解している。

したがって、設問の被疑者Aからの質問に対する答えは、「被疑事実であっても供述を拒否できる。いわんや別件においてをや」ということになる。

2 積極的な供述による対応の検討

ただし、答える義務はないとはいっても、答えたほうが被疑者にとって利益になる場合もある。例えば、供述を拒否していても、別件での逮捕状が容易に発付されると考えられる場合で、被疑者が事実を認めているようなときには、取調べに応じても不利益がない。さらに、将来発覚することが確実であるけれども、いま現在警察は確実に誰の犯行かを確認していないような場合に、自首が成立する余地もある。ただし、そのときには、いったん供述を拒否して、房に入ったうえで、自ら取調べを受けることを申し出て、あらためて自白するだけの慎重さが必要である。

4 身体拘束からの解放

> [設問13] 身体拘束解放手続の履践と捜査妨害
> ① 被疑者・被告人が（準）抗告などの身体拘束解放手続を取ってくれるように求めてきた場合には、弁護人は必ず手続を取らなければならないか。
> ② 以下の弁護人の対応に問題はあるか。
> ア 弁護人は、勾留延長請求の1日前に接見等禁止の裁判に対し準抗告をした。
> イ 弁護人は、勾留延長期間満了日の直前に勾留理由開示請求を行った。

> キーワード

身体拘束からの解放　（準）抗告

> 関連条文

○憲法34条（抑留・拘禁に対する保障）
○刑事訴訟法83条〜86条（勾留理由開示）　87条（勾留の取消し）　88条（保釈の請求）　89条（必要的保釈）　90条（裁量保釈）　91条（不当に長い勾留の取消し、保釈）　206条（制限時間遵守不能の場合の処置）　420条（判決前の決定に対する抗告）　429条（準抗告）
○弁護士職務基本規程47条（接見の確保と身体拘束からの解放）

> 問題の所在

　刑事訴訟法には、勾留されている被疑者・被告人を身体拘束から解放するための手続が定められている。また、弁護士職務基本規程には、弁護士は「身体拘束からの解放に努める」と規定されている。この履践が捜査活動と一見「衝突」するようにみえる場合がある。その場合に弁護人はどのように考えて何をすべきかが問題となる。

> 解　説

1　小問①について

(1)　身体拘束解放手続の必要性の検討

　刑事訴訟法には、勾留決定に対する（準）抗告、勾留延長決定に対する（準）抗告、勾留取消請求、保釈など、勾留されている被疑者・被告人を身体拘束から解放するための手続を定めている。しかし、通常の事件では、刑事訴訟法が定める手続をすべて履践することは少ない。それは、法律上、身体拘束からの解放が認められそうにない場合、あるいは過去の実務例に照らすと、裁判所が身体拘束からの解放を認めないだろうと予測できる場合があるからである。

　法に規定があるからといって、闇雲に手続をとるのが弁護人ではない。事件

や捜査の進展状況などに照らして、適切な時期に適切な手段をとるのが専門家である弁護人の役割である。場合によれば、被疑者等の希望があっても、将来を睨んで手続を見送ることもありうる。

しかし、だからといって、実務の流れにそのまま従って足れりとするのは正しくない。かりに認められないであろうことが予測でき、法の定める手続を忠実に履践することが「無駄な努力」にみえるときでも、身体拘束からの解放のための手続をとったほうが良い場合も多い。

(2) 身体拘束解放手続を履践する義務

身体を拘束されている被疑者・被告人を、できるかぎり、そして速やかに解放することは弁護人の基本的な職責の一つである（弁護士職務基本規程47条）。しかし、〔小問①〕のように、被疑者等の求めがあるかぎり「必ず」その手続をしなければならないかというと、単純にそうとは言いがたい。例えば、殺人事件のような重大な事案では、被疑者が事実を認めているような場合でも、勾留に対する準抗告をしても、なかなか認められないであろう。あるいは、保釈請求をしても認められないであろう。そのような場合であっても、例外的に、準抗告や抗告などの身体拘束解放手続を取ることが必要なことはあるかもしれない。

しかし、そのような身体拘束解放手続をとっても、認容される見込がまったくない場合にも、なおそのような手続をとる義務があると断言するには躊躇を感じざるをえない。被疑者等からの希望があっても身体拘束からの解放の手続をとらないこともありうる。ただし、弁護人は、被疑者等の希望にそった手続を履践しない場合には、その理由についての十分な説明を被疑者等にしなければならない。

そのような説明をして説得しても被疑者等が納得せず、強くその手続を求める場合にはどうするかが、最後のそして基本的な問題である。

このような場合についての考えは二通りある。

一つは、そのような場合であっても、弁護人は被疑者等の主張や希望は聞きつつも、被疑者等の言うとおりに弁護活動をする必要はなく、被疑者等とは独

立した弁護方針にもとづいて活動すれば足り、それこそが弁護人の役割であるとする考えである。この考えに立てば、被疑者等の希望する手続をとらなくとも問題はない。

　もう一つは、そのような手続をとっても認められる余地がないことを説明して被疑者等を説得しても、なお、被疑者等が希望する場合には、希望に従って手続を履践すべきであるとする考えである。この考えは、刑事手続において、被疑者等には最終的な自己決定権があり、違法不当な要求や希望であればともかく、実務上では認容されない見通しが確実でも、法が認める手続を履践することはなんら違法ではないから、最終的には被疑者等の希望に従うべきであるとする。

　したがって、〔小問①〕に対する答えは上記の二つの考え方によって異なる。

2　小問②について

　検察官の立場からは、勾留延長請求直前に、接見等禁止の裁判に対して準抗告をするような弁護活動は、真相解明のための捜査活動を違法・不当に妨害する弁護活動であるとの非難がなされている。また、勾留延長期間満了日の直前に勾留理由開示請求を行うような弁護活動も捜査活動を妨害する不当な弁護活動だと主張される。

　しかし、そのような批判は根本的なところで間違っている。法の趣旨は明らかに身体拘束を例外としている。例えば、罪証隠滅を理由に例外的に保釈を認めない場合の要件は「罪証隠滅を疑うに足りる相当な理由」の存在である。にもかかわらず、実務の運用は、「罪証隠滅のおそれ」がありさえすれば保釈が認められない。このような間違った実務の運用を前提として、法が認める手続を履践することがあたかも捜査妨害であるかのように批判することは本末転倒した考えと言わなければならない。

　検察官が「捜査妨害」だという理由は、準抗告をすると裁判所から記録の提出を求められ、検察官の手元に記録がなくなるからであったり、勾留理由開示公判に被疑者等が出頭するから取調べができないというものである。しかし、

そもそも、そのような理由で「捜査活動の妨害」だなどと言うこと自体が間違っている。記録を裁判所に提出しなければならないから「妨害された」などということが、まともな言い分とは考えられない。さらに、被疑者は取調べの客体である前に当事者であるから、その被疑者が裁判所に出頭することを「妨害」などと捉えることは本末転倒と言うべきである。

> **コラム** 刑事弁護ワンポイントレッスン❹
>
> # 「ヨンパチ」
>
> 　警察官は、よく「認めたらヨンパチで帰してやる」とか「ヨンパチで帰れるから弁護士はいらん」などと言います。また、被疑者からも「ヨンパチで帰れるようにしてください」と言われることがあります。
> 　この「ヨンパチ」というのは、逮捕した後48時間以内に検察官送致をしなければならなくなっている（刑訴法203条1項）ことから、検察官送致をせずに微罪処分（刑訴法203条3項。改正後は同条4項）で済ませることを言うものです。もっとも、勾留されずに72時間以内に釈放されることも「ヨンパチ」と言うことがあります。

〔設問14〕否認と身体拘束からの解放
　被疑者Aは、社長の専用車を借りて、帰宅途中に飲酒運転をし、スピード違反で検挙され、所持品検査の結果、同車のダッシュボードの中から覚せい剤が発見され、覚せい剤所持容疑で逮捕された。
　Aは弁護人となった弁護士Xに対し、以下のような質問をした。Xはどのように対処し、回答をすべきか。
① 「警察官から、『覚せい剤を持っていたことを認めたら10日間の勾留で出してやる。しかし、否認したらいつまでも勾留してやる』と言われました。認めて早く出たいのですが」
② 「警察官から、『否認していたら保釈は認められない』と言われました。本当ですか」
③ 「いったん事実を認めて、保釈された後に、再び否認したいと思いますが、どうですか」
④ 「いったん、被疑事実を認めて、保釈が通ってから、否認して頑張りたい。先生、そうなっても、弁護してくれますね」
⑤ 「警察官から、『社長も覚せい剤のことは知らないと言っている。このままだとお前だけが有罪にされるぞ。社長から頼まれて預かっていたことにしたらどうだ。そうすればお前の刑は軽くなる』と言われました。否認したまま有罪にされるのと、社長から預かっただけだという形で一部認めるのとでは、どっちの刑が重いのですか」
⑥ 「このまま否認を続けて覚せい剤が私の物だとされて起訴されるより、覚せい剤は社長から預かっただけで自分のものではない、と説明した方が、結局は私にとって得なのではありませんか」
⑦ 「私が嘘を言ったら、偽証罪などの別の犯罪を犯すことになるのですか」

> キーワード

被疑者等の権利・利益　取調べの実態　自白　勾留　保釈　虚偽供述　誠実義務　真実義務

> 関連条文

○刑法103条（犯人蔵匿等）　104条（証拠隠滅等）　169条（偽証）
○刑事訴訟法60条1項2号・3号（勾留）　89条（必要的保釈）　90条（裁量保釈）　207条（被疑者の勾留）　208条（勾留期間、期間の延長）
○弁護士職務基本規程5条（信義誠実）　46条（刑事弁護の心構え）　75条（偽証のそそのかし）

> 問題の所在

　捜査担当者は、自白を獲得するために被疑者を威迫したり、嘘を言ったり、利益誘導をしたりすることがある。それによって動揺している被疑者に弁護人としてどのようなアドバイスをして励ますのかが〔小問①〕〔小問②〕および〔小問⑤〕〔小問⑥〕の問題である。捜査担当者による威迫と利益誘導によく登場するのが「保釈」である。保釈が威迫や利益誘導に登場するのは、保釈が容易には認められないという実情をよく反映している。この実情から、保釈のために方便を用いようとする被疑者が現れる。ある意味での病理現象である。これにどのようなアドバイスをすべきかが〔小問③〕〔小問④〕の問題である。〔小問⑤〕〔小問⑥〕は、上記のような取調べにいかに対応するかの問題であるとともに、事実の存否とは別に、どのような供述をするほうが刑が軽くなるかという観点からアドバイスを求められた場合の問題でもある。〔小問⑦〕は〔小問⑤〕〔小問⑥〕と関連する。〔小問⑤〕〔小問⑥〕は事実がどうであったかとは別の観点で供述しようとしている場合の問題である。すなわち、被疑者が嘘を言った場合にどのような影響があるかについて、どのようなアドバイスをすべきかの問題である。

解説

1 否認と勾留・保釈

(1) 被疑者に対する助言と十分な事情聴取の必要性

　被疑者が否認している場合、捜査担当者から、〔小問①〕のように「否認をしていると調べが終わるのが遅くなる」とか「勾留が長引く」とか、あるいは「(つぎつぎと逮捕・勾留を繰り返して)いつまでも出られないぞ」などと言われたり、〔小問②〕のように「否認していたら保釈は認められない」と言われることは珍しくない。これに対し「認めて早く出たい」と言い出す被疑者もけっして少なくない。

　まず、残念ながら、否認をしていると勾留が長引いたり、保釈が認められないのはそのとおりである。捜査担当者が嘘を言っているわけではない。それゆえ、〔小問②〕の質問に対して単純に答えると「そのとおり」ということになろう。ただし、付け加えれば、「自白をしても保釈が認められるか否かは微妙な事案である」ことを伝えなければならない。なぜなら、たとえいったん被疑事実を認めても、当初否認していたので、公判になって再び否認するのではないかと危惧して保釈を認めない裁判官もいるからである。また、かりに執行猶予期間中の事件であれば、特段の事情がないかぎり、実刑の可能性が高く、逃亡の「おそれ」ありとされる。したがって、自白しても保釈が認められない可能性があることに留意してアドバイスをすべきである。

　つぎに、〔小問①〕のような相談を受けた場合に、まず弁護人がなすべきことは、被疑事実が事実かどうかの確認である。被疑者に聞いたからといって、真実が話されるとは限らないが、被疑者に聞くほかない。被疑者から事実を聞くときのコツはいつでも同じである。詰問するのではなく、受容的にゆっくりと聞くのがよい。早急に結論を求めてはならない。その結果、被疑者が「弁護人にも今まで否認していたけれども、自分に対する被疑事実はそのとおりである」などと言った場合は、否認を撤回することになろう。ただし、その際にも、認めたからといって必ずしも10日間の勾留で出られるわけではないことを明確に説明しておく必要がある。

これに対し、被疑者から、「身に覚えがないけれども早く出るために虚偽でもよいから被疑事実を認めたい」と言われたときの対応には慎重を要し、どのように対応すべきかは弁護士によって考え方の違いが生じるだろう。

ただ、考え方の違いはあっても、被疑者からそのように言われれば、あらためてまず、早く出たいと考える被疑者の事情や悩み・気持ちをよく聞き、相談にのることが重要である。「嘘の自白はするな」と紋切り型の対応をするだけでは、被疑者の信頼を失うことになりかねない。

そのうえで、嘘の自白をすることがどういう結果をもたらすのかを説明し、自白せずに頑張るよう励ます。ここまではあまり異論はないであろう。しかし、ここから先は弁護士によって対応が異なる可能性がある。

(2) あくまでも嘘の自白をしないように助言する立場

弁護人には、被疑者・被告人の利益のために全力を尽くすべき義務がある。たとえ、弁護人が有罪と考える被疑者等であっても、被疑者等が無罪だと訴える以上は、無罪獲得のために弁護活動をしなければならない。被疑者等が無罪を主張しているのに、有罪である旨弁論をしたり、有罪の方向での伝聞証拠に同意したりすることが許されないことには、ごく少数の例外を除いてほぼ異論がない。しかし逆に、証拠や被疑者等本人の言動からして、被疑者等が無実であると考えられるのに、有罪であることを前提とした弁護活動をするように依頼された場合にはどうするか。この問題は古くから論じられてきたが、弁護士によって結論は異なる。

有罪と考える被疑者等について無罪の主張をすることは被疑者等の利益にはかなうが、逆に、無罪の被疑者等について有罪の主張をすることは、その利益に反すると考えると、嘘の自白を容認できないことになる。このような考えは、被疑者等の「利益」を客観的にかつ訴訟的にみることを前提としている。無罪は「利益」、有罪は「不利益」と考えるのである。

このように「利益」「不利益」で考えるのでなく、「真実義務」から考える立場もある。弁護人には積極的な真実義務、すなわち、有罪の証拠を見つけ出したり、有罪であることを隠してはならないという意味では真実義務はないもの

の、無罪であるのに有罪だと主張したり、無罪であることを隠したりしてはならないという意味での消極的真実義務があると考えるのである。この立場からも嘘の自白は容認できないことになる。そうすると、被疑者に対する助言は、「絶対嘘の自白をするな」というものとなる。

　しかし、それでも被疑者が、嘘の自白をし、かつ、有罪を前提とする弁護活動を頼んできたときにどうするかがつぎの問題である。消極的なものであれ、真実義務を重視すると、説得に応じない依頼人に対して最終的には辞任することになろう。

(3)　被疑者・被告人の意思に従う立場

　弁護人の役割は、被疑者・被告人の利益を守ることであると考えることを前提にする。しかし、利益・不利益を単純に、「無罪・有罪」「実刑・執行猶予」「長期刑・短期刑」といった具合に考えない立場に立つと、答えは違ってくる。現在の実務では、かりに冤罪であっても、否認をしていると相当長期の勾留を覚悟しなければならない。被疑者等は、一時的にでも保釈で出たいと願う人がほとんどである。たんに出たいというだけでなく、保釈で出ないと会社が潰れるとか、家庭の事情でどうしても自由になりたいと、それこそ必死になっている人もいる。そのような被疑者等にとっては、保釈になることが最大の利益であり、有罪・無罪は二の次である。弁護人の役割は、実体的真実の発見でないことはもちろん、消極的真実の発見でもなく、被疑者等の利益を守ることであり、かつ、その利益は訴訟における有利・不利だけで考えるのではなく、生活あるいは人生全体のなかで判断すべきであると考える立場に立てば、〔小問①〕のような相談に対しては、最終的に「認めて早く出る」という選択もありうる。

　しかし、その前につぎのようなことを被疑者等と協議・確認しておかなければならない。

・嘘の自白をしてしまうと、有罪とされ、取り返しがつかないことになる。それはたんに刑罰を受けるというだけでなく、人間としての誇りやプライドを傷つけられることになり、一生悔しい思いをし、後悔する可能性がある。また、家族や知人の信頼を裏切ることもありうる。嘘の自白をすることによっ

て失うものは大きい。
- 嘘の自白をしても、設問の場合、10日間で釈放してもらえることはなく、必ずと言ってよいほど、勾留延長される。
- いったん勾留した被疑者を釈放したうえで起訴すること（在宅起訴）は、実務上ほとんどありえない。
- 自白すれば、必ず起訴される。起訴されるとその後も保釈が認められるまで勾留が続く。

　以上のようなリスクを正確に伝え、被疑者等の理解を得ておくことが不可欠である。なお、事案によっては、「認めて早く保釈で出る」より否認を続けたほうが処分保留で釈放となる可能性が高い場合もある。どの方針をとるかの判断には慎重を要する。また、釈放や処分の権限は警察にはなく、検察官にあることも意識しておかなければならない。

　さらに、最終的に「認めて早く出る」という選択をする場合にも、それが病理現象であることを意識しておかなければならない。身体拘束は例外であり、否認したからといって勾留が長引いたり、保釈が許可されないことが根本的に間違っているからである。

2　否認から自白、そして否認へ

　(1)　〔小問③〕および〔小問④〕のような相談があり、また実際にいったん自白をして保釈になった後にやおら否認するケースが稀にある。このようなことは、否認すれば勾留が長引いたり、保釈が許可されないことの裏返しである。容易に保釈を認めない裁判実務に根本的な問題がある。かといって、相手がそうならこちらは裏をかいて、保釈を勝ち取ってから否認に転じればよいという方策が正しいとは思えない。嘘も方便といった類の方策ということになろう。「病理現象」と言うのはそのためである。

　(2)　弁護人の役割が、実体的真実あるいは消極的真実の発見でなく、被疑者・被告人の利益を守ることであり、かつ、その利益を人生全体のなかで判断すべきであると考える立場に立っても、保釈のために否認から自白に転じ、首

尾よく保釈が認められた後に、また否認に戻ることが許されるのかについては疑問がある。嘘も方便であると居直れば別であるが、〔小問①〕のような相談に対して、最終的に「認めて早く出る」という選択をした場合にも、それは、それなりの覚悟を決めてのことでなければならない。

　被疑者等が身体拘束からの解放などの利益のために、やむをえず虚偽の自白を選択することを認める立場に立っても、虚偽の自白は方便にすぎないから、いったん保釈されたら、ただちに自白を撤回して争うことが許容されるとする説はないのではなかろうか。

　したがって、〔小問③〕に対しては「反対である」、〔小問④〕に対しては「引き受けられない」と明確に断ることになる。

3　被疑者・被告人の利益と虚偽供述

　(1)　被疑者・被告人の利益をたんに刑の軽さだけで考えるとすると、〔小問⑤〕に対する答えは「そのとおり。否認したまま有罪にされるほうが、社長から預かっただけだと供述するより刑が重い」ということになる。また、〔小問⑥〕に対する答えも「そのとおり。このまま否認を続けて起訴されるより、『覚せい剤は社長から預かっただけで自分のものではない』と説明したほうが得なことがある」となる。「得である」と言わずに「得になることがある」と言うのは、捜査担当者の方針や事件の見方と被疑者等の「覚せい剤は社長から預かっただけで自分のものではない」との説明が合致した場合に限って「得」だからである。

　(2)　しかし、被疑者等に「得」であれば他者を陥れても許されるのかという問題がある。事実「社長から預かっただけ」であれば、〔小問⑤〕〔小問⑥〕のように供述することに何の問題もない。問題がないどころか、原則として、弁護人が積極的にそのような供述をするよう助言するほうがよい。

　それに対して、実際は社長のものではないのに、身体拘束から早く解放されるためだけに、捜査官に迎合して「社長から預かっただけ」などと供述するのであれば、そのような供述をしないように説得すべきである。

弁護人の説得にもかかわらず、被疑者等が「社長から預かっただけ」などと虚偽の供述をするときには、辞任もやむをえないであろう。
　「虚偽の自白をするので、保釈請求をしてほしい」と求めてきた場合に、どうするのかは難しい問題である。身に覚えがないのに早期に身体拘束から解放されるためだけに自白をする場合については、先に検討した。いま検討を要するのは、事実はそうでないのに「社長から預かっただけ」などと虚偽の供述をして第三者を陥れてでも身体拘束からの早期の解放を希望している場合である。
・被疑者の要求を正当な利益ではないとして、拒否するのか。
・拒否した場合、弁護人を辞任するのか。辞任しない場合には、どのような弁護活動を行うのか。
・被疑者の要求を受け入れて保釈請求をしたとしても、公判での被告人の対応はどうするのか。虚偽自白を続けるべきなのか。それとも否認に戻るべきなのか。
・虚偽自白にもとづいて保釈請求をした弁護人は、公判弁護も引続き行うのか。その場合、どのように弁護活動を行うのか。
等々のさまざまな困難に直面することを考えれば、このような被疑者等の要求には応じないようにすることしかないのではなかろうか。

4　被疑者・被告人の虚偽自白と犯罪の成否

　そもそも偽証罪は宣誓のうえ虚偽の証言をした者に成立する罪なので、被疑者等に偽証罪が成立する余地はない。また取調べ中にどのような嘘を言ったとしても、犯罪にはならない。取調べ途中で無実の者を告訴したり、身代り犯となるなどの例外的な場合を除いて、犯罪が成立することはない。それゆえ、〔小問⑦〕のように「私が嘘を言ったら、偽証罪などの別の犯罪を犯すことになるのですか」と聞かれた場合の答えは、「偽証罪などにはならない」ということになる。ただし、その悪影響が前記のとおりであることを被疑者等に説明しておくべきである。

コラム　刑事弁護ワンポイントレッスン ❺

身柄（ミガラ）？

　逮捕・勾留されて、法的に身体拘束されたとたん、それまでの生きた人間が突然に「物」となってしまい、捜査官はこれを「身柄（ミガラ）」「柄（ガラ）」と呼びます。対等の当事者であり、防御の主体であるべき被疑者・被告人を、捜査・公判の「客体」とみる古い警察用語を、弁護人までが使用してはいけません。

　「身体の拘束を受けている被告人又は被疑者」（刑訴法39条1項）という法律用語をきちんと認識すべきです。

　したがって、「身柄事件」ではなく、「身体拘束事件」と呼びましょう。また、保釈の際の「身柄引受書」も、「身元引受書」にすべきです。

第2 守秘義務

1 秘密の厳守

〔設問15〕守秘義務

Xは、被害者Bに対する強姦事件の被疑者Aの弁護人である。Aは、Xとの接見において、強姦ではなく和姦だと主張している。

① Aから「会社の人には自分が被疑者として身体拘束を受けていることは絶対黙っておいて下さい」と言われた。

　Xはどうすべきか。

② Aから「会社には20日間程病気で入院するので休みます、と言っておいて下さい」と頼まれた。

　Xはどうすべきか。

③ Bは、たまたまXの出身校の後輩であった。同窓会の2次会でBの話がでた際に「Bは、和姦であるのに強姦をされた、と言うような怖い人である」と話した。

　Xのこの発言に問題はないか。

キーワード

守秘義務

関連条文

○刑法134条（秘密漏示）
○刑事訴訟法105条（押収と業務上の秘密）　149条（証言拒絶権）
○弁護士法23条（秘密保持の権利及び義務）
○弁護士職務基本規程23条（秘密の保持）

問題の所在

弁護活動上知りえた依頼人あるいは被害者の秘密を、どのように守るべきかが問題となる。

解説

1 守秘義務の重要性

医師などの医療従事者や聖職者と並んで、弁護士が業務上知りえた人の秘密を漏らす行為は犯罪を構成する（刑法134条）。他の職業に就く者が、たとえ業務上知りえた秘密を漏らした場合でも、民事上の責任を負うことはあっても、刑事上の責任は負わない。これと対比すると責任の厳しさは格段である。刑法が医師、聖職者および弁護士などにこのような厳しい守秘義務を課したのは、それらの職業が人の重大な秘密にかかわる職業だからである。

そのような職業に就く者から秘密、例えば、牧師にした懺悔が他に漏れるのであれば、誰も懺悔をしないであろう。これらの職業は、その職に就く者が職務上知り得たことを他に漏らさないことによって、はじめて存立しているのである。

弁護士職務基本規程23条は、「弁護士は、正当な理由なく、依頼者について職務上知り得た秘密を他に漏らし、又は利用してはならない」と規定している。

弁護士が依頼者の秘密を保持することは、その職務上不可欠な要素である。弁護士が依頼者の秘密を守るという社会の強い信頼があってはじめて、弁護士の職務の基礎が確保されるのである。弁護士は、職務上依頼者のさまざまな秘密を知ることとなるが、とりわけ刑事事件では、被疑者・被告人の生命や身体の自由にかかわるような重大な秘密を知りうることになる。刑事弁護にあっては、秘密保持義務の要請は一般の場合に比して一層強いものがある。秘密保持は弁護人の根幹的義務の一つであり、刑事弁護の基盤であるとともに、被疑者等に対する誠実義務の当然の帰結でもある。

刑事訴訟法は、弁護士が証人として裁判所に喚問されても特別の事情のないかぎり証言を拒絶する権利があり（刑訴法149条）、また、押収を拒絶する権利

があることを定めている（刑訴法105条）。これらの規定は「……拒むことができる」となっているが、依頼人との関係では、本人の承諾などにより守秘義務を解除されないかぎり、「拒まなければならない」と言うべきである。

2　秘密の主体

　弁護士の秘密保持に関する規定を概観すると、刑法134条では「その業務上取り扱ったことについて知り得た人の秘密」と、弁護士法第23条では「その職務上知り得た秘密」と、弁護士職務基本規程では23条では「依頼者について職務上知り得た秘密」と、刑訴法105条、同149条では「他人の秘密」と、それぞれ規定している。

　このため、弁護士の守秘義務を考えるにあたり、その守るべき秘密の主体が誰なのかにつき見解が分かれる。

　(1)　各規定の表現にかかわらず、秘密の主体を「依頼者」のみを指すと統一的・限定的に解釈する立場がある。

　すなわち、弁護士法、刑法の規定は文言上秘密の主体を限定していないものの、その制定の趣旨が「依頼者」と「依頼者の秘密に接することを職業上当然の前提にしている専門職業人」との間の信頼関係を保護しようとするものである以上は、文言上の限定の有無にかかわらず、秘密の主体は「依頼者」に限られる。

　また、「依頼者」以外の者の秘密についてまで弁護士が守秘義務を負うこととなると、弁護士が職務上の必要から調査取得した依頼者以外の秘密を訴状などで指摘・開示することまで弁護士法、刑法の違反となる可能性があり、妥当でない。とくに、弁護士法23条は「職務上知り得た秘密を保持する権利を有し、義務を負う」と、刑法のような「正当な理由」の文言もないため、弁護士法違反となるおそれが高い。

　(2)　他方、秘密の主体については各条項ごとにその文言に従って解釈されるべきであるとの立場は、弁護士職務基本規程23条では「依頼者」を、刑法134条では「人」を、刑訴法105条、同149条では「他人」をそれぞれ秘密の主体と

考えるべきであるとする。

　すなわち、秘密の主体を統一的・限定的に「依頼者」と解釈することは文言的に問題があるばかりでなく、弁護士が積極的に秘密を開示しようとするときには有益であるが、秘密の保持を権利として考える場合には、秘密を保持できる範囲が限定されすぎて妥当ではない。とくに、現在問題となっているマネーロンダリングなどについて弁護士にも報告義務を課そうとすることとの関係でも、弁護士が秘密を保持できる範囲を限定的に解釈すべきではない。

　前述の訴状などでの秘密の摘示が許されないのではとの懸念に対しては、刑法は「正当な理由がないのに」と規定しており、懸念の場合は「正当な理由」があるので犯罪とならない。

　また、弁護士法23条には刑法の規定のような「正当な理由」の文言はないが、刑事罰を科せられる秘密漏示罪において正当な理由がある場合は処罰されないこととなっている趣旨からすれば、正当な理由のある場合には弁護士法23条違反にはならないと言うべきである。

3　設問の検討

(1)　小問①について

　単純な守秘義務の問題であり、被疑者Aの要請を遵守しなければならない。また、Aが強姦容疑で逮捕・勾留されていることを会社に漏らすことは許されない。もっとも、会社から、「なぜAが休んでいるのか、その理由が分からなければ、無断欠勤ということで、会社を辞めてもらうしかない」と言われている場合などには、困難な問題に直面する。場合によっては、会社へ事情を説明する方がAにとって有利だと考えられることもあろう。しかし、秘密の主体は被疑者・被告人である。弁護人が、独自に利益・不利益を衡量してAに有利であれば秘密を漏らしてもよいものではない。そのような場合でも、Aの了解を得ないかぎり、秘密を漏らすことは許されない。

(2)　小問②について

　弁護人Xが、ただ黙っているだけで秘密が守られる場合は問題がない。しか

し、ただ黙っているだけでは済まず、Aが何らかの説明を求められることは少なくない。Aが身体を拘束されていると、XしかAの説明を代弁できないことが起こりうる。その場合には、守秘義務を守りつつAに代わって説明しなければならなくなる。

〔小問②〕のケースに即して考えると、会社に対して、Xが、Aの嘘をそのまま伝えてよいかが問題となる。弁護士職務基本規程5条（信義誠実）、同6条（名誉と信用）、同46条（刑事弁護の心構え）、同75条（偽証のそそのかし）などに照らすと、Xが、たとえAからの要請によるものとはいえ、嘘の内容を第三者に伝えることには問題がある。

このような場合に、Aの親族などがいれば、「弁護士は嘘を言うことはできない」と説明して、Aからの伝言依頼を断ることも可能である。そのような者がいない場合や接見禁止になっている場合には、より一層困難な問題に直面する。「嘘も方便」との格言があるが、それだけで嘘の伝言を正当化しうるとは思えない。しかし、何もしなければ、無断欠勤を理由に会社を解雇されることは必至であろうから、結局のところは、Aに手紙を書いてもらって、それを宅下げもしくはX宛に郵送させ、その手紙を会社に差し出す等の便法を用いるよりほかはないのではなかろうか。

(3) 小問③について

弁護人が職務上知りうるのは被疑者・被告人の秘密だけではない。例えば、被害者の人格そのものにかかわるような秘密を知ることも多い。

〔小問③〕で問題となるのは、「依頼者」の秘密ではなく、XがAの事件を取り扱うなかで知った被害者Bの秘密である。

秘密の主体につき、前記2の「各条文の文言に従い解釈されるべきである」との見解からすれば、〔小問③〕におけるXの同窓会での発言は、弁護士職務基本規程23条の違反とはならないが、XがBの秘密を暴露する正当な理由があるとも言えず、弁護士法23条、刑法134条に抵触することとなり、許されないこととなる。

それに対して、秘密の主体につき、前記2で述べた、文言上の限定の有無に

かかわらず、秘密の主体は「依頼者」に限られるとの見解からすれば、Xの発言により暴露されたのはBの秘密であり、「依頼者」Aの秘密ではないので、〔小問③〕のXの発言は弁護士職務基本規程23条、弁護士法23条、刑法134条では禁止されていないこととなる。

　ただし、この見解によっても、〔小問③〕で問題となっているのは性的な事柄であり、人の秘密のうちでも、最もデリケートな部類に属する秘密と言える。したがって、XがAの秘密を同窓会において暴露する行為は、Bに対する名誉毀損、あるいは、プライバシーの侵害として民事上の損害賠償の対象となる行為であり、弁護士の品位を疑わせる行為として弁護士職務基本規程6条（名誉と信用）違反の行為といえ、許されないと言うべきであろう。

(4)　ABA刑事弁護スタンダード

　なお、ABA刑事弁護スタンダードにおける、弁護人の守秘義務に関係する規定は、以下のとおりである。

4―1.4（公の陳述）　弁護人が刑事手続を害する実質的可能性があると分かっているか、合理的に分かるであろう場合に、公のコミュニケーション手段によって広まるだろうと理性的人間が予想する司法の外における陳述を、弁護人はしてはならないし、そうする正当な権限もない。

4―1.5（職業上の行動に関する助言評議会）(b)　審理の対象である弁護士と助言評議会の構成員との間の連絡は、その他の弁護士と依頼者との間に通常あるような、依頼者の秘密を保護するための弁護士と依頼者との間の特権と同様に存在する。弁護士が、通常その法域で、依頼者の情報を明かさないように拘束されているように、同じ手段で、評議会構成員は裁判所規則・制定法に拘束される。

しかし、必要な限りで、秘密は明らかにされることもある。

(i)　調査の対象である弁護士の依頼者が、弁護士の事件における行動の有効性を攻撃し、弁護士が評議会構成員から受けたガイダンスに依拠していた場合

(ii)　調査の対象である弁護士の行動が、資格ある懲戒審査会あるいは手続で異議を唱えられている場合

4―3.5（利益相反）(d)　以前に被告人を代理した弁護人は、その後、情報が一般的に知られるようになり、その他秘密に関する倫理義務が適用されない限り、以前の代理に関する情報を以前の依頼者の不利益に使用してはならない。

4―3.7（予期される違法行為の助言とサービス）

　弁護人は、協議後、依頼者が同意しな

い限り、依頼者の弁護に関する情報を明らかにしてはならない。ただし、次の場合を除く。弁護を実行するために暗に権限付けられた開示の場合、差し迫った死または実質的な身体上の危害となり得ると考える犯罪行為を依頼者が行わないために必要であると合理的に考えられる趣旨の情報を明らかにする場合、である。

2　マスコミへの対応

〔設問16〕接見内容のマスコミへの公表
1　殺人事件の被告人Aと接見した当番弁護士Xが、接見内容につき、記者会見においてつぎのような発言をすることに問題はないか。
　①　「被告人は涙を流し『被害者のご冥福を祈る』と言っている」
　②　「被告人は『酒に酔って覚えていない』と言っている」
2　次の場合、弁護人Xはどのように対応すればよいか。
　①　恐喝事件で被告人Aから「被害者は自分を罪に陥れている嘘つきだ。先生、このことをマスコミに言って報道してもらって下さい」と頼まれた。
　②　接見等禁止の事案で被告人Aから「被害者は自分を罪に陥れている嘘つきだ。先生、私自身でマスコミに知らせて報道してもらいたいので、この手紙をマスコミに送ってくれませんか」と頼まれた。

> キーワード

守秘義務　被疑者等の承諾　被疑者等の利益

> 関連条文

○刑法134条（秘密漏示）
○弁護士職務基本規程23条（秘密の保持）

問題の所在

　弁護人がマスコミからの取材を受け、あるいは、マスコミに対して、被疑者・被告人のコメントを発表することは少なくない。しかし、守秘義務との関係や被疑者等からの要請との関係で、どのような範囲にまで、そのような対応が可能かが問題となる。

解　説

1　マスコミへの対応に関する基本的な考え方

　重大事件では、当番弁護士として最初に被疑者と接見した弁護士のコメントが、テレビを通じ、瞬時にして全国に放映されることが増加している。

　マスコミ社会においては、被疑者・被告人が、自らの意見や心情を弁護人に託してマスコミに伝え、社会に冤罪であることを訴え、誤った報道を正すことは、効果的な防御を実現するうえで非常に重要な意味を有する。しかし同時に、弁護人の不用意な発言により、被疑者等を窮地に陥れる結果となる場合があるので、慎重な配慮が必要である。また、コメントが要約されて部分的に報道される結果、弁護人あるいは被疑者等の真意が正確に報道されないことも少なくない。

　このような問題を反映して、弁護人が接見内容に関するマスコミの取材に応じるべきかについて、相対立する見解と実践例がある。ある考えは、マスコミの取材には一切応じるべきではないとする。また、別の考えは、積極的にマスコミからの取材の機会をとらえて被疑者側から情報を発すべきであるとする。ただし、そのような考えでも、事案と被疑者等の意思によって取材に応じるべきか否かや、取材に応じてどこまで発言するかが決まってくる。本解説では、いかなる場合でもマスコミの取材に応じるべきでないとの考えには立たずに、解説を試みる。

2　小問1の①および②について

　〔小問1〕の①のように、「被告人は、涙を流し『被害者のご冥福を祈る』と

言っている」とコメントすることは、「被告人は極悪非道の人物ではない」とアピールする意味をもつ反面、被告人Aが後日否認に転じたり、被害者の悪性を主張することを困難にし、「退路を断つ」結果を生じかねない危険性がある。したがって、真にAの利益になると信じられる場合で、かつ、Aも承諾している場合でなければ、そのようなコメントをすべきでない。

これに対して、〔小問1〕の②の「酒に酔って覚えていない」旨のコメントの場合は、被告人Aの「退路を断つ」おそれは少ないと考えられるが、後日記憶が喚起できた場合の主張の信用性を減殺することも考えられる。やはり同様に、真にAの利益になると信じられる場合で、かつ、Aも承諾している場合でなければ、そのようなコメントをすべきではなかろう。

いずれにせよ、弁護人になろうとする者として一回だけ接見をした程度で、しかも実際に弁護人に選任されるかどうかも未定の段階では、「接見をした弁護士」として接見内容をマスコミに公表することには慎重でなければならない。被疑者・被告人の希望に沿い、かつ、被疑者等の利益になると確信でき、なおかつそのような公表を早急に行わなければならない事情のある場合を除き、避けるべきである。

3　小問2の①について

〔小問2〕の①において、被告人Aが無罪を訴えていることをマスコミに伝えることについても、前記と同様に、慎重な配慮が必要とされる。後日、Aが実は冤罪ではないことを認め、情状弁論を行わなければならない場合には、被害者の被害感情が増幅され、情状に悪影響を与えることもありうる。

弁護人が冤罪事件であると確信できるような場合に、被疑者・被告人の主張をマスコミに発表することは、世論の監視により捜査の行過ぎをチェックするために必要であり、また、警察発表にもとづいた報道によって「有罪」と決めつけられるのを未然に防止するために必要な場合もある。

かりに、このような発表の必要性が認められた場合においても、被害者の被害申告が真実に反することを主張するうえで、「被害者は嘘つきだ」といった

被害者を侮辱するような表現は避けておくことが望ましいであろう。

4 小問2の②について

被告人から〔小問2〕の②のように頼まれた場合に、弁護人が被告人の手紙の内容を専門家として吟味したうえで、被告人の利益になると信じる場合であれば、これをマスコミ公表することには問題がない。接見等禁止の効果は弁護人に及ばないから、接見等禁止決定によって弁護人による被告人の手紙のマスコミへの公表が禁止されることはないと考えるべきである。なお、この点については〔設問45〕の解説を参照されたい。

ただ、被疑者・被告人が感情のおもむくままに書いた手紙のなかには、被害者を侮辱したり、その名誉を侵害したり、あるいは威迫しようとしたと受け取られかねない不穏当な表現や、証拠隠滅等の指示と紛らわしい表現が含まれている場合もありうる。したがって、弁護人は、十分内容を吟味し、不適切な表現については訂正・削除をする必要がある。

とくに、捜査側がこのような文書の公表に対して非難をしてくることも予想されるので、弁護人は、手紙の内容を慎重に吟味する必要がある。

> 参考事例

○アンマンにおける毎日新聞記者の手荷物爆発事件（中国新聞2003年5月14日付朝刊）

毎日新聞は、弁護人を通じて入手した被疑者甲からの手紙を公表した。内容は、甲の謝罪と、爆発するとは100％思わなかったという甲の弁明内容が書かれていた。

○大阪弁護士会懲戒処分（1996〔平8〕年6月13日自由と正義47巻8号207頁）・除名

弁護士Yは、1995年6月15日に宗教法人代表者乙が起こした殺人などの被告事件の弁護人に選任され、同年10月25日に解任、27日に再度選任、12月2日に再び解任された。弁護士Yは、解任後に週刊誌の記者に対し、被告人乙

が接見時に「先生、刑を逃れる方法はありませんか、心神喪失とか心神耗弱とか、犯罪を犯しても処罰されない方法を研究してみてください」と依頼したとの事実、後に選任された国選弁護人が被告人乙はまったく眼が見えないと主張しているのに対し、被告人乙の眼は見えるとの事実、捜査機関が自白調書は存在していないとしているのに対し、これらが複数存在するという事実を、被告人乙の同意がないまま取材に応じて開陳し、その他にも国選弁護人を侮辱する発言をなし、Y自らの入浴場面と札束を勘定している場面を写真撮影させ、これを週刊誌に掲載することを承諾し、12月4日、5日に各25万円の、6日に10万円の謝礼を受領した。

また、1995年10月3日に、Yが乙の弁護人として入手した被告人乙の供述調書（当時いずれの公判においてもまだ提出されておらず、被告人乙から公表の同意を得ていなかった）の写しを週刊誌編集長らに交付し、その謝礼として、旅館での宿泊接待を受けるとともに150万円を受領した。

3 守秘義務の解除

〔設問17〕被告人からの非難に対する弁明と守秘義務

弁護人Xは、強盗殺人事件の被告人Aの国選弁護人として誠実に弁護活動を行ってきた。Aは、当初「公訴事実を認め、情状弁護のみを行ってほしい」とXに希望していたが、第1回公判直前になって、「本件犯行は自分ではなく、他の者が行った」と主張し、アリバイを証言してくれる友人Bの名前を挙げた。そこでXは、Bに面会して事情を聴取したところ、Bは「A主張のような事実はない。頼まれても嘘の証言はできない」と言った。

そこで、Aに接見し、この旨を伝えたところ、Aが「Bと言ったのは自分の勘違いで、Cであった」と訂正したため、XはCにも面談したが、Bと同様の回答であった。しかし、AはXに対し、「Cは本当のことを言ってくれていない。先生も私のことを信じていないから、お

ざなりな調査しかしていないのだ」と言って譲らない。XはAに嫌気がさし、それまで週に一度は接見していたが、3週間に1回程度しか接見に行かなくなった。

このような事例で、Xの以下の対応に問題はないか。

① Xから裁判所に対して、上記の経緯を説明して、解任を申し出た。

② Aから裁判所に対し、「Xが接見もしないので解任してほしい」との上申書が提出された。裁判所からXに対し、事情を聞きたいとの要請があったので、不適切な弁護ではないことを分かってもらうため、Xは裁判所に対し、上記経緯をすべて説明した。

③ AからXの所属する弁護士会宛に、「被告人の主張に耳を貸さず、接見にも来ない」との理由で懲戒請求があった。Xは、名誉と信用を守るために上記経緯を洗いざらい弁護士会の綱紀委員会に説明した。

キーワード

守秘義務　正当理由　弁護人に対する非難

関連条文

○刑法134条（秘密漏示）
○弁護士職務基本規程23条（秘密の保持）

問題の所在

被疑者・被告人から、弁護の内容につき、弁護人が非難を受けた場合には、自己の信用を守り正当性を訴えるために、裁判所や弁護士会に対し、被疑者等の言動を含めて説明することは守秘義務に反しないか、守秘義務が解除されうる「正当な理由」とは何かが問題となる。

解説

1 小問①について

　私選弁護事件では、XもAも、辞任や解任をすることができる。そのため、辞任あるいは解任に際して、弁護人が裁判所に対して、被告人の法廷外の言動を説明する場面はない。

　しかし、国選弁護人の場合は、被告人や弁護人の意思によって解任・辞任ができるわけではなく、裁判所によって選任と解任が行われる。そのため、場合によっては、弁護人から裁判所に対して解任を働きかけることが考えられる。弁護人が、被告人に対し悪感情をもっているといった理由では、もちろん解任を働きかけることはできない。しかし、国選弁護人が被告人からの信頼を得ることができず、また、その見込みもない場合がありうる。そのような場合に、なお弁護人としてとどまることは、被告人が十分な弁護を受けることができない状況を生み出しかねない。裁判所が弁護人を解任して新たな弁護人を選任するほうが被告人のためでもあり、効果の乏しい弁護活動を強いられる弁護人にとっても良い選択である場合もありうる。そのような場合、裁判所に対し、事情を説明して国選弁護人を解任するよう求めることができてもよさそうである。

　しかし、ここで守秘義務の問題に直面する。

　すなわち、裁判所に対して解任の正当事由を理解してもらうためには、被告人とのやり取りを説明しなければならない。しかし、そのような説明は、ただちに被告人の主張の変遷や不誠実さなどに言及せざるをえない。裁判所に対してすすんで被告人に不利益な陳述をすることと差はない。したがって、〔小問①〕については、原則として、このような場合には裁判所に解任を働きかけることは妥当ではない。

　なお、『注釈弁護士倫理』は、同34条（弁護士職務基本規程43条に相当）の解説において、「国選事件の場合においても信頼関係が失われた場合には、裁判所に対して信頼関係が失われたことが解任の正当事由になることを明らかにする方法により、『積極的に』辞任の申し出をし、裁判所に解任を求める」と

している。しかし、いったん弁護人となった以上、被告人に対する誠実義務からも安易に辞任を求めるべきではなく、安易な辞任は、国選弁護事件の受任回避の傾向を助長しかねないので、『積極的に』辞任を申し出ることには慎重でなければならない。

2 小問②について

被告人から裁判所に対して解任の申立がなされた〔小問②〕のような場合は、〔小問①〕とは少し異なる。裁判所に対する被告人の申立は、被告人の弁護人に対する信頼がないことを明らかにするだけにとどまらず、その理由と責任がもっぱら弁護人にあるとの疑いを抱かせるおそれがある。そこで、弁護人は自己の名誉を守るために反論をすることが許されるかが問題となる。

これについては、二つの考えがありうる。

一つは、弁護人はいかなることがあっても、被告人が裁かれている裁判所で被告人に不利益となるような言動をするのは守秘義務に反して許されないと考える立場である。すなわち、国家から訴追され、裁判所で審理を受けている被告人に対する誠実義務は、被告人が不誠実であると否とにかかわらず、しかも、被告人の不誠実の対象が弁護人に向けられていようと、その他の者に向けられていようと変わらないと理解すべきだとする。

他の一つは、被告人に対する誠実義務は無条件なものではなく、被告人が弁護人の名誉を不当に侵害するような場合には、弁護人にも自己の名誉を守る当然の権利があると考える立場である。この立場では、〔小問②〕の場合に、事実を明らかにするのは「正当な理由」があることになる。ただし、そのような立場でも、自己の名誉を守る以上に、具体的経緯をすべて裁判所に説明することは守秘義務に反し、必要以上にAを非難することは誠実義務に反することにもなる。

3 小問③について

裁判所外で被告人から弁護活動を非難されている場合にも守秘義務はあるの

21 前掲『注釈弁護士倫理〔補訂版〕』151頁

かが、〔小問③〕の問題である。裁判所に対してAの言動を明らかにすることは、ただちにAの利益を損なう可能性があるが、〔小問③〕のように、裁判所外における場合はそうではない。しかも、〔小問③〕におけるAからの非難は、Xの名誉や評判に影響するにとどまらず、Xに対する懲戒請求である。このような非難に対する反論は、守秘義務に反しないと考えるべきである。

ABAモデルルール[22]においても、弁護士はその弁護活動の有効性につき、依頼者から懲戒手続などにより非難を受けている場合には、守秘義務は解除されるとしている[23]。

参考判例

○東京高判昭54年1月24日判タ382号135頁
（判示事項要旨）
1．被告人から解任の申出のあった国選弁護人を解任することなく審理判決した原審の措置は憲法37条・13条に違反しない。
2．国選弁護人は、被告人との信頼関係を喪失しても、直ちには解任されない。

〔設問18〕 公共の危険と守秘義務

弁護人Xは、被疑者Aから「毒物及び劇物取締法違反」被疑事件の弁護を依頼された。Aは、そのような物を所持していたことはなく、自分は無罪であると主張していたが、Xに対し、「実は毒物を大量に所持していたが、怖くなったので、市内の貯水場に投棄してしまった」との告白をした。
Xはどう対処すべきか。

---

22 アメリカ法曹協会の弁護士業務模範規則（American Bar Association, Model Rules of Professional Conduct）。これは、1983年に制定され、数次の改正を経て、現在2003年版が発行されている。参照http://www.abanet.org/cpr/mrpc/mrpc_toc.html
23 ABAモデルルール第1.6条(b)(3)

> **キーワード**

守秘義務　公共の危険

> **関連条文**

○刑法134条（秘密漏示）
○刑事訴訟法105条（押収と業務上の秘密）　149条（証言拒絶権）
○民事訴訟法197条（証言拒絶権）
○弁護士法23条（秘密保持の権利及び義務）
○弁護士職務基本規程23条（秘密の保持）

> **問題の所在**

　公共の危険を回避するために、弁護人の守秘義務が解除される場合があるか、あるとすれば、その場合にはどのような配慮が必要かが問題となる。

> **解説**

1　設問について

　弁護人の守秘義務の重要性は〔設問15〕において述べたとおりである（弁護士法23条、弁護士職務基本規程23条）。しかし、「正当な理由」がある場合には守秘義務が解除される。そこで、「正当な理由」とはどのようなものであるかが問題となる。

　設問の場合に、守秘義務を遵守し、Xが何も語らないとすると、貯水場に投棄された毒物により、貯水場の水を飲料水としている多数の市民の生命身体に危険が及ぶこととなる（被疑者Aの貯水場への毒物投棄行為は刑法146条の構成要件に該当し、設問の被疑事実以外の犯罪を新たに構成することとなる）。弁護人の守秘義務はきわめて重要であるが、例外的に、差し迫った回復しがたい被害を避けるためには、秘密の開示をする正当な理由があると考えるべきであろう。ただし、その被害は人命のように真に回復しがたいものでなければならない。守秘義務が弁護士存立の基盤であり弁護活動の基礎であることに鑑み

ると、財産上の損害を避けるために秘密を開示することは許されないと考えるべきである。

2 ABAモデルルールなどにおける守秘義務の解除

　ABAのモデルルールも、設問のような場合には弁護人の守秘義務が解除されると規定している。[24]

　また、弁護士職務基本規程改訂の過程における委員会第1次案では、秘密を開示できる場合を、解説において以下のとおり列挙していた。
① 依頼者の同意があったとき
② 依頼者が差し迫った死、または重大な身体の傷害の結果を生ずる行為を意図していると弁護士の考える犯罪行為を犯すことを防止する等の正当な事由のあるとき
③ 弁護士と依頼者間の紛争の審査手続において、自己の職務の正当性を主張立証するとき
④ 法令の規定により、情報を開示することが義務付けられたとき
⑤ その他、正当な事由があるとき

　設問は上記の例外②にあたる場合であり、この規程案によれば秘密の開示が許される場合にあたろう。

　しかし、弁護士の守秘義務が弁護士業務の根幹をなす義務であることを考えるならば、設問の場合にあっても、まずAに、毒物投棄の事実を秘密にしておくことが、いかに被害を拡大させることかを説明し、秘密の開示についてAの同意を取り付けるよう努力すべきである。

　また、かりに秘密を漏らすことに正当事由があるとしても、毒物投棄がAによることは明示しなくてもよい。というよりは、Aの承諾を得られないかぎり、Aの行為であることを明らかにしなくとも公共の危険を避けることができるのであれば、そうすべきである。さらには、弁護士としての身分を明かしたうえ

---

[24] ABAモデルルール第1.6条(b)(1)合理的に確実な死又は重大な身体の傷害を防止するため（であれば守秘義務が解除される）。

で開示することにより、Aとの関連性を推測される場合には、匿名での開示という工夫も考えられよう。

3　ゲートキーパー問題[25]

　弁護士職務基本規程の改正草案の解説では「法令の規定により、情報を開示することが義務付けられたとき」には「弁護士が必要と考える限度で秘密を開示できる」としていた。したがって、かりに法令の規定により情報を開示することが義務付けられたとき（例えば弁護士をゲートキーパーにしようとする法令が制定された場合）といえども、弁護士の倫理上は、弁護士が必要と考えなければ、秘密を開示しなくても良いとも考えられる。

　他方、法令により開示が義務付けられている場合には、弁護士に裁量の余地がないとの考えもある。

〔設問19〕逮捕状発付の事実の告知と犯人隠避

　弁護士Xは、１年前に弁護した被告人で、すでに事件は執行猶予で確定しているAに対して、大麻取締法違反で逮捕状が出されていることを、Bに対する弁護活動のなかで知った。

　XはAにこれを知らせてよいか。

キーワード

犯人隠避　国家刑罰権　守秘義務　秘密漏示　誠実義務

関連条文

○刑法103条（犯人蔵匿等）　134条（秘密漏示）
○刑事訴訟法149条（証言拒絶権）
○弁護士職務基本規程１条（使命の自覚）　６条（名誉と信用）

---

[25] 吉峯康博、海渡雄一「ゲートキーパー規制の現段階」自由と正義53巻11号（2002年）98頁参照。

問題の所在

弁護士は、逮捕状の発付を受けているかつての依頼者に対し、この事実を知らせる義務があるか、知らせた場合、弁護士に何らかの法律違反、弁護士職務基本規程違反があるかが問題となる。

解 説

1 委任関係の存続期間

弁護士と依頼者との委任の期間や内容は、基本的には当事者の合意によって定まるが、訴訟事件については、原則として、審級ごとに委任が終了すると考えられる。

刑訴法32条は「①公訴の提起前にした弁護人の選任は、第一審においてもその効力を有する。②公訴の提起後における弁護人の選任は、審級ごとにこれをしなければならない」と規定している。一般に、ある審級における訴訟の係属は、終局裁判が確定するか上訴の申立により移審の効力が生じるまでである。設問では、Xの担当したAの事件は確定しているから、AのXに対する弁護人選任の効力は失われている。

したがって、Xには弁護人としてAの利益を擁護する義務はないので、知らせなくてもなんら義務違反、法律違反はない。

2 犯人蔵匿罪の疑い

しかし、XがAに知らせた場合にはどうであろうか。

Xが知らせる場合のXの動機として、「逮捕状が出ていることを知らせ、一日も早く出頭させ、情状を良くしてやろう」「執行猶予中であるので、猶予期間が切れるまで捕まらないでほしい」「前に事件を担当したので知らない仲ではないのだから、とりあえずAについて得た情報なので知らせておこう」というようなことが考えられる。

刑法103条の犯人蔵匿罪は故意犯であるから、犯人を隠避せしめようとの故意が必要である。しかし、Xの動機がどのようなものであれ、Aに教えたこと

により、Aが捜査機関に出頭する場合もあれば、逃走を図ることもありうる。
　かりにAが逃亡した場合、Xの真意がどのようなものであれ、「逃走者の留守宅の安否・捜査の形勢等を報告して、逃走を容易ならしめる等の作為はすべて隠避せしめる行為に該当する」（後掲大判昭5年9月18日）とされているので、Xが犯人隠避の疑いを受けることは避けがたい。
　早期の出頭を促すために知らせたのであれば、刑法103条の構成要件的故意を欠くとはいえ、弁護人でもない弁護士の行為として適切なものとは言えない。

3　現在弁護中の者に対する誠実義務

　設問では、Xが「Bの弁護活動のなかで、Aに逮捕状が出ていることを知った」とされているので、このときXは、Bの弁護活動を行っていたこととなる。したがって、XはBに対して誠実義務を負うので、Aに逮捕状が出ていることを知らせることが、現在行っているBの弁護活動に支障を来さないかどうか、また、守秘義務違反にならないかどうかを吟味しなければならない。このような吟味なしに軽率に行動した場合には、刑法違反とはならないでも、Bに対する誠実義務、守秘義務違反となる可能性がある。

4　信用の維持・刑罰権発動の抑止

　弁護士職務基本規程6条（名誉と信用）の観点から、いやしくも弁護士たるものは、犯罪者に逃走のきっかけを与える可能性がある行為は厳に慎まなければならないとする考え方からは、刑法に違反していなくとも、XはAに知らせてはならないとの結論になろう。
　もっとも、弁護士の使命である基本的人権の擁護（弁護士職務基本規程1条）は、普遍的に国家刑罰権の行使を抑制させることにより達成されるとの考えに立つと、設問の場合に絶対許されないとまでは言えない。少くとも、目的が早期の出頭を促すことにあり、Aに対して逮捕状発付の事実を知らせても、Aが逃亡などの挙に出ないと信頼すべき事情があり、かつ、不測の事態を回避できるような配慮をしているような場合には、弁護士倫理に反するものではないと

言うべきであろう。また、その結果Xの考えとは異なり、Aが逃亡してしまったとしても、Xに責任を問えないであろう。

> **参考判例**
>
> ○大判昭5年9月18日刑集9巻668頁（犯人隠避被告事件）
> 　（判示事項要旨）
> 　1．蔵匿とは官憲の発見逮捕を免れるべき隠匿場所の供給をいう。
> 　2．隠避とは、蔵匿以外の方法により官憲の発見逮捕を免れしむべき一切の行為を包含する。逃避者に対して留守宅の状況、家族の安否、官憲捜査の形勢等を通報するような行為は、逃避者に逃避の便宜を与える行為であって犯人隠避罪を構成する。
>
> ○最三小判昭33年2月18日刑集12巻3号359頁（犯人蔵匿被告事件）
> 　（判示事項要旨）
> 　真に罰金以上の刑に当る罪を犯した者であることを知りながら、官憲の発見・逮捕を免れるようにこれをかくまった場合には、その犯罪が発覚し既に捜査が始まっているかどうかに関係なく、犯人蔵匿罪が成立する。

第3　真実義務

> 〔設問20〕被告人からの有罪の告白
> 　起訴事実を否認していた被告人Aが、公判の途中で弁護人Xに対し、起訴事実は自らの犯行であることを打ち明けた。
> ①　調査の結果、Aの告白が真実であるとの確信を得た場合、XはAに対し、どのような助言をすればよいか。
> ②　Aは、法廷ではあくまで否認を続けると主張している場合、Xはどのように対応すべきか。

キーワード

誠実義務　真実義務　訴訟法的真実　国家刑罰権　守秘義務

関連条文
○刑事訴訟法1条（本法の目的）
○弁護士職務基本規程5条（信義誠実）

問題の所在

　被疑者・被告人が無罪を主張しながら、弁護人に対して実際は自分の犯行であると打ち明けた場合、弁護人は真実義務と守秘義務のどちらの義務を優先させるべきかが問題となる。その際、弁護人に課せられている真実義務あるいは守秘義務の内容とは何か、また、これらの義務は弁護活動においてどのように具体化されていくのかを検討する。

解説

1　「真実」とは

（1）　刑訴法1条は「この法律は、刑事事件につき、公共の福祉の維持と個人

の基本的人権の保障とを全うしつつ、事案の真相を明らかにし、刑罰法令を適正且つ迅速に適用実現することを目的とする」と規定し、弁護士職務基本規程5条は「弁護士は、真実を尊重し、信義に従い、誠実かつ公正に職務を行うものとする」と規定する。

(2) これらの規定にいう「事案の真相」「真実の尊重」とは刑事弁護にあってはどのような意味をもつのであろうか。

わが国における刑事裁判においては、証拠によって事実が認定される（刑訴法317条）。また、「違法収集証拠排除の原則」から、「適法に取り調べられた証拠」によって事実が認定されることとされている。

したがって、弁護人にとっての「真実」（刑事弁護における真実）とは、適法に取り調べられた証拠によって認定できる事実（訴訟法的真実）が真実であると言うべきである。

(3) これに対し、これらの規定にいうところの「真実」「真相」とは、「絶対的真実」「神のみぞ知る真実」を指すかのような主張がなされることがあるが、かかる考えは誤っている。

国家も大衆も、ある女性が「魔女」であると確信したとしても、「魔女」である証拠がなければ「火炙り」にされてはならない。

「真実」を「実体的真実」とし、実体的真実が究明されることこそが正義であるとして、実体的真実の発見のため「拷問」が許容され、人権が侵害されてきた歴史に対する反省から、近代的法制度が整備され、刑事手続に弁護人を必須のものとして取り入れた現在の刑事手続にあっては、最も優先されるべきは「適正な手続」であり、「適正な手続」を経て取り調べられた証拠にもとづいて認定できる事実を「真実」と認識する以外にはないこととなったと言うべきである。

(4) 法廷に現れていない弁護人のみが知っている「事実あるいは証拠」によれば被告人は有罪であると言えるような場合にも、かかる証拠が法廷において適法に取り調べられていない以上、刑事手続上の真実は無罪である。

刑訴法319条1項は、拷問などの結果得られた自白を証拠から排除するが、

これにとどまらず、同2項において、自白が唯一の証拠である場合には有罪にされないとしている。「実体的真実」は「神」と「犯人」が最もよく知る。「自白は証拠の女王（Confessio est regina probationum）」と言われた所以である。「実体的真実」の発見を放棄していないというのであれば「虚偽自白」の温床と考えられる拷問などから得られた自白を排除するのみで足りるであろう。刑事訴訟法は、これにとどまらず、唯一の証拠が自白である場合には有罪にしないとまで宣言していることからすれば、もはや「適正手続の尊重」の前に「実体的真実」の発見を放棄していると言わざるをえないであろう。

(5)　かかる考え方は、弁護士職務基本規程の制定過程においても認識され、これを取り入れた方向での制定がなされている。

すなわち、弁護士倫理4条では、弁護士の信義誠実義務を掲げるとともに、これとは別に同7条において「弁護士は、勝敗にとらわれて真実の発見をゆるがせにしてはならない」と定めていた。これに対し、弁護士職務基本規程5条（信義誠実）では「弁護士は、真実を尊重し、信義に従い、誠実かつ公正に職務を行うものとする」と「真実義務」に関する条項に大きな変更を加えている。

これは、弁護士が信義誠実義務を遂行するにあたり、真実を尊重しなければならないと定めることにより、かつて独立した義務とされていた「真実義務」を「信義誠実義務」に収斂させたものであり、依頼者（刑事事件にあっては被疑者・被告人）に対する「信義誠実義務」を尽くすための「真実の尊重」であることが明らかにされたと言えよう。換言すれば、「弁護士は、依頼者に対する誠実義務に反しないかぎりにおいて真実義務を負う」とも言えるのではなかろうか。

(6)　刑事手続における「真実」は、以上のような「訴訟法的真実」と捉えるべきであるから、自らが犯罪行為を行ったとの被告人の告白のみで弁護人が被告人を有罪と確信することは許されないこととなる。

したがって、弁護人が被告人の有罪を「確信」したと言うためには、すでに取調べ済みの証拠、あるいは弁護人手持ち証拠などから、訴訟法的に被告人の有罪を認定できる場合でなければならない。

2 設問の検討

(1) かかる前提に立って〔小問①〕を検討すると、調査の結果、Aの告白を「真実」と確信したとは、取調べ済みの証拠、取調べ予定の証拠、弁護人手持ち証拠などから、被告人が有罪認定を受けるであろうと確信できる場合である。

さらに、この場合には二通りの状況が考えられる。

取調べ済み証拠、取調べ予定証拠によってすでに十分有罪認定が可能な場合と、弁護人Xの手持ち証拠によりはじめて有罪認定が可能となる場合である。

(2) 前者の場合には、Xは、Aに対し、否認を通すことは情状面においても悪影響を及ぼすことを説明し、否認を撤回するよう説得すべきである。Xの説得にもかかわらず、Aが否認を通すことに決定した場合に、Xはどうすべきかが〔小問②〕の問題である。

一つは、信頼関係の継続が不可能であるとしてXは辞任することが考えられる。私選弁護事件の場合には、比較的容易にこの方法の選択も可能であると思われる。ただし、この場合においても、裁判所に、辞任の理由につき、Aに不利となるような憶測を与えない配慮が必要となる。

しかし、国選弁護事件にあっては、裁判所から解任をさせることは容易ではない。また、解任を求める事情をありのままに説明することが許されないのは、弁護人としての守秘義務の点から言っても当然のことである（〔設問17〕参照）。

そこで、辞任できない場合、あるいは辞任が相当でない場合には、Aの否認主張にそって、無罪弁論をなすべきであろう。なお、この場合、Xの無罪弁論が、弁護士職務基本規程5条の「弁護士は、真実を尊重し」なければならないことに違反する行為となるかが問題となる。しかし、同規程5条にいう「真実」とは、「訴訟法的真実」であり、「真実を尊重しなければならない」とは、訴訟法的に真実をねじ曲げることをしてはならない、すなわち証拠の捏造、偽証教唆などの「真実を尊重しない」ような行為をしてはならないとの意味である（第5章第2～第5参照）。したがって、前記のような場合に無罪弁論を行うこと自体は、なんら弁護士職務基本規程に違反するものではない。

(3) つぎに、取調べ済み証拠、取調べ予定証拠からは有罪認定ができないが、

弁護人手持ち証拠を合わせた場合には有罪認定が可能な場合にはどうであろうか。

　この場合、弁護人手持ち証拠が公判廷において取り調べられた場合には、「訴訟法的真実」は有罪となる。しかし、弁護人には、後に述べるとおり、「訴訟法的真実」の発見のため、この手持ち証拠を法廷に提出する義務はない。また、前述のとおり、「真実」とは「訴訟法的真実」であり、「訴訟法的真実」とは、公判廷において適法に取り調べられた証拠のみから認定できる真実である。いまだ取り調べられていない証拠、あるいは取り調べられないままとなった証拠は「訴訟法的真実」とは無縁のものである。したがって、いまだ提出されていない弁護人手持ち証拠をも合わせて考慮しなかったとしても、なんら「真実を尊重しない」ことにはならないと考えるべきである。

　したがって、この場合もXは無罪弁論を行うことに問題はない。

　(4)　それでは、弁護人に、かかる手持ち証拠を法廷に提出する義務があるのかが、つぎに問題となる。

　被告人には黙秘権があり、自白を強要されず、いわんや罪を認める義務はない。その被告人に対して誠実義務を負う弁護人が、被告人を有罪とする証拠を被告人の意思に反して提出することは許されないと言うべきである。また、弁護人は被告人の人権を守り、国家刑罰権の発動を抑制することをその使命としている。かかる使命は、国家刑罰権の恣意的行使から人権を守る砦として、弁護士制度が人類の知恵として発祥してきたことから、弁護士の根幹をなす使命である。かかる使命からすれば、弁護人が被告人にとって不利益となる手持ち証拠を法廷に提出し、国家刑罰権の発動を促すことは許されないと考えるべきである。

　さらに、この弁護人手持ち証拠が被告人の告白から得られたものであった場合には、弁護人の守秘義務からも不提出が正当化される。

　以上のとおり、弁護人Xには手持ち証拠を提出する義務はないのであるから、「訴訟法的真実」は、Xにとっても無罪であり、無罪弁論を行うことにはなんら問題がないこととなる。

ただし、この場合にあっても、公判の中途段階にあっては、終結までに、あるいは控訴審における新たな証拠の取調べにより「訴訟法的真実」も無罪から有罪に変わりうることをAに説明し、その場合の判決に与える悪影響を説明したうえで、Aの決断を求めるようにしなければならない。

(5) さらに、実際的な問題としては、AがXに「真実」を話したという安心感から有罪の認定に資するであろう証拠につき、不提出にとどまらず、「排除」する方向での相談をもちかけることも考えられる。

先にも述べたとおり、被告人の意思を尊重するあまり、弁護人が証拠隠滅、偽証教唆などに加担するようなことがあってはならないのは当然である。

〔設問21〕 身代り犯
C社の社員Aは、社長Bの専用車を借りて帰宅している途中に飲酒運転で検挙された。所持品検査の結果、ダッシュボードの中から覚せい剤が発見され、覚せい剤所持容疑で逮捕された。弁護人Xは、Aから「社長は否定しているが、この覚せい剤は、社長の物であることは間違いない。しかし、私の物だと言えば、社長は助かり、私も前科がないので執行猶予は間違いない。また、社長を助けた私の出世は間違いない。私の物であると言って、早くここから出たい」と言われた。
Xはどのように対処すべきか。

キーワード

身代り犯　誠実義務　真実義務　訴訟法的真実　国家刑罰権

関連条文

○刑事訴訟法1条（本法の目的）
○弁護士職務基本規程5条（信義誠実）

> 問題の所在

　無実であるのに有罪を主張し、刑事罰を受けてでも他の利益（会社あるいは組織内での出世、取調べ・公判の時間短縮など）を得たいとする被疑者・被告人に対して弁護人はどのように対処すべきかが問題となる。

> 解　説

1　事実の確認と被疑者への説得

　設問のような場面に直面した場合、弁護人としてまず行うべきことは、被疑者・被告人が真実であると主張している事実が、弁護人にとっても真実と確信できるかどうかの確認作業である。ただし、弁護人の確認作業は、警察官や検察官の行う取調べとは異なり、弁護人が被疑者等に対して「本当のことを言え」と迫って確認することを意味しない。また、〔設問20〕でみたとおり、確認すべき「真実」は神が知る真実ではない。弁護人がすべき確認作業は、被疑者等の主張がそれ自体に不合理性・不自然性を内包していないか、客観的な証拠や事実に照らして合理性を有するか等を、被疑者等に確認することを含めて検討することである。

　設問では、Aは、車のダッシュボードから発見された覚せい剤は自分の関知しない、社長Bの物であると主張している。しかし、明白なのは、覚せい剤の発見された車がBの車であること、および、Aがこの車を使用中にダッシュボードの中に覚せい剤があったことである。

　覚せい剤は、Bの物であったかもしれない。あるいは、Aが社長の車で覚せい剤を購入に行って得た物であったかもしれない。さらには、第三者がBやAの目を盗んでひそかにダッシュボードに隠していたのかもしれない。

　弁護人Xは、関係証拠（すでに捜査機関が収集している証拠のみならず、Aからその存在を指摘された証拠も含む）を精査し、証拠から浮かび上がってくる事実（訴訟法的真実）を見極めることが肝要である。このような確認作業を経て、Aの主張が真実であるとの確信が得られた場合、Xは、まず、Aに対してつぎのような事項を説明して、無罪の主張をするように説得すべきである。

ア　無実の者を有罪と認定させることが不正義であることの説明
　イ　覚せい剤を自分の物だと供述したとしても、入手先に関する裏づけは当然なされるであろうことの説明
　ウ　刑事罰を受けることと、Aが得ようとしている他の利益との比較衡量
　エ　犯人隠避、偽証教唆等の他の犯罪に該当する可能性の説明

2　考え方の対立

　これらの説明によってもAの意思が固い場合に、弁護人はどうすべきかについては、基本的に二つの考えがありうる。
　一つは、弁護人の基本的役割は、国家刑罰権を発動させない方向での活動をすることにあるから、無実である者に対して、刑事罰を受ける結果を招く方向で弁護活動を行うことはできないとする考えである。この考えによると、Aの意思に反してもAが無罪であると主張するか、辞任することになる。辞任せざるをえないとする考えは、被疑者・被告人の意思に反することはできないが、かといって無実の者を有罪とするような弁護活動はできないから、やむをえざる選択として辞任しか残されていないと考えるのである（後掲『刑事法演習』272〜274頁参照）。
　もう一つの考えは、刑事処罰に関しても被疑者等には自己決定権があり、たとえ無実であっても、有罪の選択をすることができ、弁護人はその選択に従うべきであるとする。この立場からは、弁護人は被疑者等の明示の意思に反する行動をすべきである（してもよい）とする前説には基本的な問題があることとなる。また、辞任すべきだとする考えに対しては、「辞任」は問題の回避であって解決ではなく、もし辞任が正しければ、設問のような被疑者等は永遠に弁護人を得ることができないことになる、との批判もある。
　被疑者等の自己決定に従うべきだとする説の背景には、つぎのような考え方がある。人は人生においてさまざまな選択がある。しかし、その選択の主人公は、あくまでもその人本人であり、それ以外の者ではない。本人が選択すべき対象から刑事事件だけを除外すべき特別の事情は認めがたい（唯一、生命刑で

ある死刑の場合のみは本人の選択から除外すべきである、との見解がある）。たとえ無実であっても、長い時間をかけて、裁判で無実を訴えた結果無罪になるかどうかは分からないのであれば、有罪を認めて早期に社会復帰することを選択することは当然ありうる。その選択は、人生における他の選択と同様、尊重されるべきである。

3　国選弁護人の場合

　無実の者を有罪とする弁護活動はできず、かといって被疑者・被告人の明示の意思に反する弁護活動をすることはできないから、「辞任せざるをえない」と考える立場の弁護人であっても、国選弁護事件であるために辞任できない場合がある。設問が国選弁護事件のとき、Xはどう対処すべきか。

　Aの意思に従う場合は、本来処罰されるべきでない者（A）に刑事罰が科せられる。しかし、国選弁護事件のように辞任の自由がない場合で、Aへの説得によっても翻意しない以上、Aの自己決定権を優先させざるをえない。もちろん真犯人を名指しすべきでないことも、弁護人の誠実義務、守秘義務から要請される。弁護人が被告人から明らかにされた事実およびこれを基礎づける証拠を公判手続で提出することも許されない。

　その結果、Xは、Aが有罪であるとの意見を述べざるをえないことになる。

　しかし、有罪の意見を述べたからといって、弁護士職務基本規程5条に反しない。同条は、証拠隠滅、偽証教唆などの違法行為により積極的に真実の発見を妨げてはならないとするものであり、真実の主張義務を認めたものではないからである。ただし、被告人に対する誠実義務から有罪の方向で弁護活動を行う場合にも、被告人の考えを実現するために、犯人隠避、虚偽告訴、証拠の捏造、偽証教唆などの違法行為に加担するようなことがあってはならない。この点、被告人が身代り犯であることを熟知しながら、真犯人の自首の決意を積極的に阻止した弁護人について、犯人隠避罪の成立を認めた判例（大判昭5年2月7日刑集9巻51頁）がある。

　弁護人は、そのような誤解を受けかねないような言動も行わないよう注意深

く弁護活動を行う必要があろう。
　なお、この点については、〔設問55〕〔設問56〕の解説を参照されたい。

第4　訴訟関係人との私的な交渉の回避

〔設問22〕裁判官、検察官との私的交渉
① 弁護人Xは、囲碁仲間の裁判官のもとで審理されていた被告人Aの裁判が結審した後、裁判官の自宅で碁を打ちながら雑談をしていた際、審理中からAに対して実刑判決がされると感じていたので、裁判官に執行猶予の判決は無理なのかと話してみた。そのときの裁判官の話から、裁判官が判例を誤解して執行猶予の要件を満たさないと考えていることが分かった。そこで、Xは裁判官の誤りを指摘し、結局、執行猶予の判決を得ることができた。
　裁判官とこのような接触をすることに問題はないか。
② 弁護人Xは、被告人Aが起訴されている4件の詐欺事件について、Aと協議のうえ、内2件を否認して争うことにした。その後、同種詐欺事件3件の追起訴があり、さらに、数件の追起訴が見込まれる状況にあったので、このままでは裁判が長期化することは必至であった。Aも、裁判が長期にわたることに不安を抱いている様子であった。また、起訴件数を少なくすることによって、被害者と示談ができ、執行猶予の判決を得ることができる可能性もあった。
　そこで、Xは、「否認を撤回することを考えるので今後の追起訴はしないでほしい」と、検察官の自宅に電話をして交渉をし、新たな追起訴を行わせないようにしたいと考えた。
　ア　このような場合、上記のような交渉をすることに問題はないか。
　イ　検察庁において交渉するのであれば問題はないか。
　ウ　Aとあらかじめ協議をする必要があるか。
　エ　Aの明示の意思に反してもこのような交渉を行うことに問題はないか。

> キーワード

訴訟関係人との私的交渉　司法取引　起訴便宜主義　違法性阻却

> 関連条文

○刑事訴訟法248条（起訴便宜主義）
○弁護士職務基本規程46条（刑事弁護の心構え）　74条（裁判の公正と適正手続）　77条（裁判官等との私的関係の不当利用）

> 問題の所在

　弁護士職務基本規程77条は「弁護士は、その職務を行うに当たり、裁判官、検察官その他裁判手続に関わる公職にある者との縁故その他の私的関係があることを不当に利用してはならない」と規定しており、弁護人の裁判官や検察官との接触がこの規定に違反するのではないかが問題となる。

> 解　説

1　小問①について

(1)　基本的視点

　弁護士職務基本規程77条は、弁護士に、私的関係を利用して裁判官や検察官などとの職務の公正さに疑念を生じさせる行為を禁止し、あわせて弁護士自身が職務を公正に行うべきことを要請した規定である。

　『注釈弁護士倫理』によれば、私的関係とは、裁判官や検察官との個人的な関係、たとえば学校の同期、同窓、あるいは同郷であるなど懇意な関係であることとされている。[26]利用の方法は、面談に限らず電話や手紙などによるものも含むとされ、また、私的関係がない場合にも、裁判官や検察官等の私宅を訪ねたり、宴席などの非公式な場での同席の機会を利用することも同様に許されないとされている。

　〔小問①〕は、弁護人Xと裁判官が囲碁仲間であり、裁判官の自宅で碁を打

26　前掲『注釈弁護士倫理〔補訂版〕』207頁

っているときというのであるから、私的関係における場で、事件に関して交渉をしていることとなる。

　他方、裁判官との話のなかで、裁判官が判例を誤解していることが判明し、結果として執行猶予の判決を得ることができたというのであるから、裁判の公正は害されていないこととなる。それにとどまらず、裁判官が判例を誤解していたのが正せたのであるから、裁判の公正に資したとも言える（弁護士職務基本規程74条）。

　このような場合なお、公正らしさが損なわれることを慮り、裁判官との接触を一律に禁止する必要があるのだろうか。

　以下のとおり、いくつかの考え方がある。

　⑵　〔小問①〕の接触は禁止されていないとする立場

　弁護士職務基本規程77条の元となる弁護士倫理56条は、旧弁護士倫理14条第1文「事件を有利にするために、裁判官、検察官等と私的に面接、交渉などをしてはならない」と同趣旨の規定であるとされている。したがって、弁護士倫理56条の「利用して交渉してはならない」とは、「事件を有利にするため」の交渉、さらに言えば、私的関係による情実に訴え不当に有利な結果を引き出そうとする交渉を禁止しているものと解すべきである。弁護士職務基本規程77条も「不当に利用してはならない」と規定している。Xの雑談中の会話は、不当に有利な結果を引き出そうとするための接触とは言えない。

　さらに、同規程46条は刑事弁護の心構えとして「弁護士は、被疑者及び被告人の防御権が保障されていることにかんがみ、その権利及び利益を擁護するため、最善の弁護活動に努める」と規定している。Xの行動は、まさにこの刑事弁護人としての誠実義務の体現であると言える。

　したがって、〔小問①〕におけるXの裁判官との接触は、弁護士職務基本規程に違反するものではない。かりに同規程77条に形式的には違反している（構成要件該当性はある）と解されるとしても、同規程46条により、その違法性が阻却されると考えるべきである。

　⑶　〔小問①〕の接触は許されないとする立場

弁護士職務基本規程77条の規定は、弁護士と裁判官、検察官等との私的な接触を禁止することにより、訴訟手続を公的な場面においてのみ進行させ、国民からの可視性を担保し、もって国民の裁判の公正に対する信頼を確保するものである。

この規定が守ろうとしているのは、国民の裁判に対する信頼であり、信頼の基礎である裁判の可視性である。したがって、国民の目に見えない場所での訴訟関係人の接触は、たとえ、その場において実質的に公正を害されることが行われなかったとしても、公正らしさに疑念が差し挟まれる危険性のある行為として禁止されるべきである。

このような観点からは、弁護士と裁判官、あるいは弁護士と検察官、検察官と裁判官のみで、その担当する事件につき私的に協議することは許されないこととなろう。

(4) 考察

たしかに弁護士職務基本規程77条の規定は、密室での訴訟関係人による私的な交渉により裁判の結果が左右されることは、裁判の公正に対する国民の信頼を損ない、ひいては裁判制度そのものが、その存立の基盤を失う事態を引き起こしかねないため、弁護士もその制度の一翼を担うものとして襟を正す必要性を規定したものである。このことは、民事訴訟において、私的な関係を利用されて敗訴の判決を受けたと考える当事者の立場に立った場合、とくに説得的である。

しかし、対等の当事者間の紛争を裁く民事裁判と、強大な捜査権限を有している検察官と被疑者・被告人（弁護人）とが対立している刑事裁判とを同列に論じることはできない。また、刑事手続における弁護人の役割は国家刑罰権の発動を抑止することであって、犯罪者に刑罰を科すことがその主たる役割ではない。したがって、刑事弁護における弁護人の倫理は、民事訴訟における代理人の倫理とはおのずから別個の考察が必要である。

もちろん、弁護人が、私的関係を利用して情実に訴え不当な結果を求める（瓜田において瓜を盗み取る、李下において李を盗み取る）ことは厳に慎まな

ければならない。しかし、刑罰権の発動を抑止するためであれば、あえて瓜田に履を納れ、李下に冠を正すことも許されると言うべきではなかろうか（後掲松尾浩也「弁護人の地位」〔1961年〕30頁参照）。

(5) 実務上の留意点

以上述べたとおり、裁判官、検察官との私的な接触は、その動機・結果において情実に訴え不当な利益を得ようとするものでなければ弁護士倫理に違反するものではないと考えてよい。しかし、裁判の公正は、国民にとりきわめて重大なものであり、司法により公正な裁判がなされるという国民の信頼を維持するためにも、「公正らしさ」の確保ということもまた重要である。裁判の公正らしさに対し国民が疑念を差し挟むかもしれない私的な接触は、できるだけ避けたほうが望ましいとも言える。

密室における交渉には、かかる疑念がつきまとうことを考えれば、かりに〔小問①〕のような接触により、正当な結果がもたらされることが明らかになった場合には、再度公判廷において判例解釈に関する主張をするなどの工夫により、密室でない場所での手続を踏んでおくことも必要であろう。

2 小問②について

〔小問②〕では、検察官の自宅に電話をしている。前記『注釈弁護士倫理』によれば、私的関係のない場合にも非公式な場を利用することも許されないというのであるから、このような電話は弁護士職務基本規程77条に違反するとの解釈も考えられる。

しかし、電話をするということでは、自宅であろうと検察庁であろうと差はない。また〔小問②〕は、〔小問①〕と違い、弁護人と検察官との間には私的な関係はない。したがって、〔小問②〕の場合、同条に反する接触にはあたらない。

つぎに、交渉の内容であるが、否認している2件の公訴事実につき、否認を撤回させることと引換えに追起訴をしないように交渉することは、被告人Aとその利害につき十分に協議したうえAの決断に従って行うのであれば、なんら

問題がなく、同規程46条の目的にも資する。

〔小問②〕において、否認の撤回と引換えに他の犯罪事実を見逃すという点が、「正義の実現の放棄」、「国家刑罰権に対する不当干渉」であり、かかる「司法取引」は許されないという議論も一応ありうる。しかし、弁護人の使命は、国家刑罰権の発動を抑止することであり、被疑者・被告人の利益のために活動することであるので、このような交渉は、被疑者等の利益になるかぎり躊躇することなく行われるべきである。

現行法に司法取引を正面から認める規定はないが、憲法上禁じられてはいないと考えられ、また、司法取引なる制度をあらためて設けずとも、弁護人の主張と検察官の起訴便宜主義（刑訴法248条）とを組み合わせることで、事実上同様の効果を得ることができる。

〔小問②〕において、否認している2件の事実につき、Aが実は無実であるが、訴訟の長期化を避け、執行猶予を得るためにあえて有罪の答弁を行うという場合には、真実義務との関係での問題がありうるが、この点については〔設問21〕を参照されたい。

以上に述べたところから、〔小問②〕に対する答えとしては、以下のとおりとなる。

ア　問題はない（〔小問②〕において、検察庁で交渉する時間的余裕がないなどの事情がなければ、検察庁において交渉するほうが妥当であろう）。

イ　検察庁において交渉することもなお問題はない。

ウ　Aとあらかじめ十分な協議をしておく必要がある。

エ　Aの明示の意思に反してはならない。

第2章　弁護人の権利

総論

　第1章においては、弁護人の基本的役割に関連して、最善努力義務、誠実義務、守秘義務などが、具体的にどのような場面でどのように弁護人の行動規範として作用しているのかを考察してきた。

　本章においては、弁護人の行うべき弁護活動をその権利的側面から考察する。

　前章でみたように、弁護人は、被疑者・被告人に対し、あるいは司法制度の適正な実現のために刑事訴訟法、弁護士職務基本規程などにより、さまざまな義務を負っているが、他方、弁護人がこれらの義務を実現しうるために、法は、弁護人に対し、権利を保障している。

　身体を拘束された被疑者等との接見交通権はその最も重要な権利であるが、刑事訴訟法は、接見交通権以外にも、勾留理由開示請求、勾留取消請求、保釈請求、記録の閲覧・謄写、裁判官に対する忌避の申立、捜索・差押え・鑑定、証人尋問への立会、証拠保全の請求、証拠調べ請求、証拠調べあるいは裁判長の処分に対する異議、上訴の申立など、弁護人にさまざまな権利を認めている。

　また、刑訴法105条では押収拒絶権を、同149条では証言拒絶権を規定しているが、この弁護人の権利は、前章でみた守秘義務、誠実義務などと表裏一体をなし、被疑者等の弁護享受権を全うするためのものと言える。

　それ以上に、弁護人には、独立に勾留理由開示請求権や上訴権などの固有権が付与されており、接見交通権も不可侵のものとして与えられているのであるから、自らに与えられた権利を行使することを怠ってはならない。弁護人のかかる権利の行使は、権利（権限）と言うのみならず義務であるとさえ言えよう。

　本章では、これら弁護人の権利のうち押収拒絶権、証言拒絶権につき考察するとともに、さらにすすんで、弁護人にはその業務の重要性から、刑法35条（正当業務行為）以下の規定により、一般的には違法と考えられる活動も、正

当業務行為ないしは緊急避難として、その違法性が阻却される場合があるのではないかを考察する。

なお、被疑者等の人権、生命、身体の自由を確保するために、弁護人には、刑事訴訟法などの法律に明示されている権利以外にも社会的に許容される活動が存在すると考えられる。

第1　証言拒絶権

> [設問23] 解任された弁護人を証人とする証拠調べ請求
> 　弁護士Xは、被告人Aの弁護人として弁護活動を行っていた。Aは、起訴事実を否認していたが、「実は自分（A）は有罪である」とXに告白した。Aは否認を続けたいと希望したが、Xは事実を認めるようにXを説得した。このため、Aは、信頼関係が損なわれたとして、Xを解任した。
> 　その後、当該事件につき、検察官より弁護士Xを証人とする証拠調べ請求がなされた。
> 　この証拠調べ請求に対し、Xはどのように対処すべきか。

キーワード

証言拒絶権　守秘義務　秘密漏示罪

関連条文

○刑法134条（秘密漏示）
○刑事訴訟法149条（証言拒絶権）
○弁護士法23条（秘密保持の権利及び義務）
○弁護士職務基本規程23条（秘密の保持）

問題の所在

　弁護士が、弁護人でなくなった後、その職務上知りえた被疑者・被告人の秘密について法廷での証言を求められた場合、証言を拒絶すべきか、また証言の拒絶権が刑訴法149条により認められるかが問題となる。

解説

1 弁護人の秘密保持義務と証言拒絶権

　刑訴法149条は「弁護士……の職に在る者又はこれらの職に在つた者は、業務上委託を受けたため知り得た事実で他人の秘密に関するものについては、証言を拒むことができる」と規定している。

　弁護士という職業は、取り扱う事件についてあらゆる事情に精通していることが、その職務を有効に行うために必要である。したがって、他人が秘密にしたいと考えることについても知っておく必要がある。他方、秘密を開示する人にとっては、弁護士がその秘密を他に容易に漏らすということであれば、秘密の開示は行わないであろう。

　このため、弁護士法23条は弁護士に秘密の保持義務を定め、また、刑訴法149条は弁護士の証言拒絶権を認め、弁護士に対する秘密の開示が安心して行えることを制度的にも保障している。

　さらには、弁護士または弁護士であった者が、その職務上取り扱ったことにつき知りえた秘密を正当な理由なく漏らしたときは、刑法134条の秘密漏示罪により処罰されることとしている。

2 秘密保持の主体

　以上述べたところから、刑事事件においても、弁護人が被疑者・被告人から打ち明けられた秘密を、その意思に反して他に漏らすことは許されない。

　設問において、弁護士Xは、被告人Aの弁護人として弁護活動を行っていたときに、Aから「実は自分は有罪である」との告白を受けたのであるから、Xにとり、この事実は、まさに職務上知りえたものである。また、起訴事実を否認しているAにとっては「有罪である」ことは、X以外には知られたくない秘密事項と言うべきである。

　なお、設問では、Xは解任されているため、現在Aの弁護人ではないが、前述のとおり、守秘義務、証言拒絶権、秘密漏示罪の各規定とも、秘密を守るべき主体は「弁護士」とされており、解任された弁護士であっても当然これらの

義務があると言うべきである。

3 証言拒絶権の成否

設問において、Xは、法廷での証言を求められるという立場にある。弁護士法23条但書は「但し、法律に別段の定めがある場合は、この限りでない」とし、刑訴法149条但書も「但し、本人が承諾した場合、証言の拒絶が被告人のためのみにする権利の濫用と認められる場合（被告人が本人である場合を除く。）……は、この限りでない」とする。

このため、設問のようにAが「実は自分は有罪である」と告白していた場合に、Xが証言を拒絶することは、被告人のためのみにする権利の濫用に該当し、上記の刑訴法149条但書の場合にあたるとして、証言拒絶が許されないのではないかが問題となりうる。

刑訴法149条の証言拒絶権は、秘密の主体たる「本人」のために認められたものであるから、Xが、「本人のため」でなく、「本人」とは別人の「被告人」が不利にならないようにするために、職務上知りえた秘密についての証言を拒絶することは、「被告人のためのみにする権利の濫用」に該当する。

しかし、「本人」と被告人Aが同一人物である場合は、まさしく前記の証言拒絶権が認められた趣旨が妥当する。

法も、このような場合には、原則に戻って証言拒絶が認められることとしている。刑訴法149条但書の括弧内の「被告人が本人である場合を除く」とは、「本人」と被告人が同一人物である場合には原則に戻ることを注意的に規定したものである。

4 まとめ

以上に述べたところより、設問において、Xは、弁護人の守秘義務からも、また、弁護士という職業そのものの信頼を保護すべき立場からも、証言を拒絶する権利があり、義務があると言うべきである。

実務上の留意点

　実務上、被疑者・被告人の弁護人であった弁護士を検察官が証人として証拠調べ請求をすることは、稀なことであろう。なぜなら、検察官にとっては、被告人の有罪立証をかかる証人に頼らざるをえないということは、ある意味では、独自の捜査を遂げられなかったことが露呈するからである。

　しかしながら、なおかつ検察官において臆面もなく、このような証拠調べ請求をする場合も皆無とは言えない。かかる請求を受けた弁護士としては、検察官に対し、刑訴法149条の立法趣旨を説明し、速やかに証拠調べ請求を取り下げさせることに努めるべきである。

　なお、証拠調べ請求とまではいかなくとも、関連事件あるいは関係者を共通とする別事件につき、関与した弁護人もしくは代理人に対し、警察等からの捜査照会や問い合わせが行われる場合もあるが、同様の対応がなされるべきであろう。

　ABAモデルルールにおいては、検察官による弁護士の刑事手続への召喚につき、つぎのとおり規定していることが参考となる。

　ABAモデルルール第3.8条(e)　検察官が、以下のすべてのことを合理的に考える場合でない限り、弁護士の過去又は現在の依頼者に関する証拠を示すために、弁護士を起訴陪審又はその他の刑事手続に召喚してはならない。
　(1)　もとめる情報が、適用されるいかなる秘匿特権によっても、開示から保護されないこと
　(2)　もとめる証拠が、進行中の捜査又は訴追を成し遂げるために必須なものであること
　(3)　当該情報を得るために、他の実行可能な代替策がないこと

参考判例

○大阪高判平4年3月12日判タ802号233頁
　（判示事項要旨）
　捜査段階で被告人の弁護を受任していた弁護士（7回の接見の後、起訴後間もなく、受任後約1ケ月あまりで辞任）が、公判において、証人として出廷し、接見の際に被告人から本件犯行を打ち明けられて、被害者側と示談交渉にあた

った旨を証言した。

　原審では被告人は無罪となったが（弁護士の証言が証拠として排除されたわけではない）、大阪高裁は、逆転有罪とし、この弁護士の証言を証拠資料として使用することには躊躇があるとしながらも、同証言が、検察官および弁護人の双方申請であったこと、証言した際に、弁護側から異議が出されていないことから、その証拠能力を認めた。

■参考事例
○大阪弁護士会処分（1992〔平4〕年6月17日自由と正義43巻8号〔1992年〕163頁）戒告
　前記判例の弁護士の行為が、弁護士法23条違反であるとされた。

第2　押収拒絶権

〔設問24〕弁護人が預かった証拠に対する差押え

　弁護士Xは、B株式会社の経理課長Aから、「業務上横領により告訴される見込みなので相談にのってほしい」と頼まれ、金銭の不正操作を記帳した裏帳簿と、横領した金銭の使途を記載したA作成のメモ（以下「Aメモ」という）によって、事案の説明を受けた。また、その際、Xは、Aからの説明内容を記載したメモ（以下「Xメモ」という）を作成し、Aに頼まれるままに裏帳簿と「Aメモ」を預かり、自ら作成した「Xメモ」とともに、Xの法律事務所に保管していた。

　その後、Aは逮捕・勾留され、Xが弁護人となったところ、Aの共犯者である部下Cの供述から、Xが、B社の裏帳簿と「Aメモ」および「Xメモ」を保管していることが捜査機関に明らかとなり、捜査官がこれらすべてを押収の対象とした捜索差押許可状を持参して、Xの法律事務所を訪れた。

① Xが、Aに頼まれるままに裏帳簿と「Aメモ」を預かることは許されるか。また、「Aメモ」が事件当時に作成されたものである場合にはどうか。

② Xは、裏帳簿、「Aメモ」および「Xメモ」の押収を拒絶することができるか。拒絶できるとすれば、それはいかなる法律上の根拠にもとづくか。

③ 捜査官がXの拒絶にもかかわらず押収を強行したとき、Xはいかに対応すべきか。

④ Xの不在時に押収されたとき、Xはいかに対応すべきか。

キーワード

証言拒絶権　押収拒絶権　守秘義務

関連条文

○刑法134条（秘密漏示）
○刑事訴訟法105条（押収と業務上の秘密）　113条（当事者の立会い）　149条（証言拒絶権）　429条（準抗告）
○弁護士法23条（秘密保持の権利及び義務）
○弁護士職務基本規程23条（秘密の保持）　39条（預り品の保管）

問題の所在

弁護人が事件に関係する書類等を預かる場合の留意点、保管している書類等に対して押収手続がなされた場合の拒絶権行使の可否、押収手続の具体的場面における弁護人の対応が、それぞれ問題となる。

解説

1　証拠隠滅罪の成否

〔小問①〕では、裏帳簿などを預かることが許されるか否かが問われているので、これらを預かることが証拠隠滅罪を構成する可能性を考えておかなければならない。すなわち、「裏帳簿」と「横領した金銭の使途を記載したAメモ」「Xメモ」がはたして証拠物にあたるか否かを考察しておく必要がある。

刑法104条は「他人の刑事事件に関する証拠を隠滅し」た者は証拠隠滅罪にあたるとする。そして、「刑事被告事件〔改正により刑事事件と改められた〕」とは、現に裁判所に係属する刑事訴訟事件はもちろん、将来刑事訴訟事件となりうるものをも包含する（大判明45年1月15日刑録18輯1頁）。

設問では、Xは、Aから「業務上横領により告訴される見込み」ということを聞かされたうえ、「裏帳簿」「金銭の使途を記載したAメモ」を預かっているのであるから、前記判例によれば、将来刑事事件となりうるものであり、「他人の刑事事件に関する」との要件は充足している。

つぎに、これらの書類が「証拠物」と言えるか否かが問題となる。Xは、「Aメモ」によって事案の説明を受けたとされているので、このメモが、Xに

対する説明のために、Xの事務所において作成されたものか、あるいは裏帳簿作成時にAの覚えとしてすでに作成されていたものかは判然としていない。

かりに、Xに説明を行うためにのみ「Aメモ」が作成されていたのであれば、このメモはAとXとの打ち合わせ内容の一部を構成するものとして、当該刑事事件の証拠物ではないと考えるべきである（後掲名古屋高決昭32年11月13日）。しかし、Aの覚えのため、すでに作成されていた場合には、「裏帳簿」と同様に刑事事件の証拠物と考えるべきである。

「Xメモ」は、Aの説明を聞きながらXが作成したものであり、まさに弁護人とAとの打ち合わせ内容そのものと言うべきであって、刑事事件の証拠物とは言えない。

これに対し、証拠とは刑事事件につき、捜査機関又は裁判機関が国家の刑罰権の有無を確定するに際し、関係ありと認められる一切の資料をいうとの考えからすれば、これらすべてが証拠隠滅罪にいう証拠と評価される。

しかしながら、弁護人と被疑者等との打ち合わせメモを「証拠」と評価し、この隠滅を刑罰でもって臨みうるとの考えは、弁護人と被疑者等に秘密接見交通権を認めた法の趣旨を没却するものであり、とうてい首肯できない。

2 小問①について

以上を前提に〔小問①〕を考えると、「裏帳簿」「Aの覚えのためすでに作成されていたAメモ」を預かることは証拠隠滅罪を構成する可能性があることとなるが、打ち合わせのためにAが作成したメモであれば（作成場所がどこであろうと）、これを預かることは証拠隠滅罪を構成する可能性はなく、当然に許される。

つぎに、「裏帳簿」などを預かることは許されないと考えるべきであろうか。

Xは、受任弁護士として事件の内容を調査検討するために、書類を預からなければならないという場合も考えられる。また、これらの書類を預けるAの意図が、自らの手元に置いていては容易に発見され、証拠となってしまうことを慮ってのものである場合もある。そして、Xが、そのことを知り、または推測

しながら漫然と預かってしまう場合もあろう。

　前者の場合には、弁護活動の一環として許されると考えられるが、後者の場合には、証拠隠滅と言われても致し方ないと思われる。

　外形的事実としては、同様に預かるという行為であり、後者の意図をもって預かったのではとの誤解をされないためにも、実務上は、コピーを取り、これによって調査検討を行うこととしたほうがよい。

3　小問②について

　つぎに、預かっている帳簿やメモの押収手続を受けた場合、預かった帳簿やメモは、刑訴法105条の「業務上委託を受けたため、保管し、又は所持する物」であり、「他人の秘密に関するもの」であるから、Xは、押収を拒絶でき、また、しなければならないこととなる。

　ここでも、証言拒絶の場合と同様、押収が被告人のためのみする権利の濫用と認められる場合（被告人が本人である場合を除く）にあたるかどうかが問題となる。しかし、〔設問23〕の解説3でも述べたとおり、かかる押収の拒絶は弁護士と依頼者との信頼関係保護を目的とするものであり、また、被告人が本人の場合であるから、「被告人のためのみする権利の濫用」とはならない。

4　小問③について

　Xが拒絶したにもかかわらず捜査官が押収を強行した場合、Xは押収拒絶権にもとづく正当な拒絶であることを主張し、押収を諦めさせるように努めるべきである。

　それでもなお、強行された場合に、これに実力をもって対抗することは、公務執行妨害罪に問擬されることが考えられる。また、捜査官に実力をもって対抗しうるとも思えない。かかる押収がなされた場合には、まず警察等への抗議や刑訴法430条2項の準抗告を行うなどを検討すべきである。さらに、押収物が証拠として公判廷に提出されたときには、違法収集証拠として、その排除を求めることになろう。そのためには、押収拒絶権を行使したにもかかわらず押

収を強行された状況をできるかぎり証拠化しておくべきである。

5 小問④について

弁護人には、刑訴法113条により、差押えへの立会権があり、同条2項により、あらかじめ執行の日時場所の通知がなされていなければならない。

したがって、あらかじめの通知のない執行がされた場合には、弁護人は準抗告を申し立て、その取消を求めることとなる（刑訴法430条）。ただし、刑訴法113条は「（あらかじめ裁判所に立ち会わない意思を明示した場合及び）急速を要する場合は、この限りでない」と規定しており、かつ、一般には急速を要するか否かの判断権は執行者にあると考えられている。したがって、あらかじめの通知がなされていない場合（かかる場合がほとんどではないかと思われる）には、弁護人は、刑訴法105条違反だけではなく、同113条違反も理由に、違法収集証拠の主張をなすこととなろう。

設問においては、被疑者段階での差押えであり、刑訴法113条は、捜査段階における差押えには準用されていない（刑訴法222条）。したがって、設問のように、押収拒絶権者が不在時の押収は、刑訴法105条の趣旨を没却するものであって、それ自体許されないとの主張により、証拠排除の努力をなすべきであろう。

実務上の留意点

設問のような受託の依頼があった場合、たとえそれが刑事事件の証拠物であるとの説明がなくとも、かかる書類を弁護士に預けなければならないという合理的理由は見い出しにくいと思われる。したがって、このような書類はむやみに預かることのないよう、日頃から留意をする必要があろう。かりに、弁護士において、調査検討のため、その書類の内容を精査する必要がある場合でも、コピーを取っておけば足りる。

刑事事件のみならず、一般的に、弁護士は原本を預かることには慎重でなければならず、預かる場合には預り証を発行するなどの習慣をつけておくことが、

依頼者との無用のトラブルを避けるためにも必要なことであろう。

　なお、押収のおそれが出てきた場合には、預かったものが書類であればコピーを、物であれば写真をとって、その時点でのありのままの姿を後日再現できるようにしておくことが望まれる。

参考判例
○名古屋高決昭32年11月13日高刑集10巻12号799頁、法律新聞106・107号23頁（刑訴法99条にもとずく提出命令に対する抗告事件）
（判示事項要旨）
刑訴法99条の証拠物のなかには、当該事件のために特に作成された書面を含まない。

参考事例
○2000〔平12〕年11月7日、恐喝等被告事件について、松山地方検察庁宇和島支部の検察官により、被告人の弁護人である弁護士の法律事務所、自宅、自動車、鞄に対する捜索・差押えがなされた（朝日新聞2001年1月25日朝刊愛媛版27面）。

　これに対して、2001〔平13〕年6月29日付で愛媛弁護士会により抗議決議（臨時総会）がなされ、同日、日弁連会長の談話が公表された。

　また、愛媛弁護士会会長の抗議声明もなされている。

○北海道警察が少年審判の処分取消決定後に証拠隠滅容疑で付添人の事務所に対する捜索差押状を発付させた事例（朝日新聞1998年4月29日朝刊道内地域版、30日夕刊22面）

第3　弁護活動における正当業務行為（違法性阻却）

> 〔設問25〕任意同行されている被疑者との面会
> 　任意同行された被疑者Aの母親から、弁護士Xに対し、「警察に連れて行かれたAに会いに行ってほしい」との要請があった。Xが警察署に赴いたところ、警察官Bより「現在事情聴取中なので会わすことはできない」と言われた。
> 　Xは、これを無視し、2階の取調べ室に上がろうとしたところ、Bは、2階に上がる階段の前に立ちふさがり、「庁舎管理権は警察にある。無理に上がろうとすれば、建造物侵入罪として犯罪になる」と言った。
> 　Xはどうすべきか。警察官の制止を振り切るために、何らかの有形力を行使することに問題はあるか。

■キーワード
正当業務行為　違法性阻却

■関連条文
○刑法35条（正当行為）　130条（住居侵入等）

■問題の所在
　弁護人が弁護活動を遂行する過程で、警察官等が違法・不当な対応を行った場合の弁護人の対応が問題となる。また、弁護人が弁護活動を行うために、やむをえず形式的には違法な行為を行った場合に、正当業務行為として違法性が阻却される場合があるか否かが問題となる。

解説

1 任意取調べ中の面会は自由である

　Aは任意同行されており、逮捕・勾留されてはいないので、事情聴取中といえども、Aの意思により、これを中断してXと面会することは自由である。

　警察官Bの「現在事情聴取中なので会わすことはできない」との主張にはなんらの法的根拠もない。したがって、Xが、これを無視して取調べ室にいるAに会うため、2階に上がろうとすることにはなんらの問題もない。

　もちろん、Bが、Aの任意同行の事実を知らず、あるいは任意同行の意味につき誤解をもって設問のような発言をしている場合も考えられないわけではない。したがって、Xは、Bに対し、警察官にはXとAとの面会を止める法的根拠のないことを説明・説得することが必要な場合もあろう。

2 建造物の管理権者

　かかる説明・説得によっても、設問のように、BがXの面会を妨害した場合にはどうすべきであろうか。

　建造物侵入罪（刑法130条）は、設問のような一般市民が通常自由に出入りを許されているような建造物（警察署）においては、その建物の看守者の禁止に反してこれに立ち入ることにより本罪が成立するとされている。もっとも、取調べ室までも一般市民が通常自由に出入りを許されているような建造物と言えるか否かについては、別途の考察が必要である。

　設問の警察署にあっては警察署長が管理権者と言うべきである（東京高判昭27年4月24日高刑集5巻5号666頁）。設問におけるBによる2階への立入禁止行為が看守者としての立入禁止にあたるか否かは争いのあるところなので、Xは、まず「管理権者は署長であるから、署長も同意見であるかを確認せよ」との主張をなすこととなろう。

3 建造物侵入罪の構成要件該当性

　署長に確認を取らず、また署長も同意見であった場合には、Xはどうすべき

であろうか。

　Bが、かかる違法な妨害行為に出てくることからすれば、Aに対する事情聴取が任意とはいえ、捜査側にとっては弁護士との面会をさせたくない重大な局面にある可能性は高い。それゆえに、Xは、何としてもAとの面会を実現しなければならない必要性が高いと言えよう。したがって、警告を無視して取調べ室のある2階に行き、Aとの面会を実現すべきである。

　もっとも、署長の禁止もある場合には、建造物侵入罪の構成要件には該当すると考えられる（ただし、後述のとおり、構成要件該当性を否定する見解もある）。また、署長に確認が取れていない場合でも、Bは庁舎管理権者の補助者として立入禁止を行うことができるとの考えに立てば、同様となる。

4　正当業務行為

　しかし、設問におけるXの「警告を無視して2階に上がる行為」は、正当業務行為（刑法35条）として、違法性が阻却されると考えるべきである。

　住居の平穏を害するような態様による侵入であっても、警察官による捜索令状の執行としての立入りは、刑法35条により違法性が阻却されている。このこととの対比で考えた場合、XのAとの面会は、憲法の弁護享受権に由来するきわめて重要な意味をもつものであり、捜査機関による捜索と同様に、あるいはそれ以上に「法令又は正当な業務による行為」と言うべきである。

　この点につき、最高裁は、その決定において「刑事被告人の利益を擁護するためにした弁護人の弁護活動が本条の適用を受けうるためには、諸般の事情上、それが法秩序全体の見地から許容されることを要するが、その判断には、法令に根拠を持つ職務活動かどうか、弁護目的達成との関連性、弁護を受ける被告人自身がこれを行った場合に違法性が阻却されるかどうかの諸点を考慮するのが相当である」（後掲最一小決昭51年3月23日）としている。

　この最高裁決定の論旨を設問に当てはめても、XがBの警告を無視して2階に上がる行為は、違法性を阻却されると言うべきである。

　設問において、Bは、階段の前に立ちふさがっている。Bが立ちふさがって

いるところを無理に階段を上がろうとした場合には、Bに対し、押しのけるなどの何らかの有形力の行使がなされることとなろう。

　このような場合、形式的には暴行罪あるいは公務執行妨害罪の成立が想定されるXの行為について、その違法性が阻却されるであろうか。前記最高裁決定の基準に従えば、任意同行されている被疑者との面会は法令に根拠をもち、また弁護目的達成との関連性に疑問もなく、違法性が阻却されると言うべきである。また、Aが面会にきた弁護人と接触するために、事情聴取を自由な意思により切り上げ、取調べ室を出ようとした際、これを警察官が実力で制止しようとした場合に、警察官の制止を払いのける程度の有形力の行使がなされても、違法性はないと言うべきである。

　つぎに、Bの制止の程度が強力で、これを排除するには、Bを押し倒してでも階段を上らなければならないような場合はどうであろうか。

　前記最高裁決定によれば、押し倒すまでの有形力の行使は、行為の態様および予測される結果の重大性から社会秩序全体に与える影響も大きく、正当業務行為として違法性が阻却されない場合にあたろう。このような場合には、Xは、この間の経緯につき証拠を保全したうえで、警察官による違法な弁護妨害として国家賠償請求を行うことを考えなければならない。

5　構成要件該当性を否定する考え方

　さらに、設問のような警察官による面会妨害がそもそも庁舎管理権の行使として正当なものか否かも問題となる。

　後掲福岡高判平5年11月16日は、「被疑者の弁護人又は弁護人を選任することができる者の依頼により弁護人となろうとする者（以下「弁護人等」という。）は、当然のことながら、その弁護活動の一環として、何時でも自由に被疑者に面会することができる。その理は、被疑者が任意同行に引き続いて捜査機関から取調べを受けている場合においても、基本的に変わるところはないと解するのが相当であるが、弁護人等は、任意取調べ中の被疑者と直接連絡を取ることができないから、取調べに当たる捜査機関としては、弁護人等から右被疑者に

対する面会の申出があった場合には、弁護人等と面会時間の調整が整うなど特段の事情がない限り、取調べを中断して、その旨を被疑者に伝え、被疑者が面会を希望するときは、その実現のための措置を執るべきである。任意捜査の性格上、捜査機関が、社会通念上相当と認められる限度を超えて、被疑者に対する右伝達を遅らせ又は伝達後被疑者の行動の自由に制約を加えたときは、当該捜査機関の行為は、弁護人等の弁護活動を阻害するものとして違法と評され、国家賠償法1条1項の規定による損害賠償の対象となるものと解される」と判示している。したがって、この判決の論旨を設問にあてはめると、Bによる面会妨害は「弁護人等の弁護活動を阻害するものとして違法と評され」る結果、正当な庁舎管理権の行使とは評価されなくなるので、Xがこれを無視して行動することは建造物侵入罪の構成要件該当性がないと解する余地もある。

　参考判例
○最一小決昭51年3月23日（刑集30巻2号229頁、判タ335号146頁、判時807号8頁、最高裁判所裁判集刑事199号859頁、刑法判例百選（1）［別冊ジュリスト82］62～63頁）（名誉毀損被告事件）
（判示事項要旨）
　1　被告人以外の特定人が真犯人であることを広く社会に報道して、世論を喚起し、被告人を無罪とするための証拠の収集につき協力を求め、かつ、最高裁判所の職権発動による原判決の破棄ないし再審請求の途をひらくため、右の特定人が真犯人である旨の事実摘示をした名誉毀損行為は、弁護人の正当な弁護活動として刑法上の違法性を阻却されるものではない。
　2　弁護人が被告人の利益を擁護するためにした行為につき刑法上の違法性の阻却を認めるためには、それが弁護活動のために行われたものであるだけでは足りず、行為の具体的状況その他諸般の事情を考慮して、法秩序全体の見地から許容されるべきものと認められなければならないのであり、かつその判断に当っては、その行為が法令上の根拠をもつ職務活動であるかどうか、弁護目的の達成との間にどのような関連性を持つか、弁護を受ける被告人自身がこれ

を行った場合に刑法上の違法性の阻却を認めるべきかどうかの諸点を考慮に容れるのが相当である。

3　被告人以外の特定人が真犯人である旨の名誉毀損の摘示事実については、本件に現われた資料に照すと、真実と誤信するのが相当であると認めうる程度の根拠は存在しない。

○福岡高判平5年11月16日判時1480号82頁、判タ875号117頁（福岡任意取調中接見拒否損害賠償訴訟）

（判示事項要旨）

任意取調中の被疑者の弁護人となろうとする者から面会の申出を受けた警察官が、申出をすみやかに被疑者に取り次がなかったことが違法とされ、慰謝料の支払が命じられた事例。

〔設問26〕弁護人による証拠の収集と正当業務行為

　弁護士Xは、被告人Aの弁護を担当している。Aは無罪を主張し、友人Bの携帯電話のメールの内容を証拠とすれば、無実が立証できると言っている。

① Xは、Bを事務所に呼び出し、Bがトイレに行った隙にBの上着のポケットから携帯電話を取り出し、メールの該当部分を写真に撮影した。
　このXの行為に問題はないか。

② 呼び出したBに、携帯電話を見せる様に迫り、「見せないと、Aの他の友人により痛い目を見るかもしれない」と言った。
　このXの発言に問題はないか。

③ Aが「メールはいつ削除されるかもしれない。1日を争うので、警察に通報して捜査を待っていては間に合わない。よろしくお願いします」と言っている場合、結論は異なるか。

> キーワード

正当業務行為　緊急避難　違法性阻却

> 関連条文

○刑法35条（正当行為）　37条（緊急避難）

> 問題の所在

弁護人の証拠収集に関し、形式的には犯罪行為に該当するような行為があった場合にも、正当業務行為として違法性が阻却される場合がありうるかが問題となる。

> 解説

1　小問①および②について

弁護人は、その業務として被疑者・被告人の利益のための弁護活動を行うのであるが、被疑者等に有利な証拠を収集することも、その業務の一環として当然予定されている（第5章第1参照）。

証拠を収集する過程において、被告人に有利な事実を知る証人に証言を求めたところ証言を渋った場合、あるいは、被告人に有利な証拠物を持っている人物に証拠物の提出を求めると、証拠物を処分してしまいそうな場合に、何とかして、証言を得たい、証拠物がほしいという気持ちが生じることはありうる。

しかし、〔小問①〕のBがトイレに行った隙にBの上着から携帯電話を取り出す行為は、窃盗罪の窃取行為に該当し、また、〔小問②〕の、Bを脅す行為は、脅迫あるいは強要に該当する。〔小問①〕〔小問②〕のような行為は、いくら弁護士がその業務につき熱心さのあまり行ったとしても、正当業務行為として違法性が阻却されるとは言えないであろう。たとえ弁護人であっても、法に定められた手続を利用して証拠を収集することが、法の予定するところであると考えるべきである（刑訴法179条・99条参照）。

2 小問③について

　Aが述べるように、通常の手続を利用していては間に合わないことが確実であれば、緊急避難として可罰的違法性が阻却、あるいは減少することが考えられる。

　しかし、メールがいつ削除されるか分からないというだけで、常に緊急避難として許されるとは言えないであろう。緊急避難として許されるためには、通常の手続を利用している間に当該メールが削除される可能性が高いことが必要になると考えられる。

3 まとめ

　以上のことから、〔小問①〕および〔小問②〕は一般的には許されない。〔小問③〕の場合には、緊急避難として許される場合もありうるということになろう。

第3章　受　任

> 総論

1　受任時に生じる諸問題

　弁護士が刑事弁護を受任する際、被疑者・被告人は身体拘束を受けていることが多く、弁護士への直接の依頼や弁護士費用の持参は、被疑者等の本人でなく、その親族・知人が行うことも多い。

　民事事件においてもこのようなことは起こりうるが、民事事件では、多くの場合、依頼者本人と直接面談し、その意思の確認や費用の受領などを行うことが容易である。かりに第三者からの受任依頼であっても、本人に来所を求め、そのうえで受任の諾否を決定するのが通常であろう。

　他方、刑事事件では、身体拘束などの理由で、ただちに依頼者である被疑者等と面談できない場合が多く、また、弁護士による援助も緊急を要している。このため、刑事事件の受任の際には、民事事件の受任の際には発生しないであろう問題にも直面することとなる。具体的には、示談金や保釈保証金を預かる場合や清算する場合などに問題が生じうる。また、刑事事件では、依頼者である被疑者等が勾留されている場合が多いので、着手金等の弁護費用を第三者が提供することが多い。

　さらに、面識のない被疑者等から、勾留担当者を通じて弁護依頼の連絡がなされることもある。また、被疑者等の関係者から弁護人に対し、被疑者等の弁護に関係がない、あるいは有害であるかもしれないさまざまな要望がなされることもある。

　本章第1「受任時の留意事項」においては、これらの場合の弁護士の対応を検討する。

2　共犯者の同時受任をめぐる問題点

(1)　問題の所在

　刑事事件においては、共犯事件における複数の共犯者（以下「複数共犯者」という）の弁護人を、特定の弁護士が同時に受任すること（以下「同時受任」という）に関し、大きな問題が生じる（本書では、受任の時期を問わず、かつ、受任している弁護人の数にかかわりなく、同時に複数共犯者の弁護を受任している場合を、広く同時受任ということとする）。

　すなわち、一方では、共犯者間に利害対立が生じるおそれがあるので、複数共犯者の同時受任は原則としてすべきではないとの見解（以下「同時受任原則禁止説」という）がある。他方、弁護方針の共通化、接見の迅速性、情報の共有化、費用の支払能力の問題、あるいは弁護士不足などのさまざまな理由により、具体的な利害対立が生じていない場合や、表面的には利害対立が生じていたとしても真の利害対立が生じているとは認められない場合には、同時受任をすることに問題はないとの見解（以下「同時受任原則許容説」という）がある。

(2)　複数共犯者間の利害対立の問題点

　複数共犯者について、弁護人の同時受任が問題となるのは、共犯者間で利害が対立した場合には、一方の被疑者・被告人の利益をはかることが他方の被疑者等の利益を害してしまうこともありうるため、弁護人が各被疑者等に対して負っている誠実義務が貫徹できるかとの問題が生じるからである。

　また、当初には利害が対立していなくとも、後に利害が対立することも少なくない。捜査段階における利害対立は、公判段階に比べると流動的である。このため、いつの時点にどの程度の利害対立が生じた場合に、複数共犯者の同時受任が利益相反行為になるのかも問題となる。

　さらに、同時受任をした複数共犯者の間で後に利害対立が生じた場合に、弁護人は辞任をするべきか否かも問題となる。

(3)　同時受任の是非をめぐる見解の対立

ア　同時受任絶対禁止説

　そもそも共犯者間においては、利害対立が生じる可能性を内包しており、極

論すれば、利害対立のない共犯関係なるものは観念しえない。一見すれば共犯者間に利害対立がないようにみえても、それは利害対立が潜在化しているだけである。また、同時受任をした後に利害対立が生じてしまうと、複数共犯者の全員について辞任をしなければならないことにもなりかねない。さらには、利害の対立する共犯者の弁護を同一の弁護人が行えば、その誠実義務を尽くすことができない。したがって、共犯者の同時受任は絶対的に許されないとする見解（同時受任絶対禁止説）がある。

しかし、実務上は、大量の密入国者のグループ分け起訴とそのグループの全員について同時受任が行われている実情[27]、弁護費用の支弁能力に乏しい（一人分の弁護費用であれば支弁できる）場合、共犯者間の身分関係（親子、兄弟姉妹等）などの事情から、やむをえずに同時受任する事案を想定せざるをえない。

したがって、現実的には、同時受任絶対禁止説を貫くことは困難であろうから、本解説では、その理論的可能性を指摘するにとどめる。

イ　同時受任原則禁止説

同時受任絶対禁止説と基本的には同様の考えに立ち、実務にそった解決を図るため、共犯者の同時受任は原則としてできないが、例外的に許される場合があるとする見解（同時受任原則禁止説）がある。

この同時受任原則禁止説の条文上の根拠は、以下のとおりである。

すなわち、弁護士法25条は「職務を行い得ない事件」として、「相手方の協議を受けた事件」（2号）と「相手方からの依頼による他の事件」（3号）を掲げている。同条は、民事事件を念頭においているため「相手方」という表現になっているが、刑事事件の共犯者も「相手方」に相当すると言うことができる。

また、弁護士職務基本規程28条3号は、「依頼者の利益と他の依頼者の利益が相反する事件」については、両依頼者が同意しないかぎりは「その職務を行ってはならない」と規定し、弁護士倫理26条2号も、〈依頼者の同意があっても、受任している事件と利害相反する事件〉の職務は行いえないとしていた。

27　密入国者、たんなる船員、船長など、利害関係や立場が共通すると考えられる者を一つのグループとして起訴すること。なお、〔設問79〕参照。

さらに、刑訴規則29条2項は、国選弁護人の選任に関して「被告人の利害が相反しないときは、同一の弁護人に数人の弁護をさせることができる」と定めている。この規定からすると、刑訴規則は、一人の被告人に対して一人の弁護人が原則であることを当然の前提にしている。また、同項の反対解釈として、「被告人の利害が相反しているときは、同一の弁護人に数人の被告人の弁護をさせることはできない」と解される。
　これらの定めから、共犯者の同時受任は原則として行いえないとする。
　実質的にも、つぎのような理由が考えられる。すなわち、被疑者等の弁護享受権は憲法上の権利である。その権利は、たんに形式的に弁護人を選任できるというにとどまらず、資格のある弁護人の有効適切な援助を受けうるということを含んでいる。一方、弁護人は、被疑者等に対して誠実義務を負い、依頼人である被疑者等の権利・利益のために全力を尽くすべき責務を負っている。なお、弁護士職務基本規程46条は「弁護士は、被疑者及び被告人の防御権が保障されていることにかんがみ、その権利及び利益を擁護するため、最善の弁護活動に努める」と規定している。
　それゆえ、同時にAとB2名の弁護人となった場合、Aに対してはAの権利・利益のために最善を尽くして弁護活動をする義務を負い、同時にBに対しても同様の義務を負うことになる。ところが、AとBの利害が対立している場合には、Aに対する最善弁護活動とBに対するそれを両立させることは不可能である。例えば、否認しているAの弁護人として最善を尽くす弁護活動をしようとすれば、自白しているBから聞いた事実も含めて、それまでに知りえたあらゆる事実・情報をもとに、自白しているBを徹底的に弾劾すべきことになる。しかし、これを実行すれば、Aの弁護人としての行為は、Bに対する誠実義務に反する。また、Bの弾劾のためにBから得た情報を利用すれば、Bに対する守秘義務に反することにもなる。逆に、Bの弁護人としてBのために最善の弁護活動に努めようとすれば、その弁護活動は否認しているAとの関係ではAの利益に反することになる。Aのための最善の弁護活動はBにとって最悪となり、Bのための最善の弁護活動はAには最悪となる。したがって、このような場合

に、同時にAとBの弁護人になれないのは当然のことである。

以上のように、利害対立する共犯者の弁護人に同時にはなれない実質上の理由は、弁護人の被疑者等に対する基本的かつ最も重要な義務（誠実義務・守秘義務）から、おのずから導かれる。

　ウ　同時受任原則許容説

これに対して、利害対立が顕在化していないかぎり、あるいは表面的には利害対立が顕在化しているようにみえても真に利害対立が生じていないと考えられるときには、原則として同時受任もできるとする見解（同時受任原則許容説）がある。

この同時受任原則許容説は、積極的に同時受任の有効性・有用性を認め、潜在化している利害対立の問題性（将来的かつ不確定な不利益）よりも、現に要請されている共同弁護の利益や複数共犯者の共通利益に優越性を認めることに論拠をおいている。同時受任によって、共犯者間の接見交通権による意思疎通はより迅速化され、弁護方針の共通化、情報の共有化、弁護費用の低廉化等が図れることを優先的に考えるべきだとする。

ことに、被疑者等の自己決定権を強調する立場からは、利害対立が表面的に生じた場合にでも、同時受任の必要性・有効性がある場合も少なくなく、結局のところ、利害対立によって生じる不利益と同時受任によって得られる利益を比較衡量（取捨選択）しなければならないが、それは、被疑者等の自己決定（同意）に委ねるべきこととなろう。

なお、理論的可能性としては、利害対立が明らかに顕在化している場合にも、同時受任は許されるとする見解（同時受任絶対許容説）も成り立ちうるが、弁護士職務基本規程（28条3号）および刑訴規則（29条2項）からすれば、利害対立が顕在化している場合で、かつ、その利害対立が確定的な場合（例えば、受任時点において、すでに一方は自白しているが、他方は否認しているなど、その対立が顕著かつ不可逆的な場合が典型例である）には、複数共犯者各自からの真摯な同意があるとは考えられず、同時受任はできないとすることに異論はないであろう。

エ　依頼者の同意

　弁護士職務基本規程27条においては、受任している事件の相手方からの他の事件の受任は、受任している事件の依頼者からの同意（相手方からの同意については触れられていないが、相手方からの依頼であることから、当然に相手方からの同意は前提にされている）により、同28条においては、利害の相反する依頼者双方からの同意により、いずれの場合も受任可能としたため、同時受任原則禁止説からも、同時受任原則許容説からも、利害対立のある場合には共犯者全員の同意を要することとなる。

　結局のところ、両説の相違は、「利害相反」および「同意」について、これらを厳格に解するかどうかという点に現れてくることとなる。

　すなわち、同時受任原則禁止説からは、「利害相反」は顕在化していない場合であっても、将来的に見込まれる場合も含めて考えることとなる。また、「同意」についても、同時受任による利害得失（辞任せざるをえなくなった場合も含め）を詳細に説明し、そのうえで真摯な同意を取り付けなければならないこととなる。

　他方、同時受任原則許容説からは、「同意」なしには受任できない「利害相反事件」とは、利害相反が顕在化していることはもとより、それが確定的であり、かつ弁護活動上主要な部分の利害相反に限られるという解釈となる。また、「同意」についても、同時受任原則禁止説が要求するほどに厳格なものでなくともよいということとなろう。

　もっとも、同時受任の是非をめぐっては、同時受任原則禁止説と同時受任原則許容説との間で、理論的に鋭い対立があることは、前述のとおりである。

(4)　同時受任後の利害対立発生時における辞任の要否

　つぎに、同時受任がなされた後に、共犯者間の利害対立が同時受任の継続を許さないような事態に立ち至った場合（同時受任原則禁止説に立ったとしても、例外的に同時受任をすることが想定されており、このような事態も起こりうる）、弁護人の辞任についてどのように考えるかの問題が発生する。すべての被疑者等の弁護人を辞任すべきか、一部のみの辞任で足りるか、また、辞任し

た元被疑者等に対して弾劾的な反対尋問ができるかなどの問題である。

　ア　全員辞任説

　同時受任後に利害対立が顕在化した場合は、全員について辞任せざるをえず、一部の弁護人としてとどまることはできないとする見解（以下「全員辞任説」という）がある。

　この説の根拠は、同時受任原則禁止説と同様であり、利害対立が顕在化した以上、複数共犯者のいずれに対しても、守秘義務・誠実義務が遵守できない状態に至ったのであるから、全員について辞任せざるをえないとする。

　イ　片方辞任説

　他方、利害対立が顕在化した場合にでも、片方の被疑者等のみの辞任で足りるとする見解（以下「片方辞任説」という）がある。

　この説の根底には、複数共犯者の間でも、主たる依頼者と従たる依頼者があり、弁護の依頼は主たる依頼者からのものであるから、利害対立が生じた場合には、従たる依頼者の弁護人を辞任すれば足りるとする考え方があるように思われる。また、団体・組織を実質的な依頼者とみて、その団体・組織の意向にそった形で辞任の是非を考えるという場合もあろう。

　この説は、片方についてなお弁護を続けることは、それまでの弁護活動との継続性が保て、被疑者等の弁護費用が節約できる等の利点があり、かかる利点が、辞任した依頼者に対する守秘義務・誠実義務に優越すると考える。とくに、団体を実質的な依頼者とみる労働公安事件のような場合には、組織構成員が団結して弾圧と闘うためにも、残って闘う者については積極的に同時受任を継続しなければならないと考える。

　ウ　弁護士職務基本規程からの考案

　弁護士職務基本規程42条は「受任後の利害対立」につき「依頼者相互間に現実に利害の対立が生じたときは、依頼者それぞれに対し、速やかに、その事情を告げて、辞任その他の事案に応じた適切な措置をとらなければならない」と規定する。

　したがって、弁護士職務基本規程からは、必ずしも辞任が要請されていると

は言えず、事案に応じて双方の弁護の継続もできる場合が想定されていると言うべきである。しかし、刑事事件にあっては、刑訴規則29条2項が、国選弁護人の選任につき、利害が反しない場合に限って同時受任を認めていることからすると、受任後に利害が対立した場合には、片方もしくは双方の辞任が弁護士職務基本規程42条の要求する「適切な措置」と言うべきであろう。

(5) 団体の依頼者性について

上記の説の対立の根底には、刑事事件において、被疑者等という個人の依頼者しか観念しえないと考えるか、一定の利益共通集団も依頼者として観念しうると考えるかという問題がある。その典型例は、労働公安事件における組合弾圧事件や組織潰しの冤罪事件における弁護である。少なくとも、わが国においては、同種の事件について弁護団体制を組むことによる弁護活動が行われてきた。そして、被疑者等の全員につき同時受任をすることに疑問が呈されたことはなかった。それどころか、むしろ、同時受任をすべきであるとさえ考えられてきた。

また、いわゆる離反者が出た場合には、その者は敵対視されて切り捨てられ、その離反者の弁護人は辞任するが、残った「同志」の弁護を続けることに疑問は持たれなかった。しかし、ここで想定されている依頼者は、実は、被疑者・被告人個人ではなく、複数共犯者の集団でもなく、被疑者等が属する組合・組織そのものではなかろうか。なぜなら、被疑者等の全員が組合・組織から離反した場合には、弁護人は総辞任してしまうからである。また、組合や組織内部の抗争などによって、同組織が分裂し、被疑者等もそれに伴って複数のグループに分かれてしまうと、弁護人は、その被疑者等の多数に従うのではなく、弁護人自らが依頼者としていた団体（これは、必ずしも分裂後の主流派・多数派とは限らない）に属する被疑者等の弁護人にはとどまるからでもある。

ところで、憲法では結社の自由が保障され、組織・団体も一つの権利主体であることが認められている。労働組合が、その権利主体性を認められているのが典型である。そして、労働公安事件における組合弾圧事件や組織潰しの冤罪事件では、表面的には嫌疑をかけられた被疑者・被告人個人が刑事事件の対象

者とされてはいるが、その実相は、組合活動や組織の活動そのものに嫌疑がかけられている。それゆえに、弁護人は、その組織・団体を依頼者として、被疑者等の弁護にあたることとなる。

このように、弁護享受権は、個人でしかもちえないのか、社会権として権利主体性が認められている団体ももちうるものかという考え方の相違が、前記の同時受任に関する説の対立の根底にあると考えられる。

もとより、労働公安事件における組合弾圧事件においても、被疑者等の一人ずつに弁護人が付き、それらの弁護人の集まりとしての弁護団を構成することによって、有効適切な弁護活動を行うことは可能である。また、そうすることによって、離反をした者の弁護人のみの辞任で足りることとなる。現に、このような弁護団活動も行われており、そのことについてなんらの支障も起きてはいない。

なお、いずれの説に立つとしても、実務的な留意点としては、団体を依頼者だとみる立場では、被疑者等に対して真の依頼者は組織・団体であることを、団体を依頼者とはみない立場からは、依頼をしてくる組織・団体に対して、法律上の依頼者は被疑者等の個人であることを、それぞれ明確に示しておかなければならない。

(6) 説の優劣の検討と本書の立場

理論的には、同時受任原則禁止説および全員辞任説が正当であると言うべきであり、例外的に団体や組織からの依頼による事件の場合などには、各個別の被疑者等の担当者を定めること、および、全員の真摯な同意があることを条件としてのみ、同時受任ができると解すべきである。また、同時受任原則禁止説に従えば、各別の被疑者等に各別の弁護人が付くことになるので、同時受任後の利害対立によって生じる辞任による弊害は、基本的には起こりえないこととなる。

しかしながら、現状の実務においては、同時受任原則禁止説や全員辞任説を無条件で採用することによって、きわめて不都合な事態を招来してしまう危惧は払拭できない。

ことに、団体事件や集団事件などにおいて、捜査側から、「個別受任が原則である」との理由で弁護団活動が分断され、「被疑者・被告人間の利害は対立しているので、弁護人は全員辞任すべきである」という形で弁護人の辞任が強要されるなど、捜査側に同時受任原則禁止説を曲解される危険性があることに留意しなければならない。

また、弁護士数が絶対的に不足している地域がある現状のもとで、同時受任原則禁止説や全員辞任説をただちに採用することは、不可能を強いる結果になる。したがって、同時受任原則禁止説や全員辞任説の理論的正当性は認めつつも、現時点においては、同時受任原則禁止説にいう「原則禁止」の内容を一定程度緩やかに解するよりほかはなかろう。

しかし、弁護士過疎が解消され、団体事件における弁護活動のあり方に関する理解が浸透し、かつ、個別受任の態勢が整えられたときには、同時受任原則禁止説や全員辞任説が定説化することが望まれる。

(7) 実務上の留意点

実務的な留意点としては、複数共犯者の事件において弁護団を結成して弁護活動を行う場合には、できるかぎり弁護団内部で被疑者等ごとに担当弁護士を定め、利害対立が明らかになった場合には、辞任すべき被疑者等の担当弁護士だけが辞任をするなどの態勢整備が望まれる。また、同時受任をする場合には、被疑者等の全員に対して、利害対立が生じた場合には、全員の弁護人を辞任しなければならないこと、または、辞任をすべき被疑者等が誰になるのか、その際には、辞任をすべき被疑者等に対する守秘義務や誠実義務は免除されること、あるいは、継続すべき被疑者等に対して、辞任した元被疑者から得られた情報は守秘義務や誠実義務の関係で弁護活動には用いえないことを十分に説明し、被疑者等全員の明示の同意を得ておくべきである。

(8) 判例の傾向とその誤り

判例は、以下のとおり、共犯者の同時受任については寛容的である。

〇最一小判昭43年4月18日刑集22巻4号290頁、判時517号83頁、判タ222号232頁。

（判示事項要旨）

利害の相反する被告人らが選任した同一の私選弁護人出頭のもとで審判がなされても、訴訟上違法とすべき理由はない。

○名古屋高金沢支判昭27年6月13日高刑集5巻1433頁。

（判示事項要旨）

共同被告人に対する単一私選弁護人が各被告人相互の間に利害相反する主張または立証をしても、このために不利益を受けた被告人に弁護人を付さないで公判手続を続行したことにはならない。

○広島高判昭27年5月30日高刑判特報20号73頁。

（判示事項要旨）

贈収賄事件で収賄側が否認していても、贈賄側は自白しているのであるから、同一の私選弁護人でも贈賄側には不利益はない。

しかしながら、前述のとおり、共犯者の同時受任は原則として禁止されるべきであり、判例の前記傾向は、同時受任の許容性について広きに失すると批判されるべきである。

もっとも、判例のなかには、以下のように、国選弁護人の同時受任について、刑訴規則29条2項に違反するとした判例もある。

○名古屋高判平9年9月29日（高刑集50巻3号139頁、判時1619号41頁、判タ954号298頁）。

（判示事項要旨）

死刑を言い渡された自白事件において、第一審で複数被告人に同一の国選弁護人を選任し、維持したことは刑訴規則29条2項に違反する（破棄差戻）。

第1　受任時の留意事項

> **〔設問27〕報酬、預り金の説明・清算義務**
>
> 　弁護人Xは、被告人Aに対する傷害事件の弁護を受任するに際し、妻Bより着手金を受領した。Xは、BからAの一刻も早い釈放を懇願されたので、示談をすることと、保釈の手続をすることを勧め、示談金は50万円位であること、また、保釈保証金は100万円位かかるが、Aが逃亡しなければ返還されることを説明した。
>
> 　翌日、Bが150万円を持参してきたので、XはBに対し、150万円の預り証を交付するとともに、費用、報酬等はこの預かり金で清算する旨の念書に署名を求めた。BはXから上記念書について特段説明を受けないまま、身元引受書などとともに、上記念書に署名した。Xは、30万円で示談を成立させるとともに、保釈も80万円の保釈保証金で処理した。Xは、判決後、預り金残金40万円および還付を受けた保釈保証金80万円を費用、報酬に充当したが、AおよびBに対して、その旨の通知をしなかった。
>
> 　Xの対応に問題はないか。

キーワード

報酬・費用の説明義務　金品の清算

関連条文

○弁護士職務基本規程24条（弁護士報酬）　29条（受任の際の説明等）　45条（預り金等の返還）
○弁護士の報酬に関する規程5条
○（旧）報酬等基準規程8条

問題の所在

弁護人と依頼者との間で金銭の授受が行われる場合に、弁護士には、どの程度の説明義務があるか、また、留意すべき点は何かが問題となる。

解 説

1 受任時の費用・報酬に関する説明義務

Xは受任する際、着手金を受領している。Xはこの際、着手金について説明することはもちろんのこと、受任事件遂行上発生するかもしれない費用につき説明しておく義務がある。

説問においては、示談金、保釈保証金、弁護士報酬、弁護士の移動に伴う交通費、あるいは記録の謄写料、通信費などの実費、鑑定を必要とするような事件にあっては鑑定費用などについても、その発生可能性を含めて説明をしておく義務がある。

なお、弁護士職務基本規程29条は「弁護士は、事件を受任するに当たり、依頼者から得た情報に基づき、事件の見通し、処理の方法並びに弁護士報酬及び費用について、適切な説明をしなければならない」と規定し、「報酬及び費用」については「受任に当たり」説明することを求めている。

したがって、報酬だけでなく、前記各費用についても「受任に当たり」説明しておく義務がある。また、旧報酬等基準規程8条2項によれば、報酬契約書には、

　①事件等の表示
　②受任の範囲
　③弁護士報酬等の金額又はその算定方法
　④支払時期
　⑤特約事項

の各事項を記載すべきものとされていた。[28]

ところで、報酬契約書を作成するのは、かりに受任時に報酬につき説明を行っていたとしても、後日の紛争を避けるため、文書化しておくことが望ましい

からである。したがって、前記各費用についても同様に、後日の紛争を避ける趣旨から、契約書の特約事項欄に記載しておくことが必要となろう。

また、弁護士の報酬に関する規程5条1項は「弁護士は、法律事務を受任するに際し、弁護士の報酬及びその他の費用について説明しなければならない」と規定し、「受任時」に「報酬」のみならず「その他の費用」についても説明義務を課している。[29][30]

2 説明の時期・程度

設問においては、示談金、保釈保証金についての説明は行っているが、その際に、他の費用や報酬についての説明がなされていないようである。その後、示談金などを預かる際、費用、報酬等はこの預り金で清算する旨の念書に署名を求めているが、妻Bは、念書につき特段の説明を受けないまま念書に署名している。

したがって、この際にも、Xは費用・報酬についての特段の説明を行っていない。しかし、先に述べたとおり、Xは、事件を受任する際に、これらの費用についても詳細な説明をなし、依頼者の理解のもとに委任するかどうかの決断をさせるべきであり、設問のXの費用に関する説明はきわめて不十分である。

かりに念書に署名させる際に、費用・報酬につき詳細に説明を行っていたとしても、説明の時期としては遅きに失すると言わざるをえない。

3 示談金・保釈保証金を予め預かることの可否

Xは、示談金および保釈保証金として、概算により金150万円を預かってい

---

[28] 弁護士の報酬に関する規程（2004〔平16〕年2月26日制定）では「委任契約書には、受任する法律事務の表示及び範囲、弁護士の報酬の種類、金額、算定方法及び支払時期並びに委任契約が中途で終了した場合の清算方法を記載しなければならない」と定めている（5条4項）。

[29] 新規程では、「報酬」については、説明義務のみならず、「弁護士報酬見積書」の交付を努力義務として定めている（4条）。

[30] 弁護士報酬については、従来弁護士法により、弁護士会においてその標準としての基準の制定が義務付けられていたが、独占禁止法に抵触するおそれがあるとして弁護士法が改正されたため、これに伴い、2004年2月26日、日弁連臨時総会で新規程が審議・可決された。

る。

　過去の懲戒事例において、弁護士が依頼者から預かった金銭の処理に関する事例が多いことを考えれば、弁護士としては、着手金や報酬のように領収してしまう金銭以外は極力預り金処理を行わないことが望ましい。

　設問の場合も、示談金、保釈保証金についての見込みを告げ、弁護士からの連絡により速やかにその金額を用意させることが望ましい処理であろう。しかし、示談金、保釈保証金はいずれも被害者、あるいは裁判官との交渉を経て決定されるものであり、その交渉に際し、弁護士としては「これだけの金額は間違いなく用意できている」という状態で交渉するほうが、「これだけの金額は用意できると依頼者が言っている」という状態で交渉に臨む場合に比べ、はるかに安心して交渉に臨めることは明らかであろう。

　被害者に対しても、あるいは裁判官に対しても「これだけは用意できる」と言いながら、結果的に依頼者がその金額を用意できなかった場合には、被害者あるいは裁判官からの信用を失墜することとなる。ひいてはこれがその後の事件の処理に影響を与えることも考えられる。

　したがって、設問の場合も、（できるだけ早い段階で懇切な説明がなされることを前提に）示談、保釈につき見通しを示したうえで、しかるべき金員を預かることは不当ではなく、また、その金額も実際に要した金額をはるかに上回るような金額でもないので、150万円を預かったこと自体については、Xの処理は不当とは言えない。

4　預り金の清算

　実際の示談金は30万円、保釈保証金は80万円であり、預り金40万円が残ったこととなる。示談金が50万円、保釈保証金が100万円として150万円を預かったのであるから、この40万円は、依頼者に速やかに返還する必要がある。

　なお、弁護士倫理40条は「弁護士は、事件に関する金品の清算及び引渡し並びに預かり品の返還を遅滞なく行わなければならない」としていたが、弁護士職務基本規程45条では「委任の終了に当たり、委任契約に従い、金銭を清算し

たうえ、預り金及び預り品を遅滞なく返還しなければならない」として、「委任の終了に当たり」清算義務が発生するかの表現がなされている。しかし、保釈保証金あるいは示談金としてその使用目的を明示して預かった金銭については、その金額が確定した時点で残額を返還する必要があると言うべきである。

下記に述べるような報酬確保の観点から、保釈保証金を超えて残金40万円も預かったままにしておかなければならない事情のある場合には、事前の十分な説明とともに、示談金、保釈保証金の支払が終わった段階では、その時点での預り金が40万円になっているとの報告をなすべきである。

なお、弁護士職務基本規程38条では、預り金を受領したときは、「自己の金員と区別し、預り金であることを明確にする方法で保管し、その状況を記録しなければならない」と、その保管方法を規定し、また、同36条では「必要に応じ、依頼者に対して、事件の経過及び事件の帰趨に影響を及ぼす事項を報告し、依頼者と協議しながら事件の処理を進めなければならない」と規定している。

5 報酬の担保としての保釈保証金

刑事事件においては、弁護人の名前で保釈保証金をつみ、弁護人に還付される同保証金から報酬を受領することは往々にして行われる。

刑事事件における被告人には、しばしばその資力に問題があるという現状を踏まえれば、報酬確保の観点からこのような処理がなされることもやむをえないであろう。

ただし、このような処理を行おうとする場合には、あらかじめ費用提供者および被告人に対し、かかる処理を行う予定であることを十分説明して、その了解を得ておくことが必要である。

なお、弁護士職務基本規程45条の「金銭を清算したうえ」との規定は、預り金を報酬に充てることも許す規定であると考えられるが、その場合も「委任契約に従」って行わなければならないので、あらかじめ説明がなされ、了解が得られていることが必要とされる。

また、保釈保証金が返還された段階で、かかる処理を行おうとしたときに、

費用提供者から「そのお金はどうしても他に持っていかなければいけない事情のあるお金です。先生の報酬は必ずお支払いしますから、今日はそのお金を全額持って帰らせてください」と言われ、結局報酬が受領できないことも散見される。

このようなことにならないためにも、保釈保証金の受領時に十分な説明を行ったうえで、設問のような念書を取っておくことも必要となろう。[31]

なお、報酬金額が定まっていたとしても、依頼者の承諾なく預り金から報酬を天引きすることは許されないと言うべきである。

6 Xの処理に対する評価

設問において、Xは、説明義務を尽くしておらず、念書の取り方も、身元引受書を取ることを利用する形で念書を作成させたようにも思われるので、報酬確保のために念書を取ることが必要とはいえ、かかる弁護人の処理は許されないと言うべきである。

判決後、Xは、預り金40万円および還付を受けた保釈保証金80万円を費用・報酬に充当したが、被告人A、妻Bに対しなんらの通知もしなかった。しかし、Xは、預り証の交付は行っているのであるから、清算の報告を行わない以上、150万円を預かったままだと言われてもやむをえまい。

したがって、Xは、速やかに依頼者に連絡をとり、清算書および報酬領収書の交付を行わなければならない。

設問のXの処理は、あまりに杜撰との謗りを免れまい。

> 〔設問28〕 面識のない被疑者からの弁護依頼
> 弁護士Xは、一面識もないAから、突然、「現在被疑者として勾留されているが、自分は無実である。弁護人が急に辞任して困っている。弁護料は必ず払うから、面会に来て弁護を引き受けてもらいたい」と

---

[31] 日弁連懲戒委員会1957（昭32）年9月21日議決では、報酬を確保するため預り金の返還を保留したことは懲戒事由にならないとしている。

の手紙を受け取った。
① Xは、面会に行かなくても、問題はないか。
② 被疑事実が殺人などの重大な事件と軽微な事件とでは、①の結論は異なるか。
③ 「弁護料を支払う金がなく困っている」と書いてあった場合は、結論は異なるか。
④ この手紙は複写カーボンコピーで、日時と氏名のみが手書きで記入されており、同一内容の手紙が多数の弁護士に出されていることが推察され、現に他の弁護士もAから同一内容の手紙を受領していることが判明した場合は、結論は異なるか。

キーワード

受任諾否の通知　費用の負担

関連条文

○弁護士法24条（委嘱事項等を行う義務）　29条（依頼不承諾の通知義務）
○弁護士職務基本規程33条（法律扶助制度等の説明）　34条（受任の諾否の通知）

問題の所在

弁護依頼に対する諾否の対応方法に関する問題である。

弁護士法29条および弁護士職務基本規程34条は、「弁護士は、事件の依頼があったときは、速やかに、その諾否を依頼者に通知しなければならない」旨規定している。刑事事件においては、まったく面識のない勾留中の被疑者・被告人から手紙や電報で面会を求められ、あるいは留置係を通じて電話で弁護の依頼の伝言を受けることがある。そのような場合、弁護士としてどのように対応すべきかが問題となる。

解 説

1 基本的視点

弁護士は、弁護依頼に対して、そのすべてを受任しなければならない義務はない。

しかし、弁護士が法律業務を独占していることからすれば、弁護の依頼を承諾しない場合は、速やかにその旨を通知し、依頼者が他の弁護士に依頼し、法律的援助を適切な時期に受ける機会を失わせないようにすべきである。なお、弁護士法29条および弁護士職務基本規程34条は、弁護士には依頼者の弁護依頼に対する諾否の速やかな通知を義務付けている。

ただし、諾否の通知の方法については規定されてはいない。したがって、必ずしも面会に行くことまでは必要ない場合もあろう。また、手紙あるいは留置係を通じての伝言など、適当な方法で足りる場合もある。さらに、刑事事件の場合、弁護士会の当番弁護士制度や弁護士斡旋制度の紹介など、必要な助言等をするのが望ましい場合もある。

2 小問について

(1) 小問①について

弁護を受任しない場合、面会に行って諾否を伝える義務まではないが、「速やか」にその旨を手紙等で返事を出しておくべきである。

(2) 小問②について

結論的には〔小問①〕と同じである。ただし、重大事件の場合、受任できない場合といえども面会し、受任できないことを告げるとともに被疑者の権利の教示など当番弁護士の接見の際に通常行う程度の助言を与えることが望ましい。

(3) 小問③について

弁護士費用の支払能力の有無によって、弁護の依頼を受けたときの諾否の通知の必要性に差異はない。したがって、弁護士Xには面会に行く義務まではないが、弁護を受任しないのであれば「速やか」にその旨を手紙等で返事をすべ

きである。

　なお、弁護士費用の負担ができない場合、法律扶助制度など被疑者等に対する援助制度の利用も考慮すべきである。

　また、自らが受任できないとしても、被疑者に対する不受任の連絡の際に、これらの制度につき教示しておくよう努めるべきである。弁護士職務基本規程33条も「弁護士は、依頼者に対し、事案に応じ、法律扶助制度、訴訟救助制度その他の資力の乏しい者の権利保護のための制度を説明し、裁判を受ける権利が保障されるように努める」と規定している。

(4)　小問④について

　弁護依頼が、その方法・内容等からみて真摯な弁護依頼とは考えられない場合には、例外的に諾否の通知義務はないと言うべきであろう。

　設問においては、依頼は複写カーボンコピーの手紙でなされており、複数の弁護士に同じ内容の手紙を出していることが推測され、実際に他にも同じ手紙を受領している弁護士があることが判明している。Aの意図は、誰でもよいから手紙を受け取った弁護士のなかから受任してくれる弁護士が確保できればよいというものであると考えられ、必ずしも手紙を送付した弁護士全員からの「諾否の返事」を求めているとも考えられない。

　このような場合、接見に行かず、また諾否の通知をしておかなくても、弁護依頼が真摯なものではないと客観的に認められることを理由に、許される場合もあると考えられる。

　しかし、このような場合であっても、被疑者は当番弁護士の依頼や、弁護士会への弁護士紹介の依頼などの方法を知らず、やむなくこの方法をとったことも考えられる。

　したがって、設問のような事情のみで真摯な依頼でないと即断するのではなく、接見に行かないのであれば、速やかにその旨の返事を出しておいたほうがよいであろう。

参考事例

○日弁連懲戒委員会1987（昭62）年7月6日議決・日弁連懲戒委員会議決例集6集94頁

　設問と同様の事例につき、諾否の通知をしなかった弁護士に対する懲戒申立に対し、懲戒不相当とした事例。

〔設問29〕弁護費用の第三者提供

　弁護士Xは、暴力団組長Bから「自分の組の若頭Aが、恐喝罪で逮捕された。かわいい若頭なので、自分が弁護料を払いたい」と、Aに対する弁護を依頼された。

① 弁護士Xは、受任の際、何に注意すべきか。

② 受任した後、組長Bから「Aは、自分のことをどう言っているか知りたい。教えてほしい」との依頼があった。Aの承諾があれば答えてよいか。また、組長Bから「自分のことは言わないように、Aに言ってほしい」との依頼があった場合は、どう対処すべきか。

③ 公判になって、組長Bから「Cの供述調書を見たい」と依頼された。

　　ア　見せてよいか。

　　イ　第一回公判前と後では結論は異なるか。

キーワード

費用の負担　誠実義務　利害相反　犯人隠避　偽証の教唆　証人威迫　記録の閲覧・謄写　開示証拠　インフォームド・コンセント

参照条文

○刑法103条（犯人蔵匿）　104条（証拠隠滅）　105条の2（証人等威迫）　169条（偽証）

○刑事訴訟法40条（弁護人の書類・証拠物の閲覧謄写） 47条（訴訟書類の公開禁止） 281条の3（開示証拠等の管理） 281条の4および5（開示証拠等目的外使用禁止、同目的外使用の罰則） 299条の2（証拠調べと当事者の安全への配慮）
○弁護士職務基本規程21条（正当な利益の実現） 32条（不利益事項の説明） 46条（刑事弁護の心構え）

問題の所在

被疑者・被告人と弁護費用の出捐者が異なる場合に、弁護人は費用出捐者に対し何らかの義務を負うか、負うとした場合にいかなる義務を負うのか、また、被疑者・被告人と第三者との間の連絡について、弁護人は無条件にこれに応じてよいか、さらに、訴訟記録の第三者への開示は無条件に許されるかが、いずれも問題になる。なお、訴訟記録の第三者への開示については、第5章第6（とくに、総論、〔設問59〕の解説）を参照されたい。

解 説

1 設問に関連する弁護士職務基本規程について

弁護士職務基本規程46条は「弁護士は、被疑者及び被告人の防御権が保障されていることにかんがみ、その権利及び利益を擁護するため、最善の弁護活動に努める」、同21条は「弁護士は、良心に従い、依頼者の権利及び正当な利益を実現するように努める」、同32条は「弁護士は、同一の事件について複数の依頼者があってその相互間に利害の対立が生ずるおそれがあるときは、事件を受任するに当たり、依頼者それぞれに対し、辞任の可能性その他の不利益を及ぼすおそれのあることを説明しなければならない」と規定する。

2 依頼者は誰か

設問では、XはAの弁護人に就任するのであり、弁護士職務基本規程46条により、Aの正当な権利と利益を擁護するため最善の弁護活動を行わなければな

らない。しかし、Aの弁護費用を支払うのは、組長のBである。この場合、XにとってBは、弁護士職務基本規程21条にいう依頼者と言うべきであろうか。

BもXにとっての依頼者だと考えた場合、XはBの正当な利益の実現に努めなければならないこととなるが、設問のように、組員Aが恐喝罪で逮捕されているケースでは、組長Bがその犯罪に関与していることも十分に考えられる。〔小問②〕のように、Bから、「自分ことをどう言っているか知りたい」「自分のことは言わないように言ってほしい」との依頼がなされることも予想でき、設問においては現にそういう事態が発生している。

Xが弁護を担当する被疑者・被告人はAであり、Aが弁護費用を支払っていないとしても、AがXの依頼者である。かりにBもXにとって依頼者であると解すれば、Xにはこの事件につき依頼者が複数存在することとなる。

Bは、Aの共犯者として被疑者等となっているわけではないので、ストレートに複数共犯者の同時受任の問題は発生しないが、Bも依頼者と考えた場合には、同様の問題が発生する可能性が高い（この場合の考え方については第3章「第2　複数当事者間の利害対立」の項を参照されたい）。

Xは、設問のような場合には、Bを依頼者とみなすべきではない。弁護費用の出損は第三者によりなされてはいるものの、あくまで依頼者はAのみだと考えるべきである（後掲「実務上の留意点」1参照）。

この理は、国選弁護事件を想定すればより明らかであろう。なぜなら、国選弁護事件にあっては、費用の出損は国によって行われるが、弁護人は国を依頼者として弁護活動を行うものではないからである。

3　小問②前段について

したがって、Bが「自分のことをどう言っているか知りたい」と尋ねてきても、Xは、依頼者であるAに対して守秘義務（弁護士職務基本規程23条）を負っているので、これに応えることはできない。

つぎに、Aの承諾がある場合には、Aの承諾により、守秘義務は解除されると考えてよいが、これをBに伝えることによる影響（Aの事件そのものに与え

る影響のみならず、場合によっては犯人蔵匿罪を構成するかもしれないことまで含め）を説明したうえでの承諾を得る必要がある。

4 小問②後段について

　Bから「自分のことは言わないように、Aに言ってほしい」と依頼された場合、「自分のことは言うな」ということからは、Bが恐喝につき何らかの関与をしていることが窺える。

　この場合、Xが、Aに対し、「組長Bは、自分のことは言うなと言っている」と伝えることにより、Xに証拠隠滅罪（刑法104条）あるいは偽証教唆罪（刑法169条・同61条）が成立するかが問題となる。

　偽証罪は、宣誓した証人という身分を要件とする身分犯であり、Xは偽証罪にはあたらない。Aの存在そのものは証拠と言うべきであるが、Aの供述内容自体は証拠と言えないから、証拠隠滅行為にもあたらない（〔設問56〕の解説1参照）。

　しかし、組長と組員という上下関係を考えれば、そのまま伝言を告げただけでも、AがBの関与につき嘘の供述をすることは想像にかたくない。

　そこで、この場合に、Xは、BのAに対する証人威迫の幇助（刑法105条の2）を行ったことになるか否かが問題となる。

　刑法105条の2は「面会を強請し、又は強談威迫」の行為を処罰するものであり、面会の強請は間接的に行われることも想定しているが、強談威迫は、相手方の面前で行うことを想定したものである。したがって、XがAにBの言葉を伝えることにより、Aが恐れもしくは困惑してBの関与につき口を閉ざしてしまったとしても、Xには証人威迫の幇助罪は成立しないと言うべきである。

　しかし、Bの関与に口を閉ざし、Aが首謀者と認定されることは、Aの情状にとっては不利になることは間違いない。また、かかるBの言葉を伝えた場合には、Aが口を閉ざしてしまう可能性はきわめて高いので、Xは、このような伝言は行うべきではなかろう。

　前述したとおり、BはXの依頼者と言うべきではないので、XはBの利益をは

かる必要はなく、このような依頼に応ずる義務はないと言うべきである。

5 小問③のアについて

〔小問③〕のアにおける組長Bの依頼は「Cの供述調書を見たい」というものである。

設問では、Cの立場は不明であるが、調書が作成されているので、Aの恐喝事件における共犯者、被害者その他の参考人等と考えられる。

いずれにしても、XがCの調書（複製）を所持しているのは、Aの弁護人として、開示を受けた公判（提出予定）記録としてである。それゆえに、Xには、Aの弁護人としてAの利益を図る責務があるとともに、Aに対する守秘義務がある。

したがって、Cの調書を第三者へ開示することが、Aに対する守秘義務の違反にならないかという配慮、および、Cの調書をBへ開示することがAの不利益とならないかについての配慮が必要となる。この配慮にあたっては、Cの調書の内容をよく吟味することが必要であり、また、BにCの調書を見せる目的を十分吟味する必要がある。さらに、Cの名誉やプライバシーを侵害しないかについても検討を要する。

ことに、改正刑訴法281条の4で、基本的には「当該被告事件の審理その他の当該被告事件に係る裁判のための審理」に使用する目的でなければ、証拠の複製等の交付・提示等が禁止されたことに注意を要する。とくに、一つの考え方としては、Aの裁判上の不利益にはならず、かつ、Aも、Bに対するCの調書の提示に承諾を与えている場合でも、上記の目的のためでなければBにCの調書を見せてはならないことになる。しかし、この目的は広く解されるべきであるから、Bに見せてその意見を聴くことが弁護活動上必要である場合には問題がないと考えるべきであろう。もっとも、たんにBからの「見たい」というだけの依頼には応じるべきではない。

また、弁護活動上、Bに見せる場合でも、コピーを交付したりすべきではなく、さらに、Cの調書の内容次第では、組長BやAの関係者等が、Cに対して何らかの働きかけを行うようなことがありうる場合は、特別の注意が必要である。

刑訴法299条の2は、「検察官又は弁護人は、……証人、鑑定人、通訳人若しくは翻訳人、若しくは証拠書類若しくは証拠物にその氏名が記載されている者……の身体若しくは財産に害を加え又は畏怖させる若しくは困惑させる行為がなされるおそれがあるときは、相手方に対し、その旨を告げ」、当該事項が、「犯罪の証明若しくは犯罪の捜査又は被告人の防御に関し必要がある場合を除き、関係者（被告人を含む。）に知られないようにすることその他これらの者の安全が脅かされることがないように配慮を求めることができる」と規定している。

　なお、一審強化方策地方協議会において、検察庁より弁護士会に対し「この規定の趣旨を尊重し、謄写した被害者や目撃者などの供述調書を被告人やその親族に差し入れてしまうようなことは絶対避けていただきたいし、これを見せるような場合でも調書に記載されている住所などが被告人らに知られないような配慮をお願いしたい」などとの要望もなされていた。

　しかし、そもそも刑訴法299条の規定はたんなる審理促進のための便宜上の規定ではなく、取調べ予定の証拠をあらかじめ開示させることにより、当該証拠の証拠能力や証明力につき検討の機会を与え、公正な審理を確保しようとするものである。

　したがって、謄写した被害者や目撃者の供述調書の写しを被告人の関係者に検討や防御のために提示することを避けなければならない理由はなく、むしろ提示の必要性は高いと言うべきである。

　ただし、Bが前述のような目的をもって、Cに対し「不法な」接触を試みようとしていることが明らかな場合には、Xは、刑訴法299条の2および同281条の4および5の趣旨を尊重し、Bの申出を断る、あるいは、見せるにしてもCの住所等が明らかにならないようにするなどの工夫が求められよう（第5章第6参照）。

6　小問③のイについて

　刑訴法47条は「訴訟に関する書類は、公判の開廷前には、これを公にしては

ならない。但し、公益上の必要その他の事由があつて、相当と認められる場合は、この限りでない」と規定している。

　弁護人が開示を受けている証拠書類は、弁護の準備という防御上の必要性から当然に開示が認められているものであるが、これを第三者に開示することは、この規定に反するのではないかとの考えがありうる。ことに、改正刑訴法281条の4が新設され、その違反には刑罰をもって臨む（同281条の5）ことにされたことから、同条の解釈論が問題となる。

　前述したとおり、刑訴法299条の規定は便宜的なものではなく、弁護人の弁護活動のため、当然に認められた権利であると解すべきである。また、改正刑訴法281条の4に規定する審理に使用する目的も、被告人の防御という観点から、これを広く解さなければならない。

　したがって、弁護人Xが謄写をしたCの調書は、弁護人において弁護活動のためであるかぎり、利用してよいと言うべきであり、第一回公判前後を問わず、弁護活動上必要がある場合には、Bに対し、Cの調書を見せることは問題ない。

　かりに、Cの調書が、刑訴法47条の制約に服する記録であると解した場合であっても、弁護活動上必要な場合には、但書にいう「公益上の必要」のある場合と解しうるので、いずれの解釈を取ったとしても同様の結論となる。

　もちろん、この場合においても、弁護人において、被害者あるいは目撃者に対する違法な接触のおそれが明白な場合に、それらの人物の住所などが特定できないように配慮することが必要であろう（第5章第6参照）。また、前述のとおり、Cの名誉やプライバシーを侵害しないように注意しなければならない。

実務上の留意点

1　被疑者・被告人の妻や両親等、通常被疑者等と利害が反するとは考えられない者から弁護を依頼される場合と異なり、設問のように、暴力団など、その組織が強固で、上下関係なども厳しく、個人の利害を超えて団体としての利害が優先しがちな組織からの依頼の場合、弁護士は、設問のような事態に直面し、無用な軋轢に悩まないためにも、受任時に「費用は貴方から支払ってもらうけ

れども、あくまで自分はAの弁護人であり、貴方は依頼者ではない」ことを明確に告げておくことが望ましい。

　また、後日のトラブルを避けるためには、着手金受領時に「この費用は貴方が被疑者等に貸したものを受け取るということにしましょう」という形で、領収書のあて先を被疑者等にし、そのコピーをとっておいたほうがよいであろう。

2　設問のようなケースでは、組長Bから、このような伝言を頼まれる以前に、Aから、「組長は、組長の関与につき、どう言えと言っていますか。自分は組のために首謀者として服役する覚悟はできています」と言われることも考えられる。このような場合の考え方については、〔設問21〕（身代り犯）の解説を参照されたい。

3　改正刑訴法281条の4および同条の5が新設されたことから、記録の写し（複製）の第三者への交付についてはできるかぎり避け、閲覧もしくは口頭による要旨の告知で済ませるなどの配慮が必要であろう（〔設問59〕の解説3参照）。

4　ABAモデルルールにおける以下の規定が参考となる。

　ABAモデルルール第1.8条(f)　弁護士は以下のすべての要件をみたすのでない限り、依頼者の代理に対して、依頼者以外の者から報酬を受領してはならない。
　(1)　依頼者がインフォームド・コンセントを与えること
　(2)　弁護士の職業上の判断の独立性又は依頼者・弁護士関係に対する干渉が存在しないこと
　(3)　第1.6条により求められるとおり、依頼者の代理に関する情報が保護されること

第2　複数当事者間の利害対立

〔設問30〕共犯者の同時受任

　A、Bは、ともに同一事件の被疑者である。弁護士Xは、両名から弁護人として選任したいとの依頼を受けた。

①　A、Bの主張に食い違いがなくA、Bともに同時受任を承諾している場合は、同時に受任してよいか。

②　A、Bの主張に食い違いがない場合には、両者の承諾を得ないで同時に受任してよいか。

③　A、Bの主張に食い違いがあるが、A、Bともに同時受任を承諾している場合は、同時に受任してよいか。
　食い違いの程度により結論は異なるか。
　AとBが親子であるときはどうか。

④　事件が贈収賄事件で、Aは贈賄側、Bは収賄側であった場合、同時に受任してよいか。

⑤　背任事件で取締役Aと課長Bが逮捕され、会社の総務部長からA、B両名の弁護人になってほしいと依頼された。Aは「Bが勝手にした、自分は知らない」と主張し、Bは「上司のAに命じられたので逆らえずにした」と主張している。同時に受任してよいか。

⑥　上記⑤で、AとBは、事実経過は認めているが、任務違背にはあたらないと主張し、犯罪の成立を争っている場合、同時に受任してよいか。

● キーワード

利害対立　被疑者等の承諾　共犯者の身分関係

関連条文
○弁護士法25条（職務を行い得ない事件）
○刑事訴訟規則29条2項（国選弁護人の選任）
○弁護士職務基本規程27条（職務を行い得ない事件）　28条（同前）　46条（刑事弁護の心構え）

問題の所在
　同時受任における利害対立をどのように捉えるか、被疑者・被告人の承諾によって同時受任が可能になるかが問題となる。すなわち、利害対立がない場合には同時受任は可能か、利害対立がない場合でも被疑者等の承諾を要するか、利害対立がある場合でも被疑者等の承諾があれば同時受任ができるか、対向犯の場合には構造的な利害対立があると言えるか、組織的犯罪の場合には構造的な利害対立があると言えるかが問題となる。

解　説
1　小問①および②について
（1）　小問①および②の問題点
　〔小問①〕では、利害対立がない場合には承諾がなくても同時受任はできるのかが、〔小問②〕では、利害対立がない場合でも、同時受任をするには被疑者等の承諾が必要かが問題となっている。
（2）　同時受任原則許容説からの考察
　本章の総論で述べた同時受任原則許容説によれば、〔小問①〕および〔小問②〕のいずれにおいても、受任は可能ということになる。なぜなら、利害対立が顕在化していないからである。なお、同時受任原則許容説によれば、利害対立がない以上、承諾も不要となる。
（3）　同時受任原則禁止説からの考察
　これに対し、同時受任原則禁止説は、以下のように考える。すなわち、弁護士職務基本規程28条3号は、利害相反事件については職務が禁止されているが、

両者の同意があれば職務は行いうるものとされている。この規定によれば、利害相反がない場合には同時受任が可能であり、〔小問①〕〔小問②〕とも受任は可と考える余地がある。

しかし、〔小問①〕〔小問②〕においては「言い分に食い違いがない」とのことであるが、これのみで利害相反がないと断言してよいかどうかは問題である。なぜなら、現時点では利害対立が顕在化していないだけで、潜在的には利害相反を内包しているとも考えられるからである。このように、利害対立の存否についての峻別はそれほど簡単ではない。

基本的な事実関係については供述が一致していても、情状に関する事実、例えば、その事件における各共犯者の役割や力関係などにまで立ち入ると、利害が対立することは珍しくない。それどころか、情状に関する事実まで含めると、共犯者間では利害対立が必ず生じると言って過言ではない。加えて、将来的に利害対立が生じる可能性も考えると、利害対立が最後まで生じない事例は稀である。実務上、弁護士は、訴訟の進行に従って共犯者間の利害対立が露わになってくるのをしばしば体験する。

しかも、捜査段階では、弁護人が把握できる事件の情報はきわめて限られている。弁護人には、主に接見の際の被疑者からの話しか情報源がない。実際にはどのような証拠が出てくるのかも分からない。このように、証拠も検討していない段階で、利害対立の有無を判断することは、所詮不可能である。

ことに、受任時点では利害対立がなかったとしても、後に利害対立が生じた場合には、その利害対立の程度などから全員について辞任をしなければならない場合もあり、その際、被疑者等が被る不利益・不便には計りしれないものがある。

したがって、同時受任原則禁止説によれば、利害対立が生じる可能性が将来的にもまったくないと判断できる場合以外には、原則として同時受任はできないと考えることになる。なお、同時受任原則禁止説によれば、利害対立が生じる可能性がある場合には、たとえ被疑者等の承諾があっても同時受任はできないことになる。

もっとも、この同時受任原則禁止説に対しては、弁護士倫理26条2項が同意を除外事由にはしていなかったのに、弁護士職務基本規程28条3号では同意を除外事由にしたことによって、現時点では、利害対立時においてすら全員の同意があれば同時受任できることとなった、との経緯を無視するものであるとの批判が考えられる。しかし、民事事件に比べ、刑事事件における利害の対立はより深刻であることが多く、かつ、被疑者等の同意にどれだけの信をおけるのかも疑問であり、きわめて例外的な場合にのみ同時受任が許されると考えるべきであろう。

　(4)　同意について
　〔小問①〕は、承諾を得ていないので受任はできない。なお、同時受任原則禁止説に立ちつつ、例外的に同意があれば同時受任ができるとする考え方からすれば、〔小問②〕の場合は受任が可能ということになる。

2　小問③について

　〔小問③〕では、承諾があれば利害対立があっても同時受任できるかが問題となる。
　(1)　同時受任原則許容説からの考察
　同時受任原則許容説によれば、同時受任は可能ということになる。
　(2)　同時受任原則禁止説からの考察
　総論において述べたように、利害対立する共犯者の弁護人は、弁護を引き受けた被疑者等の全員について誠実にその権利・利益を守ることはできない。利害対立する共犯者の少なくとも一方の被疑者等は、弁護人の誠実で有効適切な弁護を受けることはできないのである。それでもなお、私選弁護であるかぎり、共犯関係にある複数の依頼人がそのような不利益を甘受してでも、ある特定の弁護人を共通して選任することはありうるかもしれない。
　しかし、ほとんどの被疑者等は、裁判制度や訴訟法を正確に理解したうえで弁護人を選任するわけではない。したがって、利害対立する被疑者等に、同一の弁護人が付いた場合、どのような不利益があるかを被疑者等が正確に理解す

ること自体が困難である。現実的にも、ほとんどすべての場合、正確に事態を把握したうえで承諾することはありえないと言ってよかろう。

　かりに事態を把握したうえで承諾することがあるとすれば、それは、例えば共犯者間に上司と部下や親子のような特殊な関係があり、部下が上司のために、あるいは親が子のために、自分が犠牲になることを甘受することぐらいしか考えられないのではなかろうか。しかし、そのような犠牲を、弁護人が無条件に許容することはできない。

　したがって、私選弁護人の場合に、依頼人の同意・承諾があったとしても、利害対立があるかぎり、同時受任はできないと考えるべきである。

3　小問④について

　上記のとおり、同時受任原則禁止説によれば、「抽象的にでも利害対立が考えられる場合には、同時受任はできない」と考えるので、贈収賄罪などの対向犯の場合には、その犯罪の性質上当然に構造的な利害対立があり、同時受任はできないとの結論になる。

　しかし、同時受任原則禁止説によっても、真摯な同意があれば例外的に同時受任は可能だと考えると、利害が対立する当事者のそれぞれから、将来利害対立が生じた場合は辞任すること等までを説明したうえでの明示の承諾のある場合には受任も可能となる。

　同時受任原則許容説によれば、贈収賄という対向犯の関係にあっても、潜在的な利害相反については「利害相反がある」とみるべきではないとの考えから、同時受任もできることになろう。もっとも、同時受任原則許容説に立ちつつも、対向犯などのように、構造的な対立関係にある共犯者については、やはり利害対立は顕在化していると考えることもできる。

　実務的には、たとえ贈賄側と収賄側とが共に否認をし、あるいは共に自白をしている場合など、利害対立がないと考えられるときにでも、犯罪の性質上、利害対立が構造的に認められることから、同時受任は極力回避すべきであろう。

4　小問⑤について

　この場合、取締役Aが課長Bに対して背任行為を指示したか否かにつき、AとBの言い分はすでに真っ向から対立している。したがって、上記のいずれの見解によっても、利害対立が顕在化しているので、両者の弁護人を同時に受任することはできない。

5　小問⑥について

　この場合、A、Bの主張には食い違いがない。したがって、同時受任原則許容説によれば、両者の同時受任には問題がないことになる。他方、同時受任原則禁止説によれば、受任してはならないことになる。
　もっとも、実務的な対応については、両者に対して、将来利害対立が明白になった場合には双方の弁護人を辞任せざるをえないことになる場合もある等の説明を十分にしたうえで、両者の承諾を得た場合にのみ、受任すべきであろう。

実務上の留意点

　以上の各小問について、いかなる説に立ったとしても、同時受任を行う場合、実務的には、以下の諸点に留意すべきである。すなわち、利害対立がない場合にでも、将来的に利害対立が生じる可能性につき、被疑者等に十分説明を行い、受任をする者全員からの承諾（明示的な承諾でなければならず、推定的承諾では足りない）を得ておくべきである。
　弁護士倫理32条においては、利害対立（衝突）のおそれがあるときは「各依頼者に対しその事情を告げなければならない」と規定され、告知義務が課されていただけであった。しかし、弁護士職務基本規程32条は、「事件を受任するに当たり、依頼者それぞれに対し、辞任の可能性その他の不利益を及ぼすおそれのあることを説明しなければならない」と規定され、説明義務が新設された。[32] この改正の趣旨は、説明義務が加重され、利害対立（衝突）の事態を告げただ

---

[32] 「告知」と「説明」という文言の違いからは、依頼者（被疑者等）の理解が得られる程度の説明内容になっていなければならないものと解される。

けでは足りず、その結果依頼者（被疑者等）が被る不利益について、辞任を含めた具体的な説明義務が加えられたことにある[33]。したがって、利害対立が生じるおそれのあるときには、上記の説明義務を果たすとともに、同時受任の承諾書[34]を得ておくことが望ましい。

> **〔設問31〕共犯同時受任後の利害対立**
> ①　A・Bの共犯事件で、弁護士XがA・B両名の弁護を受任した後に、A・Bの主張に食い違いが発生した場合、Xはどうすべきか。
> 　A・Bとも弁護人Xを信頼し、検察官も把握していないような事実をすでにXに話していた場合はどうか。
> ②　事件が贈収賄事件で、Aは贈賄側、Bは収賄側であった場合にはどうか。
> ③　A・B両名の共犯事件で、A・B両名の弁護人に弁護士Xが選任された。捜査段階ではA・Bともに自白していたが、第1回公判期日直前に、AがBの単独犯行を主張し、自己の罪責を否認した。AがXに対し、真実は共犯関係にあるが、公判廷においては公訴事実を否認すると言っているときはどうか。
> ④　③の場合に、A・Bが被疑者である場合と被告人である場合では、結論は異なるか。

キーワード

利害対立　受任後の利害対立　捜査弁護の緊急性　真実義務　守秘義務

33　当初の委員会原案では、「辞任などの適切な措置をとらなければならない」となっていたが、そのような規定であれば辞任が原則化し、「利害対立」を口実に検察側から辞任要求をされた場合に、それに従わなければ懲戒請求されうるとの懸念が強く表明され、現行の規定内容となった。

34　承諾書には、弁護士職務基本規程32条が規定する内容の説明を受けたこと、利害対立が生じた場合には辞任もありうることを最低限記載しておくべきである。また、事案によっては、辞任した場合の基本的方向性（片方だけを辞任するのか、その場合には誰を辞任することになるのか、辞任した者に対する守秘義務や誠実義務が解除されうるのか否か等）を記載しておくことが望ましい。

> **関連条文**

○弁護士法25条（職務を行い得ない事件）
○刑事訴訟規則29条2項（国選弁護人の選任）
○弁護士職務基本規程27条（職務を行い得ない事件）　28条（同前）　32条（不利益事項の説明）　46条（刑事弁護の心構え）　48条（防御権の説明等）

> **問題の所在**

　同時受任後に利害対立が表面化・顕在化したときには、辞任すべきか否かを含め、どのように対応すべきかが問題となる。具体的には、利害対立が表面化したときに、どの被疑者・被告人に対して誠実義務・守秘義務を負うのか、その内容はどの範囲にまで及ぶのか、対向犯の場合はどうか、利害対立と真実義務との関係はどうか、捜査段階と公判段階で受任の可否を判断する際の「利害対立」の程度や性質に相違があるか等が問題となる。

> **解　説**

1　小問①について

(1)　場合分けの必要性

　前記のとおり、同時受任原則禁止説に立っても、例外的な場合には同時受任ができるので、いずれの説によっても、同時受任後に利害対立が顕在化したときに、弁護人はどのように対処すべきかが問題となる。

　もっとも、いずれの説によっても、AとBの主張の食い違いの大小によって、「利害対立があるか否か」の判断に相違が出てくるので、「食い違い」の内容の吟味が必要になる。そして、「食い違い」の内容が利害対立にまでは至らないものであれば、辞任すべきかどうかの検討は必要なくなる。ただし、その「食い違い」があからさまに公判へ現れないようにするとか、その「食い違い」について合理的な説明ができるようにするとかの一定の配慮は必要となる。

　また、「検察官も把握していないような事実」（以下、本解説では説明の便宜上、「秘密事項」と呼ぶことにする）についても、弁護人Xがそれを明らかに

することが守秘義務や誠実義務に違反するか、あるいは、利害対立と密接に関係する事柄か否かという問題との関係で、その内容が検討されなければならない。そして、その秘密事項が、事件とは関係のないものであれば、弁護人Xは守秘義務を遵守すれば足りることとなる。しかし、その秘密事項が事件と密接に関連するものであれば、それを明らかにすることが守秘義務や誠実義務に違反するか否かの問題に発展する。また、その秘密事項が、主張の食い違いと相まって、利害対立の有無の判断を左右するものであれば、それを明らかにできないことが誠実義務に違反するか否かの問題となる。

(2) 全員辞任説からの考察

全員辞任説によれば、AとBの主張の食い違いによって利害対立が生じたと認められるかぎり、A・B双方の弁護人を辞任すべきこととなる。この場合、Xは守秘義務を遵守すればよいだけになる。

もっとも、事前に全員辞任の可能性についての説明をしていたとしても、弁護人を辞任すること自体、被疑者等にとっては不利益・不便を強いることになる。したがって、実務的な留意点としては、後任の弁護人の手配についての配慮をすべきこととなろう。

(3) 片方辞任説からの考察

片方辞任説によれば、AとBの主張の食い違いが利害対立にあたる場合には、いずれかの弁護人を辞任すべきことになる。この場合には、依頼の経緯や、弁護人を継続すべき被疑者等が得る利益と辞任すべき被疑者等の被る不利益との比較などで、辞任すべき者を決めることとなろう。また、依頼者は被疑者等の所属する組織・団体だとの理解が可能な場合には、当該組織・団体の指示に従い、あるいは、主たる依頼者と従たる依頼者の区別があると考えられれば、主たる依頼者の弁護を継続することとなり、そのことには、何らの問題もないことになる。

しかし、Bの弁護人を辞任し、Aの弁護人にとどまる場合には、そのこと自体で、Bの主張を弁護人Xが信じていないことを裁判所に示すことになる。それだけではなく、将来、Aの主張を正しいものとして、Bを弾劾することにな

りかねない。なぜなら、Aの弁護人は、Aにとって「最善の弁護活動」をしなければならず、そのためにはBの弾劾は必要不可欠と言えるからである。そして、Bの弾劾に際しては、Bとの接見で知りえた事実も駆使しなければ、Aのために「最善を尽くした」ことにならない。このように、Aの弁護人としての誠実義務に忠実であれば、Bの元弁護人としての守秘義務に反することとなる。したがって、その利害対立が重大であればあるほど、かつ、不可逆的であればあるほど、片方辞任説によってもA・B両名共に辞任すべきことになるのではなかろうか。

(4) 辞任不要説からの考察

辞任不要説によっても、前記と同様の理由で、利害対立の内容および程度によっては、A・B両名の弁護人を辞任せざるをえなくなるであろう。また、弁護人は、Bの主張の方が正しいと考えたとしても、Aの弁護人でもある間は、それが事実であると決めつけることはできない。なぜなら、もしBの主張が真実であると決めつけてAの弁護をするとすれば、それは、ほとんどの場合、Aにとって「最善の弁護活動」とならないことは明白だからである。

また、秘密事項を弁護人Xに話していた場合には、辞任不要説によっても、その秘密事項を明らかにすることは、当該事項を話した被疑者等に対する守秘義務および誠実義務に違反することとなるので、できないこととなろう。しかし、そうだとすれば、秘密事項のいかんによっては、A・B両名に対して、最善の弁護活動を尽くしたことにならなくなってしまう。したがって、辞任不要説によっても、当該事実の内容いかんによっては両名ともに辞任せざるをえなくなるのではなかろうか。

(5) 実務上の留意点と弁護継続の条件

いずれの場合にも、弁護人を辞任すべきか否かをめぐる上記の事情を被疑者等に説明すべき義務がある。ことに、〔設問30〕の解説1(5)のとおり、弁護士倫理32条では告知義務にとどまっていたが、弁護士職務基本規程32条によって不利益事項の説明義務が課されたので、受任時における説明は義務的であるうえに、その趣旨を及ぼせば、辞任時における説明も十分なものでなければなら

ない。また、弁護士職務基本規程48条が新設され、被疑者等の防御権についての説明・助言の努力義務があらたに課されたが、その趣旨からしても、辞任後に被疑者等が被る不利益についての十分な説明・助言がなければ、真に防御権についての説明・助言がなされたとは言えないであろう。

なお、片方辞任説に立てば、すでにA・B両名に対して弁護活動を行っているのであるから、弁護人が辞任することにより被疑者等の被る不利益が生じることは明らかなので、その場合には、辞任する側の被疑者等の「承諾」（事前の停止条件的承諾で足りる）を条件としなければならないのではなかろうか。もしくは、弁護人を継続するAに、Bの秘密事項を明らかにすることは、弁護人の守秘義務に反することを説明し、Bの秘密事項を明らかにできないことの了解を得るべきではなかろうか。

(6) ABA刑事弁護スタンダード

4—3.5「利害相反」において、以下のとおり規定されているのが参考となる。

(a) 弁護人は、自己の政治上、財政上、職業上、財産上、個人上の利益に影響されて、職業上の判断あるいは義務を認めてはならない。

(b) 弁護人は、被告人を代理する弁護人あるいは弁護人の継続的代理の選択に関する利益あるいはそれと結びつく利益について、できる限り早期に、被告人に開示すべきである。そのような開示には、利益の衝突または可能性のある衝突の重大性を依頼者が評価される十分かつ合理的な情報の伝達が含まれなければならない。

(c) 初回聴聞、保釈申請のような予備的事柄を除いて、一人の被告人の義務が他者の義務と相反する場合、実務で共同している弁護人は、同じ刑事事件で一人以上の被告人の弁護を引き受けてはならない。複数の被告人を代理することにおいて、利益相反する可能性が重大であるために、通常、数人の共同被告人の一人以上のために行動することを弁護人は拒否しなければならない。ただし、弁護人は注意深い調査後に、公判・宣告その他の手続の上の時間で相反の発展する可能性がないか、代理される各共同被告人に共通の弁護が有利であることが明らかであるという、普通でない状況を除く。

そして、各々の場合には、

(i) 数人の被告人に、多数弁護に関するインフォームド・コンセントを提供すること、

そして、

(ii) 被告人の同意が、司法上の記録の事柄とされること。被告人による同意の存在を判断する際には、公判裁判官は現実の弁護人あるいは弁護人となるべき者の利益相反と、そして、弁護人が多数の

依頼者を弁護するときに出くわす困難性を被告人が十分に理解できるかどうかを、注視するための適切な調査をすること。
　(d)　以前に被告人を代理した弁護人は、その後、情報が一般的に知られるようになり、その他秘密に関する倫理義務が適用されない限り、以前の代理に関する情報を以前の依頼者の不利益に使用してはならない。

2　小問②について

　同時受任原則禁止説といえども、例外的な要件があれば共犯の同時受任を認めるが、類型的に利害対立が認められる対向犯の場合には、その例外にはあたらず、同時受任は認められないとする。したがって、同時受任原則禁止説によれば、そもそも〔小問②〕のようなことは生じないこととなる。

　それに対して、同時受任原則許容説によれば、〔小問②〕のようなことが生じうる。もっとも、同時受任原則許容説によっても、贈収賄事件のような対向犯においては、犯罪の構造上、贈賄側と収賄側との間に類型的な利害対立が認められると考えると、そもそも同時受任はできないと考える余地があることは、〔設問30〕の解説3で述べたとおりである。

　したがって、同時受任原則許容説に立ち、かつ、対向犯の場合にでも、共犯者の同時受任の利益や共犯者の同意があれば同時受任ができるとする考え方によってのみ、〔小問②〕のようなことが生じうる。

　しかし、片方辞任説および辞任不要説のいずれに立っても、贈賄側と収賄側との間で主張に食い違いが生じれば、両者を辞任することになるのではなかろうか。なぜなら、贈収賄罪の構造上、贈賄側と収賄側との間に主張の食い違いを生じたときには、その利害対立は顕著であり、かつ、決定的だと考えられるからである。

3　小問③について

　〔小問①〕で述べたように、受任後に利害対立が表面化した場合でも、例外的に、一方のみを辞任することができる場合もある。例えばAの弁護人として残り、Bの弁護人を辞任する場合、Bがそのことを了解し、Aに対しても、弁

護人の守秘義務に属するそれまでに知りえたBの秘密を暴露してBを不利益にすることはできないことを説明し、その了解を得るのであれば可能である。

〔小問③〕は、受任後に利害対立が顕在化した事例であるが、〔小問②〕とは異なり、Aは否認、Bは自白という形で、その利害対立が顕著、かつ、決定的である。したがって、この場合、弁護人Xは、A・B両者の弁護人を辞任せざるをえないであろう。なぜなら、片方辞任説によっても、Aの弁護人として残るときには、Aに対する誠実義務の履行として、Bの自白を弾劾しなければならないが、それは、Bに対する守秘義務に反する場合がある。他方、Bの弁護人として残るときには、Bに対する誠実義務の履行として、Aの否認を弾劾しなければならないが、それは、Aに対する守秘義務に反することになりかねないからである。したがって、片方辞任説によっても、このような場合は、いずれかの弁護人にとどまることはできないと考えるべきこととなろう。

さらに、AはXに、真実は共犯関係にあるが否認する旨打ち明けている。このような場合、XがAの弁護人のみを辞任してBの弁護人にとどまることにつき、Aが了解することはないであろう。また、かりにAの同意があったとしても、その同意には合理性が認められず、結局のところは、Xは、A・B両者の弁護人を辞任せざるをえないと考えられる。

4　小問④について

〔小問④〕は、捜査段階と公判段階で辞任の要否が異なるかという問題である。

捜査弁護は、「流動的」であり「緊急性」があると言われる。そのため、公判における利害対立とは別の配慮が必要だとの考えがある。たしかに、捜査段階で弁護人となる際に、ほとんどの場合、事案を十分把握した後に弁護人となるわけではない。したがって、同時受任した後に利害対立が表面化したとしても、捜査段階では確定的かつ不可逆的な利害対立かどうかは不明な場合もある。このため、辞任についても、表面的な利害対立の存在を認知したからといって、辞任を即断するのではなく、慎重な見極めが必要となる。

他方、公判段階においては、利害対立が表面化した場合、確定的かつ不可逆的な場合が多いため、辞任を早期に決断しなければならない場合も多く、また、捜査段階に比べ、公判段階まで弁護を継続していれば、被疑者等から得た情報も多くなっているので、守秘義務、誠実義務に対する配慮の必要性も高くなる。

> 〔設問32〕共犯者の同時受任（集団事件・費用・組合弾圧）
> 　①　集団事件あるいは会社事件の場合には、共犯者の同時受任をしてもよいか。
> 　②　共犯者が多数あって弁護士数の関係で同時受任をせざるをえない場合や、被疑者・被告人の資力の関係で同時受任をせざるをえない場合はどうか。
> 　③　ある労働組合の争議をめぐって執行委員Aと組合員Bが威力業務妨害罪で逮捕された。組合から「A、Bおよび今後逮捕が予想される組合員C、Dなどの弁護人となってほしい」と依頼された。
> 以下の場合に、A〜Dの弁護を受任してもよいか。
> 　ア　組合では組合弾圧だとして全組合員が一丸となって対応している。
> 　イ　組合内部で方針をめぐって争いがあり、今回の争議戦術についても議論があった。

キーワード

労働公安事件　集団事件　弁護士不足　費用の負担

関連条文

○弁護士法25条（職務を行い得ない事件）
○刑事訴訟規則29条2項（国選弁護人の選任）
○弁護士職務基本規程27条（職務を行い得ない事件）　28条（同前）　32条（不利益事項の説明）　46条（刑事弁護の心構え）

問題の所在

複数の被疑者・被告人の弁護人を同時に受任することにつき、労働組合などの事件や共犯者全員についての弁護団の結成による利点、あるいは、弁護士不足、被疑者等の資力などの観点から、別に考察すべき場合があるのか否かが問題となる。

解説

1　小問①について

同時受任ができるか否かについての考え方はすでに述べたとおりである。しかし、一定の集団のなかの数人が共犯者として逮捕された事件（以下、説明の便宜上「集団事件」という）や、会社ぐるみの犯罪として複数の社員が逮捕された事件（以下、説明の便宜上「会社事件」という）などの集団の事件の場合には、その集団性（被疑者等の一体性）を理由として、同時受任ができるか否かについて、一般論とは別個の考察を要するかが問題となる。

これには、三つの考え方がある。

(1)　同時受任原則許容説からの考察

同時受任原則許容説は、たんなる共犯事件ではなく、被疑者等に一定の身分関係（一体性）が認められる集団の場合には、事件を同時受任するという共通の利益の他に、被疑者等の間に社会上の一体性が認められ、また、同時に受任することを前提に弁護の依頼がなされることも多く、依頼者が同時受任を望むことに一定の合理性が認められ、そのことからも、同時に受任するほうが望ましいと考える。その理由は、各人ごとに弁護人がついて、個々バラバラな弁護をしていては、有効に防御できないという被疑者等の利益・利便に加えて、集団の構成員においては、主観的にも社会的にも利害は一致していると考えられるからである。

したがって、このような集団の事件では、共犯関係にある複数の被疑者等の弁護人となることには問題がないとする。

前述のABA刑事弁護スタンダード4—3.5においても「代理される各共同被告

人に共通の弁護が有利であることが明らかであるという、普通でない状況」にある場合には同時受任ができることを認めている。もっとも、このような場合には、数人の被疑者等に対して、十分な情報を提供し、被疑者等のインフォームド・コンセントを得ることなどを、その条件として定めている。

(2) 同時受任原則禁止説からの考察

しかしながら、防御をするうえで有効か否かという観点だけを考えれば、同時受任をするほうが有効・有用だと言えるが、それは集団の事件特有の問題ではなく、ほとんどすべての共犯事件においても同様のことが言える。捜査の全体を掌握しながら防御をすることができれば、それだけ有効適切な弁護活動が可能となることは、互いに自白し、あるいは互いに否認している共犯事件となんら異ならない。また、被疑者等の間に主観的・社会的な一体的結合性があったとしても、刑事事件の被疑者等となった場合には、当然利害が対立することもある。当該集団の指導者や実際の依頼者（例えば、会社の社長）の意向が強い場合には、当該被疑者等は、その指導者の方針に異論を差し挟まないことが通常であろう。また、被疑者等のなかには、刑事事件となった背景事実や経緯について批判的な考えをもっているが、集団から依頼された弁護人であるからというだけの理由で反対しないだけの者もいるかもしれない。いずれにしても、主観的・社会的に利害が一致しているとみえるのも表面的でしかない場合もある。したがって、集団事件などの共犯者の事件について、同時受任が認められる場合はあるものの、他の共犯事件の場合と本質的には異なるところはなく、受任には慎重な判断を要する。

この見解からは、原則として同時受任はできないということになる。

(3) 同意について

同時受任原則禁止説に立ちつつ、例外的に真摯な同意がある場合には、被疑者等の全員の同意があれば同時受任ができるとする考え方に立った場合、〔小問①〕における被疑者等の同意は、被疑者等が集団に属しているとの主観的・社会的一体性が認められるため、真摯なものと考える余地が大きくなり、同時受任はできるとの結論になる。

2 小問②について

(1) 例外的事例における同時受任の必要性

同時受任原則禁止説も、〔小問②〕のような被疑者等が多人数の場合、例えば、国選事件で大量の密入国者が起訴され、弁護士数が少ないことから、一定のグループ分けをした被告人らの同時受任をせざるをえない場合や、選挙違反事件などのように、被疑者等の数が多く、それに対応する弁護士の数が相対的に少ない場合には、例外的に同時受任することを認めざるをえないとしている。

なぜなら、同時受任ができないとすると、接見にすら来てもらえない被疑者等も出てくるからである。現実問題としても、弁護士過疎地では、大量の密入国者が起訴される密入国事件が発生した場合に、すべての被告人に異なる弁護士が就任することは事実上不可能である。また、現状の法律扶助制度や当番弁護士制度の運用状況を前提とするかぎり、被疑者の資力の関係で、一人の弁護士が複数の被疑者の弁護を受任せざるをえない状況もあると言わざるをえない。

したがって、このように同時受任せざるをえない正当かつ合理的な事由がある場合には、例外的事例として同時受任を認めることとなる。

しかし、弁護士不足や国選・法律扶助制度の拡大・拡充が達成されれば、同時受任原則禁止説における例外的な取扱いの前提条件も必然的に改善されるので、現状の刑事司法制度そのものの改革・改善が求められる。

(2) 同時受任時における留意事項

以上のとおり、いずれの説に立っても、〔小問②〕のような場合には、同時受任はできることとなる。しかし、実務的な留意点としては、被疑者等の各人の具体的承諾を得ておくことが必要である。ことに、弁護士倫理32条では告知義務にとどまっていたのが、弁護士職務基本規程32条によって不利益事項が説明義務にまで高められたことからすれば、実務上は、被疑者等の承諾は必要不可欠と考えておくべきであろう。

3　小問③について

(1)　同時受任原則許容説・片方辞任説からの考案

　たんなる共犯事件ではなく、団体としての行動が問題とされる労働公安事件を弁護するには、個々の被疑者等の弁護人として弁護活動を行うのでは不十分であり、すべての被疑者等の弁護人となって活動しなければ有効な弁護はできない場合がある。例えば、組合のピケが威力業務妨害罪などに問われ、複数の組合員が逮捕されたような場合には、各人ごとに弁護人がついて個々バラバラな弁護をしていては有効な防御はできないであろう。しかも、労働組合の場合、組合員には互いに同志的結合があり、主観的にも客観的にも利害は一致している。

　このような場合には、弁護人が、同時に他の組合員の弁護人となることに問題がないどころか、そのほうが望ましい場合が多い。依頼人も同時受任を望んでいることのほうが通例である。

　したがって、同時受任原則許容説によれば、このような事件では、同時受任にはなんらの問題もないとする。むしろ、〔小問③〕のような場合には、同時受任こそが必要だと考えることになろう。

　労働公安事件は、多くの場合、国家権力による組合等に対する弾圧であり、かかる弾圧に対しては組合等が一丸となって闘う必要がある。したがって、むしろ積極的に、複数の組合員を複数の弁護人が弁護団を結成して、同時受任すべきであると考えるのである。労働公安事件では、このような考えのもとで同時受任をする例が多い。また、この立場からは、組合事件について組合員間に利害対立が生じた場合にでも、弁護人が全員辞任すべきだとの考えを安易にとると、権力側に弁護体制に対する分断攻撃の口実を与えることになるとして、同時受任原則禁止説・全員辞任説に対する批判がある。なぜなら、全員辞任説では、一人でも利害対立をする被疑者等が現れたときには、弁護人全員が辞任しなければならなくなり、弁護団活動はその一事でもって潰されてしまうことになるからである。

(2)　同時受任原則禁止説・全員辞任説からの考察

しかしながら、防御上有効か否かという視点からは、ほとんどすべての共犯事件でも同様のことが言える。捜査の全体を把握しながら防御をすることができれば、それだけ的確な弁護活動が可能になることは言うまでもない。しかし、同志的結合があったとしても、被疑者等となった場合には、当然利害が対立することもある。組合の指導者のリーダーシップが強力な場合には、その指導者の方針に異を唱えないことが普通であろう。また、組合員のなかには、刑事事件となった経緯について批判的見解を有しているが、組合から依頼された弁護人であるから黙っているだけの者がいるかもしれない。いずれにしても、主観的・客観的に利害が一致しているというのは表面的なだけの場合もある。しかも、そもそも、すべての労働公安事件が「不当弾圧」とは限らない。また、「不当弾圧」だとしても、当該労働公安事件が使用者側の不当労働意思にもとづく事件のねつ造的な「不当弾圧」なのか、事件とされた事実そのものに争いはあまりないが、経緯や評価が対立するものなのか、などによって個々の組合員の役割や立場も違ってくる。これらを一律に評価することはできない。

したがって、組合事件などの共犯者の事件については、同時受任が認められる場合があるとはいえ、他の共犯事件と本質的に異なるところはなく、受任には慎重な判断を要することに変わりはない。

この見解からは、原則として同時受任はできないということになる。

(3) 小問③の結論

同時受任原則禁止説・全員辞任説に立つならば、〔小問③〕のイについては、利害対立する可能性が高く、同時受任は避けるべきこととなる。〔小問③〕のアについても、前記の理由から、同時受任は避けたほうがよいことになる。

他方、同時受任原則許容説・片方辞任説に立てば、〔小問③〕のアについては同時受任をすることになんらの問題はなく、むしろ積極的に同時受任すべきだ、ということになる。〔小問③〕のイについても、できるかぎり同時受任に努めるべきであり、対立が鮮明化するような蓋然性が高い場合のみ弁護人を分けるべきだということになろう。

> ［設問33］顧問会社の従業員の弁護
>
> 　被疑者Aから弁護士Xは弁護の依頼を受けた。弁護士Xは、被疑者Aの勤務する会社の顧問弁護士である。
> ① 事件は、会社の業務と何の関係もない事件であるが、事件の経過によっては、後日会社から懲戒解雇を受ける可能性がある場合、受任してよいか。
> ② 事件は、業務上過失傷害（居眠り運転）で、Aは、会社（運送会社）の過酷な運転スケジュールが原因であると主張している場合はどうか。
> ③ Xは、会社の顧問弁護士ではないが、Xの所属する法律事務所の所長が会社の顧問弁護士であった場合はどうか。

キーワード

利害対立　顧問会社　懲戒

関連条文

○弁護士法25条（職務を行い得ない事件）
○刑事訴訟規則29条2項（国選弁護人の選任）
○弁護士職務基本規程27条（職務を行い得ない事件）　28条（同前）　46条（刑事弁護の心構え）　56条（秘密の保持）　57条（職務を行い得ない事件）　58条（同前――受任後）　59条（事件情報の記録等）

問題の所在

　顧問会社の従業員の弁護における「利害対立」について、人的、時間的、内容的限界が問題となる。

解説

1 小問①について

Aの被疑事実には間違いなく、何らかの刑事処分を受けた場合には、Aは、その結果として、会社の品位を損ねたとの理由で会社から懲戒処分を受けることもある。しかし、その場合、刑事事件の弁護活動そのものに関して、Aと会社とが利害対立するわけではなく、会社の利益に対する配慮から弁護活動が抑制されるという関係にはない。もっとも、後日、懲戒処分が重すぎるなどとしてAが会社を相手に民事裁判などを起こす場合には、その民事裁判においては会社とAは利害対立するが、刑事手続に関する利害対立があるわけではない。したがって、この場合は、受任可能とも考えられる。

ただし、この場合、弁護人の守秘義務との関係での考察が必要である。すなわち、会社はXに対し、Xが顧問弁護士であることから事件の内容について問い合わせをしてくることがありうる。弁護人の守秘義務からは、会社にすべてを話すことはできないが、顧問弁護士であることから、ある程度の事実は伝えざるをえない場合もありえよう。したがって、Xは、会社が尋ねてくることがありうることを想定したうえで、どの程度まで会社に伝えてよいかを最初にAと相談し、その内容を明確にしておくべきである。そして、会社には、Aから了解を得た事実についてのみ伝えることになる。

2 小問②について

この場合、まさに刑事事件そのものに関して、Aと会社との間には利害対立がある。Aの弁護をするためには、会社の過酷な運転スケジュールが原因であるとの主張は不可欠である。しかし、この主張は会社の利益に反する。Xが会社の顧問弁護士であれば、会社の利益への配慮から弁護活動を抑制してしまう危険性が生じるという関係にある。したがって、この場合は、受任できないと考えられる。

もっとも、顧問契約の内容によっては、会社に対する契約上の誠実義務がどこまで及ぶのかについては解釈の分かれる余地があり、受任を可とすべき場合

もありうるとも考えられる。

　従前は、「相手方と特別の関係があって、依頼者との信頼関係をそこなうおそれがあるときは、依頼者に対し、その事情を告げなければならない」（弁護士倫理25条）とされていただけであったが、弁護士職務基本規程の制定により、「受任している他の事件の依頼者又は継続的な法律事務の提供を約している者を相手方とする事件」（同28条2号）は、原則として職務を行うことは禁止され、依頼者および相手方の同意があった場合にのみ職務を行うことができることとされた。この規定からすると、顧問先は「継続的な法律事務の提供を約している者」にあたり、従業員である被疑者Aは相手方にあたる可能性があるので、会社およびAの両名から同意を得なければならないとも考えられる。

　したがって、実務上は、刑事事件において想定される利害対立の内容を、会社およびAに十分に説明したうえで（弁護士職務基本規程32条、48条）、両者の承諾を得ておくべきであろう。また、その想定される利害対立が大きければ、やはり受任を断るべきであろう。

3　小問③について

　弁護士職務基本規程57条は「弁護士は、他の所属弁護士（所属弁護士であった場合を含む。）が、第27条又は第28条の規定により職務を行い得ない事件については、職務を行ってはならない。ただし、職務の公正を保ち得る事由があるときは、この限りでない」と規定している。なお、弁護士倫理27条は「弁護士は、同一の法律事務所で執務する他の弁護士……又はそれぞれの依頼者との関係において、職務の公正を保ち得ない事由のある事件については、職務を行ってはならない」と規定していた。

　この弁護士倫理27条では、所属弁護士が、事務所経営や事務所所長への配慮から、会社に不利なAの主張を抑制してしまう危険性があることの懸念から定められていたが、弁護士職務基本規程は、さらにそれを一歩進めて、所属弁護士と所長弁護士とは基本的には同一であるとみるようになっている。

　したがって、弁護士倫理のもとでは、〔小問②〕の解説で述べたように、X

自身が顧問弁護士である場合に比べると、〔小問③〕の場合の利害対立は、より間接的であると考える余地もあったが、現時点では、弁護士職務基本規程27条または28条の規定に該当する事由がある場合には、原則として受任できず、例外的に、職務の公正を保ちうる場合にのみ、受任できることとなったと言うべきである。この規定の趣旨からすると、〔小問③〕では、「職務の公正を保ち得る場合」とは考えられず、受任できないと考えるべきであろう。

　もっとも、弁護士職務基本規程27条および28条自体が、会社および被疑者の両名の同意がある場合には、職務を行いうる旨を定めているので、反面では、同意さえ取れれば、従前よりも受任可能な範囲は広がったとも言いうるであろう。

　なお、弁護士倫理27条では、たんに「同一の法律事務所で執務する他の弁護士……（中略）……又はそれぞれの依頼者との関係において、職務の公正を保ち得ない事由のある事件については、職務を行つてはならない」と規定され、同28条で、受任後の場合には「速やかにその事情を告げ、事案に応じた適切な処置をとらなければならない」と規定されていた。同一事務所で取り扱う事件については、公正を保ちえない場合には受任できず、受任後には、速やかな告知と適切な処置という、抽象的な規定内容であった。

　それに対して、弁護士職務基本規程では、
① 　同規程27条及び28条の規定の適用のある事件は行ってはならないこと（同57条本文）
② 　但し①については、職務の公正を保ち得る場合には行えること（同57条但書）
③ 　辞任その他の事案に応じた適切な処置がとられるべきこと（同58条）
とされた。

　したがって、共同事務所においては、従前には、弁護士の独立性が一定程度認められていたが、弁護士職務基本規程では、事務所一体の原則が確立されたと解される。また、利害対立等の受任不可事由が生じたときには、原則として辞任をすべきことが求められている。

第4章　接見交通権

> 総論

1　はじめに

　本章においては、接見交通にかかわる問題の全般、とくに、接見における留意点、接見妨害への対応方法、接見のための手段・器具の利用にかかわる問題、接見等禁止決定がなされている場合における接見交通の問題等について検討をする。

　なお、本章の記述の前半部分の多くは、『接見交通権マニュアル第6版』（日本弁護士連合会接見交通権確立実行委員会編集、2004年）に依拠しており、これを参照されたい。

2　接見の意義

　(1)　被疑者・被告人の弁護享受権は、憲法37条3項、憲法34条に定められている。

　憲法37条3項は、強大な捜査権限・権力を有する国家によって訴追を受けている被告人に、その防御のため、資格のある弁護人による有効かつ適切な弁護を受ける権利を保障した。身体拘束を受けているか否かを問わず、有効かつ適切な弁護活動を行うためには、弁護人と被疑者・被告人との防御のための綿密な相談、打ち合わせが必要である。身体拘束を受けている被疑者等との打ち合わせのための手段は、接見をおいてほかにはない。そして、接見が、国家により刑罰権の行使を受けようとしている被疑者等と弁護人との防御のための相談、打ち合わせのための最も重要な手段である以上、その秘密性が保障されなければならない。

　また、憲法34条は、刑事訴追を受けているか否かとは別に、「身体拘束」という状況に着目して弁護享受権を保障している。これは、弁護人に、国家によ

る不当な身体拘束に対し、救済のための法的対抗手段をとるべき役割とともに、身体拘束による被疑者等の不利益を可能なかぎり軽減させる役割を期待したものと解される。身体拘束された被疑者等にとって、外部との交通・情報の遮断はきわめて大きな不利益であり、憲法34条から導かれる弁護人の役割には、身体を拘束された被疑者等の外部交通権を実質的に確保することが含まれ、接見はこの点からも重要な意味をもつ。

(2)　上記の憲法上の要請により、刑訴法39条1項は、弁護人と身体拘束を受けた被疑者等との「立会人なくして接見し、又は書類若しくは物の授受をする」権利、すなわち秘密接見交通権を認めた。この弁護人の秘密接見交通権は、当然ながら、弁護人が外部から情報を収集し、これを勾留中の被疑者等に伝え、必要に応じて、勾留中の被疑者等の情報を外部に伝達することが含まれる。なぜなら、身体拘束された被疑者等が自ら防御するためには、的確な外部の情報を得ることが必須であり、また、弁護人の接見交通権には、身体拘束された被疑者等ができるだけ身体拘束を受けていないのと同様の状態を確保するという役割が与えられているからである。

この理は、接見での口頭の情報伝達にとどまらず、「書類若しくは物の授受」においても同様である。弁護人は、身体拘束中の被疑者等から受け取った書面や物を、弁護の必要に応じ第三者に交付することも、逆に、第三者が受け取った書面や物を被疑者等に検閲なくして差入れ・交付することも、本来当然になしうると言うべきである。

弁護人がその秘密接見交通権を通じて、身体拘束中の被疑者等の外部交通を実現する場合の制約としては、罪証隠滅・逃亡の防止という勾留の目的を無効ならしめる情報の媒介をなすべきでないということのみに限られる。

3　接見における留意点

上記の二つの観点から、接見においては、以下の点に留意しなければならない。

ア　被疑者・被告人の状況の把握

被疑者等は、逮捕・勾留により、不安、恐怖、絶望、苦悶等、極度の精神的混乱・不安定情況にある。弁護人は、このような被疑者等の情況を、接見により的確に把握して、適切に対応する必要がある。
　イ　被疑者・被告人との意思疎通
　弁護人が、被疑者等の信頼を得ることは弁護活動を行ううえで有益である。信頼関係の形成には、多数回の接見、長時間の接見を必要とする場合もある。弁護人に対する信頼が十分でない場合、被疑者等は、捜査官の弁護人に対する中傷を信じて、弁護人を解任したり、捜査官に迎合した自白をして、適切な防御活動ができなくなることがある。
　ウ　被疑者・被告人に対する法的な助言・指導
　通常の被疑者等は、法的知識に乏しいことが多いので、弁護人の役割、被疑事実の意味、逮捕・勾留制度、取調べをめぐる法律関係、各種手続（弁録、勾留質問、不服申立、救済制度）を分かりやすく説明し、理解を得る必要がある。
　エ　供述拒否権、署名・押印の拒否権に関する説明
　供述拒否権、署名・押印の拒否権の重要性と有効適切な行使の時期、方法などを被疑者に説明することも必要である。
　オ　取調べへの対応策の助言と虚偽自白の防止
　供述の仕方、程度、時期、内容について、弁護人の意見を述べて助言する。捜査官による自白強要、誤導、暴力等がありうることをあらかじめ説明し、これらへの対応の仕方を説明して、虚偽自白をしないよう助言する。取調べ中に疑問が生じた場合には、署名する前に弁護人との相談を捜査官に要求すること、また、調書に対しては訂正を請求し（刑訴法198条4項）、調書への署名・押印を拒否できる（同条5項）等の方法があることを、説明・助言する。
　また、自白を法廷で撤回することは非常に困難であることを説明しておく。
　カ　取調べ状況の監視
　被疑者等に対する捜査官の不当な取調べ（誘導、脅迫、利益供与、取引、暴力等）の有無をたえず聴いておく。かかる不当な取調べの際中にこそ、弁護人は緊急に接見すべきであり、臨機応変に弁護活動を展開すべきである。また、

「被疑者ノート」の活用をはかるべきである。
　キ　供述調書の内容の把握
　被疑者等が、供述調書の作成に応じた場合、可及的速やかにその内容を聴き取り、その正確な把握に努める。
　ク　証拠収集活動
　起訴前に被疑者との接見で知りえた被疑者に有利な証拠は速やかに収集保全しておく必要がある。供述書、申入書、示談書等で文書化し、録音・写真撮影し、あるいは証拠保全手続も活用すべきである（〔設問43〕参照）。
　ケ　被疑者・被告人に対する激励
　被疑者等の不安、弱気、絶望、苦悶、虚勢等に接した場合には、その感情の動揺を緩和すべく、元気づけたり、慰めたり、忠告する必要がある。
　コ　被疑者・被告人の全生活への配慮
　弁護人には外界とのパイプ役としての役割があり、家族・職場等との連絡や被疑者等の生活全般、健康状態への配慮、差入れの手配等に配慮しなければならない。とりわけ、家族・知人らとの接見等が禁止されている場合には、この役割は重要である。
　サ　捜査機関による違法行為への対抗措置
　接見妨害に対して断固として闘うことは、被疑者に対する弁護人の義務である。不当な接見拒否、時間制限、指定書の持参要求等に対しては、適切に抗議し、場合によっては準抗告、国賠訴訟等のあらゆる法的手段を駆使すべきである。

4　接見の励行

(1)　接見の重要性

　刑事弁護、とりわけ、捜査段階の刑事弁護における接見活動の重要性は、どれほど強調しても強調しすぎることはない。
　そして、接見は、防御上必要な事項についてはもとより、被疑者・被告人の外部交通権を確保し、日常生活をできるかぎり身体拘束を受けていない状態に

保持するという観点から行われなければならない。

　弁護の依頼を受けた際、できるだけ早期に被疑者等との接見を行うべきであり、拘禁施設との距離や時間を考えると一律には言いがたいとしても、依頼を受けた後、24時間以内には初回接見を行うべきである。

　(2)　接見の回数

　弁護士職務基本規程47条は「弁護士は、身体の拘束を受けている被疑者及び被告人について、必要な接見の機会の確保……に努める」と定めている。

　したがって、接見回数については、できるかぎり接見することが必要とされる。もとより、罪質、被疑者等が事実を争っているか否か、あるいは、刑訴法81条の接見等禁止決定がなされているか否かによっても、必要かつ十分な接見回数は異なってくる。交通手段の不便さなどの地理的条件によっても、接見回数が限定されざるをえない場合はある。しかし、これらの例外的な事例はあるものの、接見の重要性に変わりはない。

　なお、以下は、典型的な事案について、原則論を論じたものであり、例外のありうることを否定するものではない。要は、「できうるかぎり接見をしなければならない」ということに尽きる。

　ア　自白事件

　大阪弁護士会のアンケート調査や被疑者弁護援助制度に関する報告書によれば、接見回数の平均値は、自白事件においても10日間の勾留中に3回程度である。原則としてこの程度の接見はなされるべきであろう。

　また、接見等禁止決定が付されている場合、被疑者等の外界との窓口は弁護人だけとなるため、家族との連絡や業務上の連絡、日常生活に関連する事項等を考慮すると、接見回数は当然多くならざるをえない。

　イ　否認・黙秘事件

　被疑者等が黙秘権を行使している、あるいは事実を否認している事件では、自白事件に比較して多数回の接見が必要である。

　法定刑に死刑・無期刑がある等の重大事件で、被疑者等が黙秘し、あるいは事実を否認しているときは、原則として毎日接見するようにすべきである。軽

微な事件であっても、被疑者等が黙秘・否認している場合は、2日に1回程度の接見が必要な場合が多い。

　一人の弁護人で十分な接見態勢が組めないならば、複数の弁護人体制で臨むことを考慮すべきである。とくに、法定刑に死刑・無期刑がある重大事件で、被疑者等が黙秘し、あるいは、事実を否認しているときは、弁護団体制を組むことが必要不可欠であろう。

> **コラム** 刑事弁護ワンポイントレッスン ❻
>
> ## 受刑被告
>
> 　確定判決を受けて受刑者として服役中でありながら、別の事件で公判中の被告人は「受刑被告」と呼ばれています。
> 　拘置所に在監しながら、受刑者として囚人服を着用し、懲役労働をする一方、公判の準備もしなければならないという苦しい立場にありますので、より熱心に弁護することが必要です。
> 　ただ、一般の面会・通信・差入れなどは受刑者と同様に厳しく制限される一方で、現在審理中の公判の弁護人とは、自由に接見・差入れなどができます。

第1　接見の留意点

> **〔設問34〕接見に赴くまでの留意点**
> 弁護人Xは、被疑者Aの妻Bから「夫Aが逮捕されたので、すぐに会いに行ってもらえませんか」との依頼を受けた。
> Xは、Aに接見する前に、どのような点に留意し、どのような準備をすべきか。

キーワード

接見交通権　初回接見　秘密交通権

関連条文

○刑事訴訟法39条（被拘束者との接見・授受）
○弁護士職務基本規程47条（接見の確保と身体拘束からの解放）
○被疑者留置規則29条（弁護人との接見授受）

問題の所在

被疑者・被告人に初めて接見する前に、どのような事前準備をしておくべきか、また、留意すべき事項は何かが問題となる。

解 説

1　逮捕された被疑者に接見する前の留意点について

初回接見については、何よりも速やかに接見することが最も重要である。

また、初回接見では、被疑者に説明すべきこと、被疑者から聴取すべきことが多い。一方、被疑者は、逮捕により精神的に不安定な状況にある。したがって、十分な接見時間を確保することが望ましい。

つぎに、事案の内容や被疑者の説明を理解するために、家族や関係者から話

を聞き、新聞報道をチェックするなど、接見前に概略を調査しておくことも有用である。やむをえず短時間の接見時間しか確保できない場合には、事前の調査がより重要となる。ただし、得た情報によって予断を抱かないように留意することも必要である。

2 接見の申入先等

　被疑者が逮捕された場合は、通常、警察署の留置場に留置される。留置場に留置されている被疑者の処遇の責任者は、留置主任官（留置係）であり、刑訴法39条1項による弁護人との接見交通の確保についても留置主任官が責任を負う（被疑者留置規則29条）。

　したがって、逮捕された被疑者と接見する場合、ただちに留置場に赴き、留置係に接見を申し入れることになる。

　留置場に赴く前に、留置係に電話して、被疑者の在監の有無、検察官への送致前か否かを確認し、留置係に接見時間を連絡すると、留置場における被疑者の予定を把握でき、無駄な待機時間なしに接見できる。

　被疑者が検察庁にいれば検察庁において、裁判所にいれば裁判所において接見することになろう。検察庁での接見については、〔設問42〕において解説する。裁判所での接見については、原則として、裁判所に接見の申入をすればよい。裁判所によっては、裁判所構内における接見に慣れておらず、接見室がないなどの理由によって警察官等に立会をさせるという誤った運用がなされることがある。しかし、接見室がなければ、それに代わる場所を接見場所として指定すればよい。弁護人の秘密交通権を主張して、立会を拒否すべきである。

　法廷内に被告人もしくは被疑者のみを在室させ、これ以外の者をすべて退室させた状況下で接見させることにより、被疑者等と弁護人の秘密交通権を確保することが可能である旨を判示して、裁判所における接見と秘密交通権の保障を認めた裁判例（名古屋地判平8年3月22日判タ938号118頁）がある。

　なお、被告人の場合、東京地裁などのように裁判所構内に仮監獄がある地方裁判所では、拘置所の職員に申し入れることになる。

実務上の留意点

実務的には、接見前に、以下の点に留意すべきである。

①　逮捕か任意同行か、逮捕の日時・場所、留置場所、被疑事実、依頼した者と被疑者の関係、依頼した者の連絡先、被疑者が当面している仕事・家庭の問題で緊急を要することはないか、依頼した者から被疑者に早急に伝えたいことはないか等を、接見に行く前に、短時間で調べられる範囲で調べておく。

②　留置係に、在監の有無、いつまで在監しているか（検察官への送致前か）を確認する。

③　捜査担当者には接見の連絡をせずに在監場所に直行し、接見を申し入れる。

④　被疑者が検察庁にいれば検察庁、裁判所にいれば裁判所に直行し、接見を申し入れる。

⑤　弁護士バッジ（または身分証明書）、名刺、弁護人選任届を持参する。

> 〔設問35〕初回接見時の留意点
> 　初めて逮捕・勾留された被疑者Aの弁護人Xは、Aと、警察署の留置場（代用監獄）において初回の接見を行った。
> 　Xは、接見において何に留意すべきか。

キーワード

接見交通権　初回接見

関連条文

○刑事訴訟法39条（被拘束者との接見・授受）
○弁護士職務基本規程47条（接見の確保と身体拘束からの解放）　48条（防御権の説明等）

> 問題の所在

被疑者・被告人に初めて接見する場合に留意すべき事項が問題となる。

> 解説

接見の意義については、総論において述べたとおりであるが、とくに初回接見の場合に留意すべき点を、以下にあげる。

① 弁護人の役割についての説明

たんに弁護士であると告げるだけでは不十分である。なかには弁護人の立場をまったく理解していない被疑者もいる。警察から弁護人の役割に関して虚偽を吹き込まれ、警戒心をもっている者も多い。弁護人も警察に通じているのではないかなどの疑いをもつ者もいる。弁護人は、被疑者の味方であり、被疑者の利益のために行動することを、平易な言葉で説明する。可能であれば、被疑者の信頼している者の依頼で来たことを示す文書を持参する。

② 被疑事実、取調べ状況の聴取

有効かつ適切な弁護活動のためには、被疑事実、取調べ状況を詳しく聴き取る必要がある。効率的に聴き出すために、もっぱら弁護人の発問に答えてもらう一問一答式も有効であるが、被疑者が大事なことを口にしなかったり、弁護人の気づかない問題があったりするので、ある程度、被疑者に自由に語らせる必要もある。また、事前に関係者から聴いた情報が正しいとは限らないので、事実を確認することも重要である。

取調べの内容は、とくに詳細に聴く。被疑者は、弁護人のような問題意識をもっていないため、簡単な聴取では、捜査側の意図を把握できない場合も多い。

③ 手続と権利の説明

弁護士職務基本規程48条は「弁護士は、被疑者及び被告人に対し、黙秘権その他の防御権について適切な説明及び助言を行い、防御権及び弁護権に対する違法又は不当な制限に対し、必要な対抗措置をとるように努める」と定めている。

したがって、弁護人は、聴き取った被疑事実や取調べ状況に応じて、黙秘、

調書への署名・指印の拒否、調書の訂正要求などの権利を説明し、被疑者がこれらの権利を適切に行使できるよう助言・指導すべきである。また、事案に即して、今後の手続の流れや見通しを説明する。「被疑者ノート」、一般的な手段や権利等を解説した弁護士会や弁護士作成のパンフレットを差し入れることも有用である。

また、弁護人に相談したいときには、いつでも留置係を通じて連絡をすればよい旨を話しておく。

④ 接見の最後には、次回の接見の予定をおおまかであっても約束する。弁護人がこの約束を守ることは、信頼関係を形成するうえで大事である。

⑤ 弁護人選任届の作成、提出

当然のことであるが、忘れやすいので注意を要する。

なお、捜査段階においては、弁護人選任は要式行為ではないので、弁護人選任届を提出していなくとも、接見することに支障はない。ただし、勾留状謄本を請求するなど、法的手続を行う場合には弁護人選任届の提出が必要とされる。

〔設問36〕接見時における弁護依頼者の開示要求への対応

弁護士Xは、被疑者Aの会社の上司から依頼を受けて、Aと接見するため、警察署に赴いた。そこで、留置係から、「どなたから依頼を受けたのですか」と言われた。

Xはどのように対応すべきか。

キーワード

接見交通権　弁護人選任権者　弁護人となろうとする者　依頼者の開示

関連条文等

○刑事訴訟法30条（弁護人の選任権者）　39条（被拘束者との接見・授受）
○弁護士職務基本規程48条（防御権の説明等）

「問題の所在」

　刑訴法30条に規定されている「弁護人を選任できる者」以外の人物から、弁護人になってほしいと依頼された場合の接見につき、弁護士の接見資格が問題となる。

「解説」

1　依頼者の開示の要否

　刑訴法30条は、弁護人を選任できる権利者を規定したものであり、この条文からは、弁護人を依頼した者を開示すべき義務は発生しない。誰から依頼されたかについても、弁護人の守秘義務ないしは被疑者との秘密交通権の内容となる場合もあろう。

　したがって、留置係から「依頼者が誰か」と質問されても、回答する必要はなく、留置係が、回答しないことを理由に接見を拒否することも許されない。

2　弁護人選任権者以外の者から弁護の依頼を受けた場合

　まず、弁護士が接見の申込みをしていることで、「弁護人となろうとする者」であると考えることもできる。また、そもそも、憲法34条により、「直ちに弁護人に依頼する権利を与へられなければ、抑留又は拘禁されない」ことになっており、刑訴法30条もこれを受けて「何時でも」弁護人を選任できるとしている。そして、身体拘束中の被疑者・被告人は、弁護士事務所を訪問して弁護人を選任する機会はないのであるから、弁護人選任の機会を与えるため、面会を求める弁護士を被疑者等に取り次ぐことは、被疑者等の権利の実現のため監獄側にその義務がある（渡辺修『刑事裁判と防御』〔日本評論社、1998年〕50頁参照）。

　なお、取次を受けた被疑者が面会を希望すれば、その瞬間から「弁護人となろうとする者」に該当することに異論はない。

　さらに、憲法の趣旨からしても、被疑者の意向に明らかに反するような特段の事情がないかぎり、被疑者本人が、友人や知人らを介して、弁護人依頼権を

行使していると解することもできる。

　弁護士は、自分の名刺を留置係に渡して、被疑者に示させ、捜査機関に氏名を知らせてよい者から依頼された場合には、「○○から紹介された弁護士である」ことを被疑者に伝えさせ、被疑者の弁護士との面会意思を留置係に確認させることが必要である。

　なお、依頼者の開示は弁護人の義務ではないが、実務上は、依頼者を開示することによって、被疑者も安心することが多い。

3　当番弁護士の場合

(1)　被疑者や家族などの選任権者の希望で当番弁護士として接見する場合、当番弁護士を弁護人に選任する可能性もあるので、当番弁護士は「弁護人となろうとする者」に該当する。被疑者が当番弁護士の派遣を申し出たのであれば、刑訴法78条の弁護士会を指定した弁護人の選任の申し出に該当するとも解しうる。

(2)　選任権者以外の者の依頼により当番弁護士として接見する際に妨害的対応がなされた場合、前記2記載のとおり、当番弁護士が来ていることを被疑者に告げさせるべきである。

(3)　委員会派遣による接見の場合も、弁護人選任権者以外の者から依頼を受けた場合と同様に考えるべきである。弁護士は、自己の名刺を留置係に渡して、被疑者に示させ、「弁護士会派遣の弁護士である」ことを被疑者に伝えさせ、被疑者に弁護士との面会意思を確認させることが必要である。

(4)　実務上は、当番弁護士であることを告げることにより、それ以上の質問を受けず、接見が実現できている（後藤昭『捜査法の論理』〔岩波書店、2001年〕219～227頁参照）。

実務上の留意点

　刑訴法30条が列挙する弁護人選任権を有する者（被疑者・被告人、その法定代理人、保佐人、配偶者、直系親族、兄弟姉妹）からの依頼を受けている場合

は、その旨を答えれば済む。

　それ以外の者、例えば、職場の上司、友人、知人などからの依頼があった場合でも、あらかじめ配偶者等の選任権者に連絡を取り、選任の意思を確認しておくのが周到な方法であるが、固執することはない。まず、留置係に、被疑者に対して、弁護士が面会を求めていることを取り次ぐように要請すればよい。その結果、被疑者が接見を断っていることを理由に接見を拒否された場合には、留置係に対し、弁護士来訪の目的を正確に伝えたが、被疑者が自由な意思で接見を断ったことを、客観的な証拠で立証する責任を負うことを告げ（岡山地決昭50年6月19日判時811号120頁参照）、被疑者を説得してでも、接見させるよう要請すべきである。

第2　接見妨害

> 〔設問37〕捜査係員による接見妨害
> 　弁護人Xが、被疑者Aとの接見のため警察署に赴いたところ、Aの取調べ担当刑事と思われる警察官が応対し、「いま、取調べ中だから会わせられない。明日にしてくれ」と言われた。
> 　Xは、どのように対処すべきか。
>
> （『接見交通マニュアル』Q3参照）

キーワード

接見交通権　接見申入と取調べ中　福山国賠事件

関連条文

○刑事訴訟法39条（被拘束者との接見・授受）
○被疑者留置規則4条（管理の責任）　29条（弁護人との接見授受）
○弁護士職務基本規程47条（接見の確保と身体拘束からの解放）　48条（防御権の説明等）

問題の所在

　接見の申入は、誰に対して行うべきか、捜査係員が取調べ中を理由に接見を妨害した場合、弁護人はどのように対応すべきかが問題となる。

解説

1　被疑者留置規則と接見申入の相手先

　弁護人の接見の申入に対し、留置係ではなく、捜査係員が対応し、接見の妨害がなされる場合もある。また、弁護士が誤って捜査係員に対して接見の申入を行うことがみられる。

警察庁は、1980（昭55）年3月13日（同年4月1日施行）に、被疑者留置規則を改正したことによって、被疑者の身体の確保、健康への留意などは警務ないし留置の所管として、捜査は関与しないこととし、捜査と留置業務は分離されている。

　したがって、接見の申入は留置係に対してなせば足り、捜査係員による応対は許されない。あくまで、留置係との応対を求め、接見を申し入れるべきである。

2　福山国賠事件における和解の内容

　なお、1980（昭55）年3月13日の被疑者留置規則改正後に発生した、捜査担当者による弁護人と被疑者との接見妨害の事件として、福山国賠事件がある。同事件は、2000（平12）年10月10日に和解が成立した。

　福山国賠事件の和解条項では「本件接見をめぐるトラブルは原告（注；弁護人）からの接見の申入に対し、留置係員でなく、捜査係員が対応し、意思の疎通に欠ける対応をしたことに端を発したものである。被告（東京都警視庁）は、今後、部内において捜査・留置業務分離原則を定めた被疑者留置規則の1980（昭55）年3月13日の改正（同年4月1日施行）の趣旨を周知徹底させるとともに、弁護人からの接見申出に対しては、速やかな接見が実現するよう努め」るとしている（日本弁護士連合会接見交通権確立実行委員会『接見交通マニュアル［第6版］』〔日本弁護士連合会、2004年〕裏表紙参照）。

3　取調べ中を理由とする接見拒否の不当性

　なお、取調べ中を理由とする接見拒否については、そもそも接見指定がなされないかぎり、接見拒否はできない。

　また、接見指定がなされたとしても、接見指定の要件が認められるのはきわめて限られた場合のみと解すべきであるので、取調べを中断しての即時接見や、きりの良いところで取調べを中断して接見させるよう、留置係を説得すべきである。

翌日まで接見できないとするのは、明らかに違法と言うべきであり、検察官と交渉するとともに、準抗告により接見を翌日とする接見指定の取消または変更を求めるべきである（刑訴法430条）。

なお、取調べ中を理由とする接見拒否についての詳細な解説は、〔設問41〕を参照されたい。

> 〔設問38〕 被疑者自身の接見拒否を理由とした接見妨害
>
> 　弁護士Xが、被疑者Aの会社の上司から依頼を受けて、Aと接見するため警察署に赴いたところ、留置係から「A本人が、弁護人はいらないと言っているので、帰ってください」と言われた場合、Xはどのように対応すべきか。
>
> 　また、弁護人としてXが選任された後、Aと接見するために警察署に赴いたところ、留置係から「A本人が、あなたを解任したと言っているので、帰ってください」と言われた場合、Xはどのように対応すべきか。

キーワード

接見交通権　弁護人となろうとする者　被疑者による接見拒否

関連条文

○刑事訴訟法39条（被拘束者との接見・授受）
○弁護士職務基本規程47条（接見の確保と身体拘束からの解放）　48条（防御権の説明等）

問題の所在

被疑者が、弁護士来訪の目的を正確に理解したうえで、自由な意思で接見を断ったのであれば、弁護人として接見することはできない。しかし、被疑者が真に自由な意思で接見を断ったのかについて疑問が残る場合に、弁護士はどの

ように対応すべきかが問題となる。

解説

1 被疑者自身による接見拒否の場合の対応

　被疑者のなかには、警察官に弁護人の役割に関して虚偽を吹き込まれ、弁護士に警戒心をもっている者もいる。また、捜査官に迎合して弁護人との接見を拒否する場合もある。さらには、被疑者が拒否していないにもかかわらず、捜査係や留置係が虚偽を述べる場合もありうる。

　この場合、被疑者と直接面会し、弁護人の役割を説明して、被疑者に理解してもらう必要がある。被疑者と直接会って話をすれば、多くの場合、被疑者の誤解は解け、以後接見を拒絶されることはなくなる。そのためにも、まずは、被疑者と直接会って被疑者の面会拒絶の意思が真意にもとづくものかを確認すべきであり、そのための接見を要求すべきである。

　実務的には、留置係に対し、「弁護人となろうとする者」として接見を申し入れ、直接本人と会って拒絶の意思を確認したい旨伝え、あくまで接見を要求すべきである。

2 弁護人を「解任」された場合の対応

　弁護人に選任された後、留置係から「被疑者が解任したと言っている」と言われた場合はどうすべきであろうか。

　被疑者の弁護人解任が真意にもとづくものかどうかが疑わしいことは、前項の場合と同様である。したがって、真意にもとづかない解任の場合、弁護人の地位に変わりはないのであるから、留置係に対し、弁護人として接見を申し入れ、「直接被疑者と会って解任の意思を確認したい」と言い、あくまで接見を要求すべきである。

　なお、実務的には、配偶者や兄弟姉妹などの弁護人選任権を有する者（刑訴法30条）から弁護人選任届をもらって接見する方法も考えられる。

〔設問39〕執務時間外を理由とした接見妨害
① 弁護人Xは、被疑者Aが逮捕された日の午後10時ころ、警察署に赴き、留置係に対し接見を申し入れた。しかし、留置係は執務時間外だとして接見を拒否した。
　Xはどのように対応すべきか。
② Aが逮捕された日が休日であり、留置係が休日であることを理由に接見を拒否した場合にはどうか。
③ Aの留置場所が拘置所の場合にはどうか。

（『接見交通マニュアル』Q13参照）

キーワード

接見交通権　執務時間外の接見

関連条文

○刑事訴訟法39条（被拘束者との接見・授受）
○監獄法施行規則122条（接見の時限）
○被疑者留置規則29条（弁護人との接見授受）　30条（弁護人との接見授受に関する注意）
○「弁護士接見について（骨子）」（本設問後掲資料参照）
○「『弁護士接見について（骨子）』の解釈および運用細目について（確認事項）」（平成12年4月21日法務省矯正局）（同上）
○弁護士職務基本規程47条（接見の確保と身体拘束からの解放）　48条（防御権の説明等）

問題の所在

逮捕段階において、執務時間外であることを理由に接見を制限できるか、また、休日であることを理由に接見を制限できるかが問題となる。

解説

1 執務時間外の接見

(1) 憲法34条は「直ちに弁護人に依頼する権利」を保障しており、この「直ちに」弁護人に依頼する権利を侵害する接見制限は違憲である。

刑訴法39条2項は、弁護人または弁護人となろうとする者の接見について「法令（裁判所の規則を含む。以下同じ。）で、被告人又は被疑者の逃亡、罪証の隠滅又は戒護に支障のある物の授受を防ぐため必要な措置を規定することができる」と定めているが、逮捕段階での接見を制限する「法令」はない。

したがって、逮捕段階では、執務時間外を理由とする接見拒否が許される余地はない。

(2) 実際には、1991（平3）年頃から、被疑者留置規則にもとづく各都道府県の実施要項・細則等が改正され、執務時間外においても、「留置場の管理運営上支障がある時を除き、弁護士からの接見申入れに応ずる」という趣旨の規定が設けられたことによって、執務時間外を理由とする接見拒否はほとんどなくなった。

また、最決平12年6月13日判タ1040号113頁が出たことにより、初回接見が拒否されることはほとんどない。なお、接見が執務時間外になりそうな場合、事前に連絡しておけば、接見がより容易になる。

(3) なお、上記細則等を根拠に執務時間外の接見が拒否される場合もありうる。

その場合には、憲法上の権利である弁護人の接見交通権より施設管理権が優先されることはない旨主張するとともに、接見の緊急性（初回接見は、一般的に緊急性があることは明らかである）を述べ、執務時間外であることにより、留置場の管理運営上いかなる現実的かつ具体的な支障があるかを明らかにするよう求め、接見を実現させるべきである。

なお、設問では、夜10時とのことであるが、逮捕直後の初回接見であり、その必要性・緊急性は高く、当然、接見は認められるべきである。

2　休日における接見

　休日における留置場での接見は、上記の執務時間外の接見と同じであり、実際にはほとんど自由にできている。

　これに対し、法務省所管施設（拘置所、少年鑑別所）での弁護士の接見については、以下の「弁護士接見について（骨子）」および「『弁護士接見について（骨子）』の解釈および運用細目について（確認事項）」によって運用されている。

○「弁護人接見について（骨子）」（平成12年4月21日法務省矯正局）

　休日における逮捕・勾留中の被疑者・被告人と弁護人等との接見については、弁護人等から電話連絡等により接見したい旨の事前の申出がなされた場合、以下のとおり、これを実施する。

　1　被疑者が入所した後に弁護人接見が実施されていないとき、すなわち、当該施設における初回接見については、土曜日を含めて休日が連続する場合（例えば、土・日のほか、金～日、土～月のように2日以上休日が連続する場合）には、土曜日に限らず連続する休日のいずれにおいても、平日と同様の時間に、これを実施する。

　2　被疑者の第2回目以降の接見については、原則として、土曜日の午前中に限り、これを実施する。

　3　被告人の接見については
　(1)　当該土曜日の翌週に公判期日が指定されているとき
　(2)　上訴期限又は控訴趣意書等の提出書類の提出期限が翌週に迫っているとき
　(3)　余罪捜査中の被告人又は受刑者で、被疑者として逮捕又は勾留されている場合の弁護人接見は、2項に準じてこれを実施する。

　4　被疑者・被告人のいずれの接見についても、遠隔地からの来訪で必要性が認められるときは、1項と同様、これを実施する。

　5　少年事件の附添人たる弁護士と少年との鑑別所での面会についても、被疑者接見と同様、これを実施する。

○「弁護人接見について（骨子）」の解釈および運用細目について（確認事項）（平成12年4月21日法務省矯正局）

　1　「事前の申出」は、弁護人接見の拒否判断の要件ではなく、土曜日等休日における弁護人接見をできるだけ円滑に実施するために行うものであること。

　2　接見当日に「事前の申出」を行う場合は、当該施設に対し、電話にて行う。

3 被疑者の初回接見の「平日と同様の時間」の運用

原則として次のとおり実施する。

(1) 「事前の申出」が休日前の執務時間内になされた場合には、午前8時30分から午後5時まで(ただし、午後0時から午後1時までは除く。)の間で、弁護人の指定する時間に接見を実施する。

(2) 「事前の申出」が当日に行われた場合も(1)と同様の時間帯で接見を実施するが、接見を円滑に実施するため、事前連絡の受付時間は午前8時30分から午後3時30分までとする。

4 被疑者の第2回目以降の接見および被告人接見の「土曜日午前中」の運用

原則として次のとおり実施する。

(1) 「事前の申出」が休日土曜日前の執務時間内になされた場合には、午前8時30分から午後0時30分までの間で、弁護人の指定する時間に接見を実施する。

(2) 「事前の申出」が当日に行われた場合も(1)と同様の時間帯で接見を実施するが、接見を円滑に実施するため、事前連絡の受付時間は午前8時30分から午前11時までとする。

5 被疑者の第2回目以降の接見および被告人接見についての「原則として」とは、午前中の接見を原則とし、例外的には午後の接見もありうることを意味する。

6 骨子案は、接見の緊急性・必要性が認められる場合を定型化したものであって、骨子案に定める接見の実施要件に該当しない場合においては、一律に接見を認めない趣旨ではない。

例えば、通訳を要する事案における通訳人が遠隔地から来訪し休日以外には業務の関係で都合がつかない場合、被告人から、別件の被疑事件につき取調を受けたので至急面会したい旨の電報・信書が休日又はその直前に届いた場合など、その具体的状況によっては、緊急性・必要性が認められることもある。

上記のとおりの「骨子」および「確認事項」によると、初回接見は、連続する休日のどの日であっても、平日と同様の時間に接見でき、2回目以降の接見についても土曜日の午前中には接見できることとされている。

さらに、上記「確認事項」の6に記載されているとおり、骨子案に定型化して記載された場合以外にも、具体的状況によって、緊急性・必要性が認められる場合には接見が認められることとされている。

したがって、休日においても緊急性・必要性があれば、接見が認められるので、緊急性・必要性を説明して、接見を要求すべきである。

3 勾留段階において執務時間外を理由に接見を拒否された場合

(1) 勾留段階については、監獄法施行規則122条が「接見ハ執務時間内ニ非サレハ之ヲ許サス」と定めており、また、刑訴法39条2項の「法令」による制約が存在する。そして、代用監獄には監獄法の適用があり、監獄法施行規則も適用される。しかし、留置場・代用監獄は、被疑者留置規則により運用されているので、実際は、逮捕段階と取扱いが異なることはなく、ほぼ自由に接見できている。

(2) 拘置所に関しては、憲法上の弁護享受権の保障との関係で、監獄法施行規則122条の合憲性が問題となる。

この問題について、神戸地判昭50年5月30日判時789号74頁は、「警察の執務時間外の弁護人の接見を全面的に拒否できるとの施行規則122条の解釈は憲法に反するものであって採用することはでき」ないとしたうえで、「憲法に従って解釈すれば、右規定は、弁護人の時間外の接見には、代用監獄内の集団生活を維持する規律の下で被疑者の生命・身体・健康を確保しつつ、逃亡・証拠隠滅・戒護に支障ある物の授受を防止する目的でなされる慎重かつ厳重な戒護の体制に現実的かつ具体的な支障がある場合であって、しかもなお、制限の結果侵害される接見交通権の補償の可能性があるときに、最小限の範囲でのみ制限を認めたものと解するのを相当とする」としている。

この判決は、同施行規則122条を、刑訴法39条2項によって限定される範囲内で解釈したもので、施設管理権にもとづく接見制限を事実上否定したものと言える。

したがって、拘置所において、執務時間外であるとの理由で接見を拒否された場合には、接見を執務時間内に限るとの法令（監獄法施行規則122条）は、戒護の体制に現実的かつ具体的な支障がある場合に限定して解釈すべきであること、および、接見の必要性・緊急性があることを主張して、接見を実現すべきである。

コラム 刑事弁護ワンポイントレッスン ❼

検室（ケンシツ）

　大阪府警の取扱いでは、毎日午後7時に、留置場内の「検室」がいっせいに行われます（兵庫県警では午後8時）。

　留置場内に不審物等がないかを、留置管理係以外のその日の当直者が見まわるシステムのようです。かつては「検房」と呼ばれていました。

　通常、この時間には接見は認められていません。もっとも「熱心」に要求して接見を認めさせた猛者もいますので、頑張りましょう。

〔設問40〕検察官不在を理由とした接見妨害

弁護人Xが、被疑者Aと接見するため、担当検察官に事前連絡をすることなく、直接警察署へ赴いたところ、留置係から「通知事件とされていますが、担当検事と連絡が取れないので接見できません」、あるいは、「担当検事に連絡が取れるまで待ってください。それまでは接見できません」と言われた。

Xはどのように対応すべきか。

(『接見交通マニュアル』Q5参照)

キーワード

接見交通権　接見指定　通知事件

関連条文

○刑事訴訟法39条（被拘束者との接見・授受）
○弁護士職務基本規程47条（接見の確保と身体拘束からの解放）　48条（防御権の説明等）

問題の所在

「通知事件」とは、検察官が、留置主任官に対し、接見指定がありうる事件であることを通知している事件をいう。かかる「通知事件」において、検察官が不在であることを理由とした接見妨害に対し、弁護人はどのように対応すべきかが問題となる。

解説

弁護人が、留置係に接見の申入をしたときに、被疑者が取調べを受けていないなど、そもそも接見指定の要件自体がないときは、留置係の責任でただちに接見させなければならない。

また、被疑者が取調べを受けている場合であっても、検察官に連絡するのは、留置係の責任である。なお、検察官との連絡が取れなければ、指定権の行使は考えられないのであるから、接見の制限はできず、自由に接見できる。
　そして、検察官への連絡を要すると常識的に考えられる時間は10分ないし15分であるから、それを超えれば、留置係は接見させなければならない。
　なお、法務省と日弁連との接見交通に関する協議において、日弁連が「合理的な時間は、留置係が判断するということになると、検察官との連絡が取れるまで待ってくれということに結果としてなってしまう」と指摘したのに対し、法務省は「合理的な時間の判断者が誰かという議論は、既に連絡体制が整っており、不要と考える」と述べており、連絡が取れないという事態はおよそ起こりえないとしている。
　したがって、設問の「担当検事と連絡が取れないので接見できない」との留置係の発言は、前述の法務省の見解からはありえず、許されないものである。
　以上に述べたとおり、検察官の不在を理由とする接見制限は許されず、検察官への連絡に要する常識的な時間を超えれば、当然接見させなければならないことを伝えて、接見を要求すべきである。

〔設問41〕接見指定による接見妨害
　弁護人Xは、以下の場合に、どのように対処すべきか。
ア　通知事件とされている事件の被疑者Aとの弁護人接見について、検察官に接見の連絡をしたところ、検察官から「今後、毎日午前9時から30分間の接見時間を指定する」と言われた。
イ　検察官には事前の連絡をせずに、午前10時に接見に行ったところ、留置係が検察官に連絡を取り、一方的に「午後1時から2時までの間で、15分の指定です」と言われた。

（『接見交通マニュアル』Q7参照）

キーワード
接見交通権　接見指定

関連条文
○刑事訴訟法39条（被拘束者との接見・授受）
○弁護士職務基本規程47条（接見の確保と身体拘束からの解放）　48条（防御権の説明等）

問題の所在
　設問のような一定の日時を一括して指定する接見指定は、検察官が直接捜査をする汚職事件、政治的事件等において見受けられる。かかる接見指定は許されるか、また、接見指定の要件の有無が不明確な場合に、弁護人はどのように対応すべきかが問題となる。

解説

1　一括指定の問題点

　本来、刑訴法39条3項の指定の要件は、弁護人の接見時点において、その有無を判断すべきものであるから、数日後の要件を確定することなどはできないはずである。

　したがって、このような一括指定は、最大判平11年3月24日（判時1680号72頁、判タ1007号106頁）にいう「間近い時に取調べ等をする確実な予定」などの「捜査の中断による顕著な支障」の有無を吟味せず、接見指定の要件があるかどうか不明であるのに、一括して接見指定をしている点において、刑訴法39条3項に違反している。

　弁護人は、安易に妥協して、このような接見指定を受け入れてはならず、検察官に対し、指定には承服できない旨を伝え、いつでもただちに接見させるよう要求すべきである。また、一括して指定を受けたとしても、指定の日時以外に被疑者と接見したい場合には、具体的指定の要件がないかぎり、指定はない

ものとして自由な接見を要求すべきである。

2 接見指定の要件のチェック

検察官が接見指定できるのは、指定の要件がある場合に限られる。したがって、指定を受けた場合には、そもそも指定の要件があるのかをチェックすることが必要であり、被疑者がどこにいるか、また何をしているのか等を留置係から聴き取って、接見指定の要件の有無を判断する必要がある。

指定要件がない場合には、接見指定を甘受する必要はなく、接見を要求する。担当検察官があくまでも接見指定を主張するのであれば、その具体的理由について説明を求め、指定要件がない場合は、その点を明確にして抗議し、接見を要求すべきである。それでも接見指定を撤回しなかった場合、準抗告、国賠訴訟の提起も考慮すべきである。

取調べ中であり、接見させることができないと主張された場合であっても、接見の重要性を強調し、交渉によって早期の接見を実現すべきである。

日弁連と法務省との接見に関する協議において、法務省は、取調べ中であっても、接見を認めることがある旨を明言しており、また、取調べ予定があっても、接見の必要性・緊急性を踏まえて、取調べ時間を若干ずらす運用が行われている旨説明している。

したがって、接見の現実的必要性を説明して、取調べ中であっても接見させるよう交渉すべきである。とくに、初回接見の場合は、接見の実現に最大限の努力をすべきである。

3 接見時間の問題

接見時間を15分程度に制限する事例がままみられるが、実際に接見すれば明らかなように、15分では被疑者と十分なコミュニケーションを取ることは困難である。弁護人には法的な助言をする義務があり（弁護士職務基本規程48条）、15分では十分とは言えない。

したがって、接見時間については、1時間以上を必要とすることも稀ではな

いので、必要と考えられる接見時間を要求し、不当な時間制限については毅然たる態度で抗議し、準抗告などで対応すべきである。

　なお、日弁連と法務省との接見交通に関する協議において、法務省は、画一的な運用を行うことは相当でなく、事案に応じて弾力的な運用を行うように検察官に周知徹底を図っている旨明言している。検察官に対し、上記の説明を引用し、事案の内容によっては１時間程度の接見が必要であることを要求すべきである。

コラム　刑事弁護ワンポイントレッスン❽

上申書

　「請求書」「申立書」のいずれでもないような場合に出す書類の表題を「上申書」とする扱いがよくみられます（たとえば「控訴趣意書提出期限延期の上申書」など）。

　ときによっては、裁判所だけではなく、検察庁に提出する書類までも「上申書」としている人がいます。

　しかし、「上（おかみ）に申し上げます」という体裁は、いかにも時代錯誤ですよね。ケースに応じて、「意見書」とか、せめて「申入書」とかに変えていきましょう。

> 〔設問42〕接見施設がないことを理由とする接見妨害
> 　弁護人Xが、被疑者Aと警察署において接見しようとした際、Aは検察庁に送られていたので、検察庁での接見を申し入れた。しかし、検察官は、接見施設がないという理由で、接見を拒否した。
> 　Xはどのように対応すべきか。　　　（『接見交通マニュアル』Q15参照）

キーワード

接見交通権　検察庁における接見　定者国賠事件

関連条文

○刑事訴訟法39条（被拘束者との接見・授受）
○刑事訴訟規則30条（裁判所における接見等）
○弁護士職務基本規程47条（接見の確保と身体拘束からの解放）　48条（防御権の説明等）

問題の所在

検察庁での接見方法はどうするか、また、検察庁に接見施設がないとの理由で接見を拒否された場合、弁護人はどのように対応すべきかが問題となる。

解説

1　検察庁内における接見

起訴前の段階では、被疑者が一日中検察庁において取調べを受けることもある。そこで、被疑者が留置場にいないため、検察庁で接見する必要が生じる。

接見室が設けられている検察庁の場合、担当検察官にあらかじめ申し入れておけば接見できるが、接見室を設けている検察庁は、2004（平16）年1月時点で22箇所しかなく、接見施設のないことを理由に接見を拒否する場合がある。

しかし、そもそも検察庁内における接見については、刑訴規則30条の裁判所構内における接見とは異なり、刑訴法39条2項が定める法令による制約の規定

がない。したがって、原則にもどり、自由に接見できるはずであり、接見施設がないので被疑者の戒護に支障がある等の理由で接見拒否をすることは許されない（なお、接見にともなう監獄法上の制限等は存在する）。

2　定者(じょうしゃ)国賠事件の意義

　この点に関し、定者国賠事件の控訴審判決（広島高判平11年11月17日・公刊物未登載）は「単に検察庁舎内に接見室あるいは接見施設がないことのみを理由として接見を拒否することはできず、検察庁舎内に被疑者の逃亡、罪証の隠滅を防止し、戒護の支障を生じさせることなく接見交通を実現させる場所が存在しないことを理由とする場合のみこれを拒否できる」と判示しており、接見室がないという理由だけで接見を拒否することができないことを明確に述べ、結論においても、検察官による接見拒否を違法として、原告（弁護人）の慰謝料請求を認容した。

　実際にも、接見室のない検察庁において、同行室、取調べ室を使う、空いている部屋を利用する等の方法により接見が認められた例が多数報告されている（一審・広島地判平7年11月13日判時1586号110頁）。

　本事件については、2005（平成17）年4月19日最高裁第三小法廷において、検察官の接見拒否の違法性は認定したものの、当該検察官には過失がなかったとして原審破棄、取消しのうえ請求破棄の判決がなされた（判時1896号92頁、判夕1180号163頁）。詳しくは大迫唯志「定者国賠事件最高裁判決」季刊刑事弁護43号（2005年）66～68頁を参照されたい。

[実務上の留意点]

　弁護人は、接見施設がないことは接見拒否の理由になりえないことを検察官に伝えて、接見を要求すべきである。なお、この場合でも、秘密交通権は保障されているのであるから、検察官、警察官の立会も拒否できる。

　また、被疑者が検察庁に在庁している場合、検事調べが予定されていることから、取調べ予定を理由に接見を拒否されることも考えられる。

　被疑者は、通常、検察官送致、起訴前の取調べなどにより、3回は検察庁に

押送される。とくに、都市部においては集中押送によって、検察庁において、取調べを待つために長時間待機させられていることも多い。したがって、検察庁における接見の必要性も高くなる。一日中取調べを行っているのではなく、検察庁に在庁しているというだけでは、接見指定の要件があるとは認められない。また、被疑者が検察庁にいるような場合には、弁護人の援助の必要性も高い。したがって、接見指定には、現に検察官により取り調べられており、かつ、その取調べを中断することによる支障が顕著な場合等の要件が必要であるから、弁護人は、指定要件の有無を問い質し、指定要件がないのであれば、接見を要求すべきである。

コラム　刑事弁護ワンポイントレッスン❾

カリカン？　たまり？

　大阪では、裁判所の地下に大阪拘置所の仮監房があり、通称「カリカン」と言われています。接見室が三つあって、公判の直前・直後に、ここで被告人と接見できるので、活用されています。

　被告人が「先生、公判前にカリカンで会ってください」と言ってきたのに、「カリカンて何？」と首をかしげ、以後、信頼関係をまったく失ってしまったという話がありますので、ご注意を！

　なお、大阪では、警察の代用監獄から勾留質問に連れてこられている被疑者がいるところは、カリカンの隣にある「たまり」と言われている場所です（正式には「同行室」です）。余罪捜査中のため、起訴後も代用監獄から公判に来ている場合も同様です。もっとも、事件によっては、直接法廷に連れて来られるときもあります。

　この場合、接見するには、令状部もしくは係属部で「接見指定書」をもらって、「カリカン」の接見室とは別の令状部の接見室（1つだけ）で接見することになります。根拠条文は刑訴規則30条です。

第3　接見の手段と内容等

> **〔設問43〕接見時のカメラ・録音機器などの利用**
> 弁護人が接見に関連して行う以下の対応に問題はあるか。
> ① 被疑者が捜査官からの暴行により負傷している場合に、被疑者の言い分を録音すること
> ② 弁護人がメモを取る代わりに接見内容を録音すること
> ③ ①②の録音内容を家族やマスコミに公開すること
> ④ 捜査官からの暴行により被疑者が負傷している場合に、その傷を撮影すること
> ⑤ 被告人の元気な姿を妻に見せるために撮影を行うこと
> ⑥ ④⑤の写真を家族やマスコミに公開すること
> ⑦ 接見等禁止決定が付されていない事案で、接見中に弁護人の携帯電話を利用して、被疑者・被告人に電話で話をさせること
> ⑧ ⑦の場合に、通話の相手方が事件の関係者である場合と、被告人の妻である場合とでは、結論は異なるか
> ⑨ 被疑者が暴行を加えられたと訴えたので、接見室の中で、パソコンを使って被疑者の陳述書と準抗告申立書を作成し、それをEメールで弁護人の事務所に送信すること
> ⑩ 事件関係者に事件に関係する内容のEメールを接見室から送信すること
> 　　また、送信先が被告人の妻である場合は、結論は異なるか。

🔑 **キーワード**

接見交通権　秘密交通権　髙見・岡本国賠訴訟　後藤国賠訴訟　電子機器等の使用

> **関連条文**

○刑事訴訟法39条（被拘束者との接見・授受）　179条（証拠保全の請求）
○民事訴訟法234条（証拠保全）
○監獄法施行規則127条（接見の立会い）
○弁護士職務基本規程47条（接見の確保と身体拘束からの解放）　48条（防御権の説明等）

> **問題の所在**

　技術の発達により、接見内容等を正確・迅速に記録・再現等をすることが可能な電子機器が登場している。接見において、かかる機器を利用することが許されるか、許されるとして利用範囲に限界はないのかが、問題となる。

> **解　説**

1　接見時の録音

　(1)　弁護人の接見交通権の保障は、接見交通における秘密が保障されることであり、また、接見時の接見内容は、防御のためにメモなどに記録して保存・利用される。この記録方法は、技術の進歩により、録音機器を利用して行うことも可能となっている。弁護人が被疑者・被告人と接見したときに、録音テープにその声を録音することは、被疑者等の正確な言い分を記録する方法として、最も合理的なものである。

　ところが、拘置所や留置場の管理者は、接見の現場において録音することを制限しようとし、その根拠として、昭和38年4月4日法務省矯正第279号の通達をあげる。

　その通達は、「弁護人が被告人らと接見するに際し、テープレコーダー等の録音機を用いて、その内容を持ち帰ることは、弁護人の接見交通権の範囲に属し、〔刑訴〕法39条の適用は、書類の授受に準ずるものとして取り扱うべきものと解する。なお、弁護人が録音テープを持ち帰る場合には、当該テープ等を再生の上内容を検査し、未決拘禁の本質的目的に反する内容の部分または戒護

に支障を生ずるおそれのある部分を消去すべきである」というものである。

　上記通達は、録音内容を検査するため、録音を「書類の授受に準ずる」とするが、弁護人による録音は、接見内容の記録の一方法であり、接見メモと同視すべきものであって、文理上も、その性格からも、「書類の授受に準ずる」とはとうてい言えない。

　また、「内容を検査し、消去する」ことは、弁護人と被疑者等との接見における会話の内容を制限し、かつ、検閲するに等しく、弁護人と被疑者等との秘密交通権を否定することを意味しており、許されない。「未決拘禁の本質的目的」や「戒護」が、接見交通権の保障に優越すると言うこともできない。

　したがって、〔小問②〕のように、弁護人が被疑者等の言い分を録音するのはまったくの自由であり、録音につき許可を受ける必要もなく、検査を受ける義務もない。

　(2)　弁護人が接見内容を録音したテープ等を、被疑者等の防御活動の資料として使用することはまったくの自由である。

　さらに、〔小問③〕のように、録音テープ等を再生して第三者（家族、共犯者）やマスコミに公開したとしても、被疑者等の承諾を得て、かつ、弁護人のスクリーニングを経て、罪証隠滅等につながる内容や第三者の名誉・プライバシーを侵害する内容でないと判断されるかぎり、弁護活動としてなんらの問題もない。

　〔小問①〕の録音の内容は、被疑者が捜査官から暴行を受けて負傷したことについての被疑者の言い分であるから、通常は、その内容に罪証隠滅、第三者の名誉・プライバシーを侵害する等の違法行為に結びつく可能性はない。

　ちなみに、富山・長野連続誘拐殺人事件（富山地判昭63年2月9日判時1288号3頁）では、弁護人が接見の際に、接見内容を録音したテープが証拠として採用され、自白の信用性が否定された。このテープは、前記の通達に従って録音されたものではなく、また、支援者らに公開されたとのことであるが、そのことによって何らかの問題が生じたという報告もない。

　もっとも、被疑者と接見した弁護士が、被疑者の声を吹き込んで、そのテー

プを関係者に渡し、その関係者がこれを他の関係者に聞かせ、また、同弁護士は検察庁の求めに応じて、そのテープを検察庁に任意提出したという事件について、弁護人が懲戒手続に付されたことがある（横浜弁護士会・1995〔平7〕年7月14日、同年7月19日、同年8月5日、1996〔平8〕年12月6日の各朝日新聞朝刊参照）。しかし、その懲戒請求の理由は、接見に際して録音したテープを関係者に渡し、自己の管理の及ばない状態で利用させたこと、ならびに、録音テープを被疑者の同意なしに検察庁の求めに応じて提出したことが、弁護士法23条に定める弁護士の秘密保持義務に違反するおそれがあるということにあり、接見時に許可なく接見内容を録音したことを理由とするものではない。なお、この案件は、懲戒手続途中で当該弁護士が死亡したため、懲戒の当否の結論をみないまま終了した。

2 接見時の写真撮影

　録音と同様である。被疑者等の様子を手書きで記録することと、カメラ等で撮影することとの間に本質的な差異はない。

　したがって、〔小問⑤〕のように、その理由が何であろうと、被疑者等をカメラで撮影することに問題はない。また、〔小問⑥〕のように、その写真を第三者やマスコミに公開することも、被疑者等の承諾を得て、かつ、弁護人によるスクリーニングを経ていれば、問題はない。ましてや、〔小問④〕のように、被疑者が捜査官からの暴行により負傷している場合は、その傷を撮影することは弁護人の責務とさえ言えよう。

　なお、刑訴法179条の証拠保全や、国賠請求を前提とした民訴法234条の証拠保全の方法を考えるべき場合もあろう。

3 携帯電話による通話

　弁護人または弁護人となろうとする者以外の者と被疑者・被告人との面会には、立会が必要とされている（監獄法施行規則127条）。

　〔小問⑦〕のように、弁護人が、自らの携帯電話を利用して、被疑者等に電

話で話をさせることは、弁護人によるスクリーニングなしに、被疑者等と第三者との間でのコミュニケーションを許すことになり、監獄法施行規則127条に抵触するおそれが高い。

　また、被疑者等が、携帯電話の使用中に、罪証隠滅をはかるような発言をしたとしても、弁護人において、これを阻止できない点で、接見中に電話をかけさせることには問題がある。実際に、このような行為をした弁護士が懲戒処分に付されたことがある（東京弁護士会処分・1999〔平11〕年1月7日、自由と正義50巻2号〔同年〕175頁）。その内容は、「接見等禁止決定があることを知りながら、接見室の仕切り板越しに自らの携帯電話を被疑者に使用させ……接見交通権を濫用した」というものであるが、接見等禁止決定の有無にかかわらず、弁護人は、かかる行為をすべきではない。なお、〔小問⑧〕のように、通話の相手方が、事件の関係者であろうと被告人の妻であろうと、結論に変わりはない。

　ちなみに、被逮捕者・被勾留者の電話の利用について、日弁連は、日弁連刑事処遇法案において、被逮捕者・被勾留者と施設外の者との電話による交通の必要性を認め、現に諸外国でも認められている実情に照らして、被逮捕者・被勾留者は面会の規定に従って電話を使用して施設外の者と通信できるとする規定をおくことを提案している。また、弁護人と被疑者等との電話による接見交通は、遠隔地における弁護活動においては、きわめて有効かつ必要性が高いものであり、日弁連刑事弁護センターは、その早期の実現を強く求めている。

4　接見時のパソコンの使用

　パソコンの文書作成機能を使用した場合の問題の所在は、録音の場合と変わらない。接見メモとパソコンのファイルとの間に本質的な差異はない。〔小問⑨〕のように、接見室内でパソコンを使用し、被疑者等の陳述書や準抗告申立書を作成することも、それをEメールで弁護人の事務所に送信することも、問題はない。

　また、〔小問⑩〕のように、Eメールの内容が事件に関係するものであり、

その送信先が事件の関係者であろうと、被告人の妻であろうと、結論に変わりはない。ただし、守秘義務のある内容についての文書を第三者に送信する場合、被疑者等の承諾を得る必要はある。

　法務省の通達によれば、録音とカメラ機能を有するパソコンの使用を制限する旨の記載があるが、これは接見交通における記録の自由を侵害するものであり、不当と言うべきである。

　また、パソコンの通信機能を利用する場合には、その利用の仕方によっては、弁護人のスクリーニングを経ることが困難になる場合もあるので、注意を要する。

　なお、ビデオ機器の接見室内での使用につき、後藤国賠訴訟（大阪地判平16年3月9日判時1858号79頁、判タ1155号185頁、後藤国賠訴訟弁護団編『ビデオ再生と秘密交通権──後藤国賠訴訟の記録』〔現代人文社、2004年〕、控訴審・大阪高判平17年1月25日、季刊刑事弁護43号（2005年）判例レビュー162～171頁、後藤国賠訴訟弁護団編『ビデオ再生と秘密交通権【控訴審編】──後藤国賠訴訟の記録2』〔現代人文社、2005年〕）を参照されたい。

第4　接見等禁止と接見交通権

1　接見等禁止と弁護人の秘密交通権との関係

　(1)　勾留された被疑者・被告人といえども、刑訴法80条により、原則として「接見し、又は書類若しくは物の授受をする」ことにより、外部との交通をすることが保障されている。しかし、一方、同81条は「裁判所は、逃亡し又は罪証を隠滅すると疑うに足りる相当な理由があるときは、検察官の請求により又は職権で、勾留されている被告人と第39条第1項（弁護人または弁護人となろうとする者）に規定する者以外の者との接見を禁じ、又はこれと授受すべき書類その他の物を検閲し、その授受を禁じ、若しくはこれを差し押えることができる」としている。

　刑訴法81条による一律の接見等禁止措置には、そもそも、憲法13条、34条違反の疑いが指摘されている。この条項を憲法違反と言わないまでも、本来は、「81条にいわゆる接見禁止の裁判は、被疑者を勾留していてもなお逃亡し、又は罪証を隠滅すると疑うに足りる相当な理由がある場合に、同第80条の例外的措置としてなされるものであり、しかもそれが被疑者に対する重大な心理的苦痛をもたらすものである点に鑑み、極めて慎重に、最小限度の運用にとどめるべきことはいうまでもない」（大阪地決昭34年2月17日下刑集1巻2号496頁）との慎重な運用が求められる。

　しかしながら、近時、刑訴法81条の要件がきわめて緩やかに解され、接見等禁止決定の数が激増し、かつ、一律の接見等禁止が公判中や一審判決後まで伸長されている状況がみられ、かかる運用は、少なくとも運用違憲の域に達していると言いうる状況にある。

　このため、弁護人は、まず、個別の接見等禁止決定自体を違憲・違法として、準抗告を申し立て、接見等禁止の一部解除を求めるなどの対応をなす必要がある。

　一方、必ずしもこれが認容されるとは限らない現時点での実務的な対応とし

ては、日常的な生活の維持のための外部交通権の確保にまで配慮した接見を行うようにしなければならない。

(2)　刑訴法81条の接見等禁止決定が、弁護人の秘密交通権にいささかの影響も及ぼさないことは、同条が弁護人などを除くと規定していることからも明らかである。すなわち、同条は、「弁護人……以外の者との接見を禁じ」と明記されているように、あくまでも一般人に対する規定であり、刑訴法39条とはまったく別個の規定である。したがって、接見等禁止決定の有無にかかわらず、弁護人は被疑者等と自由かつ秘密裡に接見し、情報を交換し、第三者宛の文書や録音テープ等を含む書類や物の授受を行いうることは、刑訴法39条1項の秘密交通権により当然認められていると言うべきである。

そして、すでに本章の総論において述べたとおり、弁護人が、被疑者等から得た情報や受け取った書面や物を、第三者に交付し、第三者からの情報を拘束中の被疑者等に伝え、書面や物を差し入れることも、それが弁護人の責任において、罪証隠滅および逃亡の防止という勾留の目的（刑訴法81条の目的と同一である）を阻害しないと判断できるものであるかぎり、制限されることはない。

弁護人は、秘密交通権の重要性を自覚して、弁護活動を遂行すべきである。もとより、罪証隠滅を外部の第三者に指示する、あるいは罪証隠滅を疑うに足りる相当理由がある文書や物を、弁護人が秘密交通権により入手し、これを第三者にそのまま交付することには問題があるが、それは、接見等禁止決定がなくとも行ってはならないことである。接見交通の内容、外部交通の媒介の適否については、接見等禁止決定の有無にかかわらず、本来、弁護人自らの責任において、これを判断すべきものである。そもそもこの責任は、弁護人の秘密交通権に本質的に内在するものと解され、接見等禁止決定の有無により左右されるものではない。弁護人と被疑者等の秘密交通の内容を外部に通じさせる際には、それが逃亡や罪証隠滅の防止を阻害しないよう、弁護人によるスクリーニングがなされることが、そもそも予定されているのである（弁護人スクリーニング論）。

(3)　これに対し、弁護人が秘密交通権によって、接見等禁止決定を受けてい

る被疑者等から、接見等禁止決定の対象者宛の文書や物を入手した場合に、それを対象者へ交付する際には、接見等禁止決定の（一部）解除を得なければならないとする考え方がある。罪証隠滅を疑うに足りる相当の理由の存否にかかわらず、接見等禁止対象物を当該第三者に交付することは、弁護人があたかもパイプになって直接の授受を禁じた接見等禁止決定を潜脱するものであるとの考え（弁護人パイプ論）である。このなかには、さらに、接見等禁止決定がある場合、弁護人を通じた、弁護人以外の外部の者との情報交流も禁止されるとする考えと、接見などによる口頭での情報交流は禁止されないが、書面や物の授受は禁止されるとする考えに分かれる。しかし、いずれの説も、後述するとおり、弁護人の秘密交通権と弁護権を不当に狭く解するもので、誤りである。

2 秘密交通権の絶対性と弁護人のスクリーニング機能

(1) 被疑者・被告人の権利としての「弁護人との秘密交通権」

弁護人と被疑者等との間の秘密交通権は、憲法、国際人権自由権規約、刑事訴訟法等によって、被疑者等に対して保障されている。身体を拘束された被疑者等と弁護人との間の秘密交通権は、その秘密性において、いかなる制約をも受けない。身体を拘束された被疑者等と弁護人との意思疎通（交通）は、接見あるいは信書などによってなされるが、接見と信書のいずれについても、内容を知られないこと、すなわち、秘密の保持は、弁護を受ける権利の基本的前提である。

刑訴法39条1項は、被疑者等と弁護人との秘密交通権を定めているが、その秘密性は、実質的弁護の要請上、絶対的なものと解される。なぜなら、面会による接見交通は、被疑者等と弁護人との間の交通の最も基本となるものであるが、弁護人と被疑者等との接見交通に秘密の完全な保障がなければ、実質的で効果的な弁護を受ける権利は全うされないからである。

すなわち、弁護人と被疑者等との接見交通に完全な秘密が保障されず、これを捜査機関が監視し、何らかの形でこれに干渉するおそれがいささかでもあれば、被疑者等は自己に関する情報を的確かつ十分に弁護人に対して伝達するこ

とを躊躇し、あるいは抑制し、弁護人に不正確または不十分な情報しか与えることができなくなる。そうなれば、被疑者等は弁護人から実質的で効果的な弁護を受けることなどとうてい期待できない。

他方、弁護人も、両者の接見交通が捜査機関により監視・干渉され、重要な情報や弁護活動の具体的内容をいささかでも捜査機関に覚知されるおそれがあるとすれば、被疑者等との接見交通において十分な情報・意思を伝えるのを躊躇し、あるいは差し控え、その他弁護活動を抑制することになる。そして、弁護活動に萎縮効果をもたらし、被疑者等の実質的で効果的な弁護を受ける権利を侵害するのである。

したがって、被疑者等と弁護人との間の接見交通に完全な秘密の保障がなければ、被疑者等の弁護享受権は画餅に帰すこととなる。

また、憲法は、実質的にも、弁護人と被疑者等との間の秘密交通権を制約する法理の存在を一切認めていない。すなわち、憲法は、捜査・訴追・処罰の利益と身体を拘束された被疑者等の弁護人の援助を受ける利益とを比較衡量したうえで、弁護享受権を保障している。そして、弁護人から援助を受ける利益は、公正な裁判、当事者主義、武器対等の原則、適正手続の各憲法上の価値実現の要請にもとづくものであり、被疑者等の憲法上の権利の保障上不可欠な利益として考慮され、そのため憲法34条は、「弁護人に依頼する権利を与へられなければ、抑留又は拘禁されない」と規定しているのである。

このような憲法の趣旨および文言からすると、憲法自身が、「弁護人から援助を受ける権利」は、「捜査・訴追・処罰の利益」の追求に不可欠な前提であるとの決断をしていることは明らかである。すなわち、弁護人による逃亡援助や罪証隠滅など（もっとも、現実にはありえないが）によって損なわれる捜査・訴追・処罰の利益は、弁護士懲戒・刑事制裁などの方法で担保されるとの価値決定がすでになされていると言える（福井厚「接見交通権に関する最高裁大法廷判決を読んで」季刊刑事弁護20号〔1999年〕17頁参照）。

大阪地判平12年5月25日（髙見・岡本国賠訴訟・判時1754号102頁、判タ1061号98頁〔確定〕）も「被拘禁者とその弁護人との間の接見において、仮に

訴追機関や収容施設側が重大な関心を持つと考えられる被拘禁者からの罪証隠滅の希望や示唆、更には被拘禁者の著しい変化等の内容にわたる可能性があったとしても、それを理由に右の接見についての『必要な措置』の中には接見による秘密交通権自体を否定することまでは含まれない」と判示している。また、公訴提起後におけるものであるが、最大判平11年3月24日（判時1680号72頁、判タ1007号106頁）の理論によっても、憲法37条3項からの当然の要請として、その絶対性は肯定されていると考えるべきである。

なお、最二小判平15年9月5日（判時1850号61頁）の多数意見は、接見交通権の秘密性について言及していないが、梶谷裁判官・滝井裁判官の反対意見はこれに言及し、憲法34条の弁護人依頼権の保障に由来する「〔刑事訴訟〕法39条1項は、弁護人等と被勾留者との口頭によるコミュニケーションが秘密裏に行われることについては、その重要性にかんがみ、これを完全に保障している」と明言している（高野国賠訴訟上告審判決）。

以上に述べたとおり、弁護人と被疑者等との接見交通における秘密の絶対性は、憲法により保障されていると言うべきである。

(2) 弁護人のスクリーニング機能

憲法および刑事訴訟法が、かかる秘密交通権の絶対性を認めたのは、資格をもった弁護人によるコミュニケーションであれば、これは制約されるべきではないという趣旨にほかならない。すなわち、被疑者等と他の者とのコミュニケーションについても、弁護人の判断を介在させることによって、秘密裡になされることが許されるという趣旨が当然に包含されている。逆から言えば、弁護人によって、逃亡や罪証隠滅につながる情報は、スクリーニングされることが当然の前提にされて、その秘密性が保障されているのである。

3　刑訴法81条の趣旨と弁護人による外部交通をめぐる説の対立

(1) 直接授受禁止説

以上のとおりであるから、刑訴法81条の接見等禁止決定がなされても、弁護人の秘密交通権にはなんらの影響も受けない。接見等禁止決定のないときと同

様に、被疑者等と他の者との間のコミュニケーションに弁護人が介在して、被疑者等と他の者が情報を秘密裡に交流することには、なんらの問題もない。刑訴法81条を合憲と解し、かつ、刑訴法39条1項と整合的な解釈をするには、刑訴法81条における包括的で一律的な接見禁止は、弁護人以外の者が、弁護人を介在させずに直接に被疑者等とのコミュニケーションをとることのみを禁じている趣旨と解さざるをえない（以下、便宜上これを「直接授受禁止説」という）。

理論的にも、刑訴法81条の決定がなされたことによって、突然に弁護人の秘密交通権の内容に制約が加わるなどという法理を刑事訴訟法が採用しているとはとうてい考えられない。

(2) 情報伝達遮断説

これに対し、情報授受の直接性のみが問題ではなく、いわば意思表示ないし情報伝達の形式が誰から誰に宛てたものかが問題となるという考えが、検察庁などから提示されている。この見解は、刑訴法81条の接見等禁止の趣旨は、「逃亡や罪証隠滅を防止するため、被疑者と一般人との間の意思・情報の伝達を遮断することにある」とする（これを以下、「情報伝達遮断説」という——『新実例刑事訴訟法［Ⅰ］』〔青林書院、1998年〕186頁［尾崎道明］参照）。この立場からは、刑訴法81条の接見等禁止のもとでは、弁護人が、被疑者等の接見内容を外部に伝え、外部の人間からの伝言を被疑者等に伝えることは、その内容を問わず、弁護人がパイプとなって、一般人との意思・情報を伝達することであるから、一律に許されないということになる。

情報伝達遮断説に従えば、弁護人は、被疑者等からの外部宛の情報を、例えば家族などに伝え、外部からのメッセージを被疑者等に伝えるためには、その内容いかんを問わず、接見等禁止決定の一部解除申立によって対応していくほかはないことになる。これは、結局、弁護人の秘密交通権に他の者の判断の介入を許容することとなる。この情報伝達遮断説によれば、刑訴法81条の接見等禁止決定のもとでは、弁護人は外部情報を一切伝達してはいけないことになりかねない危険性をも内包する。すなわち、弁護人と被疑者等との間のコミュニケーションを他の者とのコミュニケーションに一切反映できず、逆に、他の者

と弁護人とのコミュニケーションも、これを一切被疑者等との間のコミュニケーションに反映させえないことにもなる。かかる考え方は、刑訴法81条が「弁護人」を明示的に除外している趣旨を没却するものである。また、弁護活動は、被疑者等との意思の疎通をはかるだけでなく、外部との情報の交換も含むものであるが、かかる考え方は、弁護活動の実質的禁止にも等しいもので、とうてい容認しえない。

(3) 折衷説

上述の直接授受禁止説や情報伝達遮断説とは異なり、刑訴法81条は被疑者・被告人と接見等禁止の対象者との直接の授受を禁止しているのみで、弁護人を媒介しての情報交流をも禁止する趣旨ではないとの、直接授受禁止説に立ちながら、秘密接見交通権によって被疑者等から受け取った「文書」や録音テープなどを含む「物」を、接見等禁止の対象者へそのまま手渡すことは、弁護人の判断を介してスクリーニングされても、なお「直接的な授受」に該当し、その場合には、なお接見等禁止の一部解除を求めるべきであるとの考えもある（以下、この説を便宜上「折衷説」という）。

この折衷説は、情報伝達遮断説のように、〈被疑者等と一般人との間の意思・情報の伝達を遮断することにある〉と考えることは狭きに失するが、弁護人を介することによって弁護人の判断が働くとはいえ、文書や物がそのまま接見等禁止の対象者へ渡るのは、なお弁護人がパイプとなった「直接的授受」にあたるのではないかと言うのである。逆に言えば、被疑者等が述べたことを弁護人が口頭で外部に伝達したり、弁護人の文書に引用して伝えることは、あくまでも弁護人の言葉で伝えるものであるから、なお「間接授受（伝達）」であると考えるのである。

この折衷説に立てば、被疑者等からの情報を弁護人が第三者に伝えることは間接授受となり、被疑者等からの文書も、それを弁護人が連絡文書中に転載して伝えることは間接授受となるが、文書そのものを交付・閲読させることは直接授受にあたるということとなる。

しかし、やはりこの折衷説も、文書や物の物理的側面や形式に拘泥するもの

であり、妥当とは言えない。「文書」や「物」といえども、弁護人を介し、そのスクリーニングを経て、間接的に授受されるのであって、これを直接授受と同視することは、弁護人の役割を不当に軽視するものである。実際にも、この折衷説によれば、弁護人が弁護人以外の者から書籍や新聞の差入れを頼まれた場合、弁護人が買ったものならよいが、その他の者が買って弁護人に託したものは一部解除を経なければならないことにもなる。被疑者等の書いた簡単な被害者への謝罪文を弁護人が被害者に交付し、家族からの激励文などを接見室で展示して閲覧させることなど、およそ一見明白に罪証隠滅とかかわりのないものも、ことごとく一部解除を得なければならなくなり、文書に関しては、情報伝達遮断説にかぎりなく近づくこととなる。

　なお、この折衷説は、直接授受禁止説では、弁護人がスクリーニングをするとしても、そこには一定の限界があり、その判断の危険性を弁護人が負担することに難点があるという実務上の理由もあげる。

　しかし、すでに述べたとおり、このスクリーニング機能は接見等禁止決定の有無にかかわらず、弁護人が本来果たすべき機能である。接見等禁止の状況下に特有の問題ではない。たしかに、内容の判断など苦慮すべき場面はありうるが、それは弁護人作成の文書に引用したり、口頭で伝える際の判断でも同様である。要は、弁護人がその秘密交通権を介して、被疑者等から得て外部に伝える情報や、外部の者が被疑者らに伝える情報が、勾留の目的である逃亡や罪証隠滅の防止を阻害するものか否かという、情報の内容判断の問題であり、これは口頭であろうが、文書の転載であろうが、文書や物自体の授受の可否の判断と本質的には異ならない。

　以上のとおり、折衷説も、弁護人の秘密交通権と弁護人の役割を不当に狭く解するもので、妥当ではない。

(4) 実務上の留意点

　ただ、実務上、「書面」や「物」それ自体を受け渡す場合、情報を弁護人が口頭で伝えたり、弁護人の文書に転載する場合に比べ、不注意による見落としのリスクが相対的に高まることは否めない。そこに折衷説の生まれる実務的な

基盤があるように思われる。その意味では、「書面」や「物」それ自体の授受には、慎重さが要求されることも事実であろう。

情報伝達遮断説をとることは、弁護の自殺行為に等しいが、この慎重さの観点から、折衷説的な立場に立って、「書面」や「物」それ自体の受渡しについて、接見等禁止の一部解除の申立を行う弁護人がいた場合、それを秘密交通権と弁護権の独立を放棄した不適切な弁護として非難までなしうるかについては、議論の存するところであろう。

4　結論

以上のとおり、刑訴法81条の接見等禁止決定があっても、弁護人と身体拘束中の被疑者・被告人との秘密交通権にはなんらの影響もない。接見等禁止決定の有無にかかわらず、弁護人がスクリーニングの職責を果たし、逃亡・罪証隠滅の防止という勾留の目的（刑訴法81条の接見禁止の目的と同一である）に抵触しないと判断しうる情報、文書、物について媒介をすることは、弁護権の行使として当然になしうる行為であり、これに臆する必要はない。

すでに述べたとおり、接見等禁止下にあっては、弁護人との秘密交通が被疑者等にとって唯一の外部交通の手段であり、弁護人には、より積極的に外部交通の媒介の役割を果たすことが期待されている。

〔設問44〕接見等禁止と手紙の差入
① 弁護人Xは、接見等禁止決定がなされている被疑者Aの妻Bから「この手紙を夫に差し入れてください」と依頼された。
② 被疑者Aから「持病の狭心症の薬を、かかりつけの医院からもらってきて差し入れてほしい」と依頼された。
③ 被疑者Aから「私の事件を報道している新聞を差し入れてほしい」と依頼された。
④ 被疑者Aから「糖尿病を患っているので、無糖の甘味料を差し入れてほしい」と依頼された。

> 以上の場合、Xはどう対応すべきか。

キーワード
接見交通権　接見等禁止　弁護人以外の者との物の授受

関連条文
○刑事訴訟法39条（被拘束者との接見・授受）
○被疑者留置規則30条（弁護人との接見授受に関する注意）
○監獄法施行規則127条（接見の立会い）

問題の所在

　接見等禁止決定がなされている場合、弁護人が家族の手紙や事件を報道している新聞などを差し入れると、検察官から「接見禁止の潜脱であり、接見禁止の解除を求めるべきである」と言われることがある。そこで、弁護人は、接見等禁止の解除を得なければ、それらの文書を差し入れることができないのかが問題となる。

　また、刑訴法81条でさえ、「糧食の授受を禁じ、又はこれを差し押えることはできない」としているのに、薬や飲食物の差入れはできないのが現状であるが、この点が問題となる。

解 説

1　接見交通権の無制約性と弁護人のスクリーニング

　本章第4「接見等禁止と接見交通権」の総論において述べたとおり、刑訴法81条による接見等の禁止は、弁護人以外の者と被疑者等との間の文書などの直接授受を禁止するにすぎないから、弁護人から被疑者等への手紙や物の授受にはなんの制限もない。〔小問①〕のように、被告人の妻に託された手紙や、〔小問③〕のように、事件を報道した新聞といえども例外ではない。

　ただし、弁護人は、憲法等により保障された秘密交通権という弁護人の権利

を適法に行使しなければならず、証拠の隠滅、捏造等や逃亡に加担してはならない。したがって、妻からの手紙の内容を点検し、妻の手紙の内容に証拠隠滅等の違法行為につながる内容がないことを確認するなど、弁護人によるスクリーニングが必要である。被疑者である夫から妻への手紙や伝言を弁護人が預かった場合も同様である。

　なお、新聞は公刊物であり、スクリーニングの必要はない。

2　差入れ・宅下げ等をめぐる懲戒事例等

　(1)　弁護人が、妻やその他の第三者の手紙を被疑者・被告人に対して見せたことにつき、検察官側が接見等禁止決定を潜脱するものとして懲戒請求を行ったり、国選弁護人の解任請求を行った例があるが、前述したとおり、いずれもきわめて不当である。なお、これまで、たんに接見等禁止決定を潜脱したという理由のみで懲戒となった事例はない。

　(2)　この点について、埼玉弁護士会綱紀委員会は、共犯関係にある者の文書を取り次いだ弁護人に対し、埼玉地方検察庁の次席検事がなした懲戒請求の事案に対し、「弁護人が被告人と文書の授受をすることは、弁護活動の一態様として、弁護権の保障の範囲内にあるというべきである。そして、弁護人が被告人のためにその文書をはじめとした情報を活用することもまた、弁護権の保障に含まれるものである。したがって、共犯関係にある他の被告人との間で、弁護人を介して文書の授受がなされたとしても、それはそれぞれの弁護人の弁護活動の結果であり、弁護権の範囲内のものである」として、懲戒不相当である旨議決し、これを受けて埼玉弁護士会は、2003（平15）年12月17日、懲戒手続に付さない旨を決定している

　なお、この点については、前掲『接見交通権マニュアル〔第6版〕』152頁以下の前記埼玉事例に対する「日弁連接見交通権確立実行委員会報告書」を参照されたい。

　(3)　また、東京弁護士会1999〔平11〕年1月7日付懲戒事例（自由と正義1999年2月号175頁）では、携帯電話を使用させたこととともに、「接見等禁止

の決定があることを知りながら、……拳銃等の入手方を指示したBから託された捜査官への虚偽の供述をそそのかす手紙を接見室の仕切り板越しにAに示して閲読させ、もって接見交通権を濫用し、Aに対し捜査官への虚偽の供述を慫慂し」たとされているが、これは積極的に虚偽供述を慫慂したこと自体が問題とされたもので、接見等禁止決定の潜脱が問題とされた事例ではない。

(4) さらに、現在進行中の鹿児島秘密交通権侵害国賠訴訟は、弁護人が、家族らの手紙を接見室の仕切り板越しに示して接見等禁止中の被告人に閲読させたことを理由に、検察官から国選弁護人解任請求がなされた事例である。

3 設問について

弁護人を通じての物の授受は、秘密交通権の内容として、弁護人のスクリーニングを経れば原則として自由であると言うべきであるが、授受される物の種類・性質により別途の制限がある。

理論上は、〔小問②〕や〔小問④〕のように、狭心症の薬であることや無糖の甘味料であることが弁護人において確認できれば（スクリーニングできれば）、弁護人からの差入れとして可能であるべきはずである。

しかし、薬や飲食物は、被疑者留置規則（30条但書）や監獄法（53条）による制限物に該当することがほぼ間違いないので、実際上は、差し入れることはほとんどできない現状にある。したがって、薬や飲食物は、実務的には、主治医による処方箋を入手し、拘禁施設に対して、同処方箋による投薬や治療等を求めることとなる。

また、被疑者等の事件を報道している新聞の差入れについては、監獄法（53条）にもとづく拘置所長の定めるところによる制限もありうるが、弁護人からの差入れは自由と言うべきである。また、被疑者等にとっても、防御権行使のための情報としても重要な資料であると考えられる。

コラム　刑事弁護ワンポイントレッスン ⑩

「差入れ」「宅下げ」

　刑訴法39条によれば、弁護人は、原則として自由に被告人または被疑者と書類や物の授受ができるとされています。

　条文上は「授受」とありますが、現場では、被告人・被疑者へモノを「授」けることを「差入れ」、被告人・被疑者からモノを「受」けとることを「宅下げ」と呼んでいます。大阪拘置所では、記録など打合せに必要な書類を「差入れ」する場合、2階の接見受付窓口でその旨を申し入れて、ピンクのカードを受け取り、1階にある差入受付に行きます。一番左側が弁護人専用窓口ですが、普段は閉まっていますので、そこの呼鈴を鳴らし、必要書類に記入のうえ、手続をします。

　必要書類などの「宅下げ」を受ける場合は、一般の人と同様の手続で、順番を待つことになります。

　結構、面倒ですね。

〔設問45〕接見等禁止と弁護人の秘密交通権

　弁護士Xは、夫婦A・Bが共謀して被害者Cから金員を詐取したという詐欺事件の被疑者A（夫）の弁護人である。B（妻）には弁護人Yが選任されている。A・Bともに否認し、A・Bには刑訴法81条の接見等禁止決定がなされている。XはDからの紹介により弁護人となった。DはAの友人であるが、同時に被害者Cとも友人関係にある。
　以下のXの弁護活動に問題はないか。
① 被告人側から被害者宛の手紙
　　ア　Xが被害者Cに手紙を出すこと、また、Xが「AからCへの手紙」を「XからC宛の手紙」に同封すること
　　イ　被害者Cに代理人弁護士Zが就任しており、CがAを被告とする民事訴訟を提起している場合に、アの行為を行うこと
　　ウ　「AからC宛の手紙」に「俺が君（C）を騙していないことは、君は判っているはずだから、正直に証言してくれ」と書いてあった場合に、アの行為を行うこと
② 被害者側から被告人側宛の手紙
　　Xが被害者Cから「CからA宛の手紙」を託され、それを「XからA宛の手紙」に同封すること
③ 被告人・弁護人側から共犯者側宛の手紙
　　ア　XがBに直接手紙を出すこと
　　イ　XがYに、「XからB宛の手紙」または「AからB宛の手紙」を託すこと
　　ウ　「AからB宛の手紙」に「B一人でやったのだから、ちゃんと責任をとってほしい」と書いてあった場合に、上記イの行為を行うこと
　　エ　「2階を掃除したことは忘れるな」というXにとって意味不明の文章が記載してあった場合に、上記イの行為を行うこ

④　共犯者側から被告人側への手紙
　　　　ア　Xが、Yから「BからA宛の手紙」、または、「YからA宛の手紙」を託され、それを「XからA宛の手紙」に同封すること
　　　　イ　「BからA宛の手紙」に「A一人でやったのだから、ちゃんと責任をとってほしい」と書いてあった場合に、上記アの行為を行うこと
　　⑤　被告人側から第三者宛の手紙
　　　　ア　Xが「AからD宛の手紙」を「XからD宛の手紙」に同封すること。
　　　　イ　「AからD宛の手紙」の内容が事件とまったく関係のない事柄（例えば、犬の世話を頼むという内容）であった場合に、上記アの行為を行うこと

キーワード

接見交通権　秘密交通権　接見等禁止

関連条文等

○刑事訴訟法39条（被拘束者との接見・授受）　81条（接見・授受の制限）
○弁護士職務基本規程52条（相手方本人との直接交渉）　72条（他の事件への不当介入）

問題の所在

　直接授受禁止説、情報伝達遮断説、折衷説などの見解の対立を反映して、接見等禁止の効果と対象範囲が問題となる。設問における解説では、直接授受禁止説の立場にたち、具体的な事例に即した弁護人の対応を検討する。

[解説]

1 小問①について

(1) 小問①のアについて

　被害者Cに代理人弁護士が就いていないときには、弁護人Xが被害者Cに直接手紙を出すことにはなんらの問題もない。もっとも、プライバシー侵害などの二次被害の発生防止、証人威迫、偽証教唆だとの疑念を抱かれないための配慮が必要になる。

　「AからC宛の手紙」を同封することも、その内容に罪証隠滅や証人威迫などにかかわる事項がないことをXが確認すれば、直接授受禁止説の立場からはなんらの問題もない。情報伝達遮断説や折衷説からは、XがCに「AからC宛の手紙」を同封するには、裁判所の接見等禁止の一部解除決定を得る必要があるということになるが、総論で述べたとおり、妥当ではない。

(2) 小問①のイについて

　Cが代理人として弁護士Zを選任している場合には、弁護士職務基本規程52条が、「弁護士は、相手方に法令上の資格を有する代理人が選任されたときは、正当な理由なく、その代理人の承諾を得ないで直接相手方と交渉してはならない」としていることから、Zの承諾なしに、直接Cと連絡をとることは原則として許されない。

　この点につき、刑事事件の参考人・証人への接触については、民事訴訟の相手方との直接交渉とは異なるとの考え方もありうるが、Cが代理人を選任している利益を尊重すれば、やはり、Zの了解を得たうえ、もしくはZを通じてCへの連絡をなすべきである。なお、Zに一切の接触・折衝等を拒絶され、なおかつ、弁護の必要性から、被害者Cへの接触が必要不可欠であるような場合には、「正当な理由」ありとして、Zの承諾なしにCとの接触が許される場合もありうるのではなかろうか。

(3) 小問①のウについて

　前述のとおり、Xが、内容に罪証隠滅や証人威迫などにかかわる事項などがなく、問題がないと考えれば、被害者C宛の手紙の中に、Aが作成したC宛の

手紙を同封することに問題はない。しかし、〔小問①〕のウの内容は、虚偽供述の教唆と解しうる余地があり、そのまま同封することは、多くの弁護人が躊躇を覚えるであろう。

なお、接見等禁止の一部解除を得てから行うべきであるとの考えが妥当でないことはすでに述べたとおりであるが、その考えに従えば、たとえ謝罪の言葉だけであっても、いちいち一部解除を得なければならないことになる。かかる考えは、秘密交通権のなかで受け取った情報については、弁護人が自らの責任で判断すべきものを裁判所の判断に委ねるものであって、理論的にも誤りである。

2 小問②について

Xが、逃亡や罪証隠滅にかかわりないと判断でき、弁護活動上特段のマイナスがない内容であると考えるかぎり、被害者CからA宛の手紙をXの手紙に同封することに問題はない。差入れも同様である。

3 小問③について

(1) 小問③のアについて

弁護人が共犯者に手紙を出すことは、弁護人の調査権の行使として本来なんらの問題もないと言うべきであるが、Bは接見等禁止決定を受けており、XはBとの関係では弁護人ではなく、刑訴法81条の接見禁止の対象者である。したがって、Xの発信した手紙は、Bの手には渡らないであろう。

自らは弁護人となっていない共犯者と、「弁護人となろうとする者」として接見することについては、〔設問58〕において考察する。

Xが、Aの弁護のために接見等禁止が付されているBと情報を交換する必要がある場合には、Bとの関係で秘密交通権が保障されたBの弁護人Yを通じ、Yの判断を経由してこれを行うのが妥当であろう。

(2) 小問③のイの前半について

XがYに「XからB宛の手紙」を託すことには、なんの問題もない。

XにAとの関係で秘密交通権があるのと同様に、YはBとの関係で秘密交通権がある。被疑者等への情報提供の是非は、当該被疑者等の弁護人が自らの責任で判断すべきものである。したがって、XがYに手紙を託し、その手紙のBへの差入れまたは発送をYの判断と裁量に委ねることにはなんら問題はない。

　ただ、実務上は「X→B」という形でのコミュニケーションをはかるために、Bへの「手紙」という方法をとることは稀であり、XとYとの弁護人同士の協議の形をとることが多いであろう。

　(3)　小問③のイの後半について

　XがYに「AからB宛の手紙」を託すことは、一般論として、問題はない。XがAの弁護人として、自らの責任で、AのメッセージをBに伝えてよいと判断したのであれば、結局、〔小問③〕のイの前半と同様になる。ただし、Bへの伝達の可否につき、Yが最終的に判断するからといって、Xが自らのチェックを怠ることはできない。

　(4)　小問③のウおよびエについて

　ア　〔小問③〕のウの具体的な記載内容についての判断は、その事件の具体的内容によって変わりうるものであり、一概に決することはできない。設問における手紙の内容も、事案によっては「真実をきちんと述べろ」と言っているだけとも解しうるし、虚偽の供述を教唆するものとも解しうる。設問の「B一人でやったのだから、ちゃんと責任をとってほしい」といった記載は、一般論としては、共犯者に対する虚偽供述の教唆を疑われる可能性もある。その意味では、Yに当該手紙をそのまま託さないほうが無難だという判断には傾こう。

　ただ、Bにその手紙を渡すか否かを最終的に決するのはBの弁護人であるYであり、Yも、Bの弁護人の立場から、このような手紙がBに渡ることへの当否を慎重に判断することとなる。

　イ　〔小問③〕のエのように、Xにとって意味不明で判断できない内容が書いてあるときは、Aと接見し、説明を受ける必要がある。ただし、意味不明であっても、具体的事案の性格から、罪証隠滅などにおよそかかわらないと判断できるのであれば、そのままYへ手紙を託しても問題がない場合もあろう。

4 小問④について

(1) 〔小問③〕のXをYの立場に置き換えて、共犯者側からの被告人・弁護側宛の手紙を受け取ることについて、どう考えるのかという問題である。この場合、Xが、これをA・B両名にとって、罪証隠滅の防止などの勾留目的の阻害につながらず、刑訴法81条の要件に触れないと判断し、自らの弁護活動上も支障がないと考えるならば、なんらの問題もない。

問題になるのは、チェックをしないまま、弁護士からの依頼だからと漫然とAに送付したり、差し入れたりすることである。もっとも、現実には「他人→A」への連絡は、A側の立場からは、およそ刑訴法81条の罪証隠滅の問題足りえないと考えられる（高木俊夫「接見禁止の要件」判タ296号298頁参照）。

しかし、刑訴法81条の要件とは別に、Aの利益にならないと判断した場合は、Aに伝える義務はないのみならず、そのまま伝えるべきではないことも、結論としてありうる。Xは、Aの弁護人としての誠実義務から、その手紙の内容を十分検討しなければならない。

(2) 小問④のイについて

〔小問④〕のイの具体的文言は、A・Bともに否認している設問において、一般論としては、Aのためにならないと判断できるので、そのまま交付すべきではない。また、事案によっては、AにBの罪も被ってほしいという身代り犯的な教唆にあたることも考えられる。さらに、Bがどう述べているか、その趣旨を伝えること自体も、Aがそれを聞いてどう影響を受けるかについての判断が必要であり、伝えたうえでAに判断させたほうがよい場合もある。しかし、逆に、伝えるべきでない場合もある。

5 小問⑤について

〔小問⑤〕のアは、被告人・弁護側から第三者宛の手紙を出すというものであるが、基本的に、〔小問①〕のアと同様に解される。弁護人が罪証隠滅の防止などの勾留目的の阻害がないことをスクリーニングするかぎり、問題はない。

〔小問⑤〕のイの具体的記載は、刑訴法81条の要件上はなんらの問題もない。

情報伝達遮断説からは、これさえも接見等禁止の一部解除が必要ということになろうが、不当である。

もっとも、刑訴法81条の問題とは別に、防御権とかかわらない事項は秘密交通権の対象ではないとの考えから、事件とまったく関係のない事項を弁護人が伝達すべきではないとする見解もある（前掲『新実例刑事訴訟法［Ⅰ］』186頁）。

しかし、身体を拘束された者の生活上の不安の除去は防御権に深くかかわっており、飼っている犬の世話が不安の除去に役立つ場合もある。憲法34条は、弁護人を介しての外部交通全般を保障していると言うべきであり、弁護人との交通権を防御上の事項に限ると狭く解することは、妥当ではない。

〔設問46〕共犯者の弁護人間の接見内容等にもとづく協議
　接見等禁止決定を受けている被疑者Aの弁護人Xと、同じく接見等禁止決定を受けている共犯者Bの弁護人Yとの間で、それぞれの接見内容を開示しあって、協議をすることに問題はあるか。
　その協議の内容を、それぞれA・Bに伝えることに問題はあるか。

キーワード

接見等禁止　弁護人間の協議　守秘義務

関連条文
○刑事訴訟法39条（被拘束者との接見・授受）　81条（接見・授受の制限）
○弁護士法23条（秘密保持の権利及び義務）
○弁護士職務基本規程23条（秘密の保持）

問題の所在

共犯関係にある被疑者・被告人の弁護人同士が協議をすること、また、その結果得られた情報を被疑者等に伝えることが問題となる。

解説

　接見等禁止下の共犯関係にある被疑者・被告人の弁護人同士が、互いに接見内容を開示して協議することすら、前記の情報伝達遮断説からは、接見等禁止下の被疑者等の述べた情報を第三者たる共犯者の弁護人（AにとってYは弁護人ではなく、接見等禁止の効力がYにも及んでいる）に伝達することになり、問題になりうる。さらに、その弁護人Yがその内容を自らの被疑者Bに伝えることは、結果として、接見等禁止下の複数の被疑者A・Bが、弁護人X・Yを通じて、互いに情報伝達を行うこととなり、弁護人らがこれを媒介することは、接見等禁止の潜脱となるので許されないということになりかねない。
　しかし、すでに述べてきたとおり、この結論は、誤りである。
　共犯事件の場合、弁護人が他の共犯者の取調べに対する対応や動向を確認することは、弁護活動にとってきわめて重要であり、被疑者等にとっても、防御のために重要な情報である。A・Bとそれぞれ適法に接見した弁護人XとYが協議をすること自体を禁止する法的根拠は、純粋な情報伝達遮断説に立たないかぎり存在しえない。また、当該協議で得られた他の被疑者についての情報を自分の依頼者たる被疑者等に提供することの是非も、弁護人が自らの責任で判断すれば問題はない。かかる弁護人の判断が介在する以上、Aの情報がBに伝わってもなんら問題がないことは、これまでの〔設問44〕〔設問45〕において述べたことからも明らかであろう。事案にもよるが、共犯者の供述内容に関する情報をまったくもたないときに陥る「囚人のディレンマ」（次頁のコラム参照）を避けるためにも、むしろ、弁護人間の協議や情報を被疑者等に対して積極的に伝達すべきケースも多い。
　ただし、弁護人同士の協議においても、被疑者等が秘密にしてほしいと言っている事柄や、共犯関係にあるとされる他の被疑者等に伝えることが弁護活動上得策でない事柄は、弁護人の誠実義務、守秘義務から、当然に情報交換をしてはならないこととなる。

コラム 刑事弁護ワンポイントレッスン ⑪

囚人のディレンマ

　二人の男A・Bが、窃盗及び強盗の共犯として逮捕されました。二人とも窃盗は認めながらも、強盗は否認し、このままでは、検察官は強盗の起訴ができません。そこで、検察官はAとBに、「悪魔の取引」を持ちかけました。「もし、両名が自白すれば、二人の刑はそれぞれ5年だ。しかし、相棒が否認し、おまえが強盗も自白するなら、窃盗も起訴しない。逆に、相棒が自白して、おまえが否認するなら、おまえは8年の刑になる」と。AとBは、互いに情報交換できないなかで、個々に最良の選択をすると、どうなるでしょうか。

　これは、政治学のゲーム理論に出てくる著名な「プリズナーズ・ディレンマ」という設例です。答えは、二人とも自白するということになります。分断された状況下で、互いに自分の利益を優先して行動すると、あらゆる条件下で最良となるはずの選択が、「選択の共倒れ」を生み、二人とも懲役5年になってしまうという設例です（なぜそうなるかは、図表でも書いてゆっくり考えてみてください）。弁護活動のなかでも、このような場面に遭遇することも多く、ここでの刑事弁護人の役割を、接見交通、司法取引、利益誘導、共犯者の同時受任などをキーワードに、考えるのも面白いでしょう。

第5章　証拠

総論

　本章においては、証拠をめぐる問題につき検討する。弁護人による証拠収集、収集した証拠の公判への提出の是非、捏造された証拠が提出された場合の弁護人の取るべき対応、証人・参考人との接触のあり方、記録の取扱いなどにつき、その問題点と弁護人の対応を検討する。

1　弁護人の調査権（対等原則の確認）

　(1)　弁護人は、被疑者・被告人の防御権の行使のため、事件に関係するさまざまな証拠の収集、これらの証拠の検討、参考人からの事情聴取など、事件に関する調査活動を行うことが必要である。公判における弁護活動と並び、これら証拠の調査・検討は弁護活動の中枢である。

　しかるに、「刑事被疑者弁護に関する意見交換会」においては、法務省側から、参考人に対する事情聴取につき、「参考人に対する出頭拒否の『慫慂』や、参考人に対する指導・助言などは、『捜査妨害』に該る」という見解が示されている。また、このような指摘を受ける以前から、弁護人のなしうる弁護活動の範囲をめぐって、捜査側と弁護側との間に鋭い対立をみてきたという歴史的経緯がある。

　憲法37条2項は刑事被告人の証人審問権を保障し、同3項は弁護享受権を保障している。また、憲法34条は、37条に重ねて身体拘束の場合の弁護享受権を保障している。さらに、刑訴法179条は被疑者・被告人側に証拠保全の請求権を認め、保全された証拠については閲覧謄写が可能である（刑訴法180条）。また、「市民的及び政治的権利に関する国際規約」（国際人権規約B規約）14条3項(b)は、刑事上の罪に問われたすべての者に対して自己の「防御の準備のために十分な時間及び便益を与えられ」る権利を保障している。

これらの規定から明らかなように、被疑者・被告人は、捜査・公判において、たんなる取調べや審理の対象ではなく、防御権の主体として捜査機関と対等の立場にあると位置づけられている。したがって、捜査官は刑事訴訟法の定めに従って捜査をし、他方、弁護人は被疑者等の権利と利益を守るために防御活動を行うのである。

　この防御活動の根拠として遂一の条文上の規定がなくとも（逆に言えば、特段の禁止や制限の規定がおかれていない以上）、被疑者等には、防御権の主体として包括的な防御権が認められるべきであり、活発な防御活動をなしうるとする考え方が有力である。かかる重要な弁護活動を実効あらしめるため、弁護人には、捜査機関による捜査と同様に、事件解明のための調査権があると言うべきである。

　この考え方に立てば、刑訴規則191条の3（証人尋問の準備）は、このような弁護人の調査権を当然の前提とした規定であることになる。

(2)　ただし、対等とはいっても、いったん強制捜査が始まると、当事者として対等な立場にあるべき被疑者は身体を拘束され、警察官や検察官の取調べを受ける立場に追い込まれる。

　参考人については、捜査側も任意の取調べしかできない（刑訴法197条1項本文、同223条）。他方、弁護人にはもともと強制的に調査する権限が認められていないが、防御のために調査をすべきことは当然予定されている。その意味でも、参考人に対する捜査側の取調べと弁護人からの事情聴取に関して、捜査側と弁護側の地位と権限に法的差異を認めることはできない。

　ところが、実務では、弁護人が参考人に面会を求めただけで、捜査妨害であるとの非難が捜査側からなされることがある。場合によっては「偽証教唆（や証人威迫）で刑事事件にする」などという不当な圧力をかけられることもある。ことに、無罪を争って熾烈な防御活動をしているような事案では、捜査側からのいわれなき非難を浴びせられることは少なくない。

(3)　もちろん、弁護人の活動が犯罪行為になることがあってはならないのは、刑訴法196条の規定をまつまでもなく、当然のことである。また、犯罪行為を

組成しないまでも、被疑者等に不利益を及ぼすおそれのある行為に弁護人が加担することは避けなければならない。

本章においては、弁護人の証拠や参考人についての調査権の範囲と、調査権を行使する際に、必然的に発生するであろう捜査との軋轢につき、「捜査妨害」とのいわれなき非難を浴びないための理論構成と留意事項を考える。

2　参考人等からの事情聴取と利益相反

本章においては、証人・参考人あるいは共犯者からの事情聴取時における留意点についても検討を行う。

この問題を考察するうえでは、第3章の総論2「共犯者の同時受任をめぐる問題点」で述べた問題の所在を、まず意識しなければならない。なぜなら、参考人として事情聴取を受け、あるいは将来その可能性があるとは言っても、その参考人とされる者のなかには、さらに被疑者として取調べを受ける可能性がある者もいることはけっして少なくなく、その場合には、すでに受任している被疑者等との間において利益相反が生じるという問題が存在するからである。ことに、組織的な犯罪が被疑事実とされている場合には、その可能性はむしろ大と言わなければならない。

したがって、事情聴取を行う場合に、その者が将来被疑者となる可能性のある場合には、利益相反の問題が生じることを常に留意しておかなければならない。

3　記録の取扱い

記録の取扱いについては、本章第6の総論において論述する。

コラム　刑事弁護ワンポイントレッスン⑫

控室(ヒカエシツ)?

　裁判所の検察官用の部屋は「検察官室」なのに、弁護人の部屋は「弁護人控室」と言われていました。

　最近、裁判所では「待合室」に変わりましたが、現在でも、大阪拘置所の弁護人の待合室は「弁護人控室」となっています。

　弁護人は、お上の前で「控えて」いなければならない存在なのでしょうか。

第1 弁護人による証拠収集と検討

> **〔設問47〕弁護人による証拠収集**
> 被疑者Aは、社長の専用車を借りて帰宅途中に飲酒運転で検挙され、所持品検査の結果、ダッシュボードの中から覚せい剤が発見され、覚せい剤所持容疑で逮捕された。弁護人Xは、接見の際に、Aから「社長の車は、事前に他の社員が清掃していて、ビニール袋入りの覚せい剤らしきものが入っていたことを知っているはずです。その社員に、そのことを警察に説明するようにしてもらえませんか」と言われた。
> Xは、どのように答え、どのように対応すべきか。

キーワード

被疑者等の利益　弁護人の調査義務　証拠隠滅

関連条文

○刑事訴訟法179条（証拠保全の請求）
○刑事訴訟規則178条の2（第一回公判期日前における訴訟関係人の準備）
○民事訴訟法234条（証拠保全）
○弁護士法1条（弁護士の使命）
○弁護士職務基本規程5条（信義誠実）　7条（研鑽）　46条（刑事弁護の心構え）

問題の所在

被疑者・被告人の権利・利益を守るために、弁護人が調査や資料収集などの活動をする場合に、どのような基本的認識に立って、また、どのような点に注意して活動すべきかが問題となる。

解説

1　弁護人による調査・検討の必要性

　弁護人は、被疑者・被告人の権利と利益を守るために最善を尽くす責務がある。そのためには、当然のことながら、事実関係を調査し、証拠書類や証拠物などの資料を収集して、これらを検討しなければならない。

　より具体的には、以下のような活動が求められている。

　弁護人は、まず被疑者等から十分弁解を聞く必要がある。そのうえで参考人などの関係者と会うなどして、犯罪事実はもちろん、自白過程や参考人の取調べ状況ならびに証拠物の押収手続等の捜査過程に関する事実、アリバイに関する事実、その他情状に関する事実等について調査・検討しなければならない。

　さらに、必要に応じて検察官に対して証拠の開示を求めるなどして、検察官側が収集保全した証拠についても、詳細に検討しなければならない。起訴後第一回公判前については、刑訴規則178条の2ないし同条の11に、事前準備に関する規定がおかれている。捜査段階においては準備に関する規定はおかれていないものの、弁護人に同様の活動が要求されるのは当然であろう。

　また、参考人の供述について、弁護人が供述調書を作成したり、公正証書の作成を嘱託したり、あるいは、刑訴法179条の証拠保全を申し立てるべき場合もある。

　被疑者等が、従前からある内容の供述を弁護人に対して行っていたことを主張・立証するため、弁護人作成の供述調書に公証人による確定日付をもらうという方法もしばしば行われている。

　これらの活動も、弁護人の被疑者等に対する誠実義務の一つにほかならない。

2　設問について

　かりに、設問の被疑者Aの弁解が事実であれば、Aが社長の車を借りる前に覚せい剤がすでに車内にあったことになる。したがって、その事実を知りながら車を借りるとしても、覚せい剤を譲り受けたなどの特段の事情がないかぎり、Aは無罪だということになる。

Aの無罪を明らかにするためには、設問におけるAの要請内容は調査すべき事項であり、事情を知っているという他の社員からの事情聴取は必要不可欠である。
　ただし、二つの観点から注意を要する。
　一つは、Aの弁解が事実ではなく、事情を知るという他の社員との口裏合わせを目論んでいるような場合である。覚せい剤がAのものであるのに、Aが他の社員と口裏を合わせて、Aが車を借りる前から覚せい剤は車中にあったとの虚偽の供述・証言がなされる場合もありうる。この場合、A以外の第三者（例えば車の持ち主である社長）を犯罪に引っ張り込む危険性がある。また、「他の社員」を犯人隠避罪に、さらにAが犯人隠避の教唆罪に問われかねない（最一小決平元年5月1日判時1313号164頁参照）。
　もとより、Aの弁解を頭から疑うことは妥当とは言えないが、上記のようなおそれがあることにも配慮すべきである。そこで、Aに対しては、かりに事実と違えば、かえって事態が悪化することを説明しておく必要がある。設問の場合も、Aに対してそのような説明を行い、十分協議し、その確認をAから得たうえで、他の社員から事情を聞くことになろう。他の社員への質問の仕方、Aの話の伝え方にも注意を払う必要がある。
　もう一つ注意を要するのは、このような調査活動を弁護人がするにあたって、それが活発であればあるほど、捜査側が「罪証隠滅」工作だとして、あらぬ疑いを弁護人にかけたり、陰に陽に弁護人の行動を制肘しようとすることである。あらゆる事件で起こりうることであるが、被疑者が語る事実と被害者が語る事実は往々にして対立している。それゆえ、弁護人の主張と検察官の主張も対立せざるをえない。このような場合、捜査側からみると、弁護人の調査活動が事実をゆがめるものと映る。そして、罪証隠滅工作だなどとの非難につながる。
　このような非難を受けたとき、その非難に屈してはならない。しかし、同時に、捜査側からこのような非難をされるかもしれないことを常に意識しておくことも必要である。
　実際に他の社員から事情を聴くときには、かかる非難を想定し、非難が根拠

のないものであることを主張・立証するために、事情聴取を複数の弁護人で行う、聴取状況を録音して正確な記録を残すなどの配慮が必要である。設問の場合もそのような配慮をすべきであろう。

3 ABA刑事弁護スタンダード

なお、ABA刑事弁護スタンダード4—4.1（a）（調査義務）には、以下の規定が設けられている。

「弁護人は事件の状況に関する迅速な調査を行わなければならず、事件または有罪判決の場合の刑罰について被告人を有利にする事実および被告人に有利な事実を発見するために、あらゆる手続を探し求めなければならない。調査には、訴追側・法執行機関の所有する情報を獲得する努力が含まれていなければならない。有罪を構成する事実について被疑者・被告人が同意したり、陳述したり、あるいは被疑者・被告人が有罪答弁を希望すると述べたとしても、弁護人の調査義務は存在する」

〔設問48〕 被告人に不利な記載もある日記の証拠調べ請求

B女に対する強姦事件で、弁護人Xは、和姦を主張している被告人Aから日記を預かった。日記には、起訴事実について「B女と初めて合意のうえでセックスをした。嬉しかった」と書いてあったが、同じ頁の別の日の欄に「C女が嫌がるので、ナイフを見せて『殺して山に埋めたろか』と言ったら、恐がってセックスをさせてくれた」と書いてあった。

Xが、日記の証拠調べ請求につき、以下のような対応をすることは妥当か。

① 同頁のすべてを証拠調べ請求することはどうか。
② 同頁のB女に関する記載部分だけを証拠調べ請求することはどうか。

検察官から「すべての頁を証拠調べ請求（証拠開示）された

い」と言われた場合には、どう対処するか。
③ 日記に「B女が嫌がるので、ナイフを見せて『殺して山に埋めたろか』と言ったら、恐がってセックスをさせてくれた」と書いてあった場合はどうか。

キーワード

被疑者等の利益　守秘義務　真実義務

関連条文

○弁護士法1条（弁護士の使命）　23条（秘密保持の権利及び義務）
○弁護士職務基本規程5条（信義誠実）　21条（正当な利益の実現）　23条（秘密の保持）

問題の所在

被疑者・被告人に対する守秘義務と「真実義務」が衝突する場合に、弁護人は調査や反証にあたって、被疑者等の利益および秘密の範囲をどのように考えて弁護活動をすべきかが問題となる。

解説

1　弁護人の誠実義務・守秘義務をめぐる見解の対立

弁護人の被疑者・被告人に対する誠実義務や守秘義務は、現に依頼を受けている事件に関してだけのものではない。これに対し、現に依頼を受けている事件に限られるとの説もある。例えば、業務上横領の資料として預かったダンボール箱の中に覚せい剤が入っていた場合に、横領事件にしか守秘義務が及ばないので、覚せい剤は警察に提出してもよいとの考え方の根拠として主張される。しかし、後説に従って行動すると、たちまち弁護をしている事件に関する信頼関係は破綻する。

弁護活動を有効適切に遂行するうえで、被疑者等との間に信頼関係があるこ

とは有益であり、この信頼関係は人間対人間として確立されるものであると考えれば、誠実義務や守秘義務を事件単位で別個に考えることは不可能であろう。いまだ依頼を受けていない事件をも含め、被疑者等の秘密を守り、被疑者等の利益にそうように行動しなければならない。

設問のような記載がある日記は、B女との関係では被告人Aに有利な証拠である。しかし、C女との関係では同女に対する強姦についての捜査の端緒（自白）となる。また、C女に対する強姦罪が起訴されているか否かにかかわらず、Aの重大な秘密、しかも犯罪事実に関する秘密が記載されていることになる。

弁護人は、被疑者等にとっての総合的利益を考えて行動しなければならず、いま受任している事件にとって有利であるか否かだけで結論を決めてはならない。

例えば、窃盗事件のアリバイを証明するため、そのときには別の場所で強盗をしていた事実を立証することを考えれば、このような弁護人の活動が被疑者等の利益にかなうと言えないことは明らかであろう。しかし、逆に、強盗や強盗殺人の嫌疑を受けている場合に、アリバイとして他の場所で窃盗をしていた事実を立証することは許される場合があるだろう。ただし、後者の場合でも、窃盗の事実は当該被疑者等の秘密に属することは間違いないので、本人の承諾を得る必要がある。

前述の守秘義務は事件ごとに存在するとの見解からは、C女との関係についての日記の記載は、弁護人Xが守秘義務を負う情報ではないと考えることとなるが、これが妥当でないことはすでに述べたとおりである。

ここでは、守秘義務は事件単位ではなく人単位で考えるべきであることを前提に設問を検討する。

2 設問の検討

(1) 小問①について

〔小問①〕の場合、B女とC女に対する強姦罪の間には、窃盗と強盗のような犯罪の重大性に差はない。重大な犯罪の嫌疑を晴らすために、軽微な犯罪を明

らかにするようなケースではない。したがって、C女に対する強姦罪が絶対起訴されることがなく、しかも、それによってB女に対する強姦罪が無罪となる蓋然性が高いなどの特別な理由がないかぎり、日記のすべてを証拠調べ請求するのは妥当ではない。

かりに証拠調べ請求するとすれば、B女に関する記載部分だけを請求することになるが、それでよいのかが、つぎの〔小問②〕である。

(2) 小問②について

日記のうちのB女に関する記載部分だけを請求し、検察官がこれに同意すれば問題はない。しかし、通常、検察官は弁護人請求証拠の現物を確認して同意・不同意の意見を述べる。とりわけ設問の証拠である日記は、検察官立証に合理的疑いを生ぜしめる証拠であるから、検察官としては、日記の原本にあたってから同意・不同意を決めることになろう。

その結果、証拠の一部を証拠調べ請求すれば、検察官から〔小問②〕のように求められることは当然予想される。したがって、そもそもそのような検討抜きに証拠調べ請求すること自体に問題がある。いったん請求してしまった後に、検察官から〔小問②〕のように言われたとすれば、その場合には、検察官の要求を拒否するほかない。

ただし、検察官からの要求を拒否したとしても、検察官から日記原本の証拠開示の申立があった場合にはどうするのかという問題が残る。

証拠の原本を開示せよという検察官の要求を拒否できる合理的で説得的な理由は思い浮かばない。請求するのは弁護人であるから、原本があるのに、あえてその一部の写しを証拠調べ請求すること自体は違法ではない。だからと言って、検察官が原本の開示を求めることを拒否する合理的な理由はないから、弁護人が原本を開示しないかぎり、検察官は不同意とすることになろう。結局、弁護人は請求を撤回するほかない。

さらに、検察官から弁護人手持ち証拠である日記の証拠調べ請求があった場合に、どう対応するかの問題が残されてしまう。

したがって、〔小問②〕のように、B女に関する記載部分だけを証拠調べ請

求することは得策ではない。

(3) 小問③について

〔小問③〕に対する答えは明快である。なぜなら、〔小問③〕のような日記の記載は、Aにとって決定的とも言えるほど不利な証拠だからである。弁護人に積極的真実義務があり、かつ、守秘義務がないというような極端な説をとらないかぎり、弁護人が証拠調べ請求すべきであるとの見解はありえない。弁護人には、積極的に被告人の犯罪を申告する義務はなく、他方、被告人の秘密を守るべき義務があるので、検察官から証拠調べ請求するよう求められても応じるべきではない。

検察官の要求が〔小問②〕の限度にとどまるのであれば問題はない。だが、検察官が日記帳の内容を知れば、検察官から弁護人手持ち証拠の証拠調べ請求をすることができる。弁護人が証拠開示に応じておらず、かつ、守秘義務に忠実であれば、検察官が日記の内容を知ることは通常ありえないので、検察官が闇雲に証拠調べ請求しようとしても、立証趣旨を明示し、必要性を明らかにすることはできないであろう。したがって、設問のようなケースで、さらにすすんで検察官が弁護人手持ち証拠の証拠調べ請求をするようなことは通常起こらないであろう。

しかし、一部が被告人に有利なだけで他の一部が不利な証拠を、不用意に提出することに伴って、取り返しがつかない結果を招来する可能性があることに留意すべきである。

なお、被告人には有利だと弁護人が考えた場合にも、被告人の了承なしに証拠調べ請求をすることは、守秘義務に反することになる。

コラム 刑事弁護ワンポイントレッスン ⑬

出頭（シュットウ）？

　被告人の在廷は「出頭」と言われますが、弁護人も「立会」ではなく「出頭」です（刑訴法289条2項）。裁判官と書記官は「列席」で（刑訴法282条）、弁護人と対等な当事者であるはずの検察官は「出席」（同条）です。公判調書（手続部分）の記載はすべて以上の用語が用いられています。

　しかし、これは糾問的訴訟構造の残滓でしょう。これを意識してか、最近の判決書には、弁護人についても「出席」と明記するものがみられるようになってきました。

第2　証拠隠滅の回避

> **〔設問49〕情報提供と被疑者からの伝言等の依頼**
> 　被疑者Aは、C社の経理課の社員であるが、覚せい剤所持で逮捕・勾留されている。接見して話を聞くと、C社の社長Bが事件に関わっているようだ。
> 　弁護人Xは、以下の場合、どのように対処すべきか。
> ①　Aから「社長が覚せい剤を使用していたことを、私が言いそうになっていることは、社長や専務に言わないでくださいね」と言われた。
> ②　Aから「私の個人ロッカーに『会社の会計帳簿』というのが置いてあるのですが、押収されたか、調べてきて教えてもらえますか」と言われた。
> ③　社長Bから「私のことは言わないようにAに伝えてください」と言われた。
> ④　Aに対して、③のように社長Bから言われたことについて、一切話題として伏せておいてもよいか。

■キーワード

証拠隠滅　犯罪への加担　守秘義務　外部交通権

■関連条文

○刑法104条（証拠隠滅等）
○刑事訴訟法196条（捜査上の注意）
○弁護士職務基本規程75条（偽証のそそのかし）

問題の所在

　弁護人が、被疑者・被告人に対して情報提供をすることと、被疑者等の罪証隠滅行為に加担することとはまったく異質なものである。また、被疑者等からの伝言等を依頼されることと証拠隠滅行為に加担することともまったく異なるものである。しかし、実際上は、その区別は明確ではなく、その峻別が問題となる。

解説

1　小問①について

　被疑者・被告人にとって有利・不利を問わず、被疑者等から「言わないように」との要請を受けた場合には、それを外部に伝えることは、守秘義務に反することとなり、許されない。

　もっとも、実務的な観点から言えば、外部の者に伝えないことが被疑者等にとって不利になる場合には、その利害得失を十分に被疑者等に説明しなければならないであろう。

　〔小問①〕の事例では、Aが他言無用と頼んでいるのは「社長が覚せい剤を使用していたことをAが言いそうになっている」ことであるから、そのことが社長に知れると、社長はAを解雇するかもしれない。したがって、Aの伝えないでほしいとの要望に従うべきである。もっとも、捜査官に言う以上は、社長も覚せい剤所持で逮捕されるかもしれず、そうすると社長にAの供述内容が知れることとなるので、その点のAへの説明は必要である。

2　小問②について

　〔小問②〕では、「会社の会計帳簿」なるものが、いかなる性質のものかは定かではない。また、社員にすぎないAの個人ロッカーに「会社の会計帳簿」なるものが保管されていること自体が奇異であり、もしかすると脱税のための裏帳簿である可能性もなくはない。

　したがって、実務上の留意点としては、まずXは、当該「会社の会計帳簿」

なるものがいかなる性質のものか、なぜ、押収されているか否かを知りたいのかをAに尋ねるべきであろう。

しかしながら、Aの要請は、押収されたか否かという情報の提供を求めているにすぎないのであるから、たとえ当該帳簿が犯罪の証拠であるとしても、それが押収されたか否かを教えるべきである。なぜなら、かりに当該帳簿が犯罪の証拠である場合には、Aにとっては、その余罪とも言うべき新たな嫌疑の発生の可能性に対して、防御をする必要性が生じるからである。

もっとも、押収されていないことを伝える場合には、Aが新たな違法・不当な行動に出ないように注意をしておかなければならない。

3 小問③について

設問では、社長BがAの覚せい剤所持に関与しているようである。そして、BのAに対する要請も、まさしくBが関与していることをAに対して言わないように口止めするという内容のように思われる。もっとも、たしかにAは、Bの覚せい剤の自己使用を知っているようであるが、その具体的なAの覚知の内容は、設問からはいま一つ定かではない。もしかすれば、Aの誤解であるかもしれない。したがって、実務的な留意点としては、Bの事件への関与の度合いや、Bの覚せい剤の自己使用の状況を、Aがどの程度知っているのかを尋ねるべきであろう。

AがBのことについて黙っている場合には、将来的に保釈等において、「共犯者の存在について口を濁している」などという形で、罪証隠滅の相当理由があることの根拠とされかねない。また、AとBとの支配従属関係からすれば、弁護人の伝え方いかんによっては、Aに対して、Bが関与していないという虚偽供述を勧めることにもなりかねない。さらには、Bからの伝言をAに伝えたにもかかわらず、AがBのことを供述してしまった場合には、BがAに対して不利益処分を行うかもしれない。

したがって、Bからの伝言をAに伝えることは、将来的に、Aが不利益を被る危険性があるので、伝えるか否か、伝えるとしてもどのような伝え方をする

のかについて、慎重のうえにも慎重を期さなければならない。

　また、Aの覚せい剤所持事案が、Bの指示・強制のもとに行なわれたものであれば、Aの情状の観点からすると、Bの関与を供述したほうが、Aにとって有利になることも考えられる。そうだとすれば、むしろXは、Bの要請事項を伝えつつも、Aに対しては、Bの関与を積極的に供述するほうが有利になりうることを説明すべきであろう。もっとも、それによってBから被るかもしれない不利益処分についても説明をしておかなければならない。

　結局のところ、Bのことについて、供述をするか黙秘をするかは、Aの判断にかからしめざるをえない事項であり、Xは、Aが自由な意思のもとで自己決定ができるように、法的な助言をするにとどめるべきではなかろうか。

4　小問④について

　かりに、Aの弁護について、実質的には弁護費用がBから出捐されていたとしても、弁護人Xの依頼者はAであるから（〔設問29〕の解説参照）、Bからの要請事項をたとえAには伝えなくとも、問題はない。ことに、弁護人の接見時における役割について「弁護人スクリーニング論」を前提にすれば、Xは、あくまでもAの立場に立って、Bの伝言を伝えるか否かを決すべきこととなるので、なおさらである（〔設問45〕の解説参照）。

　実務的には、Bからの要請事項をAに伝えることは、保釈等の関係で罪証隠滅行為とみられる可能性がある以上、それを伝えないほうがAのためになると言うべきである。

　他方、被疑者等の自己決定権の存在を重視し、上記のBからの伝言依頼は、あくまでも外部の情報を伝えるにすぎないので、それを伝えることにはなんらの問題もないとする考え方も成り立ちえよう。しかし、その場合は、前記のとおり、あくまでも情報として伝えるだけにとどめる工夫が必要であり、被疑者等の自由かつ合理的な意思決定ができる状況を保たなければならない。

　もっとも、Bには「Aには必ず伝える」と言っておきながら、Aには伝えないという対応をXがした場合、結果的にではあれ、Bに対して嘘を言うことに

なるという問題が生じる。また、外部の情報を正確に提供することが弁護人の責務であるとの考えに立てば、その伝達内容の是非にかかわらず、伝えなければならないとの結論も出てくるであろう。

実務的には、伝達すべき内容によってBとの対応を考えざるをえない。ただ、その伝達内容がAに不利益を生じせしめる場合、Bに対して「要請事項は理解したが、それを伝えるか否かは私の判断もあるので、お約束はできない」との断りを入れておくべきであろう。

結論としては、Aの自由かつ合理的な意思決定ができるように配慮しつつ、たんなる外部情報として伝えるか、それが困難もしくはAの立場が不利になると判断される場合には、Bの伝言要請を断るべきであろう。

> 〔設問50〕けん銃の提出
>
> 弁護人Xは、銃刀法違反（けん銃所持の疑い）で逮捕された被疑者Aに接見したところ「実はBのところにけん銃を預けているが、Bの迷惑にならないようにして警察にけん銃を提出したい。私（A）の妻Cに、Bと連絡をとらせて、けん銃を私の自宅へ返してもらうように伝えてほしい」と頼まれた。
>
> Xはどう対処すべきか。

キーワード

証拠隠滅　犯罪への加担　自首への同行

関連条文

○刑法104条（証拠隠滅等）
○刑事訴訟法196条（捜査上の注意）
○弁護士職務基本規程5条（信義誠実）　75条（偽証のそそのかし）

> 問題の所在

　弁護人が被疑者・被告人の要請に応えるべきことは、弁護人の責務であるが、それが犯罪を構成し、あるいはその可能性がある場合には、いかに対応すべきかが問題となる。

> 解　説

　被疑者Aの要請内容は、一見すれば自首に該当し、それを実現すべき弁護人の行動にはなんら問題がないようにも思われる。
　しかしながら、Bは銃刀法違反（けん銃の所持）の罪を犯しており、当該けん銃は、Aの所持罪の証拠であると同時に、Bの所持罪の証拠でもあるので、Aの要請内容は、Bの所持罪の証拠を隠匿することともなり、Bの所持罪の証拠に関する証拠隠滅罪が成立することとなる。設問では、妻Cを介して連絡をとるようにとの依頼であるが、その場合には、さらにC自身も証拠隠滅罪や犯人隠避罪に問擬されうることとなる。なお、証拠隠滅罪の成否については、〔設問51〕の解説1を参照されたい。
　したがって、弁護人Xは、Aからの要請は断るべきである。

> 実務上の留意点

　1993（平5）年の銃刀法（31条の5）の改正により、けん銃を任意提出した者に対しては、「刑を軽減し、又は免除する」こととなった。したがって、設問とは異なり、自己（被疑者）が所持するけん銃を任意に提出するかぎり、刑の軽減又は免除を受けることができる。
　他方、けん銃を任意提出し、自首したいと言う被疑者がいた場合、弁護人がその出頭に同行することは少なくない。その場合に、弁護人がけん銃所持の幇助などの罪に問擬されないことには異論をみない。しかし、被疑者のけん銃が、設問のようなB宅ではなく、被疑者Aの自宅にあった場合に、それを弁護人が持ち出して警察へ任意提出する行為が、犯罪に問擬されないと言い切れるであろうか。刑法35条の正当業務行為として違法性を阻却されると解すべきである

が、確固たる判例がない現時点では、弁護人は、そのような行為をするべきではない。ましてや、設問では、けん銃はBが所持しているというのであるから、「被疑者Aが所持している」という形で弁護人が提出することは、弁護人自身も犯人隠避に問擬されかねない（〔設問21〕および〔設問55〕の解説参照）。

　実務的には、被疑者Aからけん銃の任意提出が得られるのであれば、あえてBの立件はしないという警察との取引が成立する可能性もないではない。しかし、司法取引が制度論として確立していないわが国においては、その「約束」の法的効力自体に疑問が残るうえ、警察の「約束」が信用しうるものかについても疑問がある。

　これらの問題は、立法的な解決をまたざるをえず、現行法のもとでは、弁護人Xは、妻Cが「Bのけん銃所持罪」の証拠隠滅罪や犯人隠避罪を犯すことになることを指摘し、被疑者Aからの要請を断るべきであろう。

〔設問51〕預り品等の取扱い

　Aは、業務上横領の被疑事実で警察から取調べのため出頭を要請された。Aは、警察に出頭する前、弁護士Xの事務所を訪れ、弁護を依頼した。

① その際、Aは、ダンボール箱を持参し「この中には被疑事実に関する裏帳簿、経過を示すメモ等が入っています。お時間のあるときに目を通して内容を把握しておいてください」と、ダンボール箱の保管を依頼した。

　　Xは預かってよいか。

② その後、Aは逮捕され、接見に行ったところ、「先生に預けてあるダンボール箱の中のものはすべて廃棄しておいてください」との依頼を受けた。

　　Xは依頼に応じてよいか。

③ 「先生に渡しておいたダンボール箱を妻に返還しておいてください」との依頼であればどうか。

④ Xの手元にダンボール箱があることを警察が知り、この任意提出を求めてきた場合、Xはどうすべきか。
⑤ Aが無罪を争っている場合と、罪を認めている場合とでは結論が異なるか。
⑥ ダンボール箱の中には、Aの言ったとおりのもの以外にアドレス帳（Aは覚せい剤の密売を行っていたらしく、その顧客の名簿のアドレス帳のようであった）と、白い粉末状のものが入ったビニール袋があった。
　　Xはどうすべきか。
⑦ Aが一人住まいで身寄りがない場合に、Aに頼まれ、そのアパートを引き払うため、アパートの部屋の片づけをしていたときに、アドレス帳や白い粉が入ったビニール袋を発見した場合に、Xはどう対処すべきか。

キーワード

証拠物の保管　証拠物の処分　秘密漏示　証拠隠滅　犯罪の回避

関連条文

○刑法104条（証拠隠滅等）　134条（秘密漏示）
○弁護士法23条（秘密保持の権利及び義務）
○弁護士職務基本規程23条（秘密の保持）

問題の所在

　刑事事件の証拠物と思われる物の保管や、その処分を頼まれた場合、弁護人として、倫理上、法律上、どこまでのことが許されるのか、その範囲が問題となる。

解説

1 基本的視点

　民事事件、刑事事件を問わず、裁判は法と証拠にもとづき判断される。当然、証拠は裁判の結果に対して重大な影響を与える。証拠を隠滅、偽造、変造などすると、公正な裁判を実現できないことにもなる。とりわけ刑事事件で証拠の隠滅などが行われると、被告人とされた者の運命に重大な影響を与えかねないとともに、国家の刑罰権が適切に行使されないおそれがある。そのため、刑法は、刑事事件に関して、証拠の隠滅、偽造、変造をした者に対して刑罰をもって臨むこととしている（刑法104条）。

　民事事件では、代理人である弁護士が証拠物を預かることは通常行われている。そして、弁護士は、これらの証拠の有利不利を問わず、裁判に顕出すべき義務はない。刑事事件においても、弁護人は、手持ち証拠のうち被疑者・被告人に不利なものを捜査機関や裁判に提出・顕出する義務はない。

　しかし、刑事事件では、証拠物を弁護人が預かる行為自体が刑法104条の証拠隠滅罪を構成することがありうる。また、被疑者等が弁護人に預けようとする物が禁制品であることもありうる。さらには、弁護人に預けるのではなく、証拠そのものの隠滅行為を依頼し、あるいは、これに加担させようとする場合もある。

　他方、刑事事件の弁護人は、被疑者等の権利・利益の擁護者として、国家刑罰権の発動を抑止する方向で弁護活動を行う義務がある。このため、被疑者等に不利となる証拠物の取扱いにつき苦慮することもありうる。

　しかし、刑法に規定されている証拠隠滅罪に該当する行為が許されないことは言うまでもない。そこで、設問を検討するに先立って、証拠隠滅罪の構成要件などを確認しておく必要がある。

　刑法が規定する証拠隠滅罪とは、他人の「刑事事件」に関する証拠を「隠滅」する行為である。故意犯であるので、結果的にこのような行為がなされたとしても本罪を構成しない。「隠滅」するとは、積極的に証拠物を毀損廃棄してしまう行為だけではなく、その顕出を妨げる行為も含む（大判昭12年4月28日刑

集16巻8号56頁、同10年9月28日刑集14巻17号997頁）とされている。したがって、証拠物を発見しにくくする行為も含まれる。しかし、不作為犯ではないので、積極的に隠滅する行為が必要であり、発見されにくい状態をそのままにしていても隠滅にはあたらない。

2　小問①について

〔小問①〕の書類が事件に関係する証拠物であることに争いはないであろう。また、Aからこれらの書類を預かることは、Aの手元にある場合に比べて捜査機関から発見しにくくなることも間違いない。Aの自宅が捜索されれば容易に発見されたであろうものが、弁護士事務所にあるために発見されないという結果が予測される。このように考えると、Xがこれらを預かることは刑法104条の証拠を隠滅することにあたる可能性がある。

しかしながら、他方、Xがこのような書類を預かってその内容を検討することは、弁護活動上必須のことであるとも言える。

刑法104条は故意犯であるので、Xの預かる行為によって、たとえ証拠物が発見されにくい状況が結果的に発生したとしても、Xがもっぱら証拠の発見を妨げるために預かろうとしたものではなく、その内容を検討するためであるとすれば、証拠隠滅罪は成立しないと言うべきである。

ちなみに、Xが、その業務上の必要性から預かるとしても、証拠が発見されにくくなることは未必的にせよ認識しているとして、刑法104条の故意（未必的故意）が認定できるとの立場に立ったとしても、弁護士業務の必要性から、正当業務行為（刑法35条）として、その行為の違法性が阻却されると考えるべきである。

したがって、設問についてはこれを預かってよいこととなる。

しかし、Xは、Aが後日警察官に対して、「実は、弁護士が裏帳簿やメモがあるなら事務所に持ってきて隠しておいたほうがよいと言ったので持っていった。自分の本意ではなかった」などと、A自らの立場をよくしようとして虚偽の事実を述べる場合も想定しておくべきであろう。

このようなことを考慮すると、弁護活動上必要とされる書類であっても、原本を預かるのではなく、そのコピーを保管しておくのが賢明である。

3　小問②について
　〔小問②〕におけるダンボール箱在中のものが刑事事件の証拠であることは前述のとおりであるから、これを廃棄することは証拠を隠滅することとなり、Aの依頼には応じられない。

4　小問③について
　〔小問③〕のように、妻に返還することは許される。
　もっとも、〔小問②〕の依頼に対し、これをXが拒絶したために〔小問③〕のような依頼がなされたという経緯があれば、妻に返還すると、返還を受けた妻がこれを廃棄する可能性がある。
　しかし、弁護人には積極的に証拠を保全しておく義務があるわけではないので、かりに妻において証拠を廃棄してしまう可能性があったとしても、弁護人が妻を道具として証拠隠滅をはかったと評価されることはなく、返還してよいこととなる。
　もちろん、妻に返還する際に「Aから廃棄の依頼を受けたが、弁護士は証拠隠滅を犯すことはできない。親族が行っても刑は免除されうる」などと告げて返還することは、証拠隠滅の教唆となりうる。したがって、妻に返還する際には「けっして廃棄はしないように」などの注意をしておくべきである。

5　小問④について
　〔小問④〕のように、警察がこのダンボール箱につき任意提出を求めてきた場合、このダンボール箱の中には、Aが現在取調べを受けている業務上横領の犯罪行為に関係する書類が存在しており、その内容は、Aにとって人に知られたくない内容、すなわち、秘密であることの蓋然性が高い。したがって、これを任意提出することは、弁護士法23条、弁護士職務基本規程23条に反するおそ

れがある。また、刑法134条の秘密漏示罪にあたる可能性もある。

　ちなみに、医師が患者の体から採取した尿を警察に対して任意提出し、これが覚せい剤事犯で証拠として使用された事案で、札幌地方裁判所は「治療行為にあたる医師としては、その採取した尿を治療行為に必要な範囲内でのみ利用し、処分しうるという義務を負っていることは否定できない」（後掲札幌地判平4年9月10日）と判示している。もっとも、この判決では、医師にも犯罪の告発権限があり（刑訴法239条）、刑訴法105条の押収拒絶権も医師に認められた権限であって義務ではないとして、この任意提出手続に違法はないとしている。

　しかしながら、この判決を前提としても、Xには告発義務はなく、Xによる任意提出が問題ないということになれば、守秘義務を定めた弁護士法、弁護士職務基本規程の「依頼者の秘密を守ることにより構築される弁護士と依頼者との信頼関係の保護」はその根底から覆されることとなってしまう。したがって、Xは、任意提出に応じてはならない。

6　小問⑤について

　Aが無罪を争っている場合には上記のとおりであるが、有罪を認めている場合には、これらの書類がAの罪状を悪化させることがなく、また、任意提出に応じることにより情状がよくなることもありえよう。Xが、警察から任意提出を求められていることをAに告げたとしても、Aから任意提出に応じてもかまわないとの回答がなされる可能性も高いであろう。

　しかし、その可能性が高いからといって、また、弁護人の判断によればその書類の提出が被疑者等に有利であるとしても、Aとの協議なしに任意提出に応じることは、守秘義務の違反として、やはり許されないと言うべきである。

7　小問⑥について

　(1)　預かってしまったものの中に別の事件の証拠物となるようなものが発見された場合、弁護人はどうすべきであろうか。

この場合、Xは、それを預かるときに、設問のようなものが入っていることを認識していなければ、証拠隠滅の故意はなく、証拠隠滅罪に問われることはない。しかし、ビニール袋に入っている白い粉末状のものは覚せい剤である可能性が高い。覚せい剤であるとすれば、これをそのまま保管しておくことは、自らが覚せい剤取締法違反（所持罪）を犯すこととなる。もっとも、この場合、あくまでも証拠物として保管することから、覚せい剤取締法14条2項4号の「法令に基づいてする行為につき覚せい剤を所持する場合」に該当し、あるいは、正当業務行為（刑法35条）として違法性を阻却されるとも考えられうるが、確たる判例はない。

　(2)　Xが、これをAに返還しようとしても、Aが逮捕・勾留されている場合、Aに返還することは事実上不可能である。Aに返還できないときに、その親族・友人に返還するのはどうであろうか。これらの者に渡すことは、これらの者をして覚せい剤を所持させることとなる。かりに、これらの者が覚せい剤であることを認識し、これを廃棄してしまった場合には（Aが所持していたものであるから、Aの親族・友人は、Aの犯罪を隠そうとしてこれを廃棄しようと考えるのが自然であろう）、これらの者に覚せい剤所持罪や証拠隠滅罪が適用されることとなる。ただし、親族であった場合には刑法105条によって証拠隠滅罪の刑は免除されうる。

　(3)　したがって、Aが身体を拘束されている場合には、Aと速やかに接見し、覚せい剤であるかどうかを確認し、覚せい剤であれば、警察に任意提出するよう説得することとなろう。しかし、説得に応じない場合にどうするかは苦慮するところである。Aの意思に反して警察に提出することは、守秘義務に真っ向から反することとなり、Xが廃棄してしまうことは証拠隠滅罪を犯すこととなる。そうかといって、そのまま所持し続けることは、覚せい剤所持の罪を犯すことになる。Xとしては、Aに告知したうえで親族に返還することが最も問題が少ないように思われるが、それとても良策とは言えない。Aが身寄りもない場合には、弁護人であるXが保管を続けるか、警察署に匿名で郵送することも考えられる。

なお、警察署に匿名で郵送する場合には、匿名性を確保するための工夫が必要となろう。

(4)　もし、Xが保管を続けることを選択する場合には、保管中にも覚せい剤であるとの認識がなかったと、事実に反することを主張せざるをえないであろう。また、かりに何らかの事情により、Xのもとに覚せい剤のあることが捜査機関に明らかになった場合には、任意提出を求められたり、捜索・差押えの対象になったりすることもある。この場合には、守秘義務との関係でXは困難な状況におかれることを覚悟すべきである。

ただし、設問の場合、Xは業務上横領事件につき依頼を受けているのみであるので、後記(5)のように、覚せい剤事件については守秘義務は発生していないとの考え方もありうる。しかし、刑事事件の依頼を受けた弁護人は、被疑者等の余罪についても潜在的には弁護の依頼がなされる蓋然性が高く、あるいは余罪の存否・情状についても依頼を受けた事件の情状となるので、依頼事件と関連性の深いものとして、やはり守秘義務を負うと考えるべきである。

さらには、この覚せい剤のことはなんら表ざたにならなかった場合には、身体拘束を解かれたAに対し、これを返還することによってあらたな犯罪が生じる可能性もある。

ちなみに、ABA刑事弁護スタンダードでは、4—4.6(e)において

「弁護人が……法執行機関……に物品の場所を開示する、あるいは引き渡す場合には、弁護人は、依頼者の利益を保護するために工夫された最良の方法で行わなければならない」と規定している。

(5)　以上は、覚せい剤についてもXとAとの間に守秘義務が存在するとの考えに立つものであるが、覚せい剤事犯については弁護依頼を受けておらず、Xの守秘義務の範囲内にはないとの考え方もある。

すなわち、この場合、発見されたものは、受任した事件とは関係ないものである。また、当初のAとXとのダンボール箱を預かる際の話合いの話題にはまったく出てこなかったものであり、いわばXは、覚せい剤を発見しにくくするための道具として利用されたとも言える。

したがって、AとXとの間には、業務上横領の関係書類とは異なり、覚せい剤については、なんら私法上の合意はなく、また、覚せい剤事件についての弁護も引き受けていないので、守秘義務も覚せい剤事件には及ばないと言える。この考え方からすれば、そのまま覚せい剤を警察に提出することも問題ないこととなる。

しかし、通常のAの思いからすれば、Xがそのような行動に出ることはAに対する背信行為と受け取るであろうから、信頼関係の維持は困難となろう。

8 小問⑦について

〔小問⑦〕においては、Xは、Aに頼まれてアパートを引き払おうとした際に、禁制品を発見しているが、これを捜査機関に届け出る義務はない。また、この場合には、これらのものがXの支配下にはないのであるから、X自らが覚せい剤の所持違反に問われることもない。

〔小問⑦〕においては、Aからアパートの引払いを依頼され、これを承諾してアパートに行ったものではあるが、このようなものが発見された以上、その依頼された業務を遂行することが不可能であることを理由に、これを中止しても、依頼業務の不履行とは言えない。

したがって、Xは、Aと接見し、事情を話し、依頼された業務を遂行できないと告げてよい。

参考判例

○東京高判平9年10月15日東高刑判時報48巻1～12号67頁
　（判示事項要旨）
　治療目的で採取された被疑者の尿の残りにつき警察官が担当医師から任意提出を受けて領置したことに違法はないとされた事例
○札幌地判平4年9月10日判時1443号159頁、判タ805号245頁
　（判示事項要旨）
　治療行為に当たる医師としては、その採取した尿を治療行為に必要な範囲内

でのみ利用し、処分し得るという診療契約上ないし事務管理上の義務を負っていることは否定できないところであろう。しかし、他方、刑事訴訟法221条、101条は、他人のために証拠物等を占有する保管者からの任意提出、領置の制度を明文で認めており、しかもその適用対象の範囲を限定してはいない。また、同法239条１項によれば、医師にも犯罪の告発権限があるのであるし、同法105条にいう押収拒絶権も、医師に認められた権限であって義務ではない。そうすると、治療行為に当たる医師に、患者の尿を捜査機関に提出する権限があると一般的に認めることはできないとしても、契約あるいは事務管理という私法上の義務違反が、直ちに、捜査機関に対する尿の任意提出、その領置の手続を違法とするものではないというべきである。

〔設問52〕被疑者・被告人に対する捜査情報の提供と罪証隠滅
接見等禁止中の被疑者・被告人からの以下のような要望に対し、弁護人はどのように対処すべきか。
① 「どこを捜索されて、何が押収されたか、調べて教えてください」
② 「共犯者がどのような供述をしているのか、調べて教えてください」
③ 「参考人がどのような供述をしているのか、調べて教えてください」
④ 「押収された私の日記の『犯行日』にどのようなことが書いてあるか、調べて教えてください」

キーワード

被疑者等の利益　インフォームド・コンセント　報告義務　参考人との接触

関連条文

○弁護士職務基本規程36条（事件処理の報告及び協議）　48条（防御権の説明

等)

> 問題の所在

　弁護人は、被疑者・被告人に対して、どこまでの情報を知らせなければならないかが問題となる。古くは、被疑者等には情報を開示しないで記憶どおり供述させたほうがよいとする考えもあった。しかし、現在では、被疑者等は、その防御のために的確な情報を取得しておくことが必要だと考えられているのではなかろうか。他方、すべての情報を開示しないほうが、結果として被疑者等の利益となる場合もあるのではなかろうか。以下では、具体的な事案で、どのような情報をどの程度開示すべきかを検討する。

> 解説

1　情報提供の重要性

　弁護士職務基本規程36条は「弁護士は、必要に応じ、依頼者に対して、事件の経過及び事件の帰趨に影響を及ぼす事項を報告し、依頼者と協議しながら事件の処理を進めなければならない」と規定している。この点は刑事事件と民事事件で異ならない。

　弁護人は、初回接見時などの当初の機会に、被疑者・被告人の刑事訴訟法上の地位や権利はもちろん、事件の見通し等についても説明しなければならない。弁護人がその後知りえた情報も、被疑者等に提供しなければならない。それらの情報に関する法的意味なども説明しなければならない。

　弁護士職務基本規程48条も「弁護士は、被疑者及び被告人に対し、黙秘権その他の防御権について適切な説明及び助言を行」わなければならないことを規定している。

　このように、弁護人に、被疑者等に対して情報を提供すべき責務があることに異論はなかろう。捜査や裁判について最大の利害を有する被疑者等は、防御権行使の前提として弁護人が知りえた情報を知る権利がある。弁護人が被疑者等に情報を提供すべきことは、弁護人の誠実義務の当然の帰結であり、インフ

オームド・コンセントからの要請でもある。

2　提供すべき情報の取捨選択

　刑事事件における報告義務は、いろいろな場面で問題となる。とりわけ重要で難しいのは、捜査段階における報告義務である。

　調書裁判と呼ばれるわが国の現状では、罪体のみならず、生立ちから情状までが、捜査段階の被疑者の供述調書で認定されてしまうことが多い。不確実な情報を不用意に被疑者に知らせたため、被疑者がその情報にもとづいて事実ではない供述をして調書に記載された場合には、後の公判でそれを覆すことは困難になる。

　このような危険性に配慮して、弁護人は被疑者等に情報を取捨選択して伝えるべきか、あるいは、被疑者等に情報を秘匿することは一切許されないと考えるべきかが問題になる。

3　考え方の対立

　まず、被疑者・被告人にはすべての情報を提供すべきだという説（A説）がある。この説は、被疑者等が当事者であり、捜査・裁判に利害関係を持つこと、自己決定権を有すること、弁護人には被疑者等に対して誠実義務があること等を根拠とする。

　もう一つの説は、弁護人は提供すべき情報を取捨選択しなければならない（してもよい）という説（B説）である。明らかに罪証隠滅につながるような情報、被疑者等の動揺や思惑を誘発する情報は、弁護人の適正な判断によって取捨選択されることも認められるという。また、その判断は、被疑者等の防御がその情報提供によって真にはかられるか否かという観点からなされ、伝えなくても誠実義務には反しないと考えるのである。

　しかし、A説からB説に対しては、そのような考えは、被疑者等が罪証隠滅行為をすると決めつけるものであり、弁護士が日頃批判している、保釈における裁判所の考え方と同様の考えに立つことになるのではないか、との批判があ

る。すなわち、裁判所が保釈を容易には許可しない理由としてよくあげられるのは、罪証隠滅の「おそれ」である。弁護士会は、裁判所のこのような傾向を長年にわたって批判してきた。ところが、いざ被疑者等への弁護人の情報提供の場面になると、「これを伝えると罪証隠滅に結びつくおそれがある」からという理由で、弁護人が情報提供を止めてしまうのは、被疑者等を自己決定権のある当事者として尊重していないからだと主張するのである。

他方、B説からA説に対しては、すべての情報を被疑者等に提供すると、結果として弁護人が罪証隠滅に関与してしまう危険性があり、接見等禁止の脱法行為につながるおそれがある、と批判する。また、弁護人の適正な判断のもとで取捨選択された情報提供は、被疑者等の自己決定権を妨害することにはならず、弁護人による適正な情報提供の取捨選択は、弁護活動への社会的信頼を確保し、弁護権の強化につながると主張する。

なお、いずれの説からも、虚偽の報告は行うべきでないとされる。たとえそれが気休めとしてであっても、虚偽の報告は虚偽ということ自体で、弁護人の誠実義務に反することになるであろう。したがって、情報を伝える場合には、事実をありのまま伝えたうえで、正しい助言をすべきである。

4 設問について

〔小問①〕の質問に答える形で、その情報を提供することにはなんの問題もない。A・B両説ともに「どこを捜索されて、何が押収されたか」を調べて教えるべきであるとの結論となる。

なお、謄写記録のうち、押収品目録の差入れを依頼された場合に、弁護人がこれを拒むことはありえないことからも、この結論は正当化される。

しかし、〔小問②〕の共犯者の供述内容を教えることや、〔小問③〕の参考人の供述内容を教えることについては、A・B両説で違いが出てくる。A説では当然教えることになる。これに対して、B説では、これを伝えることが接見等禁止決定に反する、あるいは被疑者等の動揺や思惑が働いてしまい、かえって有害になる、と弁護人が判断した場合には伝えないことになる。

〔小問④〕のような質問に対しては、当然教えるということになろう。

5 ABA刑事弁護スタンダード

なお、ABA刑事弁護スタンダード4—3.8（依頼者に知らせる義務）には、以下の規定が設けられている。

(a) 弁護人は、事件の展開と弁護準備の進展を依頼者に知らせなければならず、迅速に、情報に関する合理的要求に従わなければならない。

(b) 弁護人は、依頼者に弁護について知らされて判断させるために、合理的な必要性の程度に、事件の展開について説明しなければならない。

第3　捏造証拠の提出の回避

> 〔設問53〕合意と異なる内容の示談書の作成・提出
> ① 被告人Aと被害者Bとの間に分割弁済の示談が成立したが、弁護人Xは、Aから「一括弁済完了の示談ができたように見せるため、一括弁済の示談書をBに作成してもらってほしい」と言われ、Bと交渉したところ、Bもそれに応じてくれたので、一括弁済の示談書を証拠として提出した。
> 　弁護人Xの対応に問題はないか。
> ② 見込みのない一括弁済予定の示談書の作成をXが行うことに問題はないか。

キーワード

証拠隠滅　犯罪の回避　捏造証拠の提出

関連条文

○刑法104条（証拠隠滅等）
○弁護士職務基本規程75条（偽証のそそのかし）

問題の所在

　被疑者・被告人に有利な証拠を収集・提出すべきは、弁護人の責務であるが、証拠の真実性に疑問がある場合に、弁護人がそれを証拠として提出することの可否が問題となる。

解説

1　小問①について

　証拠隠滅罪の対象となる証拠は、被疑者・被告人に有利なものであるか不利

なものであるかを問わない。設問における示談書は、偽造文書ではなく内容虚偽の文書にすぎないので、私文書偽造罪には該当しない。

しかし、たとえ犯罪が成立しなくとも、内容虚偽の文書を、それと知りつつ裁判の証拠として提出することは、弁護士職務基本規程75条に違反し、許されない。同条は、「虚偽と知りながらその証拠を提出してはならない」として、虚偽証拠の提出を禁止している。

2 小問②について

〔小問②〕では、〔小問①〕とは異なり、はたして虚偽文書であるか否かの判断が困難である。〔小問②〕では「見込みのない」とされているが、履行不可能の程度によって「内容虚偽の証拠」となるか否かが決められるところ、その区別が判然としない。履行の見込みが不可能に近づけば近づくほど、虚偽文書になる可能性は高くなり、ややもすれば被害者Bを騙したことにもなりかねない。

その判断には困難な点があるが、支払見込みについてBにどのような説明を行ったかによって、その結論が左右されるのではなかろうか。

実務上の留意点

1 小問①について

実務上は、公判立会検事が、必ずといってよいほど、Bに示談状況を問い合わせる。その際、Bが真実を話す可能性は少なくない。その場合には、当然弁護人Xに対する懲戒請求がなされるであろう。また、そのような虚偽の文書を作成し、これを証拠として提出したことの不利益は、Aにはね返ってくることを忘れてはならない。

設問のような条件での示談書の作成に応じてくれるBの思いは、一括弁済でなくとも示談・嘆願には応じるというものであろう。そうだとすれば、支払可能な分割弁済を内容とする示談書を締結し、かつ、嘆願書の交付を受けるべきである。

2 小問②について

　示談において、被疑者等の支払能力を弁護人が正確に把握することは困難である。弁護人は、被疑者等の言う支払能力を信じるしかない。したがって、被害者には、不用意に支払が確実であるとの「誤信」を生じさせないように留意するとともに、もし被害者から被疑者等の支払能力に対する質問があった場合には、不実な答え方をしないように注意しなければならない。ことに、被害者にしてみれば、弁護士が交渉にあたるということのみで、支払が確実であるとの信頼を抱くことが少なくないので、なおさらである。

〔設問54〕偽造された証拠の提出（調理師免許のコピー）
① 被告人Aから、「私は調理師免許を持っています。有利な情状なので、免許状を証拠として請求してください」と言われ、弁護人Xは、妻Bの持参したコピーを原本と照合しないままに証拠として提出してしまった。後日になって、そのコピーは偽造されたものであり、免許も取得していないことが分かった。
　　この場合、弁護人Xはどのように対処すべきか。
② コピーは偽造であったが、免許を取っていたこと自体は事実であった場合はどうか。

■キーワード

証拠隠滅　犯罪の回避　捏造証拠の提出

■関連条文
○刑法104条（証拠隠滅等）
○弁護士職務基本規程75条（偽証のそそのかし）

■問題の所在

　弁護人には虚偽証拠であることの認識がなく、証拠として提出された後に偽

造されたことが判明した場合、弁護人はどのような対応をすべきかが問題となる。

解説
1 小問①について
　(1)　被告人が、自らが受ける刑罰をなんとか少しでも軽くしたいと考えるのは、自然なことである。証拠として示すことができるほどの有利な情状がない場合に、設問のような間違った行為に走ることも想定される。しかし、虚偽が発覚すれば、被告人Aの思惑とはまったく逆に、Aの悪性を立証することになってしまう。そこで、弁護人は、そのようなこともありうることを念頭において、証拠の真正についての確認をすることが望まれる。

　もっとも、そもそも弁護活動は、被疑者等と弁護人との信頼関係を前提とするものであり、被疑者等の言うことを、はじめから疑いの目で見ることも妥当ではない。

　したがって、容易に虚偽と分かるのに見逃したという場合でないかぎり、虚偽証拠であることを知らないままに証拠として提出してしまったとしても、そのこと自体で弁護人の行為が問題とされることはない。

　ただし、特段の事情がないかぎり「証拠の原本にあたる」ことが弁護人に要請されているという見解に立てば、〔小問①〕のようなケースでも問題があることになる。しかし、弁護士職務基本規程75条が禁じているのは、虚偽証拠と知っていてこれを提出することであるから、偽造文書や虚偽文書であるとの認識を有していないかぎり、弁護士職務基本規程違反にはならない。

　(2)　問題は、後日に虚偽が発覚してからの弁護人の対応である。

　検察官や裁判所が虚偽を発見した場合は、検察官や裁判所が証拠から排除するか、あるいは虚偽の証拠が被告人から提出されたことを立証するための証拠として、心証形成に用いることになるであろう。難しいのは、検察官や裁判所には判明していないが、弁護人には分かった場合である。

　一つには、弁護人には、虚偽証拠の排除義務があり、偽造証拠が提出されて

いることに気づいた弁護人は、積極的に裁判所に対して証拠排除を求める義務があるとする考えがある。この考えに立てば、Xは、偽造証拠であることを裁判所に告げることをAに説明し、その納得を得るよう行動することとなる。そのようなXの方針にAが応じないときには、信頼関係が維持できないことを理由にして辞任することとなろう。

もう一つの考え方は、積極的に虚偽証拠を提出することは禁止されているとしても、弁護人の責任の範疇外において提出された虚偽証拠の排除義務まで弁護人が負うことはないとするものである。

当該証拠の虚偽性が、控訴審の結審後に判明した場合、また、同判決後に判明した場合、さらには判決確定後に判明した場合に、弁護人がいかなる対応をすべきかについては、理論的に困難な問題が生じる。少なくとも、判決確定後に判明した場合には、被告人に不利な再審請求は認められていないので、弁護人にはなす術がない。

このことからすれば、理論的には、弁護人の責めに帰さない事由によって虚偽証拠が提出されてしまった場合には、弁護人は証拠排除義務は負わないと解さざるをえないであろう。

(3) 実務上の留意点

実務的には、弁護人は、虚偽証拠の排除義務を認める立場であるか否かにかかわりなく、まず被告人Aに対して、判決までに検察官がそれを覚知した場合には、虚偽証拠を提出していること自体で不利益な取扱いをされる旨を説明しなければならない。それに加え、先手を打って、被告人質問のなかでその事実を明らかにしたほうがよいとAを説得すべきではなかろうか。そして、被告人質問のなかで、なぜこのような偽造文書を提出するに至ったか、その動機と経緯を明らかにすることによって、Aの情状が良くなることはないものの、少なくとも、より悪い情状となることを避けうることにはなろう。

2 小問②について

免許を取っていたことが事実であった場合には、免許状を紛失したなどの理

由で提出できなかった不足を補おうとしたにすぎないとも言える。したがって、Aに対する前記の説明・説得をしたうえで、Aが虚偽証拠の積極的な排除をすることとした場合には、しかるべき担当庁に対して、弁護士照会や公務所照会を行い、事実を立証すべきである。

第4 証人等の偽証・虚偽供述、あらたな犯罪の回避

> 〔設問55〕逃走資金提供者に関する身代り依頼の伝言
> 弁護人Xは、被告人Aから「私が逃げていたときに逃走資金をBから借りたが、それを言うとBに迷惑がかかるので、C（自分の息子）から借りたことにしたい。そのことをBとCに伝えてほしい」との依頼を受けた。
> Xは、これをBやCに伝えてよいか。

◆キーワード

犯人隠避　証拠隠滅　犯罪の回避　虚偽供述の回避

◆関連条文

○刑法103条（犯人蔵匿等）　104条（証拠隠滅等）
○刑事訴訟法196条（捜査上の注意）
○弁護士職務基本規程75条（偽証のそそのかし）

◆問題の所在

　弁護人は、被疑者・被告人の要請に最大限応えなければならない。もっとも、被疑者等の要請のなかには、第三者へ迷惑がかかることを防止することを内容とするものがある。そのような要請には、一見すれば合理性があるようにみえる場合も少なくない。しかし、その要請に応えることが、犯罪を構成し、あるいはそこまでに至らないとしても、倫理上の問題が生じる場合がある。そのような場合に、弁護人は、どのように対処すべきかが問題となる。

◆解説

　Bが、被告人Aは刑法103条（犯人蔵匿等）に定める「罰金以上の刑に当た

罪を犯した者又は拘禁中に逃走した者」であることを認識したうえで、Aに逃走資金を援助した場合には、Bには犯人隠避罪が成立する。Cが資金援助をしたのであれば、CはAの息子であるので、刑法105条の特例の適用を受ける。しかし、Cが、実際にはBが資金援助をしたにもかかわらず、「自己（C）が逃走資金を援助した」と言った場合、Cには「身代り犯」としてBを隠したという犯人隠避罪が成立する。

　以上を前提に考えると、弁護人Xが、被告人Aからの要請に従ってBとCに伝言した場合、Xには、Cによる犯人隠避罪についての教唆犯が成立する可能性がきわめて高い。類似の事案で、弁護人が犯人隠避罪の教唆犯として有罪判決を受けた事例（後掲参考判例参照）がある。したがって、Xは、設問のような依頼は断らなければならない。なお、この点については、〔設問21〕の解説4を参照されたい。

実務上の留意点

　実務的には、上記の法律関係をまずAに説明し、伝言しなければCにはなんらの犯罪も成立しないのに、伝言することによって、その伝言どおりにCがBの身代り犯として逃走資金を援助したと供述した場合には、Cにあらたな犯人隠避罪が成立することの説明をしなければならない。また、もしBにAの「犯人性」の認識がなかった場合には、そもそもBに犯人隠避罪は成立しないこと、さらに、警察は犯人隠避犯には力を入れて追及しないこともありうることを説明する。しかし、いずれにせよ、Aの依頼はあらたな犯罪を発生せしめることになる可能性が高いので、すべての関係者にとって害になることを十分に説明・説得するとともに、「弁護士は犯罪に加担することはできない」旨を明確に告げることとなろう。

参考判例

東京地判平12年9月13日（毎日新聞2000年9月14日付・公刊物未登載）

「甲被告は、今年1～2月、被告（弁護士Y）らと共謀し、東京地検の検察

官に『預かったクレジットカードや保険証を保釈逃亡中の父に渡した』と嘘の供述をし、実際に逃亡を助けた会社役員を隠した。東京地検は、いったん甲被告を身代わりのまま起訴し、その後取り消していた」。

なお、上記弁護士Yは、その後、犯人隠避罪で有罪判決を受けた。

> 〔設問56〕虚偽のアリバイ証言
> Xは、殺人事件の被告人Aの弁護人である。
> ① Aから「友人のBに頼めば、私のアリバイを証言してくれます。そのことをBに頼んでほしい」と依頼され、Bに面談したところ、「Aにアリバイはないが、Aを助けたいのでアリバイを証言してあげる」と言われた。
>   Xは、Bを証人として証拠調べ請求をしてもよいか。
> ② 捜査段階で、Bが①のような発言をした場合、Xは、Bを参考人として取り調べるよう警察官に要請してもよいか。
>   Xが反対したにもかかわらず、Bが「参考人として警察へ行く」と言った場合、Xはどう対応すべきか。
> ③ Bを証人として証拠調べ請求した時点では、XはBのアリバイ供述が虚偽であることを知らなかったが、証人尋問の打ち合わせの際にBのアリバイ供述が嘘であることが分かった場合、Xはどう対応すればよいか。
> ④ Xが、Aに「虚偽の証言をすることが判明しているBに証言をさせることはできない」と告げたところ、Aは「アリバイは間違いない」と主張し、「Bがそう証言してくれるなら、Bを証人とする証拠調べ請求を取り下げないでください。これで私の冤罪が晴れるんですから」と、強くBの証人尋問の実施を求めた。
>   Xはどう対応すべきか。
> ⑤ A自身が法廷でアリバイを供述しようとしている場合、Xはどう対応すべきか。

> キーワード

証拠隠滅　偽証教唆　犯罪の回避　参考人との接触

> 関連条文

○刑法104条（証拠隠滅等）105条の2（証人等威迫）169条（偽証）
○刑事訴訟法196条（捜査上の注意）
○弁護士職務基本規程75条（偽証のそそのかし）

> 問題の所在

　被疑者・被告人の不起訴・無罪を獲得することは、弁護人の責務である。しかし、被疑者等が示唆・指摘する証拠が虚偽であったり、参考人や証人が虚偽の供述や偽証を行おうとすることもある。このような場合の弁護人の対応が問題となる。

> 解説

1　基本的視点と問題点

　捜査段階の参考人の虚偽供述について、判例および多数説（大判大3年6月23日刑録20輯1324頁、最判昭28年10月19日刑集7巻10号1945頁、大地判昭43年3月18日判タ223号244頁、宮崎地日南支部判昭44年5月22日刑裁月報1巻5号535頁）は、なんらの犯罪にも問擬されないとするが、証拠隠滅罪が成立するとの見解もある（大塚仁『刑法各論（現代法律学全集）下巻』〔青林書院新社、1968年〕631頁参照）。判例および多数説の根拠は、証拠隠滅罪（刑法104条）の文言が「証拠」となっており、隠滅の対象は物的証拠に限られ、文理上、供述を含むとは解されないこと、偽証罪は宣誓が要件となっており、宣誓を拒否した場合には過料の制裁があるのみである（刑訴法160条1項）こととの均衡上、捜査段階の虚偽供述は証拠隠滅罪に該当しないと解すべきであること、物証には客観性が認められるものの供述はきわめて主観的であり、偽証罪は、その主観的な証拠である供述に対して例外的に処罰をすることにしていること等

である。

　実務的観点から言えば、もし捜査段階における虚偽供述も犯罪（証拠隠滅罪）になるとすれば、捜査側は、捜査側に有利な供述をする者には証拠隠滅罪の追及は行わず、逆に、被疑者・被告人側に有利な供述をする者に対しては証拠隠滅罪による逮捕という威嚇を加えることになりかねない。それでは、参考人の供述が捜査側に有利な方向へ一方的にねじ曲げられる危険性が生じ、適正な捜査が行われなくなる。したがって、実務的観点からも判例・多数説の見解が正しいと言うべきである。

　もっとも、犯罪にはならなくとも、参考人の供述が虚偽であることが明らかな場合に、そのような虚偽供述を慫慂・容認することが弁護士職務基本規程75条に反しないか否かの検討は必要である。

　アメリカでは、被告人にも証人適格があり、被告人が法廷で供述する場合には、他の証人同様宣誓のうえ証言するので、被告人の法廷供述にも偽証罪が成立する。そこで、ABAモデルルールを策定する過程で、被告人が偽証をすることが明らかな場合に、弁護人はどのような対応をすべきかが議論の対象となった。

　この議論のなかで、フリードマンは、①積極的に質問をしても可とする、②辞任する、③包括的な質問（「被告人の言いたいことを言ってください」との一問）にとどめる、という三つの選択肢を想定し、①を支持した。しかし、フリードマンは、①を支持する内容の講演をしたことで懲戒請求の対象となった（中村治朗「弁護士倫理あれこれ——アメリカの論議を中心として——」判例時報1149号3〜17頁・同1150号3〜15頁参照。特に、フリードマンの3つの難問については、同1150号8〜11頁）。

　わが国においては、被告人の虚偽供述に対してなんらの制裁もないので、アメリカとは事情を異にするが、なお、倫理上の問題は残る。

　被疑者・被告人が無実であるとすれば、無実の人間が犯行を行ったことを証明する直接・間接の証拠は虚偽の証拠と言わざるをえない。したがって、被疑者等には、「被害者」が虚偽供述を行っているとしか見えないであろう。この

ような「被害者」の供述を目の前にした被疑者等が、「目には目を」式の感情をもって、自己の無実を証明するためには自らも虚偽を述べることは許されると考えることもありうる。ただし、弁護人に対し、被疑者等や参考人が「これは嘘ですが」と前置きをして発言した内容が、はたして本当に虚偽の事実なのか否かは、弁護人には判然としないこともある。しかも、捜査段階においては証拠開示がなされていないため、弁護人において虚偽性の検証を行おうとしても、他の証拠との比較検討をすることもできない。

2 小問①について

前記の視点や問題点を前提に〔小問①〕を考えると、Bは証人として証言をすることが前提となっているので、Bの偽証に対する教唆犯が成立するのではないかが問題となる。

XがBに対して、「Aが嘘のアリバイを証言するように要請している」と伝言すれば、偽証教唆罪の成立は免れないであろう。また、Aの要請を「暗に」伝えたとしても、教唆をしたか否かの事実認定の問題は残る。「暗に」であればよいわけではない。

XがBに対して、Aの意向を伝えたのではなく、たんに「アリバイを証明できるのか否か」と尋ねたのに対し、Bが「Aにアリバイはないが、私はAを助けたいので、アリバイを証言してあげる」と言った場合には、Xには偽証教唆の実行行為はないと言える。

しかし、偽証することが明確になったうえでXがBを証人とする証拠調べ請求を行うことについては、結局、前述のフリードマンによる検討と同様に、三説が成り立ちうることとなるが、積極的にBを証人とする証拠調べ請求をすることが許されるとまでは言えないのではなかろうか。

Bが虚偽のアリバイ証言を行い、後にこの証言が虚偽であることが判明した場合、Aは窮地に立たされる。Xは、Aに対し、その危険性を十分に説明し、Bを証人とする証拠調べ請求は行わないようにすべきであろう。

3 小問②について

〔小問②〕は、捜査段階の参考人供述につき、〔小問①〕と同様の事態が起こった場合の弁護人の対応を検討するものである。積極的真実義務を認める立場からは、当然、虚偽供述を助長・慫慂することは許されない。弁護人の真実義務を消極的真実義務と考える立場からも、虚偽供述を積極的に捜査側に提示することは許されないこととなる。また、真実義務を認めない立場に立ったとしても、弁護士の倫理上、Bが虚偽供述を行うことを明確に意識した弁護人が、積極的に虚偽供述を助長・慫慂することまでは許されないとする。

実務的には、前述のとおり、アリバイ供述が崩れた場合の不利益をBに対して説明し、警察へ行かないように説得することが妥当であろう。

4 小問③について

〔小問③〕は、〔小問①〕と異なり、すでにBを証人とする証拠調べ請求を行っている場合である。基本的な考え方は〔小問①〕と同様であるが、弁護人がいったん行った証人の証拠調べ請求を取り下げることによって、裁判官の心証に与える影響も考慮しなければならなくなる。

なお、この点については、〔設問54〕の解説1、(2)を参照されたい。

5 小問④について

ここでも、前述のフリードマンにより検討された点が問題となる。Bが「偽証」をすることがXには明らかであるから、〔小問③〕と結論は変わらない。なお、A自らが質問をすればよいとの考えもありうる。しかし、それ自体、異例のことであり、裁判所には不自然に思われるであろう。

6 小問⑤について

〔小問⑤〕も、前記と同様に考えられるが、ここで問題となるのは、証人とは異なり、被告人の場合には、なんらの犯罪も成立せず、被告人の虚偽供述に対してはなんらの制裁もないことにある。

なお、被告人による「虚偽」供述という場合、被告人が虚偽のアリバイ供述を明言している場合と、弁護人が他の証拠から被告人のアリバイ供述が虚偽であるとの確信を得ている場合との二通りの場合が考えられる。これらの場合、弁護人の主観的な認識の程度が異なるので、前者は許されないが、後者は許されるという考え方も成り立ちうる。

　証人の場合と異なり、被告人自身には供述をする権利があるので、それを弁護人が制止する権限や義務があると考えることはできないであろう。

　実務的には、証人の場合と同様に、被告人が虚偽供述を行うことの不利益を十分に説き、それでも被告人が強行する場合には、弁護人にはこれを止める手段はない。

　もちろん、私選弁護事件の場合には辞任ができる。しかし、国選弁護事件の場合、辞任する理由として、抽象的に「信頼関係の維持困難」という理由だけで済めばよいが、そうでない場合には、難しい選択を迫られることとなる。なお、この点については〔設問17〕の解説を参照されたい。

第5　参考人との面談

〔設問57〕参考人との接触と捜査妨害
① 被疑者Aの弁護人Xが、参考人Bから事情聴取をした際、検察官から「捜査妨害だ」と言われた場合に、Xはどのように対応すべきか。
② 弁護人Xが参考人Bに捜査官からの事情聴取の際の注意事項を教えたところ、検察官から「捜査妨害だ」と言われた場合に、Xはどのように対応すべきか。
③ 弁護人Xが参考人Bから事情聴取をした結果、Bの説明は被疑者・被告人に不利なことが判明した。そこで、Bに対して、Xが「それは事実とは異なるのではないか」と問い質すことはできるか。
④ 弁護人Xが参考人Bから捜査機関に対する対応（出頭すべきか否か等）についてアドバイスを求められた場合、Xはどう対応すべきか。
⑤ 参考人Bが捜査官の呼出しに応じないため、検察官が起訴前の証人尋問を請求した。裁判所は証人としてBを採用し、Bに呼出し状が送達された。
　この場合に、弁護人Xは、Bに対して裁判所へ出頭しないように説得することはできるか。
⑥ 会社ぐるみの犯罪だとして、その社員である被疑者Aが逮捕され、他の社員数名が参考人として呼び出されている場合、弁護人Xが、それらの社員を召集し、会議をもつことは妥当か。

キーワード

弁護人の調査権　犯罪の回避　参考人との接触　起訴前の証人尋問請求　虚偽

供述の回避

関連条文
○刑法104条（証拠隠滅等）　105条の２（証人等威迫）　169条（偽証）　222条（脅迫）　223条（強要）
○弁護士職務基本規程５条（信義誠実）　75条（偽証のそそのかし）

問題の所在
　弁護人は捜査段階から弁護活動を行う。事実を確認して証拠化する活動は重要な弁護活動の一つである。参考人からの事情聴取もその一つであるが、捜査側からは「捜査妨害」だと非難されることがある。弁護人が参考人に対して事情聴取をすることにどのような問題があり、実際に事情聴取をする際にどのような注意を要するかが問題となる。なお、この点については、〔設問26〕の解説も参照されたい。

解説
1　小問①ないし③について
　〔小問①〕ないし〔小問③〕のいずれについても、弁護人の対応や説得・要請になんら問題はない。
　被疑者・被告人に不利となる供述をしようとする参考人に対して、事情を聴取し（〔小問①〕）、捜査機関の取調べに対する注意事項や対応策を教え（〔小問②〕）、その記憶間違いの可能性を質す（〔小問③〕）ことは、被疑者等の弁護に必要かつ有益である。
　これに対して、捜査側からは、「捜査妨害にあたる」「真実の発見を阻害する」「証人威迫である」などと非難が加えられることがある。しかし、捜査側の捜査と弁護側の弁護活動（調査）とは必然的に対立するものであり、弁護活動が活発になればなるほど、捜査は後退するという関係にある。
　〔小問①〕ないし〔小問③〕のような弁護人の活動を捜査妨害であるとして

許されないと考えることは、弁護人の活動を認めないと言うに等しく、とうてい妥当な主張とは言えない。

ときとして、捜査官が語気鋭く「嘘をつくな」と怒鳴ることが行われたりすることがあり、このような捜査がなされたからといって、供述の任意性は排斥されないという実態もある。しかしながら、現行の取調べの実態こそが批判されるべきであり、弁護人が参考人に対して事情聴取を行う際には、そのような犯罪行為に該当するような行為を行ってはならない。

実務上、参考人との面談の際、弁護人による説得・要請が適法な範囲内にあったことを証明することには困難が付きまとう。ことに、参考人が敵性証人であれば、「弁護人から出頭しないように脅された」などと、虚言を弄される場合もある。このような虚言により苦境に立たされないためには、面談の時刻は極力夜間を避け、面談の場所もホテルや喫茶店などの公開の場を選び、弁護人も複数にし、できれば面談内容を録音するなど、適法な面談であることを客観化・証拠化することに留意すべきであろう。

2　小問④について

〔小問①〕ないし〔小問③〕とは異なり、〔小問④〕のように、参考人から捜査官の事情聴取に応じるべきか否かについてのアドバイスを求められたときの対応には、別異の考慮が必要である。なぜなら、〔小問①〕ないし〔小問③〕における弁護人の行為は事実確認の範囲にとどまると解されるのに対して、〔小問④〕のアドバイスの内容が、捜査官の事情聴取には応じないようにというものであったときには、刑訴法196条の「捜査の妨げとならないように注意しなければならない」との規定に抵触するおそれが生じるからである。

しかし、刑訴法198条1項は、被疑者に対しても、逮捕・勾留されている場合を除いては出頭を拒むことができる旨を規定し、同197条1項但書は捜査機関による取調べにおいても法律に別に定める場合でなければ強制処分はできない旨を規定している。また、同226条は、検察官による第一回公判期日前の証人尋問請求を規定し、参考人などの出頭または供述拒否の場合の証拠確保方法

を定めている。

　これらの規定は、刑事訴訟法は、捜査段階における参考人の出頭または供述拒否を当然の前提にしていると言うべきである。

　したがって、参考人が出頭するか否かは参考人の自由意思に委ねられているのであるから、弁護人が出頭拒否を勧めたとしてもなんら違法な行為をさせようとするものではなく、適法な弁護活動と言える。

　しかしながら、〔小問①〕ないし〔小問③〕と同様に、そのアドバイスの仕方いかんによっては、証人等威迫罪の疑いをかけられかねない。また、面談の際のアドバイスが適法な範囲内にとどまっていたことを証明しうるか否かという問題もある。証人等威迫罪の構成要件は「正当な理由がないのに」「面会を強請し」「強談威迫の行為をした」ことであるから、〔小問①〕ないし〔小問③〕の解説で述べたように、そのような行為が行われなかったことを証明する手段を講じておくことが必要であろう。

3　小問⑤について

　〔小問⑤〕は、〔小問④〕とは異なり、検察官が刑訴法226条に基づいて第一回公判期日前の証人尋問請求をしているので、これに対する出頭拒否を参考人に勧めることは許されないと考えるべきである。

　なぜなら、証人には出頭義務があり、それに反した者に対しては過料の制裁（刑訴法150条）が科されるのみならず、不出頭罪（同151条）による罰金刑が科されるほか、勾引手続を取ることができる（同152条）旨も定められているからである。

　したがって、〔小問⑤〕の場合に、弁護人が参考人の出頭を阻止しようとすることは、犯罪（不出頭罪）を教唆することとなり、許されない。

　刑事訴訟法は、参考人の捜査機関に対する出頭はあくまでも参考人の任意の意思に委ねており、証人等威迫罪にあたらないかぎりは、参考人の不出頭を要請する行為は防御権の範囲内の適法な行為であるとしている。しかし、検察官が第一回公判期日前の証人尋問請求をしたときには、弁護人もそれに従うべき

である旨を定め、捜査権と防御権との調整を保とうとしているものと解される。

4 小問⑥について

参考人であるかぎり、当該社員から事情聴取をすることは、前述のとおり、なんら問題はない。

しかし、〔小問⑥〕の場合には、以下に述べる問題点がある。

第1に、会社ぐるみの犯罪だということであるから、社員がこの時点では参考人であるとしても、将来的には被疑者になる可能性がある。したがって、Xは、Aとこれら社員との間に、将来利害対立が発生する可能性があることを認識しておかなければならない。なお、この点については、第3章総論2「共犯者の同時受任をめぐる問題点」を参照されたい。

第2に、会議の内容が問題となる。たんに事情聴取を行うかぎりにおいては問題はないと考えられるが、会議の内容がいわゆる「口裏合わせ」となる可能性がある場合には、弁護人が罪証隠滅の謀議に関与したことにもなりかねない。

なお、参考人が虚偽供述を行うことは不可罰であるとするのが通説・判例であるが、証拠隠滅罪に該当するとの有力な見解もある（〔設問56〕の解説1参照）。少なくとも、弁護士職務基本規程75条の「偽証のそそのかし」に違反することにならないよう留意しなければならない。

実務的には、外形的に「口裏合わせ」の会議であったと受け取られないよう、会議の形式を採ることは避けるべきであろう。また、弁護士が率先して会議を招集するべきではなく、その会議への出席を求められたときにも原則として断り、やむをえず出席をした場合には、互いに他の社員の供述に左右されないように助言を与えるなどの注意も必要である。

〔設問58〕 共犯者からの事情聴取
① 共犯事件において、Aの弁護人Xが、共犯者Bから事情聴取する場合、事情聴取の方法はどうすればよいか。
② Bに弁護人が選任されている場合と選任されていない場合と

で、Bとの接触方法に差はあるか。
③ Bが勾留されていて、刑訴法81条の接見等禁止決定が付されている場合、XはどのようにBとの接触をすればよいか。
④ Bに対して、証人としてのテスト[35]を行いたい場合には、Xはどうすればよいか。

キーワード

証人威迫　偽証の教唆　虚偽供述の回避　証拠隠滅　接見等禁止　一般面会　弁護人となろうとする者

関連条文

○刑法104条（証拠隠滅等）　105条の2（証人等威迫）　169条（偽証）
○刑事訴訟法39条（被拘束者との接見・授受）　81条（接見・授受の制限）　196条（捜査上の注意）
○弁護士職務基本規程52条（相手方本人との直接交渉）　75条（偽証のそそのかし）

問題の所在

共犯者の供述内容を知ることは、被疑者・被告人の防御にとってきわめて重要である。しかし、その供述内容を知るための手段・方法について、参考人に対する対応と同様の問題が生じる。さらに、共犯者の場合、参考人と違って、身体を拘束されていることがあるので、そのときにはどのような方法で共犯者に接触するかという、参考人の場合にはなかった別の問題がある。そこで、さまざまな状態の共犯者への適切なアクセスの手段・方法が問題となる。

35　実務では、証人尋問前に、証人予定者と面談をして、証言予定の内容を確認することを証人テストと呼んでいる。

解説

1　設問の事例の場合分け

共犯者が身体拘束されている場合とそうでない場合がある。また、共犯者に弁護人が選任されている場合とそうでない場合がある。共犯者のおかれている状態には、身体拘束されているか、弁護人が付いているかで、4通りの場合が考えられる。これらの状態の違いによって、弁護人が共犯者に事情を聴取する手段・方法が異なってくる。

〔小問①〕ないし〔小問④〕を検討するに先立ち、共犯者に弁護人が選任されているか否かによってこの問題に違いがあるかどうかを検討する。その後、各小問の検討を行う。

2　共犯者に弁護人が付いている場合の注意

共犯者に弁護人が選任されている場合、その弁護人に無断で共犯者に接触してもよいかが問題となる。弁護士職務基本規程52条は、相手方に法令上の資格を有する代理人が選任されたときは、直接相手方と交渉してはならないと定めている。この規定は、民事事件を想定したものであり、単純に民事事件における「相手方」と刑事事件における共犯者とを同列に論じることはできないであろう。

しかし、民事事件の相手方と直接交渉してはならないのは、利害が相対立している相手方にその利益を擁護すべき代理人が付いているのに、直接相手方と交渉すれば、相手方がせっかく依頼した代理人からの助言などを受ける機会を失わせるからである。

一方、刑事事件の共犯者間の関係をみると、顕在化しているか否かにかかわらず、共犯者間には基本的に利害対立あるいはその可能性がある。そして、共犯者の弁護人は、その共犯者のために全力をあげて防御すべき責務を負っている。したがって、基本的な問題は民事の場合と同様に考えてよいであろう。それゆえ、共犯者に弁護人が付いている場合には、その弁護人の了解を得ることなく共犯者に直接接触することは控えるべきである。

共犯者の弁護人の了解を得たとして、共犯者に接触するときに、弁護人を介して共犯者に接触するのがよいのか、それとも直接面談するのがよいのかが、つぎに問題となる。一概には言えないが、将来警察官や検察官から、罪証隠滅を行っているなどという非難が予想できるときにはとくに、そうでなくとも、特段の事情がないかぎり、共犯者の弁護人とともに共犯者に会うほうがよいであろう。

3　小問①および②について

　共犯者が身体拘束をされていない場合、罪証隠滅とはならないように留意をすること以外は、〔設問57〕で述べたように、証人（参考人）の場合と同様に考えればよい。ただし、「共犯者」の場合には、参考人に事情聴取する際に倍する注意が必要である。
　共犯者が身体拘束を受けている場合で、拘束だけでなく接見等禁止が付されているときには、〔小問③〕のような問題が生じるが、そうでない場合の注意点は上記と同様である。もっとも、共犯者も身体拘束されている場合には、代用監獄あるいは拘置所で面会して事情を聞くことになる。そのときの面会の方法は二つある。
　一つは、一般面会という方法である。この場合、面会には立会人が付き、面会時間の制限もある。したがって、十分な事情聴取ができないこととなる。そこで、実務的な方策としては、共犯者の弁護人に質問用紙を託し、同弁護人に接見をしてもらい、その回答を得るという方法も考えられる。もっとも、利害が対立しているときには、共犯者の弁護人を通じての事情聴取はかえって有害になることもある。いずれにしても、純粋な防御権という観点からみると、この方法も、不完全かつ不十分である。しかも、共犯者に接見等禁止決定がなされている場合は、一般面会による事情聴取もできない。
　そこでもう一つの方法として、共犯者の弁護人となるか、なろうとする者として、共犯者に接見して事情を聴取する方法がある。共犯者に弁護人がいる場合、その弁護人の了解を得ておくだけでなく、通常その弁護人と同時に接見す

ることが望ましいが、そもそもそのような方法が適切かが問題となる。この問題は、実務上、捜査段階よりは、公判で共犯者が証人として出頭する際の証人テストに関して問題となることが多い。なぜなら、捜査段階では、複数の共犯者の弁護人になることが「利害対立」あるいはその可能性との関係で問題となるが、同時受任をすることは比較的多いからである。また、共犯者に対する事情聴取の方法として問題となるのは、証人テストの場面である。そこで、この問題は〔小問④〕で検討する。

4 小問③について

共犯者に接見等禁止決定が付されている場合に、その共犯者に接見しようとすれば、接見等禁止決定の一部解除が必要である。接見等禁止決定の解除を裁判所に求めると、裁判所は検察官に意見を求める。検察官は反対意見を述べることが多いと思われるが、求意見の結果、弁護人が共犯者に面会を求めている事実は検察官の知るところとなる。そのうえ、一般面会では立会があり、接見内容は記録されるので、共犯者との面談内容は検察官に筒抜けになることを覚悟しなければならない。

5 小問④について

共犯者の証人テストの際に、「弁護人となろうとする者」として接見をすることの適否が問題となる。共犯者間の利害対立を純理論的に考えると、あくまでも証人テストのために接見する弁護人は当該被告人の弁護人であり、接見対象者である証人予定者（共犯者）の弁護人ではない。したがって、その証人予定者に対して弁護をする予定がまったくないままに「弁護人となろうとする者」として接見することとなり、許されないと解する説が有力である。

しかしながら、対等な当事者であるべき他方当事者の検察官は、自由に証人テストができることからすれば、証人が共犯者の場合には、前述のとおりの諸種の制限がなされるのは不公平であり、「弁護人となろうとする者」の資格で接見することは許されると解することも可能ではなかろうか。なぜなら、たとえ「弁護人となろうとする者」の資格で接見しようとしても、当該共犯者の承

諾がない以上は接見もできないからである。他方、共犯者が、接見を申し出た他の者の弁護人を、利害対立の可能性に関する問題を理解したうえで、自己の弁護人として選任することとすれば、弁護人に選任されて接見することもできる。

　これらのことを考えれば、「弁護人となろうとする者」の資格で接見したとしても問題はないとも考えられる。

第6 記録の取扱い

[総論]

1 基本的視点

　本項では、弁護人が謄写した公判調書、証人尋問調書、検察官が開示した証拠などの記録の利用はどのようになされるべきか、謄写記録により得られた情報から証人威迫、名誉毀損、プライバシー侵害などが発生しないようにどのような配慮をすべきか、また、謄写記録は誰のものかという問題を検討する。

　弁護士職務基本規程18条は「弁護士は、事件記録を保管又は廃棄するに際しては、秘密及びプライバシーに関する情報が漏れないように注意しなければならない」と定めている。

　また、検察官の開示する証拠については、従前は規定がなかったが、2004（平16）年の刑事訴訟法の改正で、検察官に証拠の開示が一定程度義務付けられたこととの関係で、弁護人の謄写権が明文で定められた（刑訴法316条の14第1号など）。その一方で、謄写した開示証拠の複製等の保管と目的外使用禁止についての規定（同281条の3ないし5）が新設された。

2 弁護人と被告人の訴訟関係書類等の閲覧謄写権

　弁護人には、訴訟に関する書類および証拠物（以下「訴訟関係書類等」またはたんに「記録」という）の閲覧・謄写権が認められている（刑訴法40条、使用人について刑訴規則31条）。

　被告人の公訴事実に対する意見が適切に公判調書に記載されているか、検察官請求証拠に対する意見や証拠調べ手続が証拠等関係カードに正確に記載されているか、証人尋問や被告人質問の内容あるいは異議が的確に公判調書（尋問調書）に記載されているか等々、訴訟の進行についての確認をするためにも、これらの閲覧・謄写をしておく必要がある。

　必要に応じて、公判調書の記載に対する異議申立もしなければならない（刑

訴法51条、刑訴規則48条）ので、速やかに謄写をすることになる。

そのため、弁護人は、「公訴の提起後は、裁判所において、訴訟に関する書類及び証拠物を閲覧し、且つ謄写することができる」（刑訴法40条1項）とされている。しかし、被告人については、「弁護人がないときは、公判調書は、……被告人も、これを閲覧することができる」（刑訴法49条）とされ、閲覧の対象が公判調書に限定されているうえに、謄写についての言及がない。

これらの規定は、訴訟に関する書類や証拠物が弁護活動上きわめて重要であるため、弁護人・被告人にその検討の機会を保障するためのものである。したがって、否認事件や重大事件についてはもちろん、そうでない事件であっても、身体拘束中の被告人が訴訟関係書類等の検討を希望するときは、弁護人は、訴訟関係書類等を謄写して、被告人に見せるためにそれを持参して接見に赴くか、そのコピーを被告人に差し入れるべきである。

また、「訴訟に関する書類は、公判の開廷前には、これを公にしてはならない」（刑訴法47条）と規定されているが、被告人へ差し入れることは公にする行為ではない。しかも、同条の反対解釈として、公開の法廷で調べられた書類を公にしても、この規定に抵触しないことは明らかである。したがって、刑事訴訟法は、これまで公判で取調べ済みの訴訟関係書類等を公にすることを一般的には禁じてなかったと解される。さらに、刑訴法53条1項は、「何人も、被告事件の終結後、訴訟記録を閲覧することができる」と規定している。

しかし、刑事事件の訴訟関係書類等は、被告人やその他関係人の秘密やプライバシーに関する情報が数多く含まれているものであり、その内容や公開の目的、手段、方法によっては、名誉毀損、プライバシー侵害など、違法とされる場面がありうることに留意しなければならない。公開の法廷ですでに明らかにされたり、何人も閲覧しうる情報であったとしても、例えば、強姦罪の訴訟関係書類等を興味本位に不特定多数の目にさらすような行為が許されないことは当然である。

この点について、法務省は、訴訟関係書類等が公開の法廷で取り調べられたことと、その書類自体を公にすることとは異なり、訴訟関係書類等や尋問調

を公開しなくても裁判公開の原則には反しないとし、「記録の公開は、裁判公開の原則の拡充ではあるが、全く同一のものでないことに注意しなければならない。すなわち、裁判の公正の担保として公開されたものであっても、裁判の目的を達した後には、被告人その他関係者の名誉を侵害しないかどうか……公序良俗に反しないかどうか……などの観点から、公開が制限される場合がある」(藤永幸治「訴訟に関する書類の公開」『現代検察の理論と課題』〔信山社、1993年〕516頁)としている。なお、宮澤俊義著・芦部信喜補訂『全訂日本国憲法』(日本評論社、1978年)も、憲法82条(裁判の公開)の解釈につき、前記と同様の立場をとり、「訴訟記録をどの程度まで公開すべきかは、もっぱら立法政策——ことに刑事政策の立場からの——の問題である」(同699頁)としている。

また、今般、刑訴法281条の3ないし5が新設されたことに留意する必要があるが、その点は後述する(第5章第6、4)。

3 検察官取調べ請求予定証拠の閲覧・謄写権

検察官が取調べ請求を予定する証拠については、刑訴法299条により、あらかじめ相手方(被告人または弁護人)にこれを閲覧する機会を与えなければならない。これは、取調べを請求しようとする証拠をあらかじめ開示させることにより、当該証拠の証拠能力や証明力につき検討の機会を与え、また、証拠調べ請求に対して適切な意見を述べることを可能ならしめ、不意打ちを防止し、公正な審理を確保しようとするものである。

これまでも、実務上、検察官が証拠調べ請求を予定する証拠について、弁護人には「閲覧」だけではなく「謄写」も認められてきた。そして、2004(平16)年の刑事訴訟法改正において、公判前整理手続が新設され、検察官は証拠書類・証拠物については「閲覧し、かつ、謄写する機会」を与えなければならないことになり(刑訴法316条の14第1号など)、謄写権が明文で規定された。

弁護人が謄写した訴訟関係書類(複製)はさらに複製(コピー)されて被告人に差し入れて交付されることになるが、この複製により、つぎに述べる刑訴

法281条の5に該当すると指弾されるような事態や、他にあらたな犯罪が発生するようなことは避けなければならない。被告人により訴訟関係書類（複製）の不当な利用がなされた場合には、その結果は被告人の不利益に働くので、差入れ・交付時には、その複製の取扱いには十分注意するよう助言することが必要である。

4　刑事訴訟法の一部改正

　(1)　2004（平16）年5月21日、刑事訴訟法が一部改正された。そのうち、同281条の3は、「検察官において被告事件の審理の準備のため閲覧又は謄写の機会を与えた証拠」（以下「開示証拠」という）に係る「複製等」（複製その他証拠の全部又は一部をそのまま記録した物及び書面をいう）の管理は、弁護人が適正にしなければならず、「その保管をみだりに他人にゆだねてはならない」とする。

　この条項の「他人」に被告人が含まれるか否かについては、含まれないと解しうる余地がある。すなわち、同条の4および5も、被告人に複製の差入れがなされることを予定し、被告人がこれを所持していることを前提とした規定と解されること、当事者である被告人を「他人」と称するのは不適切であること、被告人が訴訟の主体であり、刑訴法326条の同意権も弁護人ではなく被告人にある以上、被告人に謄写権がないとしても、訴訟関係書類の複製を所持して検討する権利が被告人にあること、被告人を含むのであれば、「被告人及びその他の第三者に」と規定するはずであり、たんに「他人」と規定されたのは被告人を除外していると文理的にも解しうることなどからすると、「他人」には被告人を含まないと解しうる。

　かりに、同条の3に定める「他人」に被告人が含まれると解したとしても、同条の3は被告人に対する複製等の差し入れや交付を禁止したものと解することはできない。弁護人が訴訟上の防御の必要のため、開示記録の複製等を被告人に差し入れ、または交付し、その結果被告人がこれを保管することとなっても、これは訴訟の主体たる被告人が、弁護人から刑訴法281条の4第1項1号に定める目的のために交付を受け、自らそれを所持・保管するのであって、弁

護人が「その保管をみだりに他人にゆだね」た状態と評価すべきではない。

　もっとも、被告人の防御のために、被告人が複製等を検討する機会が与えられることは必要だとしても、常に複製等を所持する必要はなく、弁護人には被告人に差し入れた複製等を回収する義務を認める説もある。

　したがって、実務上の留意点としては、「みだりに他人にゆだね」たと評価されないためにも、複製等の使用によって、あらたな犯罪を犯し、あるいは、第三者の名誉やプライバシーなどを侵害しないように、被告人に注意をしておくべきであろう。

　(2)　刑訴法281条の4および5は、従前には法的根拠のなかった開示証拠の複製等の扱いについて「目的外使用」を禁ずることを定めており、注意を要する。なお、同条にいう複製等とは「複製その他証拠の全部又は一部をそのまま記録した物及び書面」のことであり、コピー（一部分のみのコピーも含む）だけではなく、手書きで丸写しをしたものも含まれている。しかし、複製等以外の方法で内容を公表すること自体は禁止されていない。また、「概要」（ダイジェスト）を提示・交付することも禁じられていないが、固有名詞をそのままにしてもよいのか、また、どこまでが「複製等」にあたり、どこからが「概要」になるのかについては、具体的事案によって差異が生じうる（国会審議における答弁も同旨である）。

　訴訟手続を定める刑事訴訟法においては、通常これに反した制裁として、過料が予定されている（例えば、刑訴法160条は宣誓・証言の拒絶に対して、「10万円以下の過料」を規定している）。さらに、宣誓証言拒否罪（刑訴法161条）にあたる場合でも罰金・拘留にとどまっている。ところが、2004（平16）年の刑訴法改正では、「目的外使用」に対する制裁として、訴訟の一方当事者である被告人・弁護人に対して「1年以下の懲役又は50万円以下の罰金」（刑訴法281条の5第1項）という重い刑が定められた。なお、弁護人については、営利の目的等がある場合に限定されている。

　しかし、過料ではなく懲役刑が定められたことにより、対立当事者の一方である検察官が、相手方の被告人・弁護人を、この規定を根拠に強制捜査できる構造

が作り出されたことはきわめて不当である。さらに、他方の当事者である検察官や、場合によっては記録の謄写を認められる被害者に対しては、なんらの制裁も予定されていないこととの均衡からしても、不当な規定と言うほかはない。

また、言論・出版の自由や報道の自由という観点からは表現の自由（憲法21条）に、学者の調査研究という観点からは学問の自由（憲法23条）に、公開裁判を受ける権利という観点からは裁判の公開原則（憲法37条1項）に違反する疑いは払拭できない。少なくとも、運用次第では違憲と言うべき事態が生じうる。

日弁連は、法案審議の段階で、2004（平16）年4月9日付の会長声明を発表し、「（一律に使用禁止の対象とすることは）被告人の防御権を不当に制約することはもちろん、裁判の公開原則や報道の自由とも抵触する可能性が大きい」と批判し、その結果、この主張が一部容れられ、衆議院で一部修正（同281条の4に第2項を追加）がなされたうえ、さらに参議院では附帯決議がなされるに至った。これによって、つぎの3点が明確化されたことになる（以下の①②③は日弁連の見解による）。

① 被告人の防御のために必要な開示証拠の使用は、「審理の準備」だけに限定されないこと
② 関係人の名誉等を害さない場合には、実質的違法性がない場合があること
③ 裁判公開原則の趣旨からも、公判廷で取り調べられた証拠の利用については、相応の配慮がなされること

この趣旨を踏まえ、これらの規定の解釈運用にあたっては、被告人の防御権や裁判の公開に特段の配慮がなされなければならない。しかし、禁止対象行為の範囲については解釈に争いの余地があるので、今後の課題は多い。被告人の防御権と公開裁判の原則にもとづき、弁護活動が制約されることのないよう、目的外使用の範囲は限定的に解釈されるべきである。もとより、対価を得て開示証拠の複製等を売却したり、被害者や第三者のプライバシーを不正に侵害することは許されない。弁護士職務基本規程18条も、この趣旨から規定されている。

しかし、今後は、「目的外の提示・交付」と認定されれば、対価を得なくと

も被告人には刑罰（懲役1年以下）が科され、弁護人も何らかの「措置」を受ける可能性が生じることとなるので、できるだけ限定した運用がなされるべきであるとはいえ、いくつかの配慮が必要になってきたことは否めない。

(3) 刑訴法281条の4第2項にいう「前項の規定に違反した場合の措置」について、国会審議のなかで、措置について「考慮する」事情とは「具体的には、弁護士法上の懲戒処分、同281条の4の禁止規定に違反したことによる民法上の損害賠償請求について適用される」との答弁がなされている。

(4) 刑訴法281条の4第1項は、複製等の対象であった検察官からの開示証拠が公判期日で取り調べられたか否かについては規定していない。また、同第2項は、公判期日において取り調べられたか否かを、措置について考慮されるべき事情の一つにあげている。これらのことからすると、刑訴法281条の4第1項の目的外使用の禁止の対象である開示証拠の複製等は、その開示証拠が公判期日に取り調べられた後であっても、目的外使用禁止の対象物になるとの解釈は当然ありうる。ことに、国会審議のなかで、弁護人が裁判所で謄写した訴訟関係書類についても、刑訴法281条の4が適用されるとの答弁がなされていることに注意を要する。

しかし、まず、この開示証拠の複製等とは、検察官において謄写の機会を与えた結果作成された複製等（それの再複製等も含む）に限られるのか、検察官が弁護人に閲覧または謄写の機会を与えた証拠であるかぎり、それを弁護人が裁判所において謄写（刑訴法40条）して作成されたものも含むのかが問題となりうる。

かりに後者とすれば、およそ、検察官が弁護人に開示した証拠は、公判で取り調べられたものであり、かつ、関係人のプライバシーを侵害しないような場合であっても、弁護人が裁判所で謄写（刑訴法40条）したものも含め、いっさい使用できず、公にもできないこととなる。かかる解釈・運用は、前述の刑訴法47条の反対解釈とも矛盾し、表現の自由、学問の自由、裁判公開の原則など、憲法上の権利や原則に抵触する可能性も強く、妥当でない。この目的外使用禁止の対象たる「開示証拠の複製等」とは、検察官が開示したことにより作成さ

れた複製等に限られ、弁護人が刑訴法40条により裁判所において謄写した取調べ済みの証拠の複製等は含まないと解すべきである。この解釈は、今般の刑訴法280条の4などによる規制を新設した趣旨が、検察官の証拠開示の範囲の拡大、すなわち、検察官が公判に提出を予定しない証拠についても、弁護人に開示・謄写される機会が増大したことに伴うものであるという立法経過に符合する。また、刑訴法47条の反対解釈や刑訴法53条とも整合する。

ところで、多くの弁護人は、事前に検察庁で謄写した複製等を所持する場合、改めて裁判所での謄写等は行わず、手持ちの開示記録の複製等を利用する。その場合、その複製等を刑訴法280条の4に定める目的外に使用する場合は、形式的には刑訴法281条の4に抵触することになるが、実質上、刑訴法40条で謄写可能なものの使用と変わりはなく、その使用には実質的な違法性はない。それゆえ、「当該複製等に係る証拠が公判期日において取調べられたもの」（同条第2項）の使用に関しては、措置について「事情を考慮する」とされたものと解される。

なお、刑訴法218条の4第2項で例示されたような事情がある場合は、そもそも定型的に違法性を欠くという考えもある。その根拠は、以下のとおりである。すなわち、そもそも刑訴法47条の反対解釈からは、公開の法廷で取り調べられた書類は公にすることが原則として許されており、実務もそのように運用されてきた。また、裁判公開の原則は裁判の公正の担保のための憲法上の要請であり、さらに刑訴法53条は、事件の終結後は「何人」にも閲覧権を認めている。その趣旨からすれば、同条を形式的な目的外使用を一律に禁止したものと解すべきでなく、開示記録の使用により、裁判あるいは市民の権利に弊害が生じる具体的な危険性がある場合に限って、使用を禁止していると解すべきである。したがって、刑訴法281条の4の解釈・運用にあたっては、条文を形式的に解釈するのではなく、憲法上の権利や原則に配慮した解釈・運用が求められる。

このような理解は是とすべきであるが、同条第2項に定める事情がある場合でも、「措置については」「考慮する」としか定められていないことからすると、定型的に違法性がないとまで断定しうるかには問題が残る。

いずれにせよ、同条の解釈・運用は定まっておらず、これらの問題については、今後の解釈・運用の動きを見守るほかはない。しかし、本書では、少なくともこの目的外使用の禁止対象たる「複製等」には、刑訴法40条により、裁判所において謄写された「複製等」自体は含まれないものとして、論を進めることとする。

（参考）改正刑事訴訟法について、以下に記載する。

281条の3　弁護人は、検察官において被告事件の審理の準備のために閲覧又は謄写の機会を与えた証拠に係る複製等（複製その他証拠の全部又は一部をそのまま記録した物及び書面をいう。以下同じ。）を適正に管理し、その保管をみだりに他人にゆだねてはならない。

281条の4　① 被告人若しくは弁護人（第440条に規定する弁護人を含む。）又はこれらであつた者は、検察官において被告事件の審理の準備のために閲覧又は謄写の機会を与えた証拠に係る複製等を、次に掲げる手続又はその準備に使用する目的以外の目的で、人に交付し、又は提示し、若しくは電気通信回線を通じて提供してはならない。
一　当該被告事件の審理その他の当該被告事件に係る裁判のための審理
二　当該被告事件に関する次に掲げる手続
　イ　第１編第16章の規定による費用の補償の手続
　ロ　第349条第１項の請求があつた場合の手続
　ハ　第350条の請求があつた場合の手続
　ニ　上訴権回復の請求の手続
　ホ　再審の請求の手続
　ヘ　非常上告の手続
　ト　第500条第１項の申立ての手続
　チ　第502条の申立ての手続
　リ　刑事補償法の規定による補償の請求の手続

② 前項の規定に違反した場合の措置については、被告人の防御権を踏まえ、複製等の内容、行為の目的及び態様、関係人の名誉、その私生活又は業務の平穏を害されているかどうか、当該複製等に係る証拠が公判期日において取り調べられたものであるかどうか、その取調べの方法その他の事情を考慮するものとする。

281条の5　① 被告人又は被告人であつた者が、検察官において被告事件の審理の準備のために閲覧又は謄写の機会を与えた証拠に係る複製等を、前条第１号各号に掲げる手続又はその準備に使用する目的以外の目的で、人に交付し、又は提示し、若しくは電気通信回線を通じて提供したときは、１年以下の懲役又は50万円以下の罰金に処する。

② 弁護人（第440条に規定する弁護

人を含む。以下この項において同じ。）又は弁護人であつた者が、検察官において被告事件の審理の準備のために閲覧又は謄写の機会を与えた証拠に係る複製等を、対価として財産上の利益その他の利益を得る目的で、人に交付し、又は提示し、若しくは電気通信回線を通じて提供したときも、前項と同様とする。

（附帯決議）

開示された証拠の目的外使用の禁止条項の運用に当たっては、制度の趣旨を十分踏まえるとともに、裁判公開の原則並びに被告人および弁護人の防御権にも十分配慮するよう周知徹底に努めること。

〔設問59〕検察官が開示した証拠の謄写・差入れ・交付

① 被告人Aから「書証のコピーを差し入れてほしい」と言われた。
② 検察官から「目撃者の供述調書を開示するが、その名前と住所は被告人Aに教えないでほしい」と言われた。
③ 証人テストをするときに、あらかじめ証人予定者Bに事件の概要を理解しておいてもらうと有益であると考え、被告人AとBの供述調書を事前に送付しておこうと思った。
④ 証人予定者Bと会った際に、Bから、Bの調書のコピーをほしいと頼まれた。

以上の場合に、弁護人はどのように対処すべきか。

キーワード

記録の閲覧・謄写・差入れ　記録の公開　開示証拠の目的外使用

関連条文

○刑事訴訟法40条（弁護人の書類・証拠物の閲覧謄写）　47条（訴訟書類の公開禁止）　49条（被告人の公判調書閲覧権）　281条の3（開示証拠等の管理）同条の4および5（開示証拠等目的外使用禁止、同目的外使用の罰則）　299条（証拠調べの請求、職権による証拠調べと当事者の権利）　299条の2（同前と当事者の安全への配慮）　326条（当事者の同意と書面・供述の証拠能力）
○刑事訴訟規則178条の6（第一回公判期日前における検察官、弁護人の準備

の内容）
○弁護士職務基本規程18条（事件記録の保管等）

> **問題の所在**

　証拠書類または証拠物の取調べを請求するには、あらかじめ相手方にこれを閲覧する機会を与えなければならない。実務上、検察官は弁護人の請求により、コピー機による謄写を認めている。これが「開示証拠」と言われるものであって、従来はその扱いについて慣行に委ねられてきた。
　しかし、証拠開示が拡大された一方で、開示証拠の使用についての規制が必要であるとして、刑訴法281条の3ないし5が新設された。そこで、この解釈・運用のあり方が問題となる。

> **解　説**

1　小問①について

　検察官が、証拠調べ請求をしようとする証拠書類が、弁護人に開示されれば、弁護人はこれを謄写できる。また、被告人にも、これを自らの手元において検討する権利がある。これは当事者として当然のことである。通常は、弁護人が、さらにコピーを被告人に交付（身体拘束中であれば差入れ）することになる。
　証拠の取調べ請求に際して、書証に対する同意・不同意の意見を述べる主体は、弁護人ではなく被告人である（刑訴法326条）。実務では、特段の事情がないかぎり、弁護人にしか同意・不同意の意見を求めないが、それはあくまでも被告人の「代理人」たる弁護人としての意見でしかない。防御の主体は被告人であるから、被告人に証拠書類も見せないままに、同意・不同意を決めること自体に問題がある。

36　広島高判平15年9月2日判時1851号155頁
　　被告人が公訴事実につき否認したにもかかわらず、弁護人がこれを争わず、検察官請求書証を全部同意したのに対し、裁判所が被告人に同意の有無を確かめることなく、検察官請求の書証を同意書証として採用し、取り調べたことが違法とされた事例（刑訴法326条1項は、書証についての証拠能力付与の要件として被告人の同意を要求しており、弁護人の同意のみでは証拠能力を付与できない）。

刑訴法281条の4および5は、弁護人だけでなく、被告人も同じように開示証拠の複製等を所持していることを前提とし、そのうえで、「目的外」の使用を規制しようとしていると解される。したがって、開示証拠を被告人に差し入れ、被告人がその所持を続けることは問題となる余地がなくなったと解すべきである。

　これに対し、被告人は、同意・不同意の判断のために開示証拠の複製等を見ることがあっても、刑事訴訟法は、それが被告人の手元にとどまることを想定していないとの見解がある。しかし、この見解は正しくない。反対尋問の準備や意見の陳述のためにも、証拠の複製等を被告人が熟読・吟味する必要があり、それは防御の主体たる被告人の当然の権利である。さらに、判決確定後には何人も閲覧しうる記録となる公判で取り調べられた証拠の複製等はもちろん、それ以外の証拠の複製等であっても、被告人が国家によって自ら被告人とされた裁判の記録を自分自身のものとして所持すること自体には問題がない。問題は、その使用なのである。したがって、刑訴法281条の4および5によって目的外使用が禁止され、刑事罰の対象とはなったが、所持の継続自体は禁止されてはいないと解すべきである。

　〔小問①〕の被告人の要求はまったく正当なもので、弁護人がそれを拒否しうる理由は見い出せない。

　国選弁護事件においては、訴訟関係書類等の謄写料が支払われる事件は少なく、ましてや被告人への差入分のコピー代まで支払われる事件は稀である。そのため、被告人が公判で争わない意向を示している自白事件では、記録を謄写しない弁護人もいる。ただ、これが正当化されるのは、裁判所から謄写料が出ないからという理由ではなく、被告人が差入れを望まず、かつ、その要旨を弁護人が説明することで、被告人の防御権に支障が生じない場合だけである。

　防御に必要だから記録を謄写し、それを被告人に差し入れる。これが正しい対応であり、その費用を支弁しない裁判所の姿勢こそが批判されなければならない。

2 小問②について

　刑訴法299条1項は、証人尋問等の請求にあたって、「あらかじめ、相手方に対し、その氏名及び住居を知る機会を与えなければならない」と定めているので、被告人および弁護人は証人予定者の「氏名及び住居」を知る権利がある。通常は開示証拠の謄写により、弁護人の知るところとなる。基本的には、弁護人が知りえた情報を被告人に伝えないことは、被告人に対する誠実義務に反し、許されない。

　もっとも、刑訴法299条の2により、「その氏名が記載されている者若しくはこれらの親族の身体若しくは財産に害を加え又はこれらの者を畏怖させ若しくは困惑させる行為がなされるおそれがあると認めるときは、相手方に対し、その旨を告げ、これらの者の住居、勤務先その他その通常所在する場所が特定される事項が、犯罪の証明若しくは犯罪の捜査又は被告人の防御に関し必要がある場合を除き、関係者（被告人を含む。）に知られないようにすることその他これらの者の安全が脅かされることがないように配慮することを求めることができる」ことになった（なお、刑訴法295条2項の尋問制限も参照）。

　しかし、刑訴法299条1項によれば、被告人に氏名まで知らせないことは許されない。住所については、細かい番地まで被告人が知る必要があるのかにつき、事案に応じて、被告人と率直に話し合うべきであろう。ことに、被告人が証人威迫やプライバシー侵害と言われるような行為に出る可能性がある場合には、配慮が必要である。具体的には、そのような可能性がある場合には、住所を知らせず、あるいは氏名を知らせることによってその者の住所が特定しうる場合には、氏名も含めて知らせない、もしくは、知らせる場合には細かな注意をするなどである。

3 小問③および④について

　証人に記録の複製等を閲覧させ、あるいは、そのコピーを交付することは、まさに開示証拠を防御活動に使用する場合であって、問題はなく、刑訴法281条の4に触れるものではない。ただ、有効な立証活動のためには、誘導や誤導

にならないようにするための相当の注意は必要である。

　証人尋問では、誘導を避けるために、尋問の際に供述調書を示すことは原則としてできない（刑訴規則199条の3第4項）。これは、調書は作成者の主観的な意図が含まれているので、不当な誘導になるおそれがあるからである。したがって、作成者側の検察官が主尋問で用いることが許されないのであって、弁護人が弾劾のために用いるときに調書を証人に示すことは問題ない。

　主尋問の準備のための証人テストで調書を示すことには同様の問題があり、許されない。少なくとも、法廷では、「記憶を喚起するために必要があるとき」でも、供述録取書を直接に示すことは許されない（刑訴規則199条の11第1項）。

　しかし、反対尋問の準備のための証人テストであれば、証人予定者に調書を示すことは問題がない。ただし、「事実を（証言時点における）記憶どおりに証言してもらう」目的をゆがめてはならないという大原則があるので、これに反しないよう留意する必要がある。

　実況見分調書や証拠物などの非供述証拠は、記憶喚起のために示すことが必要な場合もある（刑訴規則199条の11第1項）。

　このような慎重な配慮のもとに、証人予定者に記録を見せるかぎり、問題になることはない。なぜなら、証人の主尋問請求をしているかぎり、事前に「証人その他の関係者に事実を確かめる等の方法」をとるべきことは、刑訴規則191条の3によって、弁護人にも要請されており、その方法の一つとして証人予定者に証拠書類を示すことは、当然に予定されていると考えられるからである。さらに、弁護人自らが証人尋問請求をしていなくとも、反対尋問のために証人テストをすることも当然認められていると考えるべきである。

　すなわち、弁護人が証人予定者に証拠書類の複製等を手渡して検討してもらうこと自体は、防御活動の一態様であり、刑訴法281条の5第2項の刑事罰の対象ではない。また、同281条の4の禁止規定にも抵触しない、審理の正当な準備行為である。しかし、その証人予定者から、さらに第三者に記録の複製等が流出することに対しては防止策をとっておくべきである。具体的には、その旨の注意を与えることはもちろん、できるかぎり弁護人の事務所での閲覧にと

どめ、コピーを送付したり、持ち帰らせることは避けるべきである。そのような配慮をしない場合には、今般新設された刑訴法281条の3の「適正に管理し、みだりに他人に保管をゆだねてはならない」との規定や弁護士職務基本規程18条に抵触する可能性は否定できないであろう。したがって、検討・吟味にとくに時間がかかり、かつ、相当の信頼関係が保ちうる者であるなど、特段の必要性や事情がないかぎり、〔小問③〕のように事前にコピーを送付したり、〔小問④〕のようにコピーを渡すことは、できるかぎり避け、かりに必要性があって交付した場合でも、その回収に努めるべきであろう。

なお、設問とは異なり、証人予定者BにCの調書を見せる場合にも、同様の問題が生じうる。もっとも、BにBの調書を見せる場合に比べて、不当な誘導になる可能性は少ないであろうが、そうならないような配慮はやはり必要である。また、この場合には、Cの名誉やプライバシーを侵害しないか、Cへの違法・不当な働きかけが生じる可能性がないかなどの配慮も必要となる。

コラム　刑事弁護ワンポイントレッスン⑭

提示義務

証拠を請求するにあたって、検察官は請求予定証拠について弁護人に「閲覧する機会を与えること」とされ（刑訴規則178条の6第1項1号）、これに対して、弁護人は、請求予定証拠について検察官に「提示して機会を与えること」（同条2項3号）とされています。

要するに、弁護人は自らの費用と負担で検察庁まで閲覧（もしくは謄写）に行かなければならないのに、弁護側の証拠については、検察官に提示するため持参（現在ではFAXでもよい）しなければならないことになっているのです。

当事者対等ではない不平等取扱いの根拠のひとつが、ここにあります。

> 〔設問60〕公判の記録の一般への公開・配布
> 　控訴して無罪を争っている被告人から「私の無実を広く世間に訴えたいので、公判の書類（起訴状・論告要旨・弁論要旨・一審判決）と証人尋問調書を小冊子にして、無償で支援者に配布してほしい」と言われた。
> 　弁護人はどう対応すべきか。

●キーワード

記録・情報の所有者　記録の公開　名誉毀損　開示証拠

●関連条文

○刑事訴訟法40条（弁護人の書類・証拠物の閲覧謄写）　47条（訴訟書類の公開禁止）　49条（被告人の公判調書閲覧権）　281条の3（開示証拠等の管理）同条の4および5（開示証拠等目的外使用禁止、同目的外使用の罰則）
○弁護士職務基本規程18条（事件記録の保管等）

●問題の所在

　公判に提出された書類や証人尋問証書、被告人質問調書について、弁護人により謄写された記録とそのなかに記載された情報は、裁判所のものか、それとも被告人のものかが問題となる。

　また、それらの記録を公開することの適否が問題となる。

●解　説

1　記録の帰属に関する説の対立

　記録は誰に帰属するのかについて、説が大きく対立している。なお、ここでは、公開の法廷に提出された書類、公判調書、証言証書などの刑訴法281条の3ないし5の規定の対象とはなっていないものについて考える。

A説は、あくまでも記録は裁判所のものであり、弁護人には訴訟に関する書類等の謄写権（刑訴法40条）が与えられているが、それは、弁護活動を遂行するうえで必要なものとしてしか認められておらず、弁護人がその記録を活用する際には、たとえ被告人に対する差入れであっても、一定の制約があるとする。A説は、弁護人には記録の謄写権が付与されているものの、被告人には、弁護人不在の場合の公判調書の閲覧権のみしか認められていない（刑訴法49条）ことを根拠とする。また、記録を被告人の防御のために、被告人へ差し入れる必要性までは否定しないものの、記録の保管・管理義務は弁護人にあり、刑事事件終了後に、弁護人には被告人に差し入れた記録を回収する義務があるとする。

　なお、大阪における2003（平15）年度の司法事務協議会において、大阪地方裁判所は、このA説に立ち、弁護士会に対して、事件終了後の記録の回収措置について、弁護士会での善処方（所属弁護士に対して、事件終了後には被告人に差し入れた記録を回収する義務があることを周知徹底されたいこと）を求めた。

　これに対して、B説は、被告人に帰属するというものである。B説は、そもそも国家から訴追されている当の本人である被告人に帰属するのは当然のことであり、実質的な防御という観点からみても、その主体である被告人に帰属すると考えるのが合理的であるとする。そして、刑事訴訟法の制定当時には、コピー機はなく、謄写の方法も、弁護人が検察庁または裁判所へ赴き、手書きで書き写すという時代背景を前提として定められたものであること、謄写記録は弁護人の謄写を通じて被告人へ届けられることを当然に予定しているため、被告人による謄写権はわざわざ規定しなかったにすぎないことを論拠としてあげる。

　いずれにしても、被告人の防御権を全うするためには、被告人自身が記録を十分に検討することが不可欠である。したがって、被告人が記録のコピーの差入れを望む場合には、それに応じなければならない義務が弁護人にあることは〔設問59〕で検討したとおりである。

2 訴訟記録の公開について

訴訟記録の公開については、刑訴法47条で、「公判の開廷前には、これを公にしてはならない。但し、公益上の必要その他の事由があって、相当と認められる場合は、この限りでない」と定められており、開廷後は公開しても問題はない。

松川事件などでは、訴訟記録を広く頒布し、世論の支持を得るという弁護活動を行い、それが無罪獲得の原動力の一つになったという教訓がある。

ところが、検察庁はもとより裁判所も、公判調書も含めて記録の公開についてはきわめて消極的な態度を取っていることは前述のとおりである。

しかし、刑事訴訟法は、弁護人を通じて謄写記録が被告人に渡ることを予定していると解すべきである（前述のとおり、開示証拠についても刑訴法281条の4および5はそのことを前提としている）。いずれにしても、防御の主体は被告人であり、書証の同意権も被告人にある以上、被告人が記録を手元において検討することは当然の権利であり、その差入記録の管理・回収までも弁護人がしなければならないと考えるのは相当でない。また、そのような管理を弁護人がすること自体不可能であり、その管理を万全にしようとすれば、記録を接見室で被告人に見せるだけにとどめるしかないが、そのような方法では被告人の防御権は全うできない。

設問に即して言えば、公判調書（証言記録など）を小冊子にして無償で支援者に配布することは、無罪獲得のための広い意味での防御活動であり、問題はないと解すべきである。ただし、この考え方について、異なる見解があることは、前述（第6章第6、2）のとおりである。

〔設問61〕 弁護人としての開示証拠の取扱い
① Aの弁護人Xが検察官より開示を受けた証拠を、
  ア 共犯者Bの弁護人Yが開示を受けた証拠と互いに交換し、弁護方針を検討すること
  イ 供述心理の専門家にコピーを渡し、意見を求めること

　　　　ウ　新聞記者の取材に応じて閲覧させること

　に問題はないか。
②　検察官の開示証拠であった被害者の供述調書が公判廷で取り調べられた。

　　　ア　この供述調書のコピーを他の刑事事件の弾劾証拠として利用することができるか。
　　　イ　他の民事事件の証拠として用いることができるか。
③　上記②において、開示されたが、公判廷では取調べがされなかった場合は、結論が異なるか。

キーワード

開示証拠の目的外使用

関連条文

○刑事訴訟法47条（訴訟書類の公開禁止）　53条（訴訟記録の閲覧）　281条の3（開示証拠複製等の管理）　同条の4および5（開示証拠等目的外使用禁止、同目的外使用の罰則）
○弁護士職務基本規程18条（事件記録の保管等）

問題の所在

　新設された刑訴法281条の4および5の「目的外使用の禁止」にあたるかが、具体的ケースについて問題となる。

解説

　目的外使用と言われるときの「目的」とは、「当該被告事件の審理その他の当該被告事件に係る裁判のための審理」（刑訴法281条の4第1項1号）や刑訴法281条の4第1項2号に掲げられた手続、またはその準備に使用する目的のことである。そして、目的外使用の規制は、関係人の名誉、その私生活または

業務の平穏が害されることを防止しようとするところに、その主眼がある。
　したがって、刑訴法281条の4第2項に規定されているように、被告人の防御権を踏まえて、規制の範囲はできるだけ狭く解釈・運用されなければならない。また、同条が定めるのは「交付・提示」であり、内容の利用は含まれていない。制定過程においては「内容の利用」を禁止するという提案もなされていたが、成立した条文には採用されなかった。したがって、内容を利用することは禁止されておらず、複製等自体の交付・提示に限られると解すべきである。

1　小問①のアについて
　被告人の防御権については、明文の規定はなくとも、当然のことながら広範囲のものが認められるべきである。共犯者の弁護人に、開示記録を見せて意見を聴取し、記載内容の真偽を確かめ、同意・不同意を検討するのは、まさに弁護人の重要な防御活動である。弁護人XとYは、各々自己の担当する被告人AおよびBのために誠実義務・守秘義務を負っており、自らの被告人のために最善の努力をしているという前提のあるかぎり、互いになんらの問題もない防御活動と言うべきである。

2　小問①のイについて
　弁護活動として当然のことであり、問題はない（刑訴法281条の4第1項1号）。

3　小問①のウについて
　無罪を世論に訴えるためにマスコミの協力を求めることもあり、弁護活動として広い意味で認められるケースもあろう。しかし、そのような場合でも、プライバシー侵害のおそれはあり、記者に対しては十分な注意を要求しておくべきである。また、コピーは交付すべきではない。

4 小問②について

　〔小問②〕のアおよびイのように、検察官からの証拠開示の結果複製された「複製等」やその再コピーを、他の刑事・民事の訴訟関係人に提示ないし交付するのであれば、開示証拠の複製等の目的外の提示・交付に該当する。公判廷での取調べの前であれば刑訴法281条の4に該当し、被告人や被告人であった者がこれを行えば刑事罰の対象とされ、弁護人や弁護人であった者も、対価等を得る目的がなければ刑事罰（同条の5第2項）の対象にはならないものの、同条の4により禁止されていることに変わりはなく、公判開廷前であれば、刑訴法47条にも抵触することとなろう。

　しかし、設問は、取調べの後である。この場合、刑訴法40条により裁判所において謄写した複製を〔小問②〕のアやイのように用いても刑訴法281条の4および同条の5に抵触せず、同47条の問題も生じないというのが、本書の立場である（第6章第6、4、(4)参照）。設問のような訴訟での利用であれば、プライバシーなどの侵害の可能性も少ないと思われ、そうであるかぎり、刑訴法40条により謄写した複製を設問のように利用しても、違法ではないと解すべきである。

　ただし、検察官からの開示証拠の複製等からさらに複製等を作って利用する場合、形式的には刑訴法281条の4に抵触する。しかし、実質的には、すでに公開の法廷で取調べられたものと同一内容の複製等であることからすると、その実質的違法性はなく、同条の4第2項の「措置」はとられるべきではないこととなる。

　ただ、すでに述べたとおり、このような解釈は、現時点で一義的に明白なものとなっておらず、刑訴法40条によって謄写された複製も、同281条の4の規制対象になるという見解もありうる。ことに、刑事訴訟法改正の国会審議の過程で、「民事訴訟法におきます文書送付嘱託あるいは刑事確定訴訟記録法による閲覧など、法律上、別途その使用を可能にする制度が設けられている……民事訴訟での利用が許されるものとすると……民事訴訟での利用、この可能性も考慮して判断するということになり、これではかえって証拠開示の範囲が狭く

なってしまう」との答弁がなされていることが参考になる。

してみると、実務上は、民訴法226条の文書送付嘱託や確定記録の謄写によって提出するなど、その提出方法の工夫や、後記の〔小問③〕の場合と同様、コピーそのものの利用を回避し、その大半の概要を報告書として作成・提出するなどの工夫をしたほうがよい場面もあろう。

5 小問③について

最も扱いに注意することになろう。これは、判決確定の前後を問わない。しかし、刑訴法281条の4および5にいう「複製等」とは「全部又は一部をそのまま記録した物及び書面」（同281条の3）である。したがって、前述（第6章総論4、(2)）のように固有名詞もそのままにした「概要」（ダイジェスト）としてまとめ、それを利用することは差し支えないと解される（国会審議における答弁も同旨である）。基本的には一部または全部のコピーもしくは書写しがそのまま流布されることを同条は規制しようとしているのであり、この点の配慮は必要とされる。とくに、同281条の4および5の解釈・運用が今後どのようになされていくのかは定かではないから、措置がとられることをも念頭におくと、実務的な留意点としては、できうるかぎり、公判で取り調べられなかった証拠については、コピーをそのまま使用することは避けるべきである。また、前述（第6章総論4、(2)）のとおり、一部であっても、コピーは複製等に該当するとされているので、なおさらである。さらに、「概要」（ダイジェスト）についても、具体的事案によっては問題となりうる場合があり、できるかぎり固有名詞の使用は避けたほうがよい。

また、弁護人が刑事罰の対象となるのは「対価として財産上の利益その他の利益を得る目的」のある場合に限られる（281条の5第2項）が、通常そのようなことはありえないであろう。もちろん「その他の利益」が拡大解釈されないように注意が必要である。

なお、週刊誌への記録売却事件[37]のように、たんなる興味本位かつ対価を得

37　大阪弁護士会処分1996年6月13日（除名）、自由と正義47巻8号207頁。

目的で、事件の弁護活動にはなんらの効果も期待できないにもかかわらず、本人の承諾も得ないで第三者に記録を交付することは許されない（刑訴法281条の5第2項）。

6　その他の留意点

以上いずれの場合でも、被告人の同意があることが前提である。また、関係者の名誉・プライバシーにも配慮すべきである。しかし、刑訴法47条但書の「公益上の必要その他の事由」や「相当と認められる場合」は、弁護活動の保障の見地から、広く解されるべきである。

刑訴法53条が、事件の終結後は「何人」にも記録の閲覧権を認めていることからも、刑事記録は、基本的には公開を前提にしていると言うべきである。

コラム　刑事弁護ワンポイントレッスン❶⓹

「KS」「PS」

それぞれ「検面調書」「員面調書」ではなく、「検察官調書」「警察官調書」と呼ぶべきことを提唱しました（コラム❸参照、本書60頁）。それにしても「ケンサツカン」「ケイサツカン」という用語は聞き間違えやすいですね。

そこで、検察官調書のことを「PS」と言い、警察官調書のことを「KS」と言うのがひとつの方法です。これは警察官も検察官もローマ字の頭文字はKで、英語の頭文字もP（Police, Prosecutor）なので、警察官はローマ字の頭文字を、検察官は英語の頭文字を使った略語です。ちなみに、Sは、"written statement" "charge sheet" のSです。

第6章　保釈

> 総論

1　被疑者・被告人の身体拘束の例外性

　被疑者・被告人の身体拘束からの解放は、弁護人の責務のなかでも最も重要なものの一つである。

　被告人は、刑事裁判の一方の当事者であり、国家の刑罰権の行使に対して防御する主体である。その当事者が身体を拘束されたまま裁判に臨むのは例外でなければならない。「市民的及び政治的権利に関する国際規約」（国際人権規約B規約）9条3項も「裁判に付される者を抑留することが原則であつてはならない」と定めている。わが国の刑事訴訟法も、この国際人権規約B規約と異なった原則に立っているわけではない。同89条の規定の仕方からも分かるとおり、起訴後の保釈は、原則的に被告人の権利である。

2　実務の逆転現象とその根本的な誤り

　しかし、保釈の実務をみると、原則であるべき身体拘束からの解放は例外とも言うべき状況にある。本来保釈されるべき事案が保釈を許可されないというのが、多くの弁護士の実感である。その原因の一つは、刑訴法89条4号が権利保釈の例外事由として「罪証を隠滅すると疑うに足りる相当な理由」をあげていることにある。

　そもそも、裁判の一方当事者である被告人の身体を、罪証隠滅防止のために拘束すること自体、当事者主義にそぐわない。かりに例外的に「罪証隠滅」を身体拘束継続の理由にするとしても、当事者の身体を拘束するのであるから、その理由の存在はたんなる憶測では足りない。同89条4号に定める「罪証を隠滅すると疑うに足りる相当な理由」は、抽象的な可能性があるだけでは認めることができず、具体的な事実に裏付けられたものでなければならない。法は、

保釈不許可事由として「罪証隠滅」行為を持ち込んだが、たんなる「おそれ」では足りないことを明らかにするため「疑うに足りる相当な理由」が必要であるとしたとの理解ができる。

ところが、保釈の実務において、検察官は、例えば、被告人は過去に「罪証隠滅」の挙に出たとか、誰かに罪証隠滅を指示しているなどという事実を指摘するのみで、それを疎明するようなことはほとんどしていない。検察官がたんに「否認している」「共犯者がいる」「保釈すれば関係者に働きかけるおそれがある」などと指摘するだけで、裁判所は簡単に保釈請求を却下する。「相当な理由」が主張されたり疎明されたりするのではなく、曖昧模糊とした「罪証隠滅のおそれ」を理由として簡単に保釈が不許可とされるのである。かくして、公訴事実を否認すれば保釈はまず認められないのが実務の現状である。判決で無罪となる被告人も、その大半は、長期間にわたり保釈を認められず、拘置所での拘束を余儀なくされている。無実の被告人は、無罪を訴えれば訴えるほど、身体拘束を受けたまま防御活動をすることを強いられるのである。このため、無実を訴えながらも、保釈のために検察官の主張を認めて拘束から解放されたいと望む被告人も現れる。「人質司法」と言われるゆえんである。

このような現状を「人質司法」と言うより「監禁司法」と言うべきであるという意見さえある。

3　弁護人の身体拘束解放に向けた責務

しかし、このような現状を前提としても、弁護人には被告人を保釈により身体拘束から解放する責務がある（弁護士職務基本規程47条）。

「このような現状を前提としても」と言うよりは、「そのような現状であるからこそ」、より一層、弁護人の責務は重大であると言うべきかもしれない。

保釈請求にあたって弁護人に求められるのは、実務の現状を無批判に肯定することなく、その改善・改革を求めて努力することである。被告人が望むかぎり、最大限の努力を傾注しなければならない。

なお、国選弁護事件における保釈については、〔設問71〕を参照されたい。

4　保釈請求手続における留意点

　保釈請求の手続は、請求書を裁判所に提出して行う。請求書には、抽象的に罪証隠滅を疑うに足りる相当理由がないと書くだけでなく、その事件と被告人についての具体的事由を記載する必要がある。検察官の主張と立証を意識して、罪証隠滅を疑うに足りる相当理由がないことを明らかにすることとなる。

　しかし、それだけでは不十分である。裁判官との面談（以下「保釈面談」または「裁判官面談」ということがある）をする必要がある。裁判官は、弁護人から請求があると、検察官に意見を求める（求意見）。裁判官に面談する前に検察官からの反対意見を謄写することはできないが、裁判官に面談したときに、裁判官から検察官の反対意見がどのようなものであるかを聞くことは可能である。

　また、裁判官によっては、その手元にある検察官の意見書を弁護人に見せ、それを読むことができることもある。そうすると、その時点で保釈請求書に記載していなかった論点を見つけたり、書き足りなかったことに気づくことがある。そして、その場で請求書の内容を補充して、口頭で意見を付加することが可能となる。弁護人がするべき最大限の努力には、このようなことも含まれる。

コラム　刑事弁護ワンポイントレッスン ⓰

畏、虞、惧、恐、……オソレ？

　「おそれ」とは「悪いことが起こるのではないかという心配」（岩波国語辞典）です。「罪証隠滅のおそれ」はよく使われる言葉ですが、刑事訴訟法の用語ではなく、慣用語にすぎません。正確には「罪証を隠滅すると疑うに足りる相当な理由」（刑訴法81条、89条など）です。
　「疑うに足りる相当な理由＝（略せば）おそれ」なのでしょうか。
　前者がそのような具体的客観的な事実の存在を求めているのに対し、「おそれ」ではたんに一般的・抽象的で主観的な「心配」を意味してしまいます。この語感に影響されてか、実務上も、知らず知らずのうちに裁判官の主観で運用されてしまっているように思われます。
　この反省と警告をこめて、少し長くはなりますが、オソれずに「疑うに足りる相当な理由」（略せば「相当理由」）と言いましょう。
　なお、刑訴規則143条の３には「被疑者が逃亡する虞がなく、かつ、罪証を隠滅する虞がない等明らかに逮捕の必要性がないと認めるときは、逮捕状の請求を却下しなければならない」というように、「虞れ」という言葉が登場しています。これは、「おそれがない」というように消極的方向に使用されているケースと言えます。

> 〔設問62〕保釈手続に際しての留意事項
> ① 事案の性格からみて、保釈が不可能ないし困難と思われるのに、被告人Aが保釈を強く希望する場合、弁護人は、どうすべきか。
> ② Aが保釈を希望しているが、家族や周囲の者が保釈を望まない場合、弁護人は、どのように対処すべきか。
> ③ 保釈が却下された場合、弁護人はどう対応すべきか。
> ④ 保釈許可条件について注意すべきことはなにか。
> ⑤ 保釈保証金が高額な場合に、弁護人はどのように対処すべきか。
> ⑥ 被告人から保釈保証書の差入れを要望されたとき、弁護人はどう対処すべきか。

キーワード

保釈　保釈保証金　保釈の条件　抗告　準抗告

関連条文

○刑事訴訟法88条（保釈の請求）　89条（必要的保釈）　90条（裁量保釈）93条（保釈保証金、保釈の条件）　94条（保釈の手続）　420条（判決前の決定に対する抗告）　429条（準抗告）
○弁護士職務基本規程5条（信義誠実）　20条（依頼者との関係における自由と独立）　25条（依頼者との金銭貸借等）　47条（接見の確保と身体拘束からの解放）

問題の所在

「人質司法」と命名されるほど、保釈は許可されない。とくに争っているかぎり、保釈は容易ではない。そのような実務の運用を踏まえつつ、弁護人はどのような手続や努力をすべきかが問題となる。

解説

1 小問ごとの問題の整理

第6章の総論で述べたように、被疑者・被告人の身体拘束を解放することは、弁護人の最も重要な責務の一つである（弁護士職務基本規程47条）。〔小問①〕および〔小問③〕はそれが義務的なものであるか否かが問題となる。

〔小問②〕では、保釈に関する被告人Aの意向と、実質的には保釈の保証金（以下「保釈保証金」ということがある）を用意するであろう親族の意向のいずれを重視するかが問題となる。

刑訴法93条3項は、保釈に条件を付することができる旨を定めている。実務的に例文化しているのは、制限住所、2泊3日以上の旅行に対する事前許可などである。しかし、近年、被告人間の面談禁止や被害者に対する面談禁止が保釈の条件（以下「保釈条件」という）にされることが増えている。〔小問④〕では、このような保釈条件に対して、弁護人はどのように対応すべきかが問題となる。

〔小問⑤〕は、保釈保証金が高額な場合の弁護人の対応策が問題となる。

〔小問⑥〕は、刑訴法94条3項において「保証書を以て保証金に代えることを許すことができる」と規定されていることに関して、弁護人の対応が問題となる。実務的には、被告人に保証金を用意する資力がなく、弁護人が保証書の差入れを被告人から要望された場合に、弁護人はいかに対応すべきかが問題となる。

2 小問①について

このような場合でも、保釈により身体を解放されることが被告人にとって不利益になるなどの特段の事情がないかぎり、保釈請求すべきである。

司法統計等では、保釈請求件数に対する保釈許可決定数の割合をもって「保釈率」と言う場合がある。その比率は現在でもある程度の高率になっている。そのため、保釈許可件数が少ない理由について、保釈されにくいとの評価を強調することは誤りであり、保釈請求そのものの件数が少ないからであるかのご

とき主張がなされることもある。しかし、勾留人員と保釈人員の比率をみれば、「人質司法」の状況は年々悪化していることは明白である。

　率はともあれ、本来許可されるべき請求も却下されていることは間違いない。そこで、実務の現状にとらわれることなく、そして「人質司法」を打破するためにも、積極的に保釈請求をすべきである。

　とりわけ、被告人が保釈請求を強く希望している場合は、「誤った」実務にとらわれることなく、たとえ保釈請求が許可される見込みがほとんどないときでも、保釈請求をすべきである。そもそも、保釈請求をしても結果が却下であることが火を見るよりも明らかな場合といっても、それは当該弁護人の主観的判断でしかない。もっとも、例えば第一回公判前に、すでに保釈請求をして却下され、その後の事情変更もない場合に、闇雲に再度の保釈請求をしてみても、却下されることは目に見えている。したがって、実務的には、そのような保釈請求や保釈却下決定に対する不服申立が認容される可能性がほとんどないことを被告人に説明し、被告人の納得を得る努力をする必要があろう。しかし、それでも、被告人が望むのであれば、弁護人は被告人の意思を尊重せざるをえない。

　そのときに留意しなければならないのは、自己（弁護人）の無駄な努力を厭ってはいないか、自己（弁護人）の判断は正しいのか、自己（弁護人）の名誉だけを重んじてはいないかということである。

　そして、保釈請求をするかぎりは、形ばかりの請求をするのではなく、最善の努力を傾ける必要がある。そして、保釈請求をした場合は、かりに許可される見込みがほとんどないような事案であっても、請求書を裁判所に提出するだけで終わらせることなく、裁判官との面談をすべきである。第6章の総論で指摘したように、裁判官面談は、検察官の反対理由を理解し、必要な補充意見を述べる機会であるだけでなく、書面では伝えきれない家族の心情などを伝えることができる場ともなり、それによって弁護人の熱意を示すことにもなる。依頼者たる被告人が望む以上は、さらに、保釈却下決定に対する準抗告や抗告などの法的手続もとるべきであろう。

3 小問②について

(1) 弁護人は、薬物事犯等で、〔小問②〕のようなことをしばしば経験する。そして、被告人の希望に従って保釈請求すべきか、それとも家族などの要望を尊重すべきかを悩むことが少なくない。ときには、家族が保釈を望んでいないことを被告人には話さないでほしいと言われる場合もある。そのような場合、弁護人の悩みはいっそう大きくなる。

もし、弁護人も現時点での保釈が適切でないと考えるのであれば、被告人に対し、現時点での保釈が被告人にはプラスにならないことを説明して、被告人を説得すべきである。しかし、その説得が功を奏さなかった場合には、被告人の意向に従って保釈請求をするほかはないであろう。もっとも、弁護人が保釈請求をしなくとも、被告人本人が保釈請求をすることもある。

実務的に問題となるのは、もし保釈をすれば逃亡する蓋然性が高いと判断される場合や、覚せい剤自己使用事犯のように、覚せい剤への親和性・依存性が高く、早い時点で保釈をすれば再犯の可能性が高い場合などである。

たしかに、弁護人が、保釈をすれば逃亡する蓋然性が高いと考える事案はありうる。しかし、このような場合でも保釈請求をしないことは許されないと言うべきである。

まず第1に、逃亡の「おそれ」がある場合には、裁判所の判断によって保釈は許可されないこととなる。その判断を弁護人が先取りして保釈請求を行わないのは、身体拘束がきわめて重大な人権の制限であり、身体拘束からの解放が弁護人の重要な責務であることからすれば、弁護活動の萎縮を自ら招いていることとなる。

第2に、刑事訴訟法は、保釈取消（96条1項）や保証金の没取（同条2項）の手続を規定している。法は、逃亡などの事態が発生した場合にどのように対処するかを定めるとともに、保釈の取消と保証金の没取などのペナルティーを課すことによって、逃亡を防止しようとしているのである。弁護人は、逃亡した場合の不利益を十分説明するなどして、被告人が逃亡しないように万全の配慮と環境整備をすることを忘れてはならない。しかし、弁護人の責務はそこま

でであり、具体的な根拠もないままに被告人の逃亡を恐れるべきではない。何よりも弁護人として戒めなければならないことは、検察官や裁判官と同じレベルで被告人の逃亡を恐れることである。もしそれを恐れ始めると、多くの場合において保釈請求は困難となってしまうであろう。

(2) つぎに、覚せい剤自己使用事犯のように、覚せい剤への親和性・依存性が高く、早期に保釈をすれば再犯のおそれが高い場合がある。これも、逃亡と同様に、疑い出せばきりがない。しかも、覚せい剤への親和性や依存性を除去するために勾留手続を借用するのは、勾留の本来の制度趣旨にも反する。そのようなおそれがある場合には、適切な治療機関や支援団体を確保し、同治療機関等における治療・支援体制を整えたうえで、保釈請求をするべきであろう。また、弁護人は、このような治療・支援体制の整備をすれば足り、それでもって弁護人の責務は果たされることとなる。

4 小問③について

「人質司法」の現状を改善するためにも、準抗告や抗告を励行すべきである。

かりに、準抗告や抗告が棄却されたとしても、それに対する検察官の意見や決定理由中の記載によって、検察官や裁判所の考え方が明らかになる。それにより、弁護人は、その後の対策を考えることができることもある。また、保釈却下決定は、たんに刑訴法89条各号の事由に○印をするだけで、実質的な理由の記載がないのに対し、準抗告や抗告の決定には具体的な理由が記載されているので、被告人も裁判所や検察官の考えを知ることができる。そして、その結果、弁護人の活動内容に対する被告人の理解を深めることにもなり、被告人と弁護人との信頼関係を強めることにも結びつく。

5 小問④について

裁判所が保釈許可に条件を付する場合、弁護人は、被告人にその保釈許可条件をよく説明して遵守させることが必要である。他方、保釈を得るために、どのような条件でも呑むという対応では問題が起こることがあるので、注意を要

する。

　裁判所が付した保釈許可条件が不当である場合には、保証金を納付して、被告人の身体の自由を確保した後にも、保釈許可条件だけについての準抗告や抗告も可能なので、そのような方法も考慮してみるべきであろう。

　具体的には、まず、保釈の請求時において、保釈条件についても、書面により、または面談の際に裁判官（所）に申し入れておく必要がある。ことに、相被告人との間で打ち合わせが必要な場合や、被害弁償の関係で被害者への謝罪が必要な場合には、「弁護人と同席のうえでなければ」という条件を付してでも、これらの関係者との面談ができるようにしておくことも必要であろう。

　保釈決定に、不当な条件が付されている場合には、（準）抗告などの不服申立によって、その条件の取消・変更を求めるべきである。

　保釈に条件を付す決定をした裁判官（所）が事情の変更により、職権によって保釈条件を変更することが可能かという理論的な問題は残る。勾留決定に対する職権取消が許されていることや、2泊3日以上の旅行や制限住所の変更が許可制になっていることなどからしても、職権による変更は可能であると考えられる。面談禁止の条件の付された被害者に対して、被告人が直接謝罪することが必要となったような場合には、保釈決定をした裁判所の許可を得て、被害者と面談しうるのではなかろうか。

6　小問⑤について

　保釈保証金も許可条件の一つであるから、保証金の額についてのみ、準抗告ないしは抗告ができる。その場合、いったん保証金を納付した後にも準抗告は可能であるとされている（東京地決平6年3月29日判時1520号154頁）。そこで、保証金を納付して被告人の身体の自由を回復したうえで、保証金の額のみを争うという方法もある。

7　小問⑥について

　結論的には、弁護士が保証書の差入れを断ることについては問題がないと言

うべきである。

　保釈保証金の用意ができないか、きわめて困難なときに、かつて保証書を裁判所に差し入れて、保証金の代わりにすることがよく行われた。しかし、最近では、裁判所がそのような保証書では逃亡を担保できないと考えるようになったためか、現金で納付すべき保証金の代わりに保証書を提出させるケースは激減している。弁護人から保証書の納付に代えたいと申し出ること自体がほとんどないのではなかろうか。しかし、制度としては残っており、稀ではあれ今後とも〔小問⑥〕のような事態は生じうる。

　ところで、弁護士職務基本規程25条は「弁護士は、特別の事情がない限り、依頼者と金銭の貸借をし、又は自己の債務について依頼者に保証を依頼し、若しくは依頼者の債務について保証をしてはならない」旨を規定する。この趣旨は、同20条が「弁護士は、事件の受任及び処理に当たり、自由かつ独立の立場を保持するように努める」と定めており、その職務の独立性を担保するための派生的な倫理として、弁護士の経済的な独立性を確保しなければならないことを定めたものである。また、逆に、弁護士が依頼者に債権を有していると、債務者である依頼者は「弁護士の言いなり」になってしまうので、自由な意思決定ができなくなることを防ぐためでもある。しかし、保証書の差入れについては、従来、同規程25条に相当する弁護士倫理41条に規定されていた「特別な事情」にあたると解されてきた。したがって、同規程25条の解釈自体からは、弁護人が保証書を差し入れることは禁止されていないこととなる。

　被疑者・被告人を身体拘束から解放することが弁護人の責務のうちで最も重要なものの一つである（弁護士職務基本規程47条）とはいえ、被告人から要請があった場合には必ず保証書を差し出すことが弁護人の義務であるとまでは言えないであろう。

　もちろん、前述のとおり、弁護士職務基本規程25条において禁止されてはいないので、要請に応じて保証書を差し入れたからといって、弁護士職務基本規程違反となるものではない。

　かりに、被告人から、保証書の提出を求められた場合は、被告人との信頼関

係、自己（弁護人）の信念などにもとづいて、諾否を決めることになろう。

　実務的な留意点としては、できるかぎり親族や友人が保証書や担保を差し出せるかを被告人に尋ね、その確保の努力を求めるべきである。また、「弁護士が実質的にお金を貸すことに等しくなり、好ましいことではない」ことを説明し、被告人の納得を得るように努めるべきである。

　しかし、究極の問題は、そのような努力を重ねても、なお保釈保証金が工面できず、保証書を差し入れるべき者も見つからない場合である。この場合に、弁護士は、少なくともつぎの二つには留意をしておくべきである。その第1には、たとえ保証書を差し入れてもよいと思うほどの信頼関係がある被告人といえども、もし保釈が取り消されてしまうと、保証金が没収され、したがって、弁護士が保証書に従った金銭の支払を履行しなければならなくなる可能性が生じることである。実際にも、6億円の保釈金のうち3億円について弁護人が保証書を差し入れ、その保釈が取り消され、前記の保証書による3億円の支払を裁判所から命じられた実例もある。第2には、保証書を差し入れることによって、被告人に対しては経済的に優位な立場に立つこととなるので、その保証書の差入れが被告人の弁護活動に悪影響を与えないように細心の注意を払うことである。たとえ弁護人が意識していなくとも、被告人は弁護士に対して恩義を感じ、自己の意思を押さえてまで弁護人の指導に従うおそれはなきにしもあらずである。弁護士職務基本規程25条の趣旨も、そのような依頼者の抑制された意思が生じる危険性を危惧しているともいえ、その点についての配慮が必要となる。

コラム　刑事弁護ワンポイントレッスン⑰

請求書・申立書

　保釈や勾留取消のように、刑事訴訟法上に請求権の存在が規定されていて、その権利を行使する場合は必ず「請求書」と書くべきです（たとえば、「保釈願」ではなく、保釈請求書）。
　請求権がなくて、裁判所（官）の職権発動を促すようなときには、「申立書」になります（たとえば、接見一部解除申立書）。
　「請求」に対しては「決定」がなされ、「申立」については「職権発動せず」といった結論がでます。
　後者については、「決定」ではないので、（準）抗告などの異議申立ができないとされています。しかし、実質的には不作為の決定ですよね。何らかの異議申立をして頑張ってみませんか。
　なお、裁判所の職権発動を促す申立に対して、裁判所（官）が決定を下した場合に、（準）抗告などの異議申立ができるか否かについては、判例が分かれています。

〔設問63〕保釈請求と同意・不同意、公訴事実の認否
① 第一回公判前の裁判官との保釈に関する面談の際に、裁判官から「事実を争うのですか。書証の同意・不同意についてはどうされる予定ですか」と尋ねられた場合に、弁護人はどのように対応すべきか。
② 弁護人Xは、裁判所に提出した保釈請求書に「公訴事実は争うものではなく、検察官が請求する証拠をすべて同意する予定である」と記載した。
　ア　しかし、第一回公判期日において、弁護人Xは、公訴事実を全面的に争い、検察官が請求した証拠の主要部分を不同意とした。
　イ　保釈請求書の記載に従い、公訴事実に対する意見陳述において、被告人が公訴事実を否認しているにもかかわらず、弁護人Xは、公訴事実について争わず、証拠をすべて同意する旨の意見を述べた。
それぞれの場合のXの弁護活動に問題はないか。

キーワード

保釈請求　公訴事実に対する意見　書証に対する意見

関連条文

○刑事訴訟法89条（必要的保釈）　90条（裁量保釈）　92条（検察官の意見の聴取）
○弁護士職務基本規程5条（信義誠実）　47条（接見の確保と身体拘束からの解放）

問題の所在

公訴事実を争い、検察官の請求する書証を不同意にすると、保釈は困難となる。そこで、保釈を得るために、心ならずも公訴事実を認め、検察官請求証拠に同意をする被告人がいる。また、冒頭手続における公訴事実に対する意見陳述内容の事前開陳は、保釈を得るための方便にすぎないと考え、保釈後に否認へ転じるような被告人も出てくる。そこで、保釈に関する厳しい実務の運用を前にして、弁護人はどのように対処すべきかが問題となる。

解説

1 小問①について

保釈請求の際に、請求の書面を提出するだけでなく、裁判官と面談のうえ、請求書を補充して、口頭で被告人側の事情や意見を述べることが望ましい事案が多い。現に裁判官との面談は広く行われている。そのような席で、裁判官から設問のような問いかけを受けることがある。

第一回公判期日前に、冒頭手続における公訴事実に対する被告人および弁護人の意見や、検察官請求の証拠に対する同意・不同意の予定について、裁判官にあらかじめ知らせる義務はない。また、第一回公判期日前における保釈請求の時点では、検察官からの請求予定証拠は開示されていないことが大半である。したがって、もともと答えるべき義務がないことに加え、証拠を十分検討していない時点で、冒頭手続において言うべき意見をあらかじめ決めることなどはできない。それゆえ、〔小問①〕のような裁判官の問いに対する答えは、「言えない」ということになろう。

しかしながら、現在の保釈実務を前提とするかぎり、第一回公判で公訴事実を認め、検察官請求の証拠を基本的には同意することが予測されるような事件以外で、保釈の許可を得ることが難しいのもまた事実である。

そこで、保釈請求書のなかで、あるいは裁判官との面談の際に、被告人自身は罪を認め、検察官請求の証拠もすべて同意する予定である旨を開陳することも行われている。これに対し、あくまで原則どおり、裁判官の問いに答える必

要はないとの対応をする弁護人もいる。身体拘束から解放されるべき被告人の権利と利益をいかにして実現するかを使命とする弁護人にとって、同意予定であるとの見通しを開陳することは間違っていると決め付けることはできないであろう。また、事案によって選択が異なることもありうる。

ただし、保釈請求にあたって、公訴事実を争わず、検察官請求証拠に同意する予定であるといったん言明すれば、後になって、そのような言明を簡単に覆せないことは意識しておくべきであろう。被告人との意思疎通にいささかの齟齬もあってはならない。

2 小問②について

(1) 小問②のアについて

前述のとおり、第一回公判での公訴事実に対する被告人・弁護人の意見や、検察官請求の証拠に対する同意・不同意の予定について、保釈面談の際に、弁護人が意見や返答をすべき義務はない。また、第一回公判における意見陳述で、過去にどのような供述をしたかにかかわらず、被告人が事実と記憶に従って陳述するのは当然のことである。それゆえ、第一回公判で前と異なったことを言い出すこと自体はなんら非難されるべきことではない。

しかし、保釈に際して、答える義務はないとして予定を述べなかったのならばともかく、いったん弁護人として〔小問②〕のような答えをした場合には、事情はまったく異なるであろう。被告人の権利とは別に、そして本来予定を言うべき義務があるか否かにかかわらず、弁護人が裁判所に対して予定を表明したことによって、弁護人には一定の責任が生じると考えるべきではなかろうか。裁判所に予定を告げる時点で、第一回公判期日において、その告げたこととは異なった意見を述べることをすでに予定していたとすれば、裁判所に虚偽を述べたことになる。それゆえ、弁護士職務基本規程5条（信義誠実）、同6条（名誉と信用）違反の問題が生じる。

故意に虚偽を述べたのではなく、裁判所に対して予定を告げた時点では、被告人の意思も確認のうえであったが、その後に被告人の主張が変わった場合、

あるいは、裁判所に予定を告げた時には判明していなかった証拠の発見などの事情の変更がある場合もあろう。このような場合には、弁護人には責任がないとも考えられる。しかし、このような場合でも、結果的とはいえ、裁判所を欺いたことになる。このようなことも想定すれば、できるかぎり予定を告げない方向で処理しておくことが妥当であろう。被告人の意思の急変のような場合には、被告人と弁護人との間の信頼関係が維持できるとはとうてい思えない。したがって、弁護人は、弁護士職務基本規程43条（信頼関係の喪失）にもとづいて、辞任その他の適切な措置を検討せざるをえないこともあろう。

なお、被告人のなかには、あからさまに「保釈のときには認めると言っておいて、公判では争いたい」との意向を示す者がないではない。しかし、このような場合には、前記の弁護士としての行動規範を示しつつ、「それは、裁判所を騙すこととなり、そのような嘘を弁護士は言えない」と拒否すべきである。

実務上の留意点としては、裁判官に対して嘘をつくことの不利益と不当性を十分に説明し、もし被告人が結果的にではあれ、裁判官に対して嘘を言った形になった場合には、弁護人は信頼関係が維持できないことを理由に辞任せざるをえない場合もあることを告知しておくべきである。

(2)　小問②のイについて

被告人の対応が不適切だということと、弁護人が被告人の無罪主張を無視して、公訴事実を認め、検察官請求証拠を認めてもよいかとは、まったく次元の異なる問題である。

弁護士職務基本規程20条は、弁護士の自由・独立の立場を認め、同21条は「依頼者の権利及び正当な利益を実現する」ことを求められている。〔小問②〕のアのような対応が依頼者の正当な利益を実現することにはならないとの考えはありうるだろう。しかし、まず、保釈が原則であるはずの法の運用が「監禁司法」と呼ばざるをえないような「憂うべき司法」の現状を目の当たりにして、被告人が、苦肉の策として、保釈請求時には「認める」と言っておきながら、保釈が得られた時点で、無実を争うという手段に出ることを理解できなくはない。また、いわば嘘も方便と考える被告人がいる以上に、捜査段階において虚

偽の『自白』をせざるをえなかった被告人が、保釈請求時には、その『自白』を維持していたものの、その後やはり無実を争うという意識に目覚めることも少なくない。また、被告人が内心では嘘も方便と考えて保釈のために一時的に認める方針を選択していたとしても、被告人が事実は異なると主張するに至れば、被告人の意思に反する弁護活動は許されない。

　したがって、第一回公判期日において、被告人が公訴事実を争う以上、弁護人は、その被告人の意思に従うべきであり、〔小問②〕のイのような対応をすることは許されない。弁護人にできることは、前述のとおりの信頼関係の破綻や、弁護士の倫理上の問題を意識して辞任することしかないのではなかろうか。

参考判例

○広島高判平15年9月2日判時1851号155頁

　被告人が公訴事実につき否認したにもかかわらず、弁護人がこれを争わず、検察官請求書証を全部同意したのに対し、裁判所が被告人に同意の有無を確かめることなく、検察官請求の書証を同意書証として採用し、取り調べたことが違法とされた事例

　（判示事項要旨）

　刑訴法326条1項は、書証についての証拠能力付与の要件として被告人の同意を要求しており、弁護人の同意のみでは証拠能力を付与できない。

コラム 刑事弁護ワンポイントレッスン ⑱

罪状認否

　起訴状が朗読された後、裁判長は被告人および弁護人に対し、「被告事件について陳述する機会」を与えなければならない（刑訴法291条2項）とされています。被告事件についての陳述権を定めたものです。

　ところが、どこでどういう勘違いが生じたのか、「罪状認否」という用語が使われています。「罪状」という江戸時代の「お白州裁判」の言葉がいまだに生きていて、黙秘権を告知した直後だというのに、「認否せよ」と、あたかも意見陳述が被告人の義務であるかのように裁判長が迫るのです。

　弁護人は、このような用語を死語とすべく、「被告事件についての陳述」を権利として行使するよう心がけましょう。

第7章　公判

総論

　刑事事件においては、被疑者段階における弁護活動の重要性とともに、公判においても弁護人が充実した弁護を行うことが重要である。

　弁護人は、被告人の権利と利益を守るため、公判における訴訟手続が適正かつ公正なものとなるよう、これらを監視するとともに、被告人にとって有利な証拠の取調べを請求し、不利な証拠を弾劾するなど、その防御方法が適正・適切に行使できるよう弁護活動を行わなければならない。

　他方、検察官は、検察側証拠のみで適正な公判手続が保ちうるかのごとく、被告人に有利な証拠が提出されることに抵抗し、いたずらに審理の早期終結を急ぐ傾向がある。

　かかる傾向は、検察官のみならず裁判官にも見受けられ、弁護人が必須のものと考えてなした証拠調べ請求を簡単に却下するなど、あまりにも不当と思われる訴訟指揮がなされることもある。

　2003（平15）年に「裁判の迅速化に関する法律」が成立し、公判手続の充実よりも迅速化に重点をおく運用はますます強まっている現状にある。

　もちろん、刑事手続においても、裁判がいたずらに長期化し、被告人が長期間被告人の地位にとどめおかれることは避けなければならない。また、公判が開始されても判決がなされるまでに異常に長い時間を要することは、裁判に対する国民の信頼を得るゆえんではない。他方、かかる迅速化の要請と同様に、あるいはこれにも増して、被告人が適正かつ充実した手続を経て判決を受けることが重要である。

　弁護士職務基本規程76条では、「弁護士は、怠慢により又は不当な目的のため、裁判手続を遅延させてはならない」と規定するとともに、同74条では、「弁護士は、裁判の公正及び適正手続の実現に努める」と規定され、同46条で

は「弁護士は、被疑者及び被告人の防御権が保障されていることにかんがみ、その権利及び利益を擁護するため、最善の弁護活動に努める」と規定している。

　もちろん、実質的弁護の域を逸脱するような不出頭、退廷、辞任は厳に慎しまなければならないが、弁護人のどのような行動が実質的弁護の域を逸脱するものかについての具体的検討が必要である。

　本章においては、「不当な目的による遅延」「怠慢による遅延」とはどのようなものかなどを検討するとともに、共犯者の弁護人との間の対立、さらには同じ被告人の複数の弁護人間の意見対立の場合の対応方法についても検討する。

コラム　刑事弁護ワンポイントレッスン⑲

お請けします！

　期日などを「承知しました」という趣旨で、「請書」という書面を提出していますね。

　これを意識してか、法廷で次回期日を決めるとき、裁判長の提案した期日に対して、差し支えがないときに「お請けします！」と述べている弁護人を見かけました。

　しかし、なにもへりくだる必要はないのです。差し支えがあれば「差し支えます」、差し支えがなければ「結構です」と言うだけでよいのではないでしょうか。

〔設問64〕不当な訴訟指揮と弁護人の退廷

AとBは贈賄の共犯として、Cは収賄で起訴された。AとBには利害対立がある。AとCは否認し、Bは公訴事実を認めて、検察官に協力的態度を示している。裁判所は、Bだけを分離して先に判決をすると言う。Cの弁護人Xは、それに反対し、A、B、Cの併合審理を要求して、その必要性を主張したが、裁判所は、弁論の分離決定をした。

Xは、Cの承諾のもとに、偏頗な裁判のおそれがあるとして忌避の申立をしたが、裁判所は、訴訟を遅延させる目的のみであるとして簡易却下したうえで、審理を続けようとした。Xは「このような審理には応じられない」と告げて退廷しようとしたので、裁判官は、Xに在廷を命じたが、Xはふりきって退廷した。

弁護人Xの対応に問題はないか。

キーワード

不当な訴訟指揮　在廷命令　退廷

関連条文

○刑事訴訟法288条（被告人の在廷義務）　289条（必要的弁護）　309条（異議の申立て）
○刑事訴訟規則206条（重ねて異議を申し立てることの禁止）
○裁判所法71条（法廷の秩序維持）

問題の所在

裁判所が法律や被告人の防御権を無視した訴訟指揮をすることはありうる。しかし、その場合に、法的な不服申立手続を尽くしたにもかかわらず、なお裁判所が違法な訴訟指揮を続ける場合に、弁護人は、それでもその違法な訴訟指揮に従わざるをえないのかが問題となる。

解説

　いわゆる「弁護人抜き裁判」特例法案を廃案とする過程で、「弁護人は、正当な理由のない不出頭、退廷および辞任等不当な活動をしてはならない」（2条）とする「刑事法廷における弁護活動に関する倫理規程」（後掲資料参照）が定められた（1979年5月26日日弁連決議）。なお、弁護士職務基本規程の制定によって、弁護士倫理は廃止されたが、この「刑事法廷における弁護活動に関する倫理規程」は、依然として維持されている。

　この倫理規程の制定過程で、弁護権行使の限界が問題となる場合に、個別具体的な弁護活動に対して、その弁護活動が客観的に肯定されうるのか否か、弁護士会がどのように関与しうるのかが議論された。

　その議論の過程において、

① 本来、訴訟手続は、流動的なものであって、個別的、具体的な妥当性・相当性の追求が重要である。

② とくに、弁護人の独立した地位と弁護活動の実質を保障することが重要であり、訴訟指揮権は弁護活動を保障しつつ公正に行使されるべきである。

③ 違法不当な訴訟指揮に対して、弁護人があらゆる方法により是正を図り、訴訟手続のあらゆる段階でねばり強い主張と説得を続けることを基本とする。

④ 審理そのものを拒否したり、安易な不出頭、退廷など実質的な弁護活動を放棄することにつながる行為は許されず、それは弁護人としての職責を十分に果たしていないものと批判される。

ことなどが確認されている。

　上記の議論を踏まえて設問を考えると、弁護人は、まずあらゆる法的手続を取るべきであり、安易に退廷などの行動に出てはならないということとなろう。

　しかしながら、裁判所の違法不当な訴訟指揮により「訴訟指揮権が弁護活動を保障するものでなく、公正に行使されていないこと」が明白な場合もある。そのような場合には、在廷し続けることによって、被告人の不利益が拡大する

こともある。「刑事法廷における弁護活動に関する倫理規程」も、退廷は認められないことを単純に定めているのではなく、「正当な理由のない」不出頭や退廷などを禁じているのであって、正当な理由のある不出頭や退廷は認めている。裁判所の判断が誤っていることが明らかな場合は、不出頭や退廷に問題はないと考えるべきであろう。

ただし、私選弁護人の退廷に対しては、刑訴法289条2項、刑訴規則179条の5にもとづいて国選弁護人の選任手続が、また、国選弁護人の退廷に対しては解任手続が、それぞれ裁判所によって取られることを想定しておかなければならない。

> 〔設問65〕勾留理由開示公判における陳述時間の制限
> 　裁判官から、勾留理由開示公判において、「弁護人と被疑者の意見の陳述はそれぞれ10分以内にしてください」と言われた場合に、弁護人はどのように対処すべきか。

キーワード

勾留理由開示公判の時間制限

関連条文

○憲法34条（抑留・拘禁に対する保障）
○刑事訴訟法84条2項（勾留理由開示の方式）　207条（被疑者の勾留）
○刑事訴訟規則85条の3第1項（開示期日における意見陳述の時間の制限等）

問題の所在

勾留理由開示公判において、当事者（検察官、被告人、弁護人、請求者）は意見を述べることができる（刑訴法84条2項本文）。しかし、同条但書で「裁判長は、相当と認めるときは、意見の陳述に代え意見を記載した書面を差し出すべきことを命ずることができる」と規定され、刑訴規則85条の3第1項では、

「意見を述べる時間は、各十分を超えることができない」と規定されている。このため、意見の陳述に十分な時間が必要とされる場合に、裁判官が陳述の時間を各自10分に制限する訴訟指揮を行った場合に、弁護人はどう対応すべきかが問題となる。

> [!NOTE]
> **解説**

　勾留理由の開示は、憲法上の権利（34条）であり、意見書で代替することや意見陳述の時間制限をすること自体、憲法違反の疑いがある。

　しかし、かりに前記の刑訴法84条2項但書や刑訴規則85条の3第1項が合憲であるとしても、勾留理由開示請求は憲法上の権利であることからすれば、同法84条2項但書に定める「相当と認めるとき」の要件は厳格に解されるべきであり、同規則85条の3第1項に定める10分の時間制限も訓示規定と解すべきである。

　実務的には、勾留理由開示公判における時間制限につき、前記のような法や規則の定めにもかかわらず、柔軟に対応されてきた。勾留理由開示公判が数時間に及ぶことも稀ではなかった。しかし、近時、「勾留理由は、勾留状に記載されているとおり、一件記録によれば、刑訴法60条に定める2号・3号の相当理由が認められます」などという紋切り型の理由開示しかなされない傾向が強くなっている。このような実務の流れは、弁護人の怠慢もその一因になっていると言えよう。

　前記の時間制限は、意見の陳述に関するものである。裁判官が十分な勾留理由を開示しないときには、それに対する求釈明を行うこととなるが、その求釈明には前記の時間制限は適用されない。

　そもそも、前記の刑訴規則が制定された経緯は、刑訴法82条2項が、勾留理由開示請求権者を被疑者のみならず「弁護人、法定代理人、保佐人、配偶者、直系の親族、兄弟姉妹その他利害関係人」としていることから、請求権者すべてが意見の陳述を求めた場合には無制限に時間がかかってしまうため、効率的な裁判の運用（時間制限）を行う趣旨で定められたものである。

なお、勾留段階における勾留理由開示請求は、1回に限られるというのが判例である（最決昭28年10月15日刑集7巻10号1938頁他）。また、勾留理由開示請求も、最初になされた勾留理由開示請求権者の請求のみが正式な請求として取り扱われる。しかし、勾留理由開示公判における立会・意見陳述の機会は、すべての請求者に与えられるというのが、実務の取扱いとなっている。

したがって、意見陳述に相当な時間を必要とすることは、前記の法や規則によっても当然の前提とされているので、形式的な「10分間の時間制限」に従う必要はない。

実務的には、10分間の意見制限の立法経過、その違憲性、法解釈としても訓示規定でしかないこと、求釈明には時間制限の適用がないことなど、時間制限の必要性・相当性がない理由を述べて、裁判官の再考を促し、それでもなおかつ不相当な訴訟指揮がなされた場合には、忌避などの法的手段で対抗すべきときもあろう。

〔設問66〕証拠調べ請求の却下と翌々日の弁論期日の指定

弁護人Xは、強盗事件の国選弁護人として、前回の公判で弁護側の証人数名を証拠調べ請求した。その採否が決められる日の審理の冒頭に、裁判長は「弁護人の証人申請はすべて却下します。それでは検察官、論告をしてください」と発言し、検察官の論告が終わると、Xに対し、「弁護人、弁論してください」と告げた。Xは、「準備ができていません」と答え、押し問答の結果、裁判長は、「あさっての午前10時に弁論期日を指定します。徹夜でもなんでもして、仕上げてください」と告げて退廷してしまった。

① 弁護人Xはどうすればよいか。徹夜すべきか。
② Xが次回の公判に出頭しないことは妥当か。
③ Xは辞任できるか。

> **キーワード**

不当な訴訟指揮　誠実義務

> **関連条文**

○刑事訴訟法293条（最終弁論）　309条（異議の申立て）

> **問題の所在**

裁判所の不当な訴訟指揮により、弁論などの準備のための時間が十分に確保できない場合の弁護人の対応が問題となる。

> **解　説**

1　事前の予測と準備

弁護人は被告人に対して誠実義務を負い、その権利と利益を守るために最善の努力をしなければならない。したがって、弁護人は、訴訟の経過などから、あらかじめ設問のような訴訟指揮を受けることも予想して準備をしていなければならなかったと言えなくもない。

しかし、通常の事件においては、いきなり弁論を求められることはなく、異常な訴訟指揮を含むあらゆる事態に備えよというのは、弁護人に過大な責務を負わせることになる。したがって、いきなり弁論を求められたり、2日後の弁論を求められたりすることを予測しなかったこと自体を問題にはできないであろう。

2　小問の検討

事案が簡単な場合には、徹夜でもすれば、十分とは言えないまでも相当な弁論は準備できるかもしれない。しかし、設問のように、弁護人が複数名の証人を証拠調べ請求するような事件は、簡単な事件とは言えないであろう。弁論は、訴訟手続の最終段階において、裁判所に対し、証拠調べなどの結果を踏まえて弁護人の意見を述べる重要な意味をもつものである。あらためて記録を検討す

る必要もあり、文章を推敲する必要もある。

　このような弁論の重要性およびその準備にかかる時間を考えると、とうてい最終弁論が準備できないような期日を指定する裁判長の処分（刑訴法273条）は違法であると言わざるをえない。弁護人は、刑訴法309条2項の異議を申し立てるべきである。また、その異議が却下された場合には、刑訴法276条の公判期日の変更を請求し、それでも裁判所が期日の変更をしないときには、実質的に最終弁論の機会（刑訴法293条）を奪われたことを理由に、忌避（刑訴法21条）を申し立てることも考えるべきである。これに対して、裁判所が簡易却下（刑訴法24条）をした場合には、さらに即時抗告（刑訴法25条）をすることも考慮すべきである。

　以上のような法的手続をとったにもかかわらず、これらすべてが認められなかった場合、〔小問①〕にあるように徹夜をしてでも弁論をするべきか、それとも〔小問②〕のように次回期日に出頭しないことにすべきかを選択しなければならない。

　なお、〔小問③〕の国選弁護人たる地位は、私選弁護人の場合と異なり、弁護人の一方的な辞任の意思によってなくなるわけではない。裁判所が解任しなければ弁護人たる地位を辞すことはできない。また、設問のように強権的な訴訟指揮をとる裁判所であれば、解任は期待できないであろう。

　そこで、〔小問②〕のように不出頭という途をとることができるかが問題となる。

　まず、法は、弁護人が不出頭という手段をとることを予定していない。また、弁護人には、法に定められた不服申立の手段を講ずる以上に「不出頭」という手段をもって闘うという責務まであるわけではないので、「不出頭」という戦術の行使は、不当な弁護活動と評価される可能性もある。さらに、必要的弁護事件であれば、最終弁論を予定される期日に弁護人が出廷しないかぎり、公判を開くことはできないとの考えもありうる。しかし、裁判所が、弁護人不出頭のまま、弁護人が弁論を放棄したとみなして結審しても、違法ではないとする判例もある（後掲東京高判昭54年5月30日）。

このように、法的にみても実質的にみても、不出頭という手段をとるべきではなかろう。したがって、不出頭はできないとの考えによれば、あらゆる法的手段をとり、それでも駄目なら最終的には裁判所の不当な訴訟指揮の適否を上訴審の判断に委ねることになる。

　しかし、不出頭という手段をとることに問題はないと考える立場もある。「問題はない」と言うだけでなく、不出頭という手段を行使すべきだとする考えもある。すなわち、設問のような事案で不出頭をしても、それはあまりにひどい訴訟指揮に対抗するものであり「刑事法廷における弁護活動に関する倫理規程」の「正当な理由のない不出頭、退廷および辞任等不当な活動」（2条）にあたらないと考えるのである。また、違法・不当な裁判所の訴訟指揮によって侵害されようとしているのは、弁護人によって十分に検討された弁論を受ける被告人の権利である。裁判所の訴訟指揮に従うことによって、不十分な弁論をすることになれば、それは、被告人に対する誠実義務に反することにもなる。さらに、抵抗権はもともと制定法に規定がないところに成立する基本的な権利である。以上のような考え方に立てば、あらゆる法的手段を尽くし、さらに弁護人解任を申し出て、それでも裁判所が弁護人を解任せずに、そのまま弁論を求めるのであれば、不出頭こそが弁護人のとるべき途だと考えるのである。

　結局のところ、実務的には、それまでの訴訟経緯のなかで、はたして弁護人の証人採用の予測がどれだけ合理的かつ正当で、裁判所の証人不採用およびそれにもとづく最終弁論期日の指定がどれだけ違法なものであるか、さらに言えば、弁護人の求める証人採用が簡易却下を定める法24条にいう「訴訟を遅延させる目的のみでされたことの明らかな」場合にあたるのかによって、結論は異なる。訴訟遅延目的のみの場合には不出頭の途をとることに問題はあるが、そうでない場合には、最終的には不出頭の途をとることには問題がないと言うべきであろう。また、実務的には、前記のようなあらゆる法的手段をとるなかで、期日変更がなされることも少なくない。

参考判例

○東京高判昭54年5月30日刑裁月報11巻5号410頁

（判示事項要旨）

弁護人が証人を採用しない裁判所の訴訟指揮を不満として最終弁論を行わないのは、最終弁論を行う権利を放棄したものであると同時に重大な任務懈怠にあたるが、被告人も国選弁護人の解任を求めることなく自らは最終陳述をした場合、法341条の類推からも、そのまま判決を宣告した原審手続は違法ではない。

〔設問67〕複数弁護人間の意見対立（独自の弁論）

① 弁護人Xは、主任弁護人Yと意見が対立し、Yとは異なる弁論をしたが、問題はないか。
② この場合に、主任弁護人Yの同意を得ている場合と、そうでない場合とでは、結論が異なるか。
③ 被告人Aが、①のような意見をXが述べることに了解をしていた場合は、結論が異なるか。

キーワード

弁護人間の意見の対立　依頼者への告知義務　独自の弁論

関連条文

○刑事訴訟規則25条（主任弁護人、副主任弁護人の権限）
○弁護士職務基本規程41条（受任弁護士間の意見不一致）

問題の所在

複数の弁護人間で意見の対立が生じた場合、公判手続においてどのように対処すべきか、また、依頼者との関係において意見の対立をどう調整すべきかが問題となる。

解説

　刑訴規則25条は、主任弁護人の権限を定めている。同条2項には、主任または副主任弁護人の同意がなければ、他の弁護人は「申立、請求、質問、尋問又は陳述」ができない旨を定めるとともに、「公判期日において証拠調が終つた後にする意見の陳述については、この限りでない」としている。したがって、弁論は、主任または副主任弁護人の同意がなくともできることとされている。また、受任弁護士間の意見が不一致の場合について、弁護士職務基本規程41条は「依頼者に不利益を及ぼすおそれがあるときは、依頼者に対し、その事情を説明しなければならない」と定めている。

　このように、刑訴規則と弁護士職務基本規程は、ともに弁論に関しては、複数の弁護人がいる場合、相互に異なる弁論をしてはならないとは定めていない。

　したがって、〔小問①〕の弁護人Xの弁論は間違ったことではない。しかし、被告人に対する誠実義務という観点からみると、もし主任弁護人と異なった意見を述べるときには、主任弁護人とよく協議をしたうえでのものでなければならない。また、主任弁護人とその他の弁護人とで食い違った意見を述べることが、被告人の権利と利益を擁護することになるのか否かの慎重な見極めが必要である。いずれにしても、被告人本人の了解は不可欠である。

　具体的な例として、無罪主張の事件であるが有罪認定の可能性があり、かりに有罪であったとしても主張すべき情状が多々あるという場合を考えると、無罪主張をしつつ情状弁護もすることがある。その場合、戦術として主張者を分け、例えば主任は無罪のみを主張し、他の弁護人は予備的に情状弁護を主張するという手法を意図的にとることもありえよう。ただし、弁護人間で意見が違っているので無罪主張は信用できない、と裁判所に判断される危険性もある。

　したがって、かかる手段をとる場合には、その利害得失を慎重に見極めるとともに、被告人に対する十分な説明と了解が必要である。

コラム 刑事弁護ワンポイントレッスン⑳

御寛大な判決を賜わる

　情状弁論で、その結びに「なにとぞ御寛大な（御）判決を賜りますようお願い申し上げます」という弁護人を見たことがあります。
　「寛大」といった主観的な評価で量刑をはかるのはいかがなものでしょうか。
　また、裁判官は、証拠にもとづき、被告人の罪責に応じて客観的に相当な判決をすべきであり、判決はけっして「賜わる」ものではありません。
　「適正な判決をなされるよう求める次第です」というような表現を各自で工夫してみませんか。

第8章　情状立証

> 総論

1　被害回復への努力の必要性

(1)　自白事件の場合、弁護人は、被疑者・被告人のため、被害回復に向けての努力をしなければならない（無罪主張の場合の被害弁償については〔設問5〕を参照されたい）。もちろんその努力は、あくまで被疑者等の利益のためであって、被害者のためではない。

被害者なき犯罪は別として、何らかの犯罪被害が発生している事案において、被害弁償をすること、あるいは被害回復に向けての努力をすることは、通常量刑に大きく影響する。被疑者の場合であれば、被害弁償の示談をして、被害者から宥恕の意思表示を得たうえ、減刑嘆願書を得ることによって、起訴猶予となったり、あるいは略式命令にとどまったりすることも、少なくない。

捜査・公判を通じて、このような情状立証を行うことは、重要な弁護活動と言える。

ことに、親告罪で告訴がなされている場合には、起訴の時点（刑訴法237条1項）までに被害者から宥恕の意思表示を得て、告訴の取消を得ることの意味は大きい。起訴されて公判審理を受ける負担を考えれば、きわめて限られた短い日時のうちではあるが、弁護人として告訴の取下げに向けた最大限の努力をすべきであろう。

(2)　被疑者・被告人から、被害者への謝罪および被害弁償をしてほしい旨の依頼がない場合にも、弁護人は、謝罪・被害弁償のもつ意味を被疑者等に説明すべきである。

(3)　わずか一部の被害弁償しかできず、それでは起訴や実刑は不可避であるような事案においても、被害回復へ向けた努力はすべきである。被害者が交渉や被害弁償金の受領を拒否するような場合でも、その努力自体を一つの情状事

実（反省・悔悟の態度の徴表として評価される）として弁論すべきである。

精神的損害を慰藉する措置は、必ずしも金銭賠償に限られるものではない。被疑者・被告人の謝罪文や反省文を提出するといった工夫も必要であろう。

2　被害者との交渉について

被害者との交渉は、弁護人自身で行うことが望ましい。もっとも、事案によっては、被疑者・被告人本人に謝罪をさせ、その親族に交渉をしてもらった方がビジネスライクにならずによい結果を生むこともある。

被害者本人やその家族らとの面談、交渉には相当な労力と時間を要することが多いが、けっして依頼者任せにするべきではない。被疑者・被告人本人やその関係者による被害者側への接触は、罪証隠滅（刑訴法89条4号）や加害・畏怖行為（同条5号）とみられてしまう場合もあり、細心の注意が必要となる。

被害者の連絡先が判明していない場合には、弁護人から捜査官に問い合わせることとなる（通常は、公判になれば、被害者の供述調書等によって連絡先が判明するものの、電話番号が変わったり、転居していることもよくある）。

これに対し、警察官は「検察官の意見を聞いてみないと教えられない」などとの、検察官は「まだ被害者の検察官調書を録取していないので、その後に教える」などといった対応をしてくることがよくある。捜査官からの連絡先の教示を漫然と待っていただけでは勾留期限が切迫し、交渉を開始できても不起訴獲得までには時間切れになってしまうことも多い。

捜査官にこのような非協力的な対応が多くみられる理由の一つに、捜査官が弁護人の被害弁償への努力を事件の「もみ消し」あるいは捜査妨害と考えているきらいがある。しかし、被害者に対する交渉はいつの時点でも弁護活動として正当な活動であり、弁護人自身が被害者側と接触するので弊害はないことを説明・説得して、早急に被害者の連絡先を知らせてもらうべきである。

被害者の連絡先が判明している場合でも、すでに弁護人が接触を始めていることを既成事実として、あらかじめ検察官に連絡しておくとよい場合もある。検察官としても、処分を決定するための資料として、弁護人の交渉経過を知っ

ておく必要があろう。

3 刑事弁護における被害者問題の位置づけ

いま、犯罪被害者の問題が急速にクローズアップされている。

しかし、あらためて考えてみるまでもなく、犯罪という法益侵害が存在する以上、そこには常に「被害者」の問題が併存していたのであって、被害者の問題は新しく発生した問題ではない。

一部の論者は、刑事司法においては今まで被害者が疎外されてきたと指摘するが、近代国家が刑罰権を独占し、私的制裁を禁じている前提までを否定するものではなかろう。

犯罪の被害者を救済し、支援しようとすることは正しいことである。しかし、犯罪の被害者を救済・支援することと、刑事手続上で「被害者の権利」なるものを保障することとはまったく別の問題である。刑事裁判においては、被疑者・被告人の無罪推定が働いている。犯罪がなされたかどうかを判断することは、とりもなおさず犯罪による「被害」あるいは「被害者」の存在そのものの有無を裁判の立証目的としているのである。このような手続に「被害者」を所与の権利者として持ち込むこと自体背理であるとも考えられる。また、ただでさえ脆弱な被疑者・被告人の権利をさらに後退させることにもつながりかねない。

被害者をめぐる諸問題は、被害者の地位が確立していなかったことに起因すると言うより、犯罪被害者の心理・境遇に無理解な警察・検察の捜査や公判活動の現状あるいはメディア・スクラムなどによってもたらされている面が大きい。したがって、被害者問題においては、現在の警察・検察あるいはマスメディアのあり方を見直し、その改善をはかるべきことこそ強調されるべきである。その意味で、被害者への警察の連絡制度、検察の通知制度の発足などは評価できよう。

もちろん、弁護士が犯罪の被害者から依頼を受けて、告訴手続をとったり、加害者に対して不法行為の損害賠償請求をするなど、被害の回復のために力を

尽くすことは、弁護士の職責の一つである。しかし、現行法上、弁護士が「弁護人」の地位を独占し、被疑者等の権利と利益を擁護すべき者として憲法に明記されていることからすれば、弁護人としては、被疑者等の権利・利益を第一に考えるべきである。

4 被害感情への配慮

　悲惨な犯罪の被害者が、犯人に対して峻烈な応報感情を抱き、厳重処罰を求めようとするのは当然のことである。「極悪非道」な被告人を傍聴席から見つめる被害者側からの視線が厳しく、ときには同じ憎悪に満ちた目で弁護人も視られていると感じることは、よく経験することである。とくに、無罪を主張し、あるいは、被告人のために有利な情状を強く展開する際には、より一層敵視される。

　「弁護士は、その職務を果たしたことにより、依頼者あるいはその主義と同一視されないものとする」(国連「弁護士の役割に関する基本原則」の第17原則）のであり、弁護人は、被害者側から憎悪の視線を受けようとも、これにひるむことなく毅然として、被告人の弁護活動を遂行すべきである。

　他方、憎い犯人を弁護する弁護人までをも憎むという被害者側の気持ちも理解しえないものではなく、被害感情にまったく配慮しない傍若無人な態度を弁護人がとることは控えなければならない。

　この点につき、被害者が死亡している事案では、その遺族が傍聴する可能性のある法廷には、華美を避け、弔意を示すためにも、赤色系統のネクタイはしていかない弁護士もいることが参考となろう。

5 被害者証人

　(1)　検察官が被害者あるいはその遺族に被害感情を証言させようとする傾向が近時増加している。刑訴法292条の2（被害者等の意見の陳述）が2000（平12）年に追加制定され、被害者が法廷において被害感情を陳述する機会も増加している。とくに、重大犯罪の場合、弁護人が被害者の供述調書に同意し、被

害者の証人尋問は「必要なし」との意見を述べていても、被害者証人が採用されるという現状がある。また、前述の通知制度により、被害者側が多人数で法廷傍聴をする事案も多くなっている。

　しかし、無罪を主張している事件の場合には、罪体の立証と並行して被害感情の立証をさせるべきではない。なぜなら、裁判官の事実認定に不当な影響を与えるからである。わが国の刑事手続においては、事実認定と量刑審査の手続が区別されていないため、被害者証人に対する尋問のうち、事実に関する尋問のみを先行させ、被害感情についての尋問は一切させないか、たとえさせるにしても弁護側立証を終えた後にさせるなどの工夫が必要となる。

　検察官は、被害者の報復感情を満足させるための代理人ではない。「この手で死刑執行のボタンを押してやりたい」というようなことを、何度も繰り返し被害者側に証言させる必要はないと言うべきである。

　(2)　弁護人が、強い被害感情を述べる証人に対して反対尋問を行うことは、一般的には有効ではない。かえって火に油を注ぐことにもなりかねない。示談交渉の経過等について誤解されるような証言がなされたときなどには、事実関係を修正するための適切な反対尋問が必要な場合もあろう。しかし、一般的には反対尋問をせずに済ませたほうがよい結果が得られやすいであろう。

　被害者が虚偽・誇張・思い込み等による証言をすることによって、事実認定に誤りが生じる場合には、弁護人は全力をあげて反対尋問による弾劾をしなければならない。被害者としての悪感情により、事実が歪曲されたり、意図的ではなくとも、突然の被害による驚愕のあまり、観察も記憶も混乱して、事実に反する証言がなされることも多い。ここでは、十分な事実調査や記録の検討を尽したうえで、いわゆる「敵性証人」に対する反対尋問の一般原則に従い、適切・冷静に対処すべきである。ただ、その場合にも、被害者証人の被害感情それ自体は、尋問している弁護人も十分に理解していることを示しておくことが必要である。

　(3)　被害者証人が、被告人や傍聴人の前では自由な証言ができないとして、被告人の退廷措置（刑訴法304条の2）や特定の傍聴人の退廷措置（刑訴規則

202条）がとられることがある。また、傍聴人を排除するために、期日外の証人尋問（刑訴法281条）により、裁判所以外の場所において尋問をするという便法がとられることもある。この期日外尋問でも被告人の退席措置がありうる（刑訴法281条の2）。さらに、2000（平12）年の刑事訴訟法改正で、ビデオリンク方式による証人尋問（刑訴法157条の4）、証人尋問の際の証人と被告人・傍聴人との間の遮蔽措置（同条の3）が新設され、裁判所もこれを安易に認める傾向にある。しかし、被害者証人は最も重要な証人であり、被告人の立会権が保障されなくなるような手続の採用に、弁護人は安易に妥協してはならない。

(4) 刑訴法299条の2には「証人等の保護」が規定されている（平成11年法138号）。この規定は、証人あるいは証人の親族などに威迫行為などがなされるおそれがあるときには、証人の住所・氏名などが事件関係者に知られないよう弁護人等に配慮を求めることができるというものである。弁護人等が被害弁償のために早期に被害者の住所・氏名を知ることなどにつき、この規定が障害とならないよう、その運用には十分な注意が必要である。

6　示談書・嘆願書の提出について

(1) 捜査段階で、示談成立・被害者の宥恕の意思表示・減刑嘆願書の入手などの有利な情状事実が発生した場合には、早急にこれを検察官に提出することが必要である。示談書の写しとともに、不起訴処分あるいは略式手続（罰金）を求める旨の意見書を添付して証拠提出することも有用である。

公判段階になって、示談書・嘆願書が作成された場合には、弁護側書証として、これを裁判所に証拠調べ請求することになる。このとき、弁護人は速やかに検察官にこれを「提示」し（刑訴法299条、刑訴規則178条の6第2項3号）、検察官の同意を得るべく、時間的な余裕をもって検察官の手元に写しを届け、あるいはファックス送信をしておく。この場合、必ず検察官から書類の作成者である被害者本人に対して意思の確認が行われるから、各書類に作成者の連絡先を記入しておくと便利である。

(2) 検察官から、被害者の意思確認の結果として、「本当は示談する気など

なかったのに、弁護人から強く求められたために応じただけである」「弁償額が少なく、けっして満足していない」「嘆願書は、弁護士が勝手に作った文章に署名しただけで、真意ではない」「いまでも厳重処罰を望んでいる」といった「電話聴取書」が反証として取調べ請求されることがある。そして、これに同意しないかぎり、嘆願書に対する同意もできないとの対応をされることも多い。

　実際に、弁護人が強引に被害者にとって不本意な示談や嘆願をさせているような場合はともかく、通常は、弁護人の適切な対応がなされている。被害者は、捜査官が自分のために苦労して捜査をしてくれたとの負い目をもっている場合も多く、検察官に対して「自分は金をもらったので、もう結構です」とは言いにくい心情もあろう。また、電話聴取の際に、示談のニュアンスが適切に反映されない結果、上記のような事実と異なる聴取書が提出されることも多いと思われる。

　(3)　弁護人は、示談書や嘆願書を作成する際に、十分に被害者の心情を汲んで無理強いをしないよう気をつけなければならない。また、被害者に対し、検察官や検察事務官から示談成立の経緯についての問い合わせがあるであろうこと、その際には真意を簡潔に述べてほしいことを伝えておく必要がある。さらに、示談書・嘆願書などの署名・押印は、被害者自身も示談に関与し、宥恕の気持ちをもっていることを明らかにするためにも、なるべく被害者本人にしてもらうことが望ましい。

第1 被害回復

> 〔設問68〕被害弁償意思のない被告人への対応
> 被害が発生している事件(窃盗罪、傷害罪など)において、被告人Aがまったく被害回復の意思を示さず、資力にも余裕がない場合、弁護人Xはどうすべきか。

キーワード

示談　被害弁償

関連条文

○弁護士法 1 条(弁護士の使命)
○弁護士職務基本規程46条(刑事弁護の心構え)

問題の所在

弁護人の行う被害回復・被害弁償は誰のためのものか、被害弁償の意思・資力を有しない被疑者・被告人への対応はいかにすべきかが問題となる。

解 説

第8章の総論3で述べたように、弁護人の行う被害回復、被害弁償は、あくまでも被疑者・被告人のためである。したがって、捜査段階ではまったく交渉できず、とりつく島がなくとも、その後、被告人が長期間にわたって勾留され、公判も進行し、被害者証人の取調べも終了したような段階に至って、ようやく示談が成立することもあるので、弁護人は諦めてはならない。もっとも、弁護人の行う被害回復・被害弁償は第一次的には被疑者・被告人のためであるとはいえ、被害者の立場や意向を離れて被害回復や被害弁償は成立しないことを理解しておかなければならない。

設問のように、被告人Aが被害弁償の意思をまったく有していない場合、弁護人Xはまず、なぜAが被害弁償に拒絶反応を示しているのかを解明しなければならない。例えば、Aが当該罪を犯した覚えがなく、被害弁償をする立場にないという場合、犯罪については認めているものの、被害者以上の損害（精神的被害も含め）をAが被っており、なぜ自分（A）だけが被害弁償をしなければならないのかと考えている場合、あるいはまったく反省の情がなく、被害弁償などは思いもつかない場合など、その理由はさまざまであろう。

　それゆえ、弁護人Xは、Aの真意を詳しく聴き取り、無罪を主張しているような場合以外では、Aに対し、被害弁償をすることが量刑に有利な影響を及ぼすことを説明し、被害弁償を行う意思をもつよう説得すべきである。

　無資力で被害弁償がしたくてもできない場合には、謝罪の意思を示すだけでも有用であることをAに説明し、謝罪の手紙を書いてもらうなど、一見すればとるに足りないと思われる証拠でも、有利な情状証拠となりうることを説明すべきであろう。また、被疑者等に資力がない場合でも、親族のなかに被害弁償金を用立ててくれる者がいないとは限らないので、その点についても被疑者等に尋ねるべきである。

> 〔設問69〕弁償金の供託と取戻し
>   弁護人Xは、「被疑者A代理人X」として、被害者Bへの弁償金を供託したが、Aは不起訴となった。不起訴の後、Aから供託金の取戻しを求められた。
>   ① Xはどのように対処すべきか。
>   ② Xが取り戻した供託金を弁護士報酬に充てることに問題はないか。

キーワード

被害弁償　供託金の取戻し

> 関連条文等

○民法494条（供託による免責）　496条（供託物の取戻し）
○弁護士法1条（弁護士の使命）
○弁護士職務基本規程5条（信義誠実）　6条（名誉と信用）

> 問題の所在

　弁護人が、被害弁償金を被害者の受領拒否を理由に供託したが、被告人・被疑者に対して、設問のように不起訴処分がなされた場合や執行猶予判決がなされた場合、その後に、被疑者等から供託金の取戻しを求められたときに、弁護人はどう対応すべきかが問題となる。

> 解説

　供託は、債権者が弁済の受領を拒んだ場合に、債務者が債務を免れる方法として行われる（民法494条）。債権者が受諾しない場合には供託金を取り戻すことができる（民法496条）。供託金の取戻しをした場合には、供託をなさなかったものとみなされるほか、遅延損害金の発生などの不利益が生じる。他方、被供託者は、供託を受諾しない場合、供託金の取戻しがなされる可能性があることを覚悟しなければならない。

　しかし、被害者の多くは、供託の法的・実務的性格を熟知しているわけではなく、たとえ被害者が弁償金の受領を拒否しても、法務局に供託されているかぎりは、それが担保になっているとの思いを抱くことも少なくない。そのため、供託金を取り戻した場合には、被害者から、「なぜ、自己（被害者）の了解もなく取り戻したのか」との非難を浴びせられることもありうる。

　同様の問題は、被疑者・被告人から弁償金名目で金員を預かり、そのことを被害者に告げていた場合に、その後、被疑者等から当該預託金の返還を求められた場合にも生じる。

　したがって、実務的には、まず被疑者等に対して、供託をする際や弁償金として金員を預かる場合には、少なくとも、その取戻しや返還には被害者の了解

がないかぎりは応じられないとの確約を得ておくことが有用である。また、被害者に対しても、供託金はいつでも取り戻すことが可能であり、弁償金の預り金についても、被疑者等から返還を求められた場合には、弁護人としては返還せざるをえないことを説明しておくべきである。

なお、供託金の取戻しについては、本人でもできるので、この点の注意を要する。

また、弁護人が供託金を取り戻し、あるいは預り金を返還することなく、それを弁護士報酬に充てることもありうるが、このような処理は、上記のような説明を被害者に対して行っていた場合以外は慎むべきであろう。なお、やむをえずに供託金を取り戻す際には、被害者にその旨を事前に通知し、被害者に還付の機会を与えることも考えるべきであろう。

第2　被害者のプライバシーへの配慮

> 〔設問70〕強姦事件の被害者に対する被害弁償
> 　強姦の被害者である少女（未成年者）Bに対し、被害を弁償して示談をしたいと、被告人Aおよび弁護人Xは考えている。XはBに対し、どのように接触をはかり、どのように交渉を進めていくべきか。

キーワード

被害弁償　二次被害　プライバシーへの配慮

関連条文

○民法709条（不法行為の要件と効果）
○刑事訴訟法196条（捜査上の注意）

問題点

　被害弁償のために弁護人が被害者と接する場合、被害者のプライバシーを侵害するなどの「二次被害」の発生を避け、被害者の被害感情を増幅させることなく、示談成立を達成するための留意点は何かが問題となる。

解説

　第8章総論4で述べたとおり、弁護人も、被害者の被害感情、名誉、プライバシーには配慮しなければならない。刑訴法196条は、「弁護人その他職務上捜査に関係のある者は、被疑者その他の者の名誉を害しないように注意」しなければならないとの訓示規定を定めている。
　弁護人は、被害者の立場・感情をできるだけ尊重し、「二次被害」あるいは「セカンドレイプ」と言われるような事態が生じないように配慮しなければならない。被害弁償にあたる際にも当然留意しなければならないことである。と

くに、設問のような強姦事件の被害者は、被害感情も強く、また、加害者に対する憎悪感も深い。さらに、事件を思い出すのも嫌だとの思いから、弁護士からの接触に対して極端な拒絶反応を示すことも多い。

　これらのことを考えれば、交渉を始めるにあたっては、被害者側にいきなり電話をかけるよりも、まず手紙により弁護人の立場を説明し、被疑者・被告人に代わって謝罪し、損害を補償したい旨を伝えるほうが妥当であろう。その後、具体的に話し合うことになるが、弁護人の事務所へ呼びつけるようなことは避けるべきである。最初はまったく交渉に入れず、激しい憎悪の言葉を投げかけられることもあるが、これは弁護人の宿命とも言うべきものであり、相手の心情を推察しつつ、交渉に入れるよう辛抱強くかつ丁重に対応することになる。

　もっとも、手紙の送付や電話を先にすると、そこで面会を断わられてしまえば、それを無視して会いに行くことは困難となる。したがって、被害者との接触方法の取捨選択は、事案に即応した形で行われなければならない。

　設問の被害者は未成年であり、金銭賠償などの交渉はその親族と行うこととなろう。示談書の作成も親権者との間で行うことになるが、もし可能であれば、被害者本人にも署名してもらったほうがよい。減刑嘆願書が入手できる場合にも、被害者本人と親権者双方の署名があるほうが情状的にも有利である。

　被害者本人は交渉の席に出てこないことも多いが、親族のみとの交渉においても、常に被害者の心情に思いを致し、被害者の精神的な被害の回復に寄与できるように配慮する姿勢を忘れないことが肝心である。

第9章　国選弁護

総論

1　国選弁護人の地位と責務

(1)　弁護活動において、私選弁護人であるか国選弁護人であるかによって、弁護人の基本的な責務や姿勢に差異はないと言うべきである。

私選弁護人は、被疑者・被告人あるいはその親族などから選任され（刑訴法30条）、選任者には解任の、弁護人には辞任の自由がある。しかし、国選弁護人は裁判所の命令によって選任され（刑訴法36条・37条）、かつ現在の実務では、被告人に解任の、弁護人に辞任の自由はないとされている。

私選弁護人と被疑者等との法律関係は、弁護人と被疑者等との合意によって成立する準委任契約（もしくは、それに準ずる無名契約）だと解されており、弁護人の活動の内容や範囲も合意によるのに対し、国選弁護人の場合は、選任が裁判所もしくは裁判長によりなされるため、選任の時点において、弁護人と被告人との間に、弁護活動の範囲などについての合意はない。

しかしながら、国選弁護人も被告人の防御権の実現を目的に弁護活動を行う者であり、弁護享受権の実現の担い手であることからすれば、その弁護活動上の義務に私選弁護人との差異があると考えることは妥当ではない。刑事訴訟法もまた、弁護活動を行ううえで、私選弁護人と国選弁護人とで差異を設けていない。

(2)　国選弁護人の被告人に対する義務は、私法上の委任契約の効果として生じるものではなく、被告人の防御権を全うさせるためには国費をもってしても専門家による援助が必要であるとして構築された刑事司法の制度的要請として発現するものである。また、かかる刑事司法制度の一翼を担う者として、その権限が独占的に与えられている弁護士の専門家としての職業倫理からも、弁護士には国選弁護事件を受任し、被告人の弁護享受権の実現のために最善の努

力をすることが期待されていると言うべきである。

(3) これに対し、国選弁護事件は、弁護人の選任が裁判所あるいは裁判長によって行われること、弁護人報酬が低廉なことなどから、保釈請求、被害弁償などの場面において、国選弁護人としてできること、あるいは、なすべきことには私選弁護人との間に差異があるとの主張がなされることがある。また、一部には、政策論として、国費によって「完全な」弁護を求める必要はないとの意見もある。

弁護士職務基本規程には、その選任過程の特殊性から、「報酬その他の対価の受領の禁止」(同49条1項)と「私選弁護への切替え」(同2項)につき、国選弁護事件特有の規定を設けている。

本章においては、これらの規定がおかれていることの意味と、これらが国選弁護人の弁護活動をどのように制約し、あるいは制約すべきではないかを検討する。

2　ABA刑事弁護スタンダード

ABA刑事弁護スタンダード4―1.2(h)では、「弁護人の義務は、弁護人の法域に適用される法曹基準、規範に明らかにされているような職業上の行動基準を知り、それから導かれることである。一旦、代理を引き受けると、弁護人の権能・義務は、選任形態が国選、私選、法律扶助、公設いずれであろうと、同じである」と規定されているが、上記の問題を考察するにあたり、参考となろう。

第1 国選弁護人の最善努力義務

> 〔設問71〕国選弁護事件における接見・保釈請求・被害弁償
> Xは、一審の国選弁護人に選任されたが、私選弁護人とは異なるので、接見回数が少なくなるのはやむをえない、また、見込みの少ない保釈請求や被害弁償についても、弁護人として無理をしない範囲にとどめてもよいと考え、接見にも1回だけしか行かず、結局、保釈請求もせず、被害弁償もしなかった。
> 弁護人Xの対応に問題はないか。

キーワード

国選弁護　私選弁護との相違　接見　保釈請求

関連条文

○憲法34条（抑留・拘禁に対する保障）　37条（刑事被告人の諸権利）
○刑事訴訟法36条（請求による被告人の弁護人国選）　37条（職権による被告人の弁護人国選）　38条（国選弁護人の資格・報酬等）　181条（被告人の負担）　500条（訴訟費用執行免除の申立て）
○刑事訴訟規則29条（国選弁護人の選任）
○刑訴費用等に関する法律8条（弁護人の旅費、報酬等）
○弁護士法24条（委嘱事項等を行う義務）

問題の所在

国選弁護事件と私選弁護事件とで弁護活動の規準は異なるのか、国選弁護事件において被告人が弁護人報酬を負担しない場合のあることを、規準との関係でどのように考えるべきかが問題となる。

解説

1 国選弁護人の誠実義務・最善努力義務

　第9章総論1において述べたとおり、弁護活動における弁護人の役割は、私選弁護人であるか国選弁護人であるかによって異なるところはない。なお、この点については、国選弁護人も私選弁護人と同様の善管注意義務を負うので、控訴審の弁護においては訴訟記録を調査するだけでは足りず、死刑判決を受けた被告人への援助を惜しんだ弁護人に慰謝料の支払を命じた東京地判昭38年11月28日（下民集14巻11号2336頁、判時354号11頁、判タ155号138頁）が参考となる。

　したがって、他章で検討した弁護人の被告人に対する誠実義務・最善努力義務等の規準は、国選弁護人の弁護活動においても妥当するものであり、設問の弁護人Xの対応・考え方には問題がある。

　ただし、具体的事件によっては、事件内容、争いの有無・範囲、被告人の前科・前歴、被害弁償の必要性と可能性、勾留場所、接見禁止の有無、家族等の有無とその対応等の違いにより、弁護人の誠実義務・最善努力義務の具体的内容も異なってくる。

　このことからすれば、設問における「1回の接見」「保釈請求」および「被害弁償をしなかったこと」は、一般的な対応としては問題があるとしても、具体的事案においては問題とならない場合もありえよう。

　なお、接見の必要性については、通常、被告人の公訴事実に対する意見やその他の事実の確認等のための接見、検察官請求証拠を閲覧したうえでの内容確認や事件の打ち合わせのための接見、被告人質問等の準備のための接見、論告・求刑を受けた後の接見、判決を受けた後の接見等が必要と考えられる。要は、具体的事件における必要性を見極め、できるだけ接見することが望ましい。

2 国選弁護事件における身体拘束解放手続

　保釈請求については、被告人が私選弁護人を選任せずに国選弁護人を選択したのは、無資力を理由とする場合が多いのであるから、国選弁護人が保釈の保

証金（以下「保釈保証金」ということがある）を必要とする保釈請求を行うことには問題があるのではないかとの考えもありうる。

　しかし、身体拘束のもたらす人権侵害の重大性、被告人に対する無罪推定からすれば、被告人が身体拘束からの解放を求めることは当然の権利であり、かつ、最優先課題でもある。また、弁護士職務基本規程47条も「弁護士は、身体の拘束を受けている被疑者及び被告人について、必要な接見の機会の確保及び身体拘束からの解放に努める」と規定している。したがって、身体拘束からの解放に必要とされる保釈保証金が用意できるにもかかわらず、国選弁護を選択することは、一概に不当とは言えないであろう。かりに弁護費用が用意できないことから国選弁護を選択していた被告人であっても、保証金を用意して保釈の請求をなすことは責められるべきではない。

　また、保釈保証金は、没取がされないかぎり返還されるものであり、第三者からの借入でまかなう場合もあることを考えれば、被告人本人の資力とは直接の関係はないと言うこともできる。

　なお、導入予定の被疑者段階をも含むあらたな国選弁護制度においては、被疑者・被告人が国選弁護人を請求する場合、資力を申告する書面を提出することとなっている（刑訴法36条の2、同37条の3）。しかし、前述のとおり、弁護費用を用意できないことと保釈保証金を用意できることとは矛盾しないとも考えられるので、新しい国選弁護制度における保釈請求についての考え方も同様でよい。

　被告人を身体拘束から解放する方法としては、保釈に限らず、勾留に対する（準）抗告申立、勾留の取消請求や執行停止申立等の手続もある。保釈保証金が用意できない場合でも、これらの手続によって被告人の身体拘束からの解放に努めることも検討されるべきであろう。

　さらに、設問における保釈請求については、保釈には刑訴法89条各号以外に制限事由はなく、実刑が予想される事案であっても判決確定までは身体が拘束されるべきではない。このことは、身体拘束に厳格な手続規定をおき、また、必要的保釈を規定する刑事訴訟法の根本精神であり、弁護人は安易に保釈請求

は無駄であるなどと決めつけるべきではない。詳しくは〔設問62〕の解説2を参照されたい。

> 〔設問72〕国選弁護事件等における私的鑑定と費用負担
> 　弁護士Xは、無罪を主張する殺人事件の国選弁護人に選任された。被害者の負傷、死に至る機序および凶器の特定等に関する鑑定、さらに証拠品に付着した血痕のDNA鑑定等が争点となった。検察側鑑定の問題点を指摘して争うためには、弁護側からの鑑定が必要である。
> ①　Xは、鑑定につき、どのように対処すべきか。
> ②　Xが私選弁護人の場合で、被告人側に費用負担能力がないときには、どうすべきか。

◆キーワード

国選弁護　最善努力義務　実効的弁護　誠実義務　社会正義の実現　鑑定

◆関連条文

○弁護士職務基本規程5条（信義誠実）　46条（刑事弁護の心構え）

◆問題の所在

　検察側立証を弾劾するため、専門家の鑑定を依頼する必要があり、事件処理に要する時間と費用が多大なものとなる場合、国選弁護人の行うべき弁護活動の範囲と、私選弁護であるが費用の壁がある場合の弁護人の最善努力義務の内容が問題となる。

◆解説

1　鑑定の必要性と弁護人の責務

　設問において、被告人は無罪を主張しており、無罪主張を貫くためには検察側鑑定を覆すか信用性を減殺させなければならない。このためには弁護側にお

いても専門家の意見を聴取し、別個の鑑定を求めることが弁護活動として必須であろう。

しかしながら、このような独自の立証活動には多大な費用を要し、その労力も多大とならざるをえない。〔小問①〕は国選弁護事件であり、鑑定費用や弁護人の多大な労力が国選費用でまかなえるのかという経済的危惧があり、〔小問②〕においても、私選であるが費用不足という制約がある。

具体的事案において、鑑定の重要性、被告人の無罪主張の程度、検察側鑑定の信用性の程度などによって、弁護側鑑定の必要性の程度も変わりうる。

検察側鑑定の信用性が低く、弁護側の別鑑定等まで要さずに弾劾が可能な場合、あるいは検察側鑑定の信用性がきわめて高く、別鑑定を行っても弁護側に有利なものは期待できないことが確実視される場合には、弁護側による別鑑定を行わないことも考えられる。

しかし、被告人が真摯に争い、検察側立証を崩すためには何としても弁護側鑑定が必要だという場合に、国選弁護人はどうすべきであろうか。

一般論としては、弁護人が費用を負担してまで私的鑑定をしなければならないとは言えない。

そこで、まず判所に対して鑑定請求を行い、それを採用させるよう最大の努力を払うべきであろう。その際、裁判所には、鑑定の必要性とともに被告人側の資力状況も十分に説明すべきである。

もっとも、実務上は、弁護側の私的鑑定により検察側鑑定の弾劾が成功してはじめて、裁判所による鑑定が採用となる場合も多い。

したがって、被告人にとっての実効的弁護をめざす以上、弁護人は被告人の関係者やその他の支援者に働きかけ、費用を立て替えてもらうことも考えるべきであろう。

2 弁護費用の援助制度

なお、各地の弁護士会では、法律扶助としての被疑者弁護援助制度とは別の弁護費用の援助制度が存在する単位会も多い。例えば、大阪弁護士会における

刑事弁護特別会計、広島弁護士会の弁護費用援助制度、金沢弁護士会の特別案件についての国選弁護人推薦に関する規則等である。これらの制度の利用により、鑑定費用をまかなうことも考えるべきであろう。援助制度のない単位会においては、早急に同様の制度の整備が要請されるところである。

> 〔設問73〕外部交通権の確保（金魚に餌をやるべきか）
> 　弁護士Xは、詐欺事件の被告人Aの国選弁護人に選任された。接見等禁止決定を受けているAからの以下のような依頼に対し、Xはどう対応すべきか。
> ① 「自分が拘束されているので、自分が社長をしている会社の手形の決済ができない。手形の支払期日を教えてほしい。また、手形の所持人に手形のジャンプをお願いしてほしい」
> ② 「自分には心筋梗塞の持病があるので、ニトログリセリンを差し入れてほしい」
> ③ 「遠方にいる娘に、誕生日のプレゼントとして、自分の名義で花を送ってほしい」
> ④ 「自分が拘束されているので、自宅には誰もおらず、金魚に餌がやれない。代わりに餌をやってほしい」

■キーワード

国選弁護　接見交通権　外部交通権　最善努力義務

■関連条文

○刑事訴訟法39条（被拘束者との接見・授受）
○弁護士職務基本規程46条（刑事弁護の心構え）

■問題の所在

　弁護人の職責には、被疑者・被告人の外部交通権の確保も含まれ、被疑者等

の不安解消という点からも外部交通権の確保は重要であるが、被疑者等の要請があれば、いかなる外部交通権をも確保しなければならないというものでもない。そこでは、弁護人は、どの程度まで外部交通権を確保しなければならないのかが問題となる。この点について、設問における国選弁護事件の具体的事案に即しながら、Aからの依頼に応じなければならない事項かどうかの規準を、以下で検討する。

[解 説]
1 外部交通権の確保

被疑者・被告人は有罪判決が確定するまでは無罪の推定を受け、その身体拘束も、捜査・裁判という目的にそう必要最小限のものに限定されるべきであって、身体拘束によるやむをえない場合以外の日常生活は維持されなければならない。このためには、外部交通権が最大限保障されることが必要である。

弁護人は、接見を通じ、被疑者等の外部交通権の確保を具体的に担う役割を負っている。とくに、設問のような接見等禁止が付されている場合には、弁護人のこの役割は格段に重要となる。弁護人の接見交通権は、捜査機関に対しては権利であるが、被疑者等に対しては義務と言ってよい。

弁護士職務基本規程47条も「弁護士は、身体の拘束を受けている被疑者及び被告人について、必要な接見の機会の確保及び身体拘束からの解放に努める」と規定している。

第4章総論3、コにおいて述べたとおり、弁護人には「被疑者・被告人の全生活への配慮」、具体的には、被疑者等の生活全般、健康状態、取引関係、生活必需品の差入れ・手配等への配慮が求められる。

しかしながら、かかる配慮も無限定ではなく、接見交通権は、あくまでも弁護活動のためのものであって、弁護活動になんらの関係もないと思われる外部交通権の確保まで弁護人に要請されていると考えるのは妥当ではない。

そこで、設問に即して、弁護人の行うべき外部交通権の確保の規準について検討する。

2 小問①について

(1) 手形の支払期日を調べ、被告人等に伝えることは、弁護人の役割と言うべきである。

被告人等の経済的基盤が確立されていることは、刑事処分の帰結にも影響し、その後の社会生活においても重要となるため、弁護活動の範囲内と言うべきであろう。

もっとも、かかる会社の経理上の問題の処理は、弁護人を介して行うより会社の経理担当者と被告人等とで直接話合いをさせるほうが望ましい。したがって、時間的な余裕があれば接見等禁止の一部解除を求め、経理担当者と直接話し合わせるほうが妥当である。このような接見等禁止の一部解除は理由のあるものとして認められる可能性もあり、また、この実現により、被告人等が弁護人以外の知人と直接会う機会ができ、精神的な援助にもなる。

(2) 手形の所持人に手形のジャンプを要請することは、別件民事事件として受任すべきものであり、弁護人の義務とまでは言えない。もっとも、被告人等の要請を実現できる者を聞き出し、その者に手形のジャンプの要請を代行するよう伝言をすることまでは行うべきである。

また、手形の所持人が被告人等との面会に応じてくれる場合で、かつ時間的な余裕があれば、接見等禁止の一部解除を得て、被告人等に直接交渉させるという方法も考えられる。

3 小問②について

拘束場所の管理官に対して、治療と投薬の要請をすることは弁護人の役割（責務）である。

さらに、警察の留置場・拘置所における医療体制の貧弱さと、被告人等に対しても十分な治療・投薬をする姿勢のない現状においては、医師の診断書を添えて薬剤の差入れを申し入れることも、本来的には弁護人の責務と言わざるをえないであろう。ことに、設問のように、心筋梗塞の持病がある場合、発作時にはニトログリセリンの服用が不可欠であり、その有無は被告人等の生死にか

かわる。

　したがって、まずは、拘束場所の管理官に対し、被告人等が心筋梗塞の持病を有し、健康管理上ニトログリセリンの携行が不可欠である旨を申し入れるべきである。にもかかわらず、拘束場所の管理官がニトログリセリンを手配しない場合、本来であれば、弁護人はただちにニトログリセリンを差し入れることができると言うべきである。

　しかし、現状の実務においては、内包物が確認できないために、その安全性に疑義があるとの理由で被告人等の手元に薬が渡らない場合がほとんどである。この場合、被告人等に渡すよう要求すべきは当然であるが、急ぐ場合には接見等禁止の解除を請求することも考える必要がある。もっとも、裁判所が薬の差入れについて、接見等禁止の一部解除決定をしても、薬が被告人等の手元に渡らない場合がほとんどではある。

　なお、〔設問44〕の解説3も参照されたい。

4　小問③について

　娘の誕生日のプレゼントの手配は、通常、弁護人の責務だとは言えない。しかし、設問のように、娘が遠隔地にいるとか、家族が長期療養中であり、どうしても心配をかけたくないなどの特段の事情がある場合は、広い意味での被告人等に対する激励となり、その精神状態を安定させ、防御に資することになるので、弁護人において要望に応えることが望ましい。

5　小問④について

　金魚の餌をやることは、特殊な境遇にある被告人等の場合を除き、弁護人の責務だとは言えない。しかし、弁護人のみが被告人等の意向を伝えることができるのであるから、被告人等の要請を実現できる者を聞き出し、その者に金魚の世話を代行するよう話をすべきであろう。

　ただし、〔小問④〕のように、被告人Aが一人暮らしで、家族も遠方にしかいないなど、代行者が見つからない場合には、金魚に餌を与えることが望まし

いとは言えようが、それを拒否したからといって、弁護人が責められるものではない。

第2 国選弁護事件における被害者との関係

> **〔設問74〕国選弁護事件における被害弁償**
> 被告人Aは、車を運転中に誤ってB運転の車に衝突した。この事故によりBが死亡し、Aは業務上過失致死罪により起訴され、弁護士Xがその国選弁護人に選任された。Bには妻と未成年の子供がいた。なお、Aは任意保険には加入していなかった。
> ① Xは、Aから、Bの遺族との間の示談交渉を要請された。しかし、Xは、国選弁護報酬は低額であり、国選弁護人の職責は原則として法廷内の公判活動だけで十分であり、民事上の損害賠償事案や示談交渉はその職務外であると考え、Aからの要請を断った。
> このXの対応は妥当か。
> ② Xが、Bの遺族との間の示談交渉を、刑事事件の弁護とは別個の民事上の損害賠償請求事件として受任し、民事事件として、国選弁護報酬とは別にAから報酬を受領することに問題はないか。

▶ キーワード

国選弁護 被害弁償 別事件 報酬その他の対価

▶ 関連条文

〇弁護士職務基本規程24条（弁護士報酬） 46条（刑事弁護の心構え）49条（国選弁護における対価受領等）

▶ 問題の所在

弁護士職務基本規程49条1項は、「弁護士は、国選弁護人に選任された事件

について、名目のいかんを問わず、被告人その他の関係者から報酬その他の対価を受領してはならない」と規定している。そこで、相当な費用・労力を要すると思われる示談交渉その他の依頼を被告人やその家族等から受けた場合、国選弁護人はどう対応すべきかが問題となる。

【解説】
1 小問①について
　弁護人の活動は、法廷内での弁護活動に限られるものではなく、弁護活動について国選弁護と私選弁護とで差異はないのであるから、弁護人Xの姿勢や対応には問題がある。
　刑事弁護においては、被害弁償あるいは被害回復に向けた努力をすることは、大きく量刑に影響する。また、弁護人でなければ被害者側との交渉が難しい事案も多く（恐喝事件など、被告人の関係者が被害者側と直接示談交渉を行うのが不適切と考えられる事案もある）、弁護人が被害弁償等を行うことは重要な弁護活動の一つである。
　弁護人として行うべき被害回復に向けての活動には、被害弁償金を交付するという事実行為にとどまるものから、いわゆる示談交渉を行い、示談を成立させ、示談書・嘆願書を作成するなど、多様な内容と段階が考えられる。国選弁護報酬が少ないという理由から、被害弁償や示談については何もしないという態度は、弁護人としては許されない。
　しかし他方、被害弁償につながる活動とはいっても、弁償金の捻出のために貸金の返還訴訟を提起することなど、刑事事件の弁護人として当然にその代理権が与えられているとは思われない活動もある。民事上の代理権は、必ずしも国選弁護人の固有の権限から派生するものではなく、個別の民事上の代理権授与行為にもとづくものである。また、弁護士は事案の実情に応じ、適正妥当な報酬を請求できる（弁護士職務基本規程24条）ことから、被害弁償につながる行為であっても、これに相当程度の費用・労力を要するような場合には、被告人にこれを説明し、別事件として受任することができる場合もあると考えられ

る。なお、この点については〔設問77〕の解説を参照されたい。

2 小問②について

軽微な窃盗事件などで、被告人の家族から被害弁償金を預かり、被告人に代わって被害弁償を行うことは、弁護人として当然なすべき弁護活動の範囲内にある。別途に報酬を受領することは相当でない。しかし、刑事事件の終結までに終了しないような示談交渉事件の受任など、相当の時間・費用・労力を必要とするような依頼については、当然には刑事弁護活動の範囲内にあるとは言えない。この場合には、被告人あるいはその家族等からの依頼による別個の独立した民事事件として受任し、費用の請求もできる場合があると考えるべきであろう（ただし、所属弁護士会の承認を要することとしている弁護士会もある）。なお、この点についても、〔設問77〕の解説を参照されたい。

また、被告人あるいはその家族等から、民事事件の示談交渉を含めて国選弁護から私選弁護への切替えを依頼される場合もあろう。ただし、弁護士職務基本規程49条により、弁護人からの私選弁護への切替えの「働きかけ」は禁止されている。なお、弁護士会の承認を得れば、私選弁護への切替えができることとしている弁護士会（例えば、第二東京弁護士会）もある。

なお、被害弁償に関して、被告人から「自分の家に置いてある現金を取りに行ってもらい、被害弁償をしてもらいたい」旨の依頼を受けることもありうるが、立会人なく被告人宅へ出入することには慎重さを要する。この点については、〔設問81〕の解説5を参照されたい。

〔設問75〕 国選弁護事件における被害者からの供応・相談
　弁護士Xは、傷害事件の被告人Aの国選弁護人に選任され、被害弁償のため、被害者B宅に赴いた。
　以下の場合、Xはどのように対応すべきか。
　①　コーヒーとケーキが出された。
　②　夕食を御馳走になり、酒の持てなしを受けた。

③ Bから別件のCに対する売掛金請求事件を依頼された。

> キーワード
>
> 国選弁護　被害者との接触　被害者からの事件依頼

> 参照条文
>
> ○弁護士法25条（職務を行い得ない事件）　26条（汚職行為の禁止）　76条（汚職の罪）
> ○弁護士職務基本規程27条（職務を行い得ない事件）　49条（国選弁護における対価受領等）　53条（相手方からの利益の供与）

> 問題の所在
>
> 国選弁護事件において、被害者との接触の際の対応・節度はいかにあるべきか、被害者からの別事件の受任は許されるかが問題となる。

解説

1　小問①および②について

弁護士職務基本規程53条は「弁護士は、受任している事件に関し、相手方から利益の供与若しくは供応を受け、又はこれを要求し、若しくは約束をしてはならない」と規定する。弁護士法26条も同様の禁止規定を設け、この違反には刑事罰（3年以下の懲役）をもって臨んでいる（同76条）。このような行為は、依頼者の利益を犠牲にして相手方の利をはかるかのような外観を創出する行為であり、弁護士の職務に対する社会的信頼を害する可能性がある。そこで、かかる疑念を招く行為を弁護士法および弁護士職務基本規程は禁止し、弁護士の社会的信頼を守ろうとしているのである。

設問の場合、民事事件とは異なり、被害弁償にとどまるかぎり、被害者は「事件の相手方」とはストレートに言いきれない。しかし、刑事事件における被害弁償といえども、被害者が「示談交渉の相手方」である場合には、前述の

社会的信頼の確保という趣旨からすれば、被害者側から利益の供与や供応を受けることは同規程53条に抵触すると言うべきであろう。

したがって、〔小問②〕のように、被害者宅で酒食をご馳走になることは、形式的には供応を受けていることとなり、これらは避けなければならない。

他方、被害弁償や示談交渉のために遠方まで出向いた国選弁護人に対し、被害者が「遠方までご足労願って」と、設問のような持てなしを行うことも十分起こりうる。

被害者からのこれらの持てなしは、本来の示談金額より多額の示談金を引き出そうとして行われているというよりも、たんに「ご苦労様です」という儀礼的意味で行っている場合も多い。これを断ることは、かえって弁護人と被害者との関係に必要以上の摩擦を生じさせ、被害弁償や示談交渉がスムーズに進まなくなることにもなりかねない。

以上のことを考えると、〔小問①〕のようなケーキやコーヒーについてはこれを断る必要まではないであろうが、〔小問②〕のように食事や酒までよばれることは、禁止された供応にあたると言うべきであろう。

前述したとおり、同規程は疑念を生じる可能性のある行為をも禁止するものであることを考えれば、人間関係を壊さないように工夫しながら、供応を断るべきである。

2　小問③について

〔小問③〕は、被害者からの事件依頼に関する問題である。

弁護士法25条は、弁護士が職務を行いえない事件を掲げ、同3号は「受任している事件の相手方からの依頼による他の事件」の受任を禁止している。また、弁護士職務基本規程27条3号も、同じ文言により、重ねて規定を設けている。

設問の被害者は、国選弁護事件の被害者なので、当該刑事事件の相手方とは言えないとも考えられる。なぜなら、刑事事件の相手方は国（検察官）だからである。しかしながら、前述のとおり、これらの規定は弁護士の職務に対する信頼の維持を目的としている趣旨からすると、刑事事件における被害者の場合

にも適用されると言うべきである。したがって、設問におけるBの依頼は、原則として受任等をすることはできない。

しかし、弁護士法25条本文但書では「第3号及び第9号に掲げる事件については、受任している事件の依頼者が同意した場合は、この限りでない」とされている。また、弁護士職務基本規程27条においても同様の文言で重ねて規定を設けている。

したがって、依頼者だと考えられる被告人の同意があれば受任も可能である。この場合、依頼者の同意は推定されるだけでは足りず、具体的な明示の同意が必要と考えられる。

設問の場合、被害者の別事件を受任することにより、被告人Aの刑事事件の被害弁償や示談交渉もスムーズに運ぶという利点もあるかもしれない。Xは、設問のような受任を行う場合には、当事者の疑念が発生しないよう、事前に十分な説明と信頼関係の形成を行い、Aの同意を得たうえで受任に踏み切るべきである。また、受任後もAとの信頼関係が損なわれないよう、その言動には十分注意すべきである。

第3 受任の範囲と留意事項

1 示談と被害回復

〔設問76〕国選弁護人の権限の範囲
　国選弁護人Xは、100万円の物品を盗んだ被告人Aから依頼を受けて、被害者との間で示談交渉をすることになった。
① 被害額100万円のうちの50万円を「一部弁償」という名目で現金書留で送ることは、Aの弁護人としてできるか。
② 示談書の当事者欄に「被告人A弁護人X」と記名・押印した場合に、この示談書は有効か。

キーワード

国選弁護　国選弁護人の法的地位

関連条文

○民法99条〜103条（代理）

問題の所在

　国選弁護人が被告人の弁護人として被害弁償を行う場合、被告人の代理人として被害弁償の権限が当然に与えられているのか、また、国選弁護人が被告人の代理人としてできる範囲はどこまでかが問題となる。

解　説

　刑事事件の被害弁償に関する示談交渉が当然に弁護人の権限に含まれているか否かは、私選弁護事件においては依頼者と弁護人との合意の内容により定まってくる。
　他方、国選弁護事件においては、示談交渉等に相当の労力を要する場合には、

刑事事件とは別の民事事件として受任すべきであるとの考え方もある。この考えを基本として、国選弁護人の場合には示談交渉等をする必要はない、さらには、すべきではないといった消極的対応もみられることがある。

　しかし、日弁連の報酬基準規程（1995〔平7〕年10月1日施行。ただし、現在では弁護士法改正により廃止された）の制定過程の議論において、第35条（刑事事件の着手及び報酬金）の原案では「刑事事件の着手金・報酬金については、本節の定めによるものとする。但し、示談交渉等を要する場合には、弁護士は、民事事件の報酬規定に従い算定された弁護士報酬を付加して請求することができる」とされていたのに対し、これでは示談交渉が刑事弁護の活動のなかに含まれないかのような誤解を与えるとの批判が強く、原案からこの但書部分は削除されたという経緯がある。したがって、通常の示談交渉等は刑事弁護活動に含まれると解すべきである。

　また、被害弁償などの弁護活動に含まれる活動を行うことについて、弁護人は包括的な代理権を与えられていると言うべきであって、被害者側との交渉の際にも、とくに委任状を必要としないと考えられる。もちろん、示談書等の作成にあたり、代理権を明確にするために被告人から委任状をもらっておくことは差し支えない。

　以上に述べたところから、〔小問①〕の国選弁護人Xが被害弁償金を被害者に郵送することにはなんら問題はない。つぎに、〔小問②〕の「A弁護人X」と記名押印して示談書を作成することも、国選弁護人の権限の範囲内と言うべきであり、かかる示談書は有効である。もっとも、通常の代理行為と同様に、その具体的な示談内容につき、Aの了解を得ていなければならないことは当然のことである。

2　報酬その他の対価の受領の禁止

〔設問77〕報酬その他の対価の受領（儀礼的品物）・私選切替え
　①　国選弁護事件で、被告人Aの父が「息子（A）がお世話になっ

ております」と、下記のものを持参した。弁護人Xは受け取ってよいか。
　　ア　ビール券（1000円分）
　　イ　生茶菓子（3000円分）
　　ウ　田舎で採った野菜（時価不詳）
　　エ　Aの父が釣った鯛（時価不詳）
また、弁護士Xが不在の間に事務員が受け取ってしまっていた場合、Xはどうすればよいか。
② Aの自宅を訪ねた際、食事を勧められた。Xは食事をしてもよいか。
③ Aの父親が、「国選弁護では費用も安く十分な弁護もしてもらえないでしょうから、私選事件として受任してください」と着手金30万円を持参した。
　　Xはどのように対応すればよいか。

キーワード

国選弁護　報酬その他の対価　国選報酬　儀礼的範囲　私選弁護への切替え

関連条文

○弁護士職務基本規程49条（国選弁護における対価受領等）

問題の所在

弁護士職務基本規程49条1項は、「弁護士は、国選弁護人に選任された事件について、名目のいかんを問わず、被告人その他の関係者から報酬その他の対価を受領してはならない」と規定している。そこで、手土産などの儀礼的範囲と思われる物品の受領もこの禁止に触れるかが問題となる。また、私選弁護事件への切替えについての留意点を検討する。

解説

1 小問①および②について

　国選弁護事件において、被告人の親族などが、打ち合わせのために弁護人の事務所を訪れる際、手土産として設問のような物品を持参することがある。

　「国選弁護人は国から弁護士費用が支払われるので、そのようなお心遣いは無用です」と、持参したものを持ち帰ってもらうことも考えられる。しかし、持参した人にとってみれば、せっかく持ってきたのにと気を悪くするであろうし、持参したものが生ものであったような場合には、これがまったく無駄になることもありうる。さらには、あまり紋切り型の断り方をすれば、人間関係をギクシャクしたものにしてしまう場合もある。

　弁護士職務基本規程49条1項は「報酬その他の対価」を受け取ってはならないと規定しているが、「いかなる金銭、物品」も受け取ってはならないとしているわけではない。「儀礼的範囲」と考えられるものについては、その受領は禁止されていないと言うべきではなかろうか。〔小問①〕のような物品、あるいは、〔小問②〕のような食事の提供は、いずれもその経済的価値は5000円程度までであり、社会通念上「儀礼的範囲」と考えられているものである。

　したがって、〔小問①〕のような物品を受領することは、前記条項の禁止が及ばないと言うべきであろう。ただ、例えば5000円以内であれば「儀礼的範囲」のものだといっても、それが現金であったり、商品券のように現金と同視しうるようなものの場合は、受領してはならない。

　弁護士会のなかには、「報酬その他の対価」とは限定せずに、「金品」すべての受領を禁止する取扱いをしているところもある。

　かかる取扱いによれば、〔設問78〕の「実費」も当然受領禁止となり、あるいは別件に関する費用なども受領禁止となる可能性が生じるが、かかる取扱いが正しい方向性にあるのか否かは問題となりうる。なお、第一東京弁護士会では、従前、国選弁護運営規則において、「名目の如何を問わず金品を要求しまたはこれを受領してはならない」と定めていたが、現在（2004〔平16〕年改正）では、「国費による弁護人の推薦等に関する規則」で「名目のいかんを問わず、

報酬その他の対価を請求し、またはこれを受領してはならない」との規定に改められている。

2 小問③について

〔小問③〕は国選弁護人からの「働きかけ」を行っているわけではなく、被告人の家族が自発的に私選弁護への切替えを希望したものである。弁護士職務基本規程49条2項は「働きかけ」を禁止したものであって、国選弁護人が結果的に私選弁護人に就任することまでをも一般的に制限するものではない。

ただ、国選弁護事件の被告人もしくはその家族が私選に切り替えてほしいと希望する場合は、設問のように「国選弁護では報酬額が低いために、弁護活動を十分にしてもらえないのではないか」との不安に起因することが多いであろう。したがって、このような要請に対してはまず、私選弁護でも国選弁護でも弁護士は同じように誠意をもって弁護活動を行うものであることを説明する必要がある。

このような説明をしても、なお切替えを希望される場合もある。例えば、資力は十分あるが、弁護士を知らないため、まず国選弁護人の選任を希望して弁護士と会ってみたうえで、私選弁護を依頼しようと考えていたような場合、あるいは、刑事事件の範囲を超えて委任したい事項が発生し、別途代理人を立てるよりは私選弁護に切り替え、これら関連案件も同一弁護士に委任したいと考えた場合などである。このような場合には、私選弁護への切替えも許されると言うべきであろう。

理論的には上記のとおりであるが、国選弁護人と被告人らとの間で実際にどのようなやり取りがなされたかは不明確な場合が多い。かりに、被告人らの動機が国選弁護では十分な弁護が期待できないことにあったり、あるいは国選弁護人からそのようなことをほのめかされたりして、私選弁護に切り替えられたとしても、これらの事情が明らかになることは少なく、同条項の潜脱がなされるおそれもある。このようなことが行われれば、国選弁護制度に対する国民の信頼を損なってしまう。このため、弁護士会のなかには国選弁護事件を私選に

切り替える場合、その会の定めにより、会内の委員会や会長の審査と承認を経たうえで私選への切替えを認める取扱いにしているところもある（例えば、第二東京弁護士会など）。また、弁護士職務基本規程49条2項でも、「ただし、本会又は所属弁護士会の定める会則に別段の定めがある場合は、この限りでない」としている。

〔設問78〕報酬その他の対価の受領（実費）

　国選弁護事件における被害弁償の示談交渉の際、国選弁護人が以下の名目で被告人側から費用を受け取ることは許されるか。
① 電車代（実費）を現金で受領すること
② 電車代（実費）を切符（購入済み）で受領すること
③ 自動車で送って行ってもらうこと
④ 示談金送金の振込手数料を受領すること
⑤ 被害弁償の相手方が外国人であったために通訳を必要とした場合の通訳費用を受領すること
⑥ 前①④⑤において、被告人の親族が同行しており、親族が支払うと言った場合

キーワード

国選弁護　報酬その他の対価　被害弁償　実費の負担

関連条文

○弁護士職務基本規程49条（国選弁護における対価受領等）
○刑事訴訟費用等に関する法律8条（弁護人の旅費、報酬等）

問題の所在

　弁護士職務基本規程49条1項は、「弁護士は、国選弁護人に選任された事件について、名目のいかんを問わず、被告人その他の関係者から報酬その他の対

価を受領してはならない」と規定している。そこで、示談交渉のために必要とされる実費の受領もこの禁止に触れるか否かが問題となる。

解説
1 「酷銭事件」の病巣
　弁護士職務基本規程49条1項は、国選弁護人の対価の受領を禁止し、刑事訴訟費用に関する法律では、国選弁護人の旅費は国から支払われることとなっている（刑訴費8条）。

　従来、これらの規定から、設問のような実費といえども国選弁護人は被告人側から受領してはならず、切符などに関しても、その受領は禁止されるべきであるという厳格な考えがあり、せいぜい現物支給までは禁止されないとしても好ましいことではないとの見解が主張されてきた。

　しかしながら、国選弁護費用の請求・支給の実務においては、示談交渉のための交通費が別途に支給されることは皆無と言ってよい。裁判所からは「それは、報酬のなかに組み込んで支給するようにしている」との説明がなされており、実質的には弁護人の負担となっている。

　国選事件は「酷銭事件」などと揶揄されるなど、低廉な報酬しか支給されず、実費についても、刑事記録の謄写費用すら支給されない事案が多い。ここに、設問における根本的な問題があり、裁判所の姿勢そのものがまず厳しく批判されなければならない。

　このような状況下で、弁護人のなかには、被告人に対して「これは国選事件なので、示談交渉はやりません」と公言する者さえある。

　しかしながら、従前から、国選弁護における示談交渉は、弁護人の責務であることが繰り返し強調され、「国選弁護人といえども、示談交渉を行うべきである」と指導される一方、弁護士倫理38条（弁護士職務基本規程49条に相当する）の潜脱を防ぐために、費用の受領についても絶対的禁止に近い厳格な解釈が行われてきたのではないかと思われる。

2 別事件と「対価」

被害弁償あるいはこれに関連して発生する弁護活動は、別事件だと理解する立場に立てば、別事件と考えられるものについては、その報酬を受領することも禁止されていないのであるから、当然実費を受領することにも問題がないこととなる。

もちろん、ここで別事件だと理解するということは、被害弁償あるいはこれに関連する弁護活動が国選弁護人の当然行うべき弁護活動に含まれないことを意味するものではない。

他方、別事件とまでは言えない事実行為のみの場合には、同規程49条は「報酬その他の対価」と規定しているのみなので、「実費」は対価ではなく、受領してよいと考えることもできる。

3 規程潜脱の可能性

しかしながら、現実的には「示談交渉には費用として5万円が必要だ」という言い方で、被告人や家族に「費用」を請求した場合に、それが実費なのか対価なのかは、少なくとも被告人側には点検のしようがない。また、その受領金の内容の不明瞭さが原因となって、弁護士職務基本規程49条に違反することを理由にした懲戒申立がなされることもありえよう。

いかなる金品の受領も禁止している弁護士会における取扱いは、実費ならば受領してもよいとの理解をしてしまうと、同規程49条の潜脱行為が行われ、弁護士に対する信頼が損なわれることを慮っている面もあろう。

4 今後の検討課題

この問題の根本原因は、国選弁護報酬の支給基準のなかに実費支給の明確な規定がなく、予算の関係もあって、実費支給が適正に実施されていないことにある。

かかる取扱いが変更されない以上は、一つの現実的な考え方として、実費は受領してよいこととし、被告人あるいはその関係者との間で実費の授受があっ

た場合は、これらをすべて記録にとどめ、確認的行為としての弁護士会の承認を得るようにするなどの潜脱行為防止策をとることが妥当な解決策ではなかろうか。

5 設問の検討

以上に述べたところより、設問の実費の受領は、その授受の経過が明確に記録されることを条件に、いずれも許されると言うべきであろう。もっとも、単位会の会則等で実費の受領が禁止されている場合には、許されないこととなる。

3 国選弁護事件における利害相反

〔設問79〕国選弁護事件における共犯者の同時受任
① 弁護士Xは、傷害の国選弁護事件で裁判所から共犯者2名の弁護人の同時受任を求められた。
　　Xはこの2名を同時に受任してもよいか。
② 被告人らは大型の貨物船によって、不法入国をした事件で逮捕された。同一事件での逮捕者は100名あまりであった。裁判所から「とても各人に1名の弁護士をつけることはできないので、1名の弁護士が10名程度の被告人の国選弁護をまとめて受任していただきたい」との申入れがなされた。
　　弁護士会もしくは弁護士はどのように対応すべきか。

キーワード

国選弁護　弁護士過疎　集団事件　利害対立

関連条文

○弁護士法25条（職務を行い得ない事件）
○刑事訴訟規則29条2項（国選弁護人の選任）

○弁護士職務基本規程27条（職務を行い得ない事件）　28条（同前）　32条（不利益事項の説明）　46条（刑事弁護の心構え）

問題の所在

　共犯者について、同時に受任することは、利害の対立からさまざまな問題が発生する。しかし、国選弁護事件においては、弁護士不足や費用の支給などの理由から、共犯者について同時に受任することを求められることがある。裁判所から共犯者の同時受任を要請された場合にどう対処すべきか、密入国事件などのように膨大な数の被告人が共犯関係にある場合には、どのように考えるべきかが問題となる。

解説

　刑訴規則29条2項では「被告人の利害が相反しないときは、同一の弁護人に数人の弁護をさせることができる」と規定しており、裁判所から設問のような要請がなされることもある。

　しかし、第3章、第2「複数当事者間の利害対立」の項で検討したように、複数の共犯者を同時に受任した場合には、公判開始の段階で共犯者間の主張に対立がない場合でも、公判が始まってから共犯者間の主張や記憶に対立・齟齬が生じることもある。したがって、共犯者は、常に潜在的な利害対立者であるとも言えるので、できうるかぎり共犯者の弁護人の同時受任は避けなければならない。裁判所が共犯者の同時受任を求めてきた場合には、これらを主張して、共犯者ごとに別々の弁護人を選任するよう求めるべきである。

　もっとも、密入国者同士が共犯関係に立つのかについては疑問が残るものの、密入国者の間で利害が対立するという場合も考えられる。それゆえ、利害が反する場合には、やはり別々の弁護人が就任することが望ましい。

　原則論としては上記のとおりであるが、現実に弁護士の数が少ないことや費用の支給などの事情から、被告人ごとに弁護人1名を付けることが不可能な場合がある。〔小問②〕の事例のように、被告人の数が膨大で、弁護士の数がと

うてい足りないという事態も起こる。とくに、弁護士過疎地域などでは、しばしば起こりうる事態である。このような場合に上記の原則論を貫くと、刑訴規則29条1項によれば国選弁護人は、「裁判所の所在地に在る弁護士の中から裁判長がこれを選任しなければならない。但し、……やむを得ない事情があるときは……隣接する他の地方裁判所の管轄区域内に在る弁護士の中からこれを選任することができる」としているため、一部の被告人に弁護人はいるが他の被告人には弁護人がいないという事態になるおそれもないわけではない。

複数共犯者同時受任の弊害を避けるための工夫として、〔小問②〕のような事例においては、被告人を、密入国貨物船の船長、船員、一般乗員など、被告人の立場・役割などが共通する者ごとにグループ分けし、グループごとに違った弁護人を選任する等の方策をとり、複数共犯者同時受任に応じることも考えなければならない場合もあろう。現に、このような取扱いがなされた例は少なくない。

なお、この点については、死刑を言い渡された事件についてではあるが、自白事件であっても、第一審で複数被告人に同一の国選弁護人の選任を維持したことが刑訴規則29条2項に違反するとして、破棄差戻しをした名古屋高判平9年9月29日（高刑集50巻3号139頁、判時1619号41頁、判タ954号298頁）が参考となる。

ちなみに、東京高判昭26年9月6日（東高刑時報1巻5号59頁）は、一人の私選弁護人による利害相反する共同被告人の弁護には刑訴規則29条2項は適用されず、被告人らも同意しているので、共同受任は許されるとしている。

第4　関連事件への対応

> 〔設問80〕別件余罪への対応
> ① 国選弁護人Xは、被告人Aが当該国選弁護事件とは別の事件で逮捕・勾留され、その別件事件について準抗告の申立等をする必要が生じた場合、私選弁護人となって別件の捜査弁護活動をしなければならないか。
> ② Aの家族等から上記別件の捜査弁護について報酬の支払の申出があった場合、弁護人Xはこれを受け取ってもよいか。

キーワード

国選弁護　別事件　余罪

関連条文

○刑事訴訟法36条（請求による被告人の弁護人国選）　37条（職権による被告人の弁護人国選）　38条（国選弁護人の資格・報酬等）
○刑事訴訟規則29条（国選弁護人の選任）

問題の所在

国選弁護事件の被告人Aが、別件余罪事件で逮捕・勾留されて取調べを受けている際に、その別事件につき準抗告の申立等を行う必要が生じた場合、国選弁護人はその別事件に対してどのように対応すべきかが問題となる。

解説

1　小問①について

国選弁護事件の弁護人としての地位は事件ごとであり、別件余罪事件（以下「別件」という）について弁護人の地位を有するものではない。しかしながら、

国選弁護人として接見するなかで、当該被告人のために別件について準抗告をすべきと思われる事由を認知することもありうる。このような場合、別件については弁護人たる地位を有していないとして、これを放置しておいてよいであろうか。

〔小問①〕において、XはAの国選弁護人として、目の前にいるAが弁護人の援助を必要としている状況を放置することは相当とは言えない。しかしながら、国選弁護人としての地位は当該選任を受けた事件についてのみ存しており、別件については、当該時点においては被疑事件であるから、本書の出版時においては、国選弁護人が選任される余地はない。したがって、Xには別件についての準抗告等の申立の権限はなく、XがAのために準抗告等を申し立てるためには、Aから別件についての私選弁護人の選任を受けるしか方法はない。

〔設問78〕において、「被害弁償において相当程度労力を要するような示談交渉」などにつき、国選弁護事件とは別事件であると理解し、この弁護活動に対して報酬を受領しても弁護士職務基本規程49条1項違反にはあたらないとする考え方によれば、〔小問①〕の場合には、よりいっそう「別事件」性が高く、別件としての報酬受領の許容性も高いと言うべきである。

また、同条2項の「私選弁護への切替えの禁止」は、受任している国選弁護を私選弁護へ切り替えることを禁止したものであるから、Xが私選弁護人として選任されるのは「別事件」であり、当然許されると言うべきである。

しかしながら、〔設問78〕の解説で述べたように、もともとの国選弁護事件に対する対価なのか、別件に対するものなのかは定かではなく、同規程49条1項の潜脱にあたるとの疑いを拭い去ることはできないであろう。

なお、被告人が無資力のために別件についての弁護士費用を支払う能力がない場合には、被疑者弁護援助制度（法律扶助）の利用も検討すべきであろう。

2　小問②について

上記のとおり、〔小問②〕における別件での弁護人の活動は、国選弁護事件とはまったく別の事件に対するものである。したがって、その被告人の家族が

別件につき弁護士費用の提供を申し出て、弁護人がこれを受領したとしても、弁護士職務基本規程49条1項には違反しないと言うべきである。もっとも、同規程の潜脱を防止するためには、〔設問78〕の解説4で述べたような弁護士会の承認手続を整備する必要があろう。

> 〔設問81〕 国選弁護事件の被告人からの民事事件等の依頼
> ① 窃盗事件の国選弁護人に選任された弁護士Xが、被告人Aから「借室の期限が切れ、貸主から明渡しを求められているので、明渡しを承諾した。また、貸主の倉庫に家具類を収納することも貸主と合意ができているので、先生が立ち会って収納を確認してほしい」と依頼された。弁護人Xの対応方法につき、下記の見解は妥当か。
> ア この程度のことなら差し支えなく、Aとの信頼関係維持のために立ち会う。
> イ 国選弁護以外のことなので拒否する。
> ウ イのような対応ではAとの信頼関係上問題があるので、看守を通じて弁護士会の法律相談センターに依頼するようアドバイスする。
> エ 窃盗という事件の性質から盗品等の隠匿のおそれもあるので、Aに対し「自分ではできないが、明渡しの立会をAの知人または貸主側に任せるように」とのアドバイスをして、「その旨の知人または貸主宛の委任状を書くなら届けてあげる」と言う。
> ② 詐欺事件の国選弁護人Xは、勾留中の被告人Aに接見した。
> Xは、Aから、「自分が住んでいたアパート内の箪笥の引出しの中に現金があるが、正確な金額は分からない。自分は独り者で身寄りもないので、それをXに全部取って来てもらって、被害弁償に充ててほしい」と依頼された。Xはどう対応すればよいか。

####　キーワード
国選弁護　別事件　受任の可否

####　関連条文
○弁護士職務基本規程49条（国選弁護における対価受領等）

####　問題の所在
　国選弁護人の権限と責任の範囲はどこまで及ぶか、被告人・被疑者の家屋の明渡しへの立会、被害弁償のために被告人等の自宅に現金を取りに行くこと等は、国選弁護人の責務と言えるかが問題となる。

解　説

1　小問①のアについて

　まず、理論的に、家屋明渡への立会は、国選弁護人の権限と責務に当然には含まれない。家屋明渡問題は、窃盗被告事件の国選弁護それ自体とは無関係である。したがって、もし立ち会う場合には、被告人の不動産処理に関する民事の代理人として別途選任されることが必要である。

　また、事実上の問題として、Aは窃盗事件の被告人である。この場合、〔小問①〕のエのように、例えばAの自宅内に、盗まれた物や窃盗に使用した手袋、工具などの窃盗に関係する物が置かれていた場合に、Xが明渡しに立ち会えば、結果としてXが証拠隠滅等に関与してしまう危険性がある。また、実際にはそのようなことがなくとも、家屋明渡後にA宅が捜索されたがなんらの証拠も発見されなかった場合、Xが証拠隠滅をしたのではないかとの疑いをもたれることもありうる。あるいは、A自身から、あった物がなくなっていると言われて、Xがその物を持ち出したかのように疑われる危険性もある。

　したがって、家屋明渡への立会を上記の点の配慮なくして安易に引き受けることには問題があろう。

2 小問①のイについて

　上記のとおり、家屋明渡への立会は国選弁護人の権限・責務には含まれないから、立会を拒否しても、国選弁護人としての責務を果たしていないことにはならず、かかる対応をとっても不当とは言えないであろう。

　しかし、その場合、被告人との信頼関係を損なう危険性がある。被告人にとっては、自己の生活の拠点である家屋についての法律問題は切実な問題である。期日通りに明渡しをしなければ、後々損害賠償責任を負う危険性もある。そして、接見等禁止が付いているときには、被告人が弁護人以外の者に頼むことは事実上困難な場合もある。実際には家屋内に窃盗に関係する物などが置かれていないのに、Aとしてはこの程度のこともやってもらえないのかと思い、Xに対して不信感を抱くかもしれない。信頼関係が損なわれれば、窃盗事件本体の弁護活動についても影響が出る可能性もある。

　『接見交通権マニュアル』には、接見交通の際の心構えとして、被疑者等の全生活への配慮ということも掲げている。具体的には、「被疑者の生活全般、健康状態、取引関係、生活必需品等の差入れ手配等のために気を配らなければなりません」とある。

　したがって、〔小問①〕のイのように、なんらの対応もしないのは適切ではない。

3 小問①のウについて

　この場合、上記〔小問①〕のアおよびイの問題点を考慮し、明渡しに立ち会うことはしないが、まったく放置するのでもなく、Xは、国選弁護人として可能な範囲で協力していると言えよう。

　しかし、このような対応が現実的かというと、必ずしもそうとは言えない。看守に法律相談センターに依頼するよう頼んだとしても、通常、「そのようなことは俺（看守）ではなく弁護人に頼め」と言って、法律相談センターへの連絡などは断るのではなかろうか。

　かりに連絡できて法律相談センターの弁護士が相談を受けることになったと

しても、その弁護士は看守からの伝言だけで依頼事項に着手するわけにはいかない。当然、相談者である被告人本人に会って、依頼内容や報酬等の話をしなければならない。その場合、その弁護士は、当該刑事事件の「弁護人になろうとする者」ではないから、弁護人接見ではなく一般面会により被告人と会わなければならない。

したがって、〔小問①〕のウのような対応は、やや現実性を欠き、妥当とは言えないのではなかろうか。

4　小問①のエについて

以上を総合すると、〔小問①〕のエの対応が最も妥当と思われる。かかる対応をすることが、弁護人としての責務の限界であろう。これでもAは不満を抱くかもしれない。しかし、その場合は、明渡しに立ち会うことには上記のようなさまざまな問題があることを、Aに対して丁寧に説明して理解してもらうしかない。

接見等禁止が付いている場合には、時間的余裕と可能性があれば、当該不動産の貸主側関係者や立会をしてくれるAの知人につき、接見等禁止の一部解除の申立をして、Aと直接明渡しの話をしてもらうという方法も考えられる。理論的には、この方法も正しいと言える。ただし、この方法には時間がかかり、裁判所が一部解除を認めない可能性も高い。また、通常は、貸主側も拘置所などへ接見に行くことを嫌うであろう。

5　小問②について

国選弁護人は、示談交渉において、包括的な代理権を有していると理解されている。被告人の依頼で被害者に示談金を支払うことは、弁護人の責務であると言える。

それでは、設問のような場合、被告人Aの依頼どおりの行動をすることに問題はないのであろうか。

まず、支払うべき金額が明確でないことが問題である。Aは、「引出しの中

の現金全部」と述べているが、例えば実際にはAの考えていた金額よりもはるかに多い額が入っている場合もある。それを全額被害者に渡した場合、後日AとXとの間でトラブルが生じるおそれがある。逆に、実際にはAの思っていた金額よりはるかに少ない額しかなかった場合、Xが差額を着服したとの疑いを受ける危険性がある。したがって、設問のような依頼があるからといって、そのまま金額の確認もせずにAの言うとおりに行動することには問題がある。

また、弁護人が窃盗事件の被告人の自宅に一人で出入りすることは、やはり弁護人が証拠を隠滅したとか、被告人の物を持ち出した等のあらぬ疑いをかけられる危険性がある。

したがって、設問の場合には、金額の確認を第三者立会のうえで行い、この金額をAに確認させたうえで、被害弁償につき再度了承を得ることが必要であろう。できればAの知人等にAからの伝言を伝え、金額を確認し、そのうえで被害弁償に充てることが望ましい。かりにAに知人等がまったくおらず、XがAの自宅に赴くことがやむをえない場合であっても、Xは被告人のアパートに一人で立ち入るようなことは避け、アパートの管理人や賃貸人等、第三者の立会のもとでアパート内に立ち入り、現金の額を確定したうえで、被害弁償に充てるべきである。

〔設問82〕 国選弁護人の執行猶予取消請求事件への関与

国選弁護事件において、被告人Aに対し、検察官から執行猶予取消請求がなされた。

① 国選弁護人Xは、Aに資力がない場合でも、私選弁護人となって執行猶予取消請求についての弁護活動をするべきか。

② 国選弁護事件の報酬算定の際に、上記の執行猶予取消請求についての弁護活動がまったく考慮されない場合、家族等から上記①の弁護活動についての報酬の支払の申出があれば、これを受け取ってもよいか。

> キーワード

国選弁護　受任の範囲　別事件　受任義務

> 関連条文

○刑法26条の2第2号（執行猶予の裁量的取消し）
○刑事訴訟法349条（刑の執行猶予取消しの請求）
○弁護士職務基本規程46条（刑事弁護の心構え）　49条（国選弁護における対価受領等）

> 問題の所在

　国選弁護事件の被告人に対し、検察官から執行猶予の取消請求がなされ、被告人が口頭弁論を請求した場合、当該国選弁護人は、執行猶予取消請求事件の弁護人ではないので、この公判に出廷して弁護活動を行うことはできない。そこで、この場合の国選弁護人のとるべき対応が問題となる。

> 解説

1　執行猶予取消請求事件の別件性

　保護観察付執行猶予期間中に再犯事件を起こし、しかも、執行猶予期間満了までに再犯についての判決の確定が見込まれないと思われる場合、検察官は、刑法26条の2第2号の遵守事項違反（保護観察に付された者が遵守すべき事項を遵守せず、その情状が重いこと）を理由に、執行猶予の裁量的取消請求（刑訴法349条）を行うことがある。その請求を受けた被請求人（被告人）が口頭弁論を請求した場合は、口頭弁論を経なければならなず（同349条の2第2項）、その場合、被請求人は弁護人を選任することができる（同第3項）とされている。また、口頭弁論を請求する権利があること、弁護人を選任できることの告知を欠いてなされた執行猶予取消決定は違法である（最一小決平12年4月21日判時1708号165頁、判タ1028号185頁）。

　さらに、執行猶予取消決定に対しては即時抗告（同第5項）ができる。

ところが、刑訴法349条の2第3項の弁護人については、国選弁護制度の適用がない（最高裁事務総局「刑事手続法規に関する通達・質疑回答集」刑事裁判資料140号319頁）。

　そこで、再犯事件について国選弁護人に選任された弁護士が、検察官から当該被告人に対して執行猶予取消請求がなされた場合に、この執行猶予取消請求事件の私選弁護人（もしくは代理人・同条第1項）に就任しなければならないのかが問題となる。

2　小問①について

　〔小問①〕においては、現在の国選弁護の運用上、刑訴法349条の2第3項の手続について、国選弁護制度の適用がないため、私選弁護人もしくは代理人として受任する以外には、口頭弁論に出席して活動する方法がない。

　最大の問題は、上記の手続に国選弁護制度の適用がないという点であるが、現在の運用を前提とするかぎり、私選弁護人もしくは代理人となって執行猶予取消請求についての弁護活動をすべきであると思われる。なぜなら、前刑についての執行猶予が取り消されてしまうと、受任中の再犯事件（国選弁護事件）については、法的に執行猶予判決の宣告の可能性がなくなってしまい、審理中の当該事件の帰趨に大きな影響を与えるからである。

　しかしながら、受任すべきことが望ましいとしても、本来執行猶予取消請求事件は国選弁護事件とは別事件であり、国選弁護人にこの別事件の弁護活動を当然に行う義務があると言うことまではできない。

　したがって、実務的には、法律扶助制度の被疑者弁護援助制度を利用するか、少なくとも、その制度があることを被告人に教示すべきである。

　また、国選弁護人が無報酬で別事件の弁護人として活動した場合、少なくとも審理中の国選弁護事件の報酬を増額する要素として、報酬額算定のなかで考慮されるべきであるが、そのような運用がなされる保証はない。

3 小問②について

〔設問78〕の解説1および〔設問80〕の解説1で述べたように、根本的な問題は、国選弁護事件の受任範囲が不明確であることと、当該被告事件以外の付随的に発生する余罪（設問の執行猶予取消請求事件も含む）に対する報酬支給が皆無と言ってよいほどに支給されていないことにある。また、理論的に考えれば、余罪も含めて、設問のような執行猶予取消請求事件は、国選弁護事件の受任範囲には含まれていないと言わざるをえない。その意味では、執行猶予取消請求事件において、国選弁護費用とは別に弁護費用を受領したとしても、弁護士職務基本規程49条1項には違反しないと言うべきである。

したがって、〔小問②〕については、国選弁護事件とは別事件として報酬等を受領してもなんらの問題もないことなる。

しかしながら、国選弁護事件において、別事件名目などに借口する脱法的な行為を阻止するために、「名目のいかんを問わず」に対価の受領を禁止している同規程49条の趣旨からは、執行猶予取消請求事件について、私選弁護人もしくは代理人として弁護活動を行うとはいえ、国選弁護事件と密接に関連する活動を原因として対価を受領することとなるので、脱法行為と評価される可能性もある。

〔設問78〕の解説4において述べたような、国選弁護事件における費用授受に関する弁護士会内の承認制度の整備が急がれるところである。

第5　判決後の国選弁護人の活動

〔設問83〕一審判決後の国選弁護人の権限と対応
① 一審の国選弁護人Xが、被告人から原審弁護人としての控訴保釈の請求を頼まれた場合、Xはどのように対応すればよいか。
② 国選弁護事件において、上訴審の国選弁護人が就いていない間に、被告人から控訴取下の相談があった場合、原審の国選弁護人Xはどのように対応すべきか。

キーワード

国選弁護　原審国選弁護人　弁護人選任の効力

関連条文

○刑事訴訟法32条（選任の効力）　40条（弁護人の書類・証拠物の閲覧謄写）　88条（保釈の請求）　343条（禁錮以上の刑の宣告と保釈等の失効）　355条（被告人のための上訴）

問題の所在

国選弁護人の選任の効力はその審級限りである。そこで、一審の国選弁護人が判決後に被告人からの相談や依頼にどこまで応じられるか、また、応じなければならないかが問題となる。

解説

1　弁護人選任の審級性

「公訴の提起後における弁護人の選任は、審級ごとにこれをしなければならない」（刑訴法32条2項）こととなっており、一審の弁護人の選任の効力は、一審判決言渡後も判決が確定するか上訴申立をするまでは継続する。一審国選

弁護人も、その間には、記録の閲覧・謄写（刑訴法40条）、保釈請求（刑訴法88条）、控訴申立（刑訴法355条）をすることができる。

2 小問①について

　控訴申立後は、控訴審の審級に移行するので、原審国選弁護人の選任の効力がなくなると解せられる。したがって、一審判決の言渡により保釈が失効して収監される場合に、控訴保釈を求めるとしても、国選弁護人は控訴申立前しか保釈請求ができない。

　控訴保釈請求も、控訴申立を予定してなされるのが通例であり、控訴審を担当しない弁護人が控訴保釈請求をしても、裁判所は保釈に消極的となろう。控訴申立後、控訴審国選弁護人の選任手続がなされるのは、控訴審裁判所に訴訟記録が到達してからである。

　これらのことを考え合わせれば、私選弁護人の選任を受けて控訴申立と私選弁護人選任届を提出するとともに、控訴審弁護人として控訴保釈請求を行うのが最も早期に控訴保釈の結果が得られる途であろう。これらの事情は、被告人に対し、判決言渡の前に十分説明しておくべきである。

3 小問②について

　現行法上は、控訴後に、控訴審の国選弁護人が裁判所によって選任されるまでのかなり長い期間、弁護人不在の状態が続くという実態にある。被告人が控訴後に弁護人と相談したい事情が生じても、相談すべき弁護人がいないことになり、憲法37条3項の「刑事被告人は、いかなる場合にも、資格を有する弁護人を依頼することができる」という要請を満たせていない。

　かかる現状は、法の不備であると言わざるをえない。かかる法の不備を被告人の不利益としないためには、控訴審裁判所に一件記録が送られて控訴審弁護人が選任されるまでの間、当番弁護士と同種の制度を設ける、あるいは法律扶助制度を利用して控訴審国選弁護人が選任されるまでの間、一審国選弁護人がそのまま私選弁護人として弁護活動を行うという方策をとる必要があるのでは

なかろうか。

　もちろん、一審国選弁護人が無報酬で「弁護人になろうとする者」として、被告人に面会を行い、被告人の援助を行うことにはなんらの問題もないが、これらを一審国選弁護人の義務であるとまでは言えないであろう。

> 〔設問84〕一審判決後の弁護活動
> ①　上訴に関し、弁護人はどのような点に留意すべきか。
> ②　被告人が上訴を望んでいない場合、弁護人は上訴ができるか。
> ③　弁護人は、被告人に判決書の写しを交付しなければならないか。
> ④　被告人との面会なしに、控訴趣意書、上告趣意書を作成・提出してよいか。

キーワード

国選弁護　一審判決に対する教示内容　弁護人固有の上訴権　判決書写しの交付　上訴審における接見

関連条文

○刑事訴訟法355条（被告人のための上訴）　356条（同前）　360条の2（上訴放棄の制限）
○刑事訴訟規則29条（国選弁護人の選任）
○弁護士職務基本規程46条（刑事弁護の心構え）

問題の所在

　国選事件に限らず、一審判決後、弁護人はどのような点に留意しなければならないのか、上訴について弁護人と被告人の意見が対立した場合、弁護人はどのように対処すべきか、判決書の写しを交付すべきか、上訴審における接見は義務的であるのかなど、一審判決後の弁護人の対応が問題となる。

解 説

1 小問①について

　弁護人は、なるべく判決言渡の直後に、裁判所の接見室などで被告人に接見し、言渡のあった判決内容を被告人に説明し、控訴審の見通し、控訴審手続の説明を行うべきである。ことに、予想外に重い判決を言い渡された場合、被告人の動揺は大きく、ただちに接見すべきである。

　この際、被告人に説明すべきことの概要は、以下のとおりである。

① 判決主文（刑の種類、執行猶予）の意味の説明
② 未決勾留日数の算入計算・法定通算・刑期の終了時期（刑法21～24条）
③ 控訴期間（刑訴法358条、同373条）
④ 判決の事実認定・量刑の当否、量刑理由の説明、控訴した場合の控訴審判決の予測
⑤ 控訴提起の利益・不利益（おもに控訴審における未決算入の点・刑訴法495条、刑法21条）の比較検討
⑥ 控訴審手続における国選弁護人の選任、控訴趣意書の作成等の説明

2 小問②について

　死刑または無期刑の判決が言い渡された場合には、弁護人はただちに上訴の申立をすべきである。被告人の意思を確認することなくただちに上訴することは、被告人の意思に反する弁護活動になるとの見解もある（刑訴法356条参照）。しかし、被告人が上訴に反対の意思をもてば、被告人はいつでも取下ができる（刑訴法359条）。また、死刑・無期刑というきわめて重大な判決を受けた直後の被告人の心理状態はけっして冷静なものではありえない。したがって、まず弁護人が上訴をしておくことによって、被告人に対し、真に上訴をしたほうがよいか否かを熟慮させる時間と契機を与えることは、弁護人の義務であると言うべきである。

　刑訴法360条の2が死刑・無期刑について上訴放棄の制限を規定しているのも、かかる趣旨からである。

3 小問③について

　被告人が判決内容を確認・検討するために、私選・国選弁護事件を問わず、判決謄本の写しを早期に被告人へ差入れ（交付）することは、弁護人の責務と言うべきである。ただし、控訴期間内に判決書が作成・交付されない場合もある。

　控訴審での国選弁護人には、裁判所から一審の判決書を交付されるので、被告人にも控訴理由を検討してもらうために、被告人にその写しを差し入れるべきである。否認事件や重大事件にあっては、必ず判決書の写しを差し入れなければならない。

4 小問④について

　上訴審において、弁護人が控訴趣意書もしくは上告趣意書等を作成する際には、当然に被告人の意見を聞き、その意思を十分に把握したうえでその作成にあたらなければならない。しかしながら、弁護人のなかには、上訴審が記録中心の審理となることから、被告人に面会を一度もすることなく、控訴趣意書もしくは上告趣意書を作成している者も見受けられる。この点の意識の改善を、弁護士自らが行わなければならない。

　もっとも、国選弁護事件の上告事件については、現在、東京三会の会員だけが受任できることとなっており（刑訴規則29条）、被告人が遠方に勾留されていることが圧倒的に多い上告事件の場合には、接見義務まで認めることは、費用や労力の点から現実的でない場合もありうる。しかし、理念的には、接見したうえで控訴趣意書もしくは上告趣意書を作成すべきことは、当然のことである。このことからすれば、国選弁護事件の上告事件については、被告人の所在する高裁管内の会員が受任できるように制度を改めるか、現行制度のままであれば、東京から被告人所在地までの弁護人の交通費および日当が支給されるよう、国選弁護人の費用に関する改善がなされなければならない。

　なお、接見に代わる被告人の意思確認の方法については、〔設問1〕の解説4を参照されたい。

参 考 設 問

〔参考設問 5 − 1〕 被告人の有罪答弁と違法収集証拠の主張 …………… 421
〔参考設問 6 − 1〕 正当防衛の主張と情状弁護 ……………………………… 421
〔参考設問 7 − 1〕 被告人の意思に沿った弁護活動（心神喪失の疑い）…… 421
〔参考設問11− 1〕 事件内容聴取前の黙秘の勧め ………………………… 422
〔参考設問11− 2〕 弁護人接見後の黙秘、参考人への指示 ……………… 422
〔参考設問11− 3〕 弁護人の取調べへの立会 ……………………………… 422
〔参考設問11− 4〕 捜査段階における否認の助言 ………………………… 423
〔参考設問11− 5〕 弁護人の取調べへの立会、調書への署名拒否 ……… 423
〔参考設問11− 6〕 否認供述の勧め ………………………………………… 424
〔参考設問13− 1〕 身体拘束からの解放手続と捜査妨害 ………………… 424
〔参考設問16− 1〕 接見内容のマスコミへの公表 ………………………… 424
〔参考設問16− 2〕 被疑者の弁明のマスコミへの公表 …………………… 425
〔参考設問17− 1〕 受任しなかった事件の接見内容の公表・証言 ……… 425
〔参考設問27− 1〕 弁護依頼に対する諾否の明示義務 …………………… 426
〔参考設問29− 1〕 第三者（団体）による弁護費用負担 ………………… 426
〔参考設問30− 1〕 重大事件における共犯同時受任 ……………………… 426
〔参考設問30− 2〕 共犯同時受任（夫婦）………………………………… 427
〔参考設問30− 3〕 共犯者からの依頼による他の共犯者の受任 ………… 427
〔参考設問30− 4〕 共犯同時受任 …………………………………………… 427
〔参考設問30− 5〕 被疑者と目撃者（他の事件の被告人）の同時受任 … 428
〔参考設問31− 1〕 共犯同時受任後の一方の自白 ………………………… 428
〔参考設問32− 1〕 暴力団組員の共犯同時受任（組長からの依頼）…… 428
〔参考設問32− 2〕 共犯同時受任（労働組合）…………………………… 429
〔参考設問33− 1〕 共犯同時受任（顧問会社社員）……………………… 429
〔参考設問33− 2〕 共同事務所内での利害相反 …………………………… 430
〔参考設問43− 1〕 接見時のテープ録音とマスコミへの公表 …………… 430

参考設問 419

〔参考設問43－2〕接見室からの電話 …………………………………430
〔参考設問43－3〕弁護人の数の制限 ……………………………………431
〔参考設問48－1〕弁護人による目撃者の調査 …………………………431
〔参考設問48－2〕参考人への事情聴取方法 ……………………………431
〔参考設問49－1〕共犯者への伝言（黙秘の勧め）依頼 ………………431
〔参考設問49－2〕共犯者への被疑者等の動静の伝達 …………………432
〔参考設問49－3〕被疑者からの伝言（証拠隠滅の回避）………………432
〔参考設問50－1〕けん銃の提出への関与 ………………………………433
〔参考設問51－1〕被疑者の居室からの覚せい剤の発見 ………………433
〔参考設問51－2〕証拠の受託 ……………………………………………434
〔参考設問51－3〕証拠の発見と処分 ……………………………………434
〔参考設問51－4〕証拠の処分依頼（余罪の証拠）………………………434
〔参考設問51－5〕証拠の隠匿（押収場所の看板のかけ替え）…………435
〔参考設問52－1〕捜索への対処方法の助言 ……………………………435
〔参考設問55－1〕虚偽供述の勧めと弁護の範囲 ………………………435
〔参考設問55－2〕否認の説得 ……………………………………………436
〔参考設問56－1〕虚偽供述の助言（アリバイ主張）……………………437
〔参考設問56－2〕虚偽供述の助言（対第三者）…………………………438
〔参考設問56－3〕虚偽供述の助言（単独犯の主張）……………………438
〔参考設問57－1〕任意の事情聴取に対する出頭拒否の助言 …………438
〔参考設問58－1〕共犯者からの捜査状況の問い合わせ ………………439
〔参考設問59－1〕被告人への被害者の住所の伝達 ……………………439
〔参考設問60－1〕謄写記録の週刊誌への提供 …………………………440
〔参考設問62－1〕幻覚症状のある被告人からの保釈要請 ……………440
〔参考設問67－1〕共犯者間・弁護人間の意見対立 ……………………440
〔参考設問67－2〕勤務弁護士の受任（所長弁護士との弁護方針の対立）…440
〔参考設問71－1〕国選弁護事件における保釈請求と報酬 ……………441
〔参考設問71－2〕弁護人の辞任のほのめかし …………………………441
〔参考設問76－1〕国選弁護人の権限の範囲（事前同意のない示談）………442

〔参考設問77－1〕私選弁護への切替え …………………………………442
〔参考設問77－2〕被告人から送付を受けた謝金が返金不可能な場合の対処…442
〔参考設問79－1〕国選弁護事件における共犯同時受任 ……………………443

〔**参考設問5－1**〕**被告人の有罪答弁と違法収集証拠の主張**
　執行猶予中のAは、覚せい剤事件（自己使用）で起訴された。弁護人Xが一件記録を精査したところ、Aが覚せい剤を使用していたことを証明する唯一の証拠である尿検査の手続には重大な違法が認められた。そのことをXはAに説明したが、Aは「使用したことは間違いないし、覚せい剤と手を切るためにも、早く罪を認めて服役したい」と言った。
　この場合、Xが、違法収集証拠だとして争い、無罪の主張をすることに問題はあるか。

〔**参考設問6－1**〕**正当防衛の主張と情状弁護**
　〔設問6〕の事例で、捜査段階ではAは正当防衛であるとして無罪を主張していたが、起訴されてしまい、証拠開示の結果、Bを含む5人組の供述調書の内容が、前記設問のとおりであったことが確認された場合、弁護人Xはどのような弁護活動を行うべきか。
　また、XがAの意思に反して、有罪を前提とした情状弁論を行うことに問題はないか。

〔**参考設問7－1**〕**被告人の意思に沿った弁護活動（心神喪失の疑い）**
　〔設問7〕の事例で、被告人Aの弁解内容が「被害者Cは子供（小学校3年）だったが、自分を押し倒そうとしたので、押し返したところ、打ち所が悪く、死んでしまった」という場合にはどうか。

〔参考設問11−1〕事件内容聴取前の黙秘の勧め
　弁護士Xが、巨額の詐欺事件により逮捕・勾留中の被疑者Aと初回接見をした際、いきなり、Aの逮捕を報じていた新聞記事の切抜きを示して、「新聞を読んだが、認めてしまえば最低でも5〜6年は刑務所に入らなければいけない」「今からでも遅くはない、絶対に黙秘しなさい」と黙秘を強く勧めた。
　Xの発言に問題はないか。

〔参考設問11−2〕弁護人接見後の黙秘、参考人への指示
　特別養護老人ホームの介護員である被疑者Aが、同ホーム入所者5名に暴行を加え、内2名を死亡させ、その余の者に傷害を負わせたという事件について、Aは任意の事情聴取の段階では、本件犯行を認めていた。しかし、勾留後に弁護人Xが接見してから後は、全面黙秘に転じた。また、Xは、Aの親族や被害者の親族ならびに施設関係者に働きかけて、それらの者に対する警察や検察庁の取調べや調書の作成に応じさせなかったり、警察で取調べ中の参考人の携帯電話に連絡を入れて、取調べに応じないよう指示するなどした。
　弁護人Xの対処に問題はあるか。
　上記の事案で、Aは取調べの際には被疑事実を認めており、そのことを弁護人Xには言い出せなくて、「否認で頑張っている」との嘘の手紙を出し、あるいはXに嘘の取調べ状況を話していた場合には、結論は異なるか。

〔参考設問11−3〕弁護人の取調べへの立会
　現職の県の建設部長Aを被疑者とする受託収賄被疑事件において、弁護人Xは、警察および検察庁に対し、「Aの部下（県の建設部職員）

を取り調べる際には、弁護人Xを立会わせられたい。立会いが認められない場合には取調べには応じない」旨の申入れをした。
　弁護人Xの対処に問題はあるか。

〔参考設問11－4〕捜査段階における否認の助言
　C会社の取締役Aが、B市の職員に贈賄したとの事件が発覚したので、AはC会社の顧問弁護士Xを訪ね、法律上の意見を求めた。XはAに対し、「C会社には既に帳簿がないのだから、君が金を出したことを言わねば金が出たことがわからぬから、否認しておけばよい。否認すれば弁護の余地がある」と言った。
　弁護人Xの助言に問題はないか。
　また、Aが逮捕・勾留された後に、「しゃべらなければ起訴されない」と助言することに問題はないか。

〔参考設問11－5〕弁護人の取調べへの立会、調書への署名拒否
　覚せい剤取締法違反（自己使用目的所持）の被疑事実によって逮捕・勾留された被疑者Aに対し、弁護人Xは、「憲法34条、37条3項、38条1項、刑事訴訟法198条4項、同5項但書に基づき、弁護人が取調べに立会い、供述調書の内容を確認すること等の要求が満たされないかぎり、供述調書などの書面については、署名を拒否するように」と助言し、同助言と同旨のX作成名義ならびにA作成名義の申入書を作成して、いずれも警察署および検察官に提出し、AはXの助言に従って、供述調書への署名を拒否した。
　①　弁護人Xの指示や申入書の作成・提出に問題はあるか。
　②　上記の申入書が定型文になっており、Xが「どの被疑者も作成しているものだ」との助言をしていた場合はどうか。

③　弁護人Xが「Aの否認供述をそのまま記載した調書であっても、署名拒否をするように」と助言した場合は、結論が異なるか。

〔参考設問11－6〕否認供述の勧め
　A、B、C3名が共謀して行った詐欺事件について、3名ともに逮捕・勾留され、当初は3名とも否認していたので、弁護士Xが3名の弁護人となった。しかし、その後、Aが自白に転じたことをXが知り、XはAに面会して「逆転もある。他の2名は否認で頑張っている」と否認を強く勧めた。
　弁護人Xの対応に問題はあるか。

〔参考設問13－1〕身体拘束からの解放手続と捜査妨害
　〔設問13〕の②イの手続が準抗告もしくは勾留取消請求であった場合は、結論は異なるか。

〔参考設問16－1〕接見内容のマスコミへの公表
　マスコミにより取り上げられている事件の弁護人Xは、記者から、「被疑者Aはどのように言っていますか」とインタビューされたので、Aの承諾を得ていなかったが、接見の内容を話した。
　弁護人Xの上記対応に問題はあるか。
　Aが自白している場合と否認もしくは黙秘している場合とで結論は異なるか。

〔参考設問16－2〕被疑者の弁明のマスコミへの公表

　被疑者Aは「自分は無実だ。被害者の方が嘘をついている」と言っていた。弁護人Xは、接見の後、新聞記者から執拗にコメントを求められたので、被疑者から聞いたとおりの接見内容を答えた。
① 弁護人の対応に問題はないか。
② 被疑者の承諾の有無によって、結論は異なるか。
③ 被疑者から積極的にマスコミに発表してほしいと強く頼まれた場合はどうか。
④ 捜査段階と公判段階では結論は異なるか。
⑤ 後に、被疑者の弁明が嘘だと分かった場合にはどうか。
⑥ 被疑者の弁明が真実であれば許されるか。
⑦ 接見禁止の事案ではどうか。
⑧ いわゆる冤罪事件において、被告人の主張をマスコミに発表することは許されると考えられているが、その根拠は何か。

〔参考設問17－1〕受任しなかった事件の接見内容の公表・証言
① 　弁護士Xは、勾留中の被疑者Aの妻Bから依頼を受けて、Aに接見したが、無実だという同人の説明に納得できなかった。数回の接見ののち、結局弁護人を引き受けなかった。
　　Xは、マスコミの取材に応じて、「被疑者は否認しているが全面的に信用することまではできないので依頼を断った」とコメントした。そして、同時に接見内容の一部も明らかにした。
　　その後、Aは公訴提起され、検察官からの請求により、Xが証人として採用された。Xは、宣誓のうえ、接見内容と自己（X）の心証を証言した。
　　弁護士Xの対処に問題はないか。

② 被告人Aの私選弁護人Xが、弁護活動を続けていたところ、Aは訴訟遂行方法などについてXの方針に不満をもち、ついに弁護人を辞任してほしいと要求した。そこで、Xは、裁判所に対し、辞任にいたった経緯をAとのやりとりを含めて説明した。その際、Aから裁判所に、「弁護人が十分な弁護をしない」旨の上申書が提出されていることが判明したので、Xは、Aがいかに無茶なことを要求してきたかを縷々裁判官に説明して、自己の名誉を守った。
　弁護士Xの対処に問題はないか。

〔参考設問27−1〕弁護依頼に対する諾否の明示義務
　被告人Aの一審弁護人であった弁護士Xは、その判決後、控訴審の弁護の依頼を受けたが、受任の意思を明示しないままAが差し出した金2万円を受領した。ところが、依頼された日の翌日が控訴期間の最終日であったにもかかわらず、Xは控訴の手続をしなかった。
　弁護士Xの対処に問題はないか。

〔参考設問29−1〕第三者（団体）による弁護費用負担
　会社や政党や労働組合、あるいは暴力団などから、その団体の構成員である被疑者Aの弁護依頼の申込みを受け、かつ費用も団体が負担する場合に、弁護人Xは、どのように対処すべきか。

〔参考設問30−1〕重大事件における共犯同時受任
　〔設問30〕の事例で、共犯関係にある事件が強盗殺人である場合には、結論が異なるか。

〔参考設問30－2〕共犯同時受任（夫婦）
　夫Aと妻Bが覚せい剤取締法違反（自己使用）で逮捕され、親戚のCが「AとBの弁護人となって欲しい」と弁護士Xに依頼した。以下の場合に、XがA、B両名の受任をすることに問題はないか。
　①　A、Bともに覚せい剤（自己使用）の前科がある。
　②　Aには覚せい剤（自己使用）の前科があるが、Bには覚せい剤の前科を含めて前科・前歴がない。

〔参考設問30－3〕共犯者からの依頼による他の共犯者の受任
　弁護士Xは、恐喝事件の被疑者Aの弁護を依頼された。Aは、Bと一緒に男性Cに「落とし前をつけろ」と因縁をつけ、Cを自動車に無理やり乗せて拉致したうえ、現金100万円をCから交付させたという被疑事実で、Bと一緒に逮捕された。Aによると、「自分はBに頼まれて自動車を運転していたが、Cとは面識がなく、Bがこんなことをするとは思わなかった」と主張している。XがAに接見したところ、AはXに、「先生、Bには弁護人がいないらしいのです。Bの弁護もお願いできますか」と依頼した。
　Xはどう対処すべきか。

〔参考設問30－4〕共犯同時受任
　弁護人Xは、業務上横領被疑事件の被疑者Aの私選弁護人に選任された。Aとの接見において、Aから「警察官に、横領の偽装工作をするためBに多額の謝礼をしたことを供述した」と言われた。そこで、XはBを呼び寄せ、Bに逮捕される可能性を示唆して、Bの私選弁護人にもなった。その後、Bも逮捕、勾留された。Xは、A、B両名の弁護人として活動し、両名の接見を交互に行って、双方の供述内容の連絡

を取り合った。

弁護人Xの対処に問題はないか。

〔参考設問30−5〕被疑者と目撃者（他の事件の被告人）の同時受任

弁護人Xは、被告人Aの窃盗罪の国選弁護を担当していたところ、否認している殺人の被疑者Bの私選弁護の依頼を受け、受任した。

その後、AがBの殺人被疑事件の重要な目撃者として、調書が作成されていることが判明し、Aは、Xに対しても、自分が目撃したことは間違いないと述べている。

Xが、A、B両名の弁護をそのまま継続することに、問題はないか。

〔参考設問31−1〕共犯同時受任後の一方の自白

A、Bの共犯事件で、弁護士XがAB両名の弁護人となった後、Aは否認を続けたが、Bは自白に転じた。

① 私選である場合と、国選あるいは当番弁護士事件である場合とで、Xの対応に差異があるか。

② XがAの弁護を継続し、Xと同一事務所の弁護士YがBの弁護人となることは可能か。

③ 弁護費用が1人分しか出せない場合にはどうすべきか。

〔参考設問32−1〕暴力団組員の共犯同時受任（組長からの依頼）

暴力団の組長から、傷害罪で逮捕された若頭Aと若中Bの弁護を依頼された。以下の場合、A、Bの事件を同時に受任してよいか。

① 事件が、酒場で飲酒のうえ喧嘩となった単純な事案の場合

② 事件が、組から脱退をしようとした組員に指詰めをさせた事案

の場合

〔参考設問32－2〕共犯同時受任（労働組合）
　労働組合の委員長Aと書記長Bの両名は、団交の席上で総務部長Cの胸ぐらを掴んで激しく揺すぶる暴行を加えたとの嫌疑で逮捕・勾留された。A、B両名は、「Cの身体には指一本触れていない」と主張していた。XはA、B両名の弁護人に就任して弁護活動を行ってきたが、勾留期間満了前に、Bから「検察官から、自分の別件横領事件を追及されている。横領の事実は間違いなく、生活費に困っていたので、つい出来心でやってしまった。しかし、本件の暴行事件を、嘘でも認めれば罰金で済ます、と検事は言っており、会社も横領の事件には目をつぶって懲戒解雇もしない、と言っている。自分としては、家族の生活のこともあり、本件の暴行事件を認めて罰金で済ませたい。また、組合も脱退せざるをえない」と涙ながらにXに訴えた。
① 　Bが「引き続き、自分の弁護をしてほしい」と頼んでいる。Xはどうすべきか。
② 　XがAの公判において、Bを証人尋問する際に、上記の事情を聞くことは問題がないか。XがBの弁護人を継続している場合と辞任している場合で、対応や尋問方法は異なるか。

〔参考設問33－1〕共犯同時受任（顧問会社社員）
　弁護士Xの顧問会社である金融会社の専務Bと融資部長Cとが背任罪で逮捕された。社長Aから「BとCの弁護人となって欲しい」と依頼された。以下の場合に、弁護人がAB両名の弁護を受任することに問題はないか。
① 　Aの説明では、図利加害目的や任務違背がなく背任は成立しな

いと思われる場合
② Aの説明でも、背任は成立すると思われる場合
③ Aも問題とされている融資に関与している場合

〔参考設問33－2〕共同事務所内での利害相反
　弁護士Xの所属する事務所の弁護士Yが、被疑者Aの勤務先の顧問弁護士をしている場合に、XがAの弁護人になることに問題はないか。

〔参考設問43－1〕接見時のテープ録音とマスコミへの公表
　弁護人Xは、殺人罪で逮捕された被疑者Aが、本件逮捕は違法捜査によるものであると主張していたので、接見等禁止中であったにもかかわらず、留置管理者の許可を受けずに接見時の会話をテープに録音し、記者会見の際、このテープを再生して、マスコミに公表した。
　弁護人Xの対処に問題はないか。

〔参考設問43－2〕接見室からの電話
① 接見等禁止決定がなされている被疑者Aの私選弁護人Xが、Aの実父と妻に、弁護費用を負担できるかを確認するため、接見室から電話をかけ、弁護人Xを介して、被疑者と実父等とで、通話させた。
　　弁護人Xの対処に問題はないか。
② 接見終了後、弁護人Xが携帯電話を接見室に残したまま退室したところ、これを見た被疑者Aが、同電話機から実父等に電話をかけようと考え、接見室のアクリル製通話口を破壊した場合、弁護人Xが電話機を残したまま退出したことに問題はないか。

〔参考設問43−3〕弁護人の数の制限
　被疑者Aは、関係者および件数が多数の詐欺事件で、逮捕・勾留された。当初は3名の私選弁護人が選任されたが、それでも弁護人の数が足りなかったことから、弁護人の人数超過許可請求をしたが却下されてしまった。そこで、その後は、弁護人の辞任・選任を繰り返し、実質的に合計6名の弁護士がAの弁護人として弁護にあたった。
　この弁護人らの対処に問題はあるか。

〔参考設問48−1〕弁護人による目撃者の調査
　被疑者・被告人から、あてもないままに「目撃者がいないか捜してほしい」と言われた場合、弁護人は、どう対処すべきか。

〔参考設問48−2〕参考人への事情聴取方法
　弁護人Xは、被疑者Aに接見したところ「犯行時刻には、友人のBと一緒にいた（アリバイがある）。すぐBに連絡をとって、先生から話をしてそのときのことを何とか思い出してもらい、供述してくれるように頼んで下さい」と言われた。
　Xはどのように対処すべきか。

〔参考設問49−1〕共犯者への伝言（黙秘の勧め）依頼
　A、B、Cの3名の共犯で行われた恐喝の容疑で、A、B両名が逮捕されたが、Cは逃走中である。A、Bそれぞれに別に弁護人X、Yが就任した。
　①　XがAに接見すると「私は自分のやったことは認めるが、Bの

ことは言いたくないので、黙秘する。Cは庇ってやりたいので、Cがいたことも言わないつもりだ。このことをBの弁護人に伝えてください」と言われた。
② XがAに接見すると「AやBのことについては何もしゃべらないようにと、Cに伝えて下さい」と言われた。

以上の場合に、

Xはどのように対処すべきか。

〔参考設問49−2〕共犯者への被疑者等の動静の伝達

A、B両名による恐喝被疑事件で、弁護士Xは、A、B両名の弁護人となった。以下の場合、弁護人Xはどのように対処すべきか。
① Aに接見に行ったところ「私が供述している内容をBに伝えて下さい」と言われた。
② ①の場合に、伝える内容が「黙秘している」というのであればどうか。
③ ①及び②の場合に、伝える相手が第三者の場合はどうか。

〔参考設問49−3〕被疑者からの伝言（証拠隠滅の回避）

覚せい剤事件（自己使用）の弁護人Xは、被疑者Aから以下のように言われた。Xはどのように対処すべきか。
① 「私が妻に渡した小箱の中身は言わないで、誰にも分からないように処分するよう、妻に言ってください」
② 「『会社の裏帳簿』が私のロッカーにあることを社長や専務に伝えてください。今回の覚せい剤の件とは全く関係ないので、伝えても問題ないですから」
③ 「私のロッカーを片づけといて下さい、と専務に伝えてくださ

い」

〔参考設問50−1〕けん銃の提出への関与
　弁護人Xは、けん銃所持の被疑事実で逮捕・勾留中の被疑者Aから、「Bが持っているけん銃を、Aの自宅のマンションの一階の非常階段下の段ボール箱に置くようBに伝えてほしい」旨依頼され、その旨をBに伝えたところ、Bは、自己が隠していたけん銃を指定された場所に置いた。その後、被疑者Aが取調官に対し、「自分はけん銃を隠している」旨の虚偽自白をし、この自白に基づいて前記の場所からけん銃が発見押収され、被疑者Aは、このけん銃の所持事実で起訴された。
　弁護人Xの対処に問題はないか。
　また、弁護人Xが、接見時に、Aから警察へ提出するためであることを聞いていた場合には、結論は異なるか。

〔参考設問51−1〕被疑者の居室からの覚せい剤の発見
　弁護士Xは、覚せい剤を密売した嫌疑で逮捕された被疑者Aの弁護人である。
① アパートに1人で住んでいたAから頼まれて、XはAが覚せい剤を密売していたとされるアパートの一室を調査することにした。同部屋はすでに警察がくまなく捜索した後だったが、押入れの布団の下にAの手帳があり、そこには多数の人の名前と電話番号が記載されていた。
　　Xはどう対処すべきか。
② 布団の下から覚せい剤が見つかった場合、Xはどう対処すべきか。

〔参考設問51－2〕証拠の受託
① 贈賄事件で、近く捜査が始まるとの情報を得た会社関係者Bから、有利不利を問わず、その関係書類の全てを弁護人が預って検討することに問題はないか。
② 被告人Aから「犯行に使われた刃渡り30センチの刺し身包丁を持っています。先生、証拠として預っておいてください」と言われた場合に、弁護人Xはどのように対処すべきか。Aが無罪だと言っている場合と、有罪だと言っている場合では、結論は異なるか。

〔参考設問51－3〕証拠の発見と処分
① 身寄りのない被疑者Aが警察へ出頭する際に、弁護人XはAの所持品を預った。後にこの中に覚せい剤が入っていることが判明した。Xはどう対処すべきか。また、見つかった物が、犯行に使用されたと疑われる包丁であった場合はどうか。
② ②の設例で、被疑者Aが無罪を争っている場合と認めている場合で結論は異なるか。

〔参考設問51－4〕証拠の処分依頼（余罪の証拠）
① 弁護人Xは、傷害罪で勾留されている被疑者Aと接見し、Aからアドレス帳の宅下げを受けた。その後、アドレス帳が余罪の競馬法違反（ノミ行為）の重要証拠であることが判明した。XはAから、アドレス帳を妻に渡してくれと頼まれた。
　　Xはどう対処すべきか。
② Xは覚せい剤事件の弁護人である。保釈中の被告人Aが救急病

院へ大怪我をして運ばれた。医師BからXに「Aの鞄の中が見えたのだが、覚せい剤のような物が入っている。Aは意識不明なので、私（B）が預かっておく訳にもいかないので、引き取ってほしい」との連絡があった。
　Xはどう対処すべきか。

〔参考設問51－5〕証拠の隠匿（押収場所の看板のかけ替え）
　弁護人Xは、脱税事件で逮捕・勾留された被疑者Aが経営する会社の経理部長Bに指示して、使途不明金の用途を記載した裏帳簿を、被疑者Aの父親Cが経営する株式会社D設計事務所に移させて隠匿させた。そのうえ、Xは、警察によるD設計事務所の捜索の際に、D設計事務所の表札の上に、有限会社D商事と記載したプレートを張り付けさせ、警察に対しては、捜索差押令状に記載された場所とは異なるから捜索はできないと主張した。
　弁護人Xの対処に問題はないか。

〔参考設問52－1〕捜索への対処方法の助言
　弁護士Xは、被疑者Aの妻から「さっき勤務先から、主人が逮捕されて連れて行かれたという連絡が入りました。自宅にも捜索がくるのでしょうか。どうしたらよいでしょうか」との相談を受けた。
　Xはどう答えるべきか。

〔参考設問55－1〕虚偽供述の勧めと弁護の範囲
　所得税法違反の嫌疑により国税局の査察調査を受けた被疑者A、Bから相談を受けた弁護士Xが、被疑者A、Bに対し、ありもしない経

費の支払があったことや記帳されている架空の経費支出は真正なものだとの虚偽の弁解をするように助言した。その後の質問調査において、A、Bは、弁護士Xの助言の内容に沿った弁明をし、逮捕後も、弁護士Xを弁護人に選任して、同様の弁解をした。その後、被疑者Bは、勾留段階でXを解任し、脱税の事実を全面的に自白したうえ、経費の支出に関する弁明・弁解はXのアドバイスによる虚偽であった旨供述し、公判廷においてもその状況を供述した。また、Xを解任しなかった被疑者Aも、公判廷では公訴事実を認めた。

① 上記の事例におけるXの対応に問題はないか。
② 上記の事例において、経費の支出が虚偽だとまでは言い切れず、いまだ客観的な裏付けの証拠が乏しいことが窺われたので、Xは「逮捕されても、絶対に事実を認めてはいけない。認めれば終わりだが、否認し続ければ、現状では事件がつぶれて不起訴処分となる可能性が高く、かりに起訴されても、公判で争う余地はある」と言った。

この場合、Xの助言に問題はあるか。

〔参考設問55−2〕 否認の説得

弁護士Xは、融資部長A、融資課長Bおよび融資担当の専務Cが共謀して債務者甲に対する過剰融資をしたという商法上の特別背任事件において、AおよびBの弁護人となった。被疑事実とされている過剰融資は、Cと甲が面談のうえ、CがAとBに指示して実行されたものであった。Aが「専務Cの貸付けは適正なものであるとCから聞いて信じていた」旨主張し、勾留中の被疑者Bも「債務者甲からは融資額に見合う担保をとったとの報告をCから聞いていた」旨弁解した。そこで、Xは、勾留中の被疑者Cに面会し、「真実か否かは問題ではない。Aの供述に合わせてくれ。AとBはずっと否認している。AとBの供述に合

わせてくれれば、AとBは起訴されずに済む」などと、強く自白を撤回するようCに求めた。その翌日、Bとの接見の際、Bから自白したことを打ち明けられるや、XはBを叱りつけ、「Cがあなた（B）の否認供述に合致する供述をするまで、否認で頑張りなさい」と説得した。その後、BおよびCは、Aの公判において証人として出廷し、背任の事実を認めるとともに、前記弁護人Xの働きかけについて証言した。

　弁護人Xの弁護活動に問題はないか。

　弁護人Xが、AおよびBから「背任の事実は間違いがない」との告白を受けていた場合には、結論は異なるか。

〔参考設問56-1〕虚偽供述の助言（アリバイ主張）

　ホテル内において、暴力団甲組が賭博を開帳したという賭博場開帳等図利被疑事件の被疑者A、B（甲組の組員）の弁護人Xは、共犯者である甲組の組員Cから依頼されて、被疑事実を認めていたA、Bに対し、「君ら（A、B）にはアリバイがあるので、勝手に事実を認めたりしてはいけない。甲組の幹部は勝手に認めたことを非常に怒っている。今後は一切調書に署名しないように」と言って、犯行を否認するよう説得した。また、Xは、その後に逮捕・勾留された共犯者Cの弁護人にもなったが、Cのアリバイ主張を受けて、犯行直前までCと犯行現場にいた参考人Dに対し、「犯行時刻にはCは犯行現場にいるはずがない。あなた（D）は、犯行時刻にはCに自宅まで送ってもらっているはずだ」などと、Cのアリバイ主張に沿った供述をするよう働きかけた。

　このXの対処に問題はないか。

　また、A、B、Cのアリバイがいずれも虚偽であることが明らかな場合には、結論は異なるか。

〔参考設問56-2〕虚偽供述の助言（対第三者）

　A、B両名の共謀による覚せい剤所持事件で、被疑者Aの弁護人Xが、Bとの間の共謀による所持を自白したAに対し、その自白の撤回を迫ったが、Aは自白を維持したため、AとBはいずれも公判請求された。Aは、起訴後、弁護人Xを解任したが、Xは、Bの責任を免れさせるため、Aの内妻に対し、「Aの公判に情状証人として出廷して、『Aが、かねてから当該覚せい剤は別のCから預かったものであると話していた』と証言してくれ」などと、虚偽の証言をするよう働きかけた。

　弁護人Xの対処に問題はないか。

〔参考設問56-3〕虚偽供述の助言（単独犯の主張）

　弁護士Xは、恐喝事件の共犯者の一人として逮捕・勾留された被疑者Aの弁護人に選任された。Aは否認していたが、共犯者Bは自白していた。XはAから、「Bに面会して、私（A）はBに脅されて側にいただけで、Bが単独でやったことにするように言ってほしい」と頼まれた。そこで、Xは、接見禁止中の被疑者Bに「弁護人となろうとする者」として接見し、「Bが単独で犯行に及んだと、Bを庇う供述をしてほしいとAが言っている。そうすれば、Aが弁護費用を負担して、あなた（B）の弁護人をつけてくれる。私（X）があなた（B）の弁護人を引き受けてもよい」と、Aからの伝言を告げた。

　弁護人Xの対処に問題はないか。

〔参考設問57-1〕任意の事情聴取に対する出頭拒否の助言

　①　公職選挙法違反被疑事件（買収）の被疑者Aの弁護人Xは、A

の妻、秘書及び後援団体の会計責任者らに対して、「警察、検察からの任意の事情聴取に応じる必要はないので、取調べを拒否するように」と指示した。
　　　この弁護人Xの指示に問題はないか。
② 〔設問57〕の④の事例で、弁護人Xが参考人Bに対して、「被疑者Aに不利な事実は否認してください。もし、Aに不利な事実が調書に書かれた場合には、調書への署名を拒否して下さい」と言った場合は、結論が異なるか。
③ 警察の取調べ状況の報告をBから受けることに問題はないか。

〔参考設問58−1〕共犯者からの捜査状況の問い合わせ
　弁護士Xは、逮捕監禁事件の被疑者Aの弁護人である。Aは、Bと一緒に男性Cを自動車に無理やり乗せて拉致したうえ、BのアパートにBとともに逮捕された。Aによれば「自分はBに頼まれて自動車を運転し、BとCをBのアパートの前で降しただけで、Bがこんなことをするとは思わなかった」ということであった。
　その後、Bの弁護人YからXに電話が掛かってきた。電話の内容は「取調べの進展状況とAの供述内容を聞きたい」というものであった。
　Xはどう対処すべきか。

〔参考設問59−1〕被告人への被害者の住所の伝達
　弁護人Xは、強制わいせつ事件の被告人Aから、被害者Bの住所等を削除しない完全な記録を差し入れてほしいと要求された。
　弁護人Xはどう対処すべきか。

〔参考設問60−1〕謄写記録の週刊誌への提供
　殺人等被告事件の弁護人に選任されていた弁護士Xが、弁護人を解任された後、公判準備のために閲覧・謄写していた供述調書等の写しを、週刊誌の編集長に無償で交付したところ、その一部が週刊誌に掲載された。週刊誌への掲載は公判開始前であった。
　Xの行動に問題はないか。

〔参考設問62−1〕幻覚症状のある被告人からの保釈要請
　覚せい剤事件で、みるからに幻覚症状を呈しているとしか思えない対応をする被告人から「どうしても保釈で出たい」と言われた際、弁護人が、「覚せい剤の影響がなくなるまでは、私は保釈の申請をしない」と言って断ることに問題はないか。

〔参考設問67−1〕共犯者間・弁護人間の意見対立
　被告人A、Bの弁護人を弁護士X、Yが共同で受任していたところ、AとBの意見が対立し、XとYの意見も分かれた。
　この場合に、X、Yはどのように対処すべきか。
　また、その場合に、弁護人間で、どのように意見調整をすればよいか。

〔参考設問67−2〕勤務弁護士の受任（所長弁護士との弁護方針の対立）
　弁護士Yが経営しているY法律事務所に勤務している弁護士Xは、事務所が受任した刑事事件の弁護人となった。弁護人に就任したのはXのみであるが、YもXの弁護を事実上指導していた。
　①　YとXの意見が対立した場合、Xはどう対処すべきか。

②　捜査段階と公判段階では結論は異なるか。

〔参考設問71－1〕国選弁護事件における保釈請求と報酬
　国選弁護人Xは、被告人Aから「保釈をしてほしい」と依頼された。
①　保釈請求をすることは、「貧困要件」に反しないか。
②　「お金があれば、私選に」とXが言うことに問題はないか。
③　保釈請求をした場合に、Xは別途に報酬を請求できるか。
④　③を認めないとすると、私選の場合には保釈請求について別途の報酬を請求できることと矛盾しないか。

〔参考設問71－2〕弁護人の辞任のほのめかし
　弁護士Xは、実刑判決を受けた被告人Aの控訴審における国選弁護人に選任された。X自身は取調べ済みの証拠からみて、あまり気がすまなかったが、Aの強い要請を入れて、第一回公判期日に証拠書類や証人の取調べ請求をした。しかしながら、すべて却下され結審となった。
　Aは、これらの取調べ請求がすべて却下されたのは、事件との関連性を具体的に主張しなかったからであるなどとXを非難したうえ、弁論再開申請準備のための接見および新たな証拠収集をXに求めた。これに対し、Xは、一件記録からみて、裁判所が弁論を終結したのは相当であり、弁論再開申請の理由はないと考え、直ちに接見には行かず、また、あらたな証拠収集の努力もしなかった。それでもAは諦めず、繰り返し前記の要求をしてきたので、Xは、これ以上弁護活動を続け難いと考え、接見に行って、Aに対し、弁護人の辞任をほのめかした。
　Xの弁護活動に問題はないか。

〔参考設問76−1〕国選弁護人の権限の範囲（事前同意のない示談）
　弁護士Xは、詐欺の国選事件を受任し、勾留中の被告人Aに接見した。Aの手持現金だけでは被害全額の弁償に足りなかったため、被害者からの嘆願書は入手できなかった。そこで、Xは、公判期日までの時間的余裕もなかったため、自分の判断で、被害者に対し「被害金の残りは出所後に全額を弁償します」旨の念書を、Aの弁護人として作成交付し、念書及び弁償金の一部と引き換えに被害者から嘆願書の交付を受けた。
　Xの対処に問題はないか。

〔参考設問77−1〕私選弁護への切替え
① 国選弁護人Xは、被告人Aの家族から、「国選弁護では報酬も安く充分な弁護活動はできないので、私選弁護に切り替えてやってもらいたい」との申出を受けた。
　　Xはどう対処すべきか。
② 詐欺罪の国選弁護人Xは、勾留中の被告人Aに接見した。
　　Xは、Aに「国選弁護では十分な弁護ができない。手持現金があるなら私選弁護にしたらどうか」と勧め、私選に変更させた。
　　Xの行為に問題はないか。

〔参考設問77−2〕被告人から送付を受けた謝金が返金不可能な場合の対処
　弁護士Xは、詐欺の国選被告事件を受任し、勾留中の被告人Aに接見した。Xの弁護の結果、Aは執行猶予になった。Xは、これを喜ん

だAからお礼として10万円の送金を受けてしまったため、送金元に返送したが、転居先不明で返ってきてしまった。

　Xはどのように対処すればよいか。

〔参考設問79－1〕国選弁護事件における共犯同時受任
① 　弁護士Xは、弁護人のなり手がいないということで、殺人事件の共犯者A、B両名の国選弁護人に選任された。記録を閲覧したところ、A、B両名とも自白をしていたが、どちらが主犯かという点で供述はするどく対立していた。Xは、裁判所に対して、利害対立を理由に片方の解任を申し入れたが、裁判所は「裁判官だって、共犯者の弁論を分離して、それぞれの審理をしている訳ですから、弁護人も、弁論を分離しさえすれば問題ないじゃないですか」と言われ、弁論は分離されたものの、弁護人の解任はされなかった。

　　この場合、Xはどのように対処すればよいか。
② 　上記①の設例で、Aは自白し、Bは否認していた場合には、結論は異なるか。
③ 　事案が覚せい剤（0.03g）の譲渡・譲受の事案で、Aは自白し、Bは否認しているものの、最悪の場合でも執行猶予が認められる見込がある場合は、結論が異なるか。

刑事弁護関係の懲戒処分例一覧

出典と略称：日本弁護士連合会調査室編『弁護士懲戒事件議決例集』（日本弁護士連合会）→議決例集第1集（1966年）　第2集（1972年）　第3集（1975年）　第4集（1980年）　第5集（1986年）　第6集（1992年）　第7集（2002年）

日本弁護士連合会調査室編『弁護士懲戒事例集』上巻（1998年）、同下巻（1998年）→事例集上巻、事例集下巻

飯島澄雄・淳子『新人弁護士の肝に銘ずべき10か条：11年間の懲戒事例から』（東京布井出版、2003年）→飯島　自由と正義→自正

	処分日時	事案	内容	懲戒の種別	出典	関連設例
1	1950.6.17	弁護士会の秩序・信用を害するおそれ	次席検事として勤務した地検の所在地域の弁護士会に退官7か月後に登録換えしようとしたところ、弁護人として旧部下の検事を酒席に招いて被疑者と会わせようとしたり、闇屋複数名と宴会を開くなどの事実があった。	登録換請求進達拒絶	議決例集3集14-21頁	22
2	1950.11.18	複数事務所の開設	弁護士甲は母の経営する差人屋の奥座敷も法律事務所として利用し、多数の刑事事件を受任していた。	戒告	議決例集1集2-3頁	
3	1951.2.24	依頼不承諾通知義務違反	第1審の弁護人が引き続き控訴審の弁護依頼を受けたにもかかわらず、弁護料の一部しか受け取っていなかったために活動せず、受任翌日の控訴申立期限を徒過させた。	戒告	議決例集1集3-5頁	28
4	1951.4.21	預かり金の返還義務	嫌疑なしで釈放された被疑者の弁護人が、検事らに働きかけたと虚言を弄した上、被疑者の代わりに回収した売掛金の大部分を返還せず、詐欺容疑で逮捕された。	除名（別件あり）	議決例集1集140-2頁	27
5	1957.9.5	預かり金の返還義務	控訴審の弁護人が、保釈金に充てるために還付された領置金の大部分を返還しなかった。	除名（別件多数あり）	議決例集1集136-140頁	27
6	1957.9.21	預かり金の趣旨と報酬額	被疑者の会社から被害弁償金と「検察官及び警察官に対する運動費」として弁護人に預けられた金員が、被害弁償後清算され一部返還されたものの、刑事事件の報酬額が未定であり、また残額を別の民事事件の謝礼と弁護人が混同したために懲戒請求された（領収証等散逸のため証拠不充分）。	懲戒せず	議決例集1集154-161頁	27
7	1959.11.11	口裏合わせの疑い	市会議員汚職事件の弁護人が、被疑者の受領した金員の趣旨を政治献金として供述するよう政党幹部に依頼したとして懲戒請求されたものの、上記趣旨は事実であり、また、弁護人の上記発言は事実の確認にすぎなかった。	懲戒せず（原審：退会命令。別件あり）	議決例集1集201-8頁	49,57
8	1961.2.10	国選事件での報酬受領	国選弁護人が保釈金の一部（不足のため未納付）を報酬として返還せず、被告人を相手に損害賠償等の民事訴訟までも提起した。	業務停止5月	議決例集1集58-61頁	78
9	1961.10.31	報酬契約の締結方法、不品行	弁護士が還付予定の押収金員を目途に被告人の家族と還付手続の報酬契約を結んでその一部を受領したため、服役後に被告人が苦情を申し立てに事務所を訪れたところ、弁護士は暴言を吐いたり、組織の人間を呼び寄せやくざ的な気勢を示して応酬した。	退会命令（別件あり）	議決例集1集133-6頁	27
10	1963.2.23	国選事件での報酬受領	国選弁護人が記録調査料・弁護料・謝礼等を被告人側から直接受け取った（2件）。	業務停止2月	議決例集1集52-5頁	77,78
11	1963.10.26	報酬残額の取立行為	弁護人が保釈保証金を報酬に振り替え返戻しない旨の念書を被告人の妻と作成したものの、判決時に罰金等の立替を被告人にしていたので、不足分を1年9か月後に被告人の妻の許へ取立に行って紛糾させた。	業務停止2月（別件あり）	議決例集1集84-9頁	27
12	1966.10.29	関連民事事件の相手方代理	詐欺罪告訴状作成・提出の約10か月後に、これを失念して当該告訴事実を原因とする損害賠償請求事件の被告側代理人となった（早期に辞任）。	戒告	議決例集2集1-3頁	33
13	1966.10.29	相被疑者に対する自白勧告	贈賄側の弁護人が収賄側の被疑者に相弁護人とともに面会し、起訴猶予の可能性を示唆しながら自白の勧告をしたところ、かえって不利な事実関係が明らかとなり起訴された。	懲戒せず	議決例集2集3-8頁	30,57
14	1967.2.18	犯人隠避教唆	公選法違反事件の捜査段階で弁護人が、被疑者に虚偽の供述を勧め、身代わりも出頭させたが、結局当選者も逮捕され、自らも犯人隠避教唆で起訴された。	退会命令（別件あり）	議決例集2集14-24頁	21

	日付	事案	概要	処分	出典	頁
15	1967.2.18	国選事件での報酬受領	国選弁護人が訴訟費用被告人全部負担の事件において保釈保証金から弁護報酬を差し引いて二重取りした。	業務停止3月	議決例集2集35-42頁	78
16	1969.3.24	関連民事事件の相手方代理	詐欺事件の弁護団の主任弁護人が判決後に関連事件で被疑者が提起した民事訴訟の被告側代理人となった。ただし、債権債務の事実関係が同一ではなかったと認定。	懲戒せず	議決例集2集105-112頁	33
17	1971.9.25	国選事件での報酬受領	国選弁護人が、被告人の兄より挨拶時に金員を受領し、また、保釈請求時の身柄引受料として報酬を受領した。	業務停止3月	議決例集3集94-98頁、取消訴訟（棄却）（判時906号35-38頁、判タ371号137-138頁）	78
18	1977.10.8	業務停止中の事件受任	業務停止1年8月の処分を受けた弁護士が、日弁連への審査請求中、戦友から信頼できる唯一の弁護士として覚せい剤取締法違反事件の弁護依頼を受け、無報酬で捜査段階から控訴申立までの弁護活動を行った。	業務停止2年	議決例集4集116-120頁	
19	1979.10.30	法廷内での写真撮影	弁護人が学生事件の傍聴を巡って紛糾する法廷で、被告人らを退廷させようとする看守らの行為を証拠保全する目的で、裁判所の許可を受けることなく公判廷で写真撮影を行った。	戒告（原審：懲戒せず）	議決例集4集171-256頁	43
20	1979.11.1	訴訟指揮に従わない法廷活動	学生事件の弁護人が、統一公判を要求する立場から裁判長の訴訟指揮に対し抗争的な態度を示していたところ、着席しない被告人らの態度などを巡り紛糾し、発言を禁止されても質問をやめないため、退廷・拘束を命じられた。	業務停止4月（綱紀委員会の原決定：懲戒不相当）	判時1272号74-93頁（取消訴訟・棄却）	64
21	1980.5.23	控訴趣意書提出期限の徒過	82歳の国選弁護人が控訴趣意書の提出を怠り、被害者らの慰謝料請求訴訟についても被告人の代理を引き受けたものの、家庭の事情から全て時機に遅れ、敗訴させた。	戒告	事例集上巻5-8頁	74,81
22	1980.12.12	保釈保証金の横領	保釈許可獲得のために受任した詐欺事件で、弁護人が還付された保釈保証金を弁護料として返還しなかった。	懲戒せず（業務停止3月の別件あり）	事例集上巻65-94頁	27
23	1981.10.5	内容虚偽の示談書を提出	詐欺事件の弁護人が、正規の示談書とは別に裁判所提出用に虚偽の書証を相手方とともに作成して法廷で提出したため、証憑隠滅罪で罰金刑を受けた。	除名（別件あり）	議決例集5集148-160頁	53
24	1981.11.28	証憑湮滅罪	選挙違反事件の弁護人が、捜査が上位者に及ぶのを防ぐため接見時に虚偽の供述をするよう被疑者に依頼し、虚偽供述を裏付けるために領収証等の証憑を作成した。証憑湮滅罪の略式命令から1年後に懲戒処分を行った。	業務停止1月	事例集上巻184-186頁	54,55
25	1982.3.5	還付された保釈保証金の不返還	弁護費用と保釈保証金の概算払いを受けた弁護人が、判決後も清算せず、預託金返還請求訴訟が提起されても返還せず、懲戒申立後にようやく支払った。	戒告（別件あり）	事例集上巻198-204頁	27
26	1983.3.12	保釈保証金の横領・納付遅滞	弁護人は、保釈許可決定の当日に預かった保釈保証金を一部費消し、12日間にわたり納付しなかった。	業務停止2年（別件多数あり）	事例集上巻253-258頁	27
27	1984.9.28	業務停止中の事件受任・処理	業務停止3月の処分を受けた弁護士が、約2か月後、刑事事件の依頼を受けて警察署で被疑者と接見し、告訴人の代理人弁護士との間で示談を成立させ、報酬を受け取った。	業務停止6月	事例集上巻478-479頁	
28	1987.2.23	被害弁償金の着服	簡裁の国選弁護人が、被害弁償資金の大部分約320万円を着服し、事実隠蔽のため領収書を偽造・行使した。	退会命令	事例集上巻829-832頁	27
29	1987.7.6	在監者からの弁護依頼に対する不通知	すでに私選弁護人のいる控訴審の被告人から拘置所より手紙で弁護の依頼を受けたが、一面識もないので回答も面会もしなかった。	懲戒せず	議決例集6集94-100頁	28
30	1987.7.10	還付された保釈保証金の不返還	多額の借財を負った弁護人が、保釈保証金を返還せず、返済を引き延ばした上、別の簡易な民事事件の報酬として相殺しようとした。	業務停止1月	事例集下巻932-951頁	27
31	1987.9.18	広域暴力団の顧問就任・公表	暴力団と刑事関係の顧問契約を締結して、顧問弁護士の肩書でマスメディアに登場した。	戒告	事例集下巻956-959頁	
32	1987.11.27	海難審判事件での偽装工作	16名が死亡した船舶衝突事故において、船会社の依頼を受けて、刑事責任と民事責任を免れさせるため、帰港の間に事故の真相を歪曲し、偽装工作をした。	業務停止3月	事例集下巻1007-1030頁	54,55

33	1987.11.27	預かり金の返還義務	弁護人が被疑者から預金の管理を託された後、公判段階になって解任されたにもかかわらず、刑事事件の着手金を大幅に上回る預金残額を返還しなかった。	退会命令（別件あり）	事例集下巻1117-1128頁	27
34	1988.5.30	根拠なき依頼者への金員請求	弁護人が被告人の母と打合中に第三者の過失による事故で怪我をしたのを奇貨として高額な見舞金の請求を被告人側へ行い、解任された後、依頼者宅へ上がり込んだり、依頼者の勤務先へ嫌がらせの電話をかけた。	退会命令（別件あり）	事例集下巻1306-1314頁	
35	1988.6.30	保釈保証金の返還義務	高額の保釈保証金を担保に着手金なし費用のみの成功報酬的約束で受任した収賄事件の弁護人が、控訴審段階で解任されたところ、被告人を相手に弁護料の請求訴訟を提起し、刑事の控訴審判決後に無断で保釈保証金の還付を受け弁護料を相殺した。	戒告	事例集下巻1298-1305頁	27
36	1989.11.6	弁護士会からの呼出拒否	国選弁護人の弁護活動につき指導監督しようと弁護士会が同人を呼び出したところ、いっさい応じなかった。	戒告	事例集下巻1613-1618頁	
37	1990.5.7	上告審の国選弁護人の接見義務	上告審の国選弁護人が、被告人から接見の依頼を受けたものの、手紙で意見を聞くにとどめ、被告人の意向にそった上告趣意書を提出した。	懲戒せず	議決例集6集186-192頁	84
38	1990.6.4	謄写記録全部交付の拒否・公判不出頭	弁護人が、被告人からの謄写記録交付請求に対して目撃証人の住所と電話番号を伏せると言ったところ、信頼関係が崩れたため解任請求を申し上げ、第1回公判にも事前連絡の出頭しなかった。	懲戒せず	議決例集6集192-198頁	59
39	1990.7.9	冤罪事件での有罪弁論	第1審有罪の殺人等事件の控訴審における国選弁護人が、無実を主張する被告人の訴え及び共謀人3名とその弁護人らの無罪主張にもかかわらず、ひとりのみ有罪の立場で一貫して弁護活動を行った。	戒告	朝日新聞1990年7月10日朝刊東京版31面	4
40	1991.9.24	非行弁護士の職場復帰	弁護活動中に証拠偽造などに関わった弁護士による登録請求が退会後4年余を経過して認容された。	登録請求認容	議決例集6集32-40頁、第7集27-35頁	54,55
41	1992.2.4	正式裁判請求の取下強要	弁護人が被告人の真意を供述しようとする意向を無視して、執拗かつ不相当な言辞を用いて説得し、正式裁判請求を取り上げさせた。	戒告	自正1992年4月号174頁、飯島93頁	4,8
42	1992.6.17	裁判証人としての秘密漏洩	被疑者段階の弁護人が起訴直後に辞任した否認事件において、捜査段階の自白の任意性・信用性を立証するために証人として出廷し、自白を肯定する接見時の心証を証言した。	戒告	自正1992年8月号163頁、飯島117頁、本案例控訴審逆転有罪判決（判夕802号233頁）	23
43	1993.5.6	示談内容の一部不履行	傷害事件の被害者と示談を成立させた弁護人が、示談金の半額にあたる残金100万円の支払を保証したものの、支払わなかった。	退会命令（別件あり）	自正1993年6月号97頁、飯島32頁	53
44	1995.7.27	控訴趣意書の不提出	本人自身が控訴した事件の弁護人が、控訴取下げの説得のほうに気をとられ、控訴趣意書を提出せぬまま期限を徒過し、辞任した。	戒告	自正1995年11月号148頁、飯島86頁	
45	1995.10.18	国選事件の謝礼受領	身代金取得等事件の国選弁護人が、被告人の父から商品券を受領し、饗応を受けたうえ、記録謄写料10万円を請求した。	業務停止2月	自正1995年11月号151頁、飯島277頁	77,78
46	1996.6.13	マスコミへの秘密漏洩	弁護人が接見内容や秘密（自白調書の存在、視引）を取材に応じて開陳し、被告人・国選人・裁判所について否定的な論評を行った。また、弁護人は、第1回公判前に被告人の検察官調書を週刊誌編集長らに交付し、謝礼を受け取った。	除名（別件あり）	自正1996年8月号207頁、飯島120頁	16,61
47	1996.7.4	国選関係の民事事件処理で対価受領	交通事故の業務上過失致死事件の国選弁護人が、示談書作成と保険金請求事件の処理につき45万円の対価を受領した。	戒告	自正1996年9月号173頁、飯島272頁	74,78
48	1996.7.30	被害者側への秘密漏洩	詐欺事件の弁護人が辞任後、犯罪成立の不明な段階で告訴代理人に犯罪成立が明らかである旨の手紙を送った。	戒告（別件あり）	自正1996年9月号173頁、飯島117頁	15
49	1997.3.25	本人の意向に反する弁護方針	控訴審の国選弁護人が、被告人が事実誤認を主張するにもかかわらず、原審が自白事件だったことを記録で知り、本人の意向を聴かぬまま量刑不当のみの控訴趣意書を提出した。	戒告	自正1997年5月号171頁、飯島272-273頁	4,8,71
50	1997.10.13	示談の不履行	詐欺事件の弁護人が被告人の年金受給権を担保に供する内容の示談を成立させた（保釈保証金で一部返済）。	懲戒せず	議決例集7集589-95頁	53

51	1998.2.9	弁論内容の名誉毀損該当性	弁護人が弁論において保釈保証金の準備金を懲戒請求人に着服されたために被害弁償が遅れている旨を一応の証拠（依頼者夫婦の供述）のみに基づき具体的に述べた。	懲戒せず	議決例集7集601-6頁	15
52	1998.10.23	関連民事案件の無権代理行為・説明義務違反	弁護人が保釈保証金捻出のため勾留中の被疑者から不動産の買主探索の依頼を受けたところ、勝手に売却し一部代金を受領したにもかかわらず、その事実を2か月も報告しなかった。	戒告	自正1998年12月号189頁	27,81
53	1998.12.1	第1審弁護人による上訴審裁判での秘密漏洩	第1審の弁護人が、控訴審で被告人が自己の助言に従い保釈のために自白に転じた旨供述したので、自己の名誉を回復しようとして、接見内容を含めて被告人の控訴審供述が虚偽である旨の上申書を裁判所、検察庁、控訴審弁護人に送付した。	戒告	自正1999年1月号206頁、飯島118頁	17,63
54	1999.1.7	接見禁止潜脱、接見交通権の濫用	接見等禁止中の被疑者との接見で弁護人になろうとする者が、虚偽供述をそそのかす手紙を閲読させ、仕切り板越しに携帯電話で母親と会話させた。	業務停止2年	自正1999年2月号175頁、飯島162頁	43,44,45
55	1999.2.19	国選事件の謝礼受領	国選弁護人が、被告人の家族から合計60万円を受領した。	戒告	自正1999年4月号178頁、飯島273頁	78
56	2000.7.12	名誉と信用の維持義務違反	国選弁護人が被害弁償の交渉時に被害者から罵倒されたことに対して、反論文書を無記名で送りつけたところ、懲戒請求されたとの電話で相手方を怒鳴りつけた。	戒告	自正2000年10月154頁、飯島273-274頁	70
57	2000.9.29	業務停止違反	業務停止1年6月の懲戒処分を受けた弁護人が、5日後に高裁公判で刑事弁護活動を行った。	業務停止1年（別件あり）	自正2000年12月138頁、飯島263頁	
58	2000.12.6	預かり金返還義務違反	弁護人が保釈保証金や代議士仲介料などの残金を返還すると約束しながら履行しなかった（2件）	退会命令（別件あり）	自正2001年2月号174頁、飯篤36-37頁	27
59	2001.3.21	利害相反関係者との接触方法	既決囚の弁護人が自己に対して偽証教唆により懲戒請求をした未決の共犯者と、弁護人になろうとする者と称して拘置所において立会人なしで面会した。	戒告	自正2001年6月号155頁、飯島146頁	46,58
60	2001.4.10	裁判手続の遅延	被告人と連絡をとらぬまま準備を怠った国選弁護人が4回にわたり公判期日を変更させた。	戒告	自正2001年7月号162頁、飯島274-275頁	71
61	2001.5.1	利益相反・被告人の意思に反する弁護	共犯3名を担当する弁護人が、罪状認否で1人の被告人が否認したにもかかわらず、情状立証の方針を変更せぬまま漫然と書証の取調べに同意した。	戒告	自正2001年7月号161頁、飯島96頁	30,31
62	2001.5.31	接見拒否・被告人の意思に反する弁護	殺人等事件の控訴審の国選弁護人が、殺意を否認する被告人に対して、未必の故意を認定した第1審判決を覆すのは不可能と考えたうえ、本人との再度の接見に応じず、弁論では確定的故意までも主張した。	戒告	自正2001年9月号171頁、飯島275頁	4,8,71
63	2001.5.31	被告人の意思に反する弁護	控訴審の国選弁護人が、被告人の無罪主張には触れない控訴趣意書を提出し、公判の被告人質問でも弁護人との関係についての質問に終始して、罪体に関する尋問を行わなかった。	戒告	自正2001年9月号171頁、飯島275-276頁	4,8,71
64	2001.6.14	預かり金返還義務違反	示談成立で不起訴となった事件の弁護人が、残額を「交渉経費」なる実態なき名目に充当して返還しなかった。	戒告	自正2001年9月号170頁、飯島200-201頁、取消訴訟棄却	27
65	2001.6.20	非弁護士との提携	非弁護士の主催する事務所に勤務して多数の刑事事件等の斡旋を受けた。	業務停止6月（別件あり）	自正2001年9月号169頁、飯島226頁	
66	2001.8.27	被告人の意思に反する弁護	頑強な否認事件において無罪の主張を裏付けず、虚偽の無責任な弁論を行った。	戒告	自正2001年11月号127頁、飯島96-97頁	4,8
67	2001.12.28	マスコミへの秘密漏洩	控訴審の弁護人が、被告人の第三者宛手紙のコピーを無断でマスコミ関係者に渡したので、写真週刊誌の記事に掲載された。	戒告	自正2002年3月号138頁、飯島119頁	16
68	2002.4.3	預かり金返還義務違反・事務職員の監督懈怠	還付された保釈保証金の清算時に弁護人が用意できなかった不足分を立替えた事務員が、依頼者相手に不当利得返還請求訴訟を提起したにもかかわらず、弁護人は立替金を返還せず放置した。	業務停止5月（別件あり）	自正2002年6月号133-2頁、飯島238-239頁	27
69	2002.5.8	業務停止違反	非弁提携による業務停止6月の懲戒処分の翌日から一連の保釈手続を行った。	業務停止5月	自正2002年7月号135頁、飯島262頁	

	年月日	事由	内容	処分	出典	頁
70	2002.6.25	接見懈怠・弁護方針の齟齬	控訴審の国選弁護人が、刑務所在監中の被告人と接見せぬまま量刑不当の控訴趣意書を提出し、その後、被告人の手紙の内容から提出期限前に控訴趣意の補充の機会があったにもかかわらず接見せぬまま放置した。	戒告	自正2002年9月号172頁、飯島276-277頁	4,8,71
71	2002.12.11	預かり金返還義務違反	弁護人が第1審及び控訴審の保釈保証金を裁判終結後、依頼者に返還しなかった。	除名(別件あり)	自正2003年3月号127-5頁	27
72	2002.12.18	利益相反する関連民事件の受任	傷害致死保護事件の付添人が、被害者相続人の代理人となり、損害賠償請求訴訟を提起した。	戒告	自正2003年3月号122-1頁	75
73	2002.12.26	依頼不承諾通知義務違反	勾留中の被告人から3回にわたる控訴審の弁護依頼及び弁護士紹介依頼に対して回答しなかった。	戒告	自正2003年4月号124頁	28
74	2003.1.31	過失による控訴申立期間徒過	第1審弁護人が控訴審の弁護も受任したものの、控訴申立書を提出せぬまま、控訴期間を徒過させた。	戒告	自正2003年4月号119頁	
75	2003.3.6	預かり金の費消	控訴審の国選弁護人が被害弁償として預かった金員を費消し、事件処理を放置した。(後に示談成立)。	業務停止6月(別件あり)	自正2003年6月号130頁	27
76	2003.3.14	接見懈怠・無断辞任・預かり金返還義務違反	私選弁護人が起訴後1度も接見せず、第1回公判期日前日に無断で辞任した(預かり金も1月以上返還せず)。また、別件で刑事事件の示談金を預かりながら履行せず、還付された保釈保証金も返還しなかった。	除名(別件あり)	自正2003年6月号125-4頁	1,27
77	2003.3.19	預かり金等返還義務違反	弁護人が還付された保釈保証金を依頼者からの訴訟提起後まで返還しなかった。また別件において、代議士仲介料・2人目の弁護士費用・被害弁償金・保釈保証金の大部分を清算して返還する義務があるのに履行を怠った。	除名(別件あり。原審：退会命令)	自正2003年5月号122-1頁	27
78	2003.6.19	説明義務違反・品位不保持	私選弁護人が被告人の内縁の妻(帰化日本人)に報酬等の説明をせぬまま、車代名下に漫然と金員を受領し、理由も必要性もなく飲食の饗応を多数回受けつづけた。	戒告	自正2003年9月号162頁	27
79	2003.8.1	接見懈怠・最善努力義務違反	控訴審の国選弁護人が接見も連絡もせぬまま、原審記録の閲覧のみで控訴趣意書を提出した。	戒告	自正2003年11月号130頁	71,84
80	2003.10.2	記録管理義務違反・秘密漏洩のおそれ惹起	国選弁護人が被告人の妻に対して、判決後、本人の承諾なく謄写記録一式を交付した(後に記録返却、請求取下済)。	戒告	自正2004年1月号191頁	15,59,61
81	2003.10.8	関連事務管理の不履行・虚偽報告	接見禁止中の依頼者が弁護人を通じて会社経営を続けようとして、弁護人と会社との間で顧問契約を締結させ預金口座の管理を任せたところ、弁護人は会社の従業員に通帳を保管させて勝手に出金されたうえ、依頼者に対して虚偽の報告をした。	戒告	自正2004年1月号115頁	27
82	2003.11.5	後の別件民事訴訟における刑事記録の使用	昔、詐欺事件の私選弁護人だった者が、後に元被告人の経営する会社を相手とする民事訴訟の代理人をつとめた際に、約12年前に謄写した検察官調書を本人の同意を得ることなく書証として使用しようとした。	戒告	自正2004年1月号110頁	15,61
83	2003.12.22	上告審における虚偽文書の作成・交付	第1審の弁護人が、予想に反して実刑判決を受けた被告人の上告にあたり、弁護人自らが第1審で虚偽自白を被告人に強要した旨の事実に反する上申書と陳述書を被告人の求めに応じて作成、交付した。またその際、弁護人を懲戒請求しない旨の誓約書も被告人から受領した。	戒告	自正2004年3月号138-7頁	54
84	2004.3.30	接見懈怠・説明義務違反	原審で被告人が裁判官の忌避や弁護人の解任申請をしていた事件の控訴審を担当した国選弁護人が、接見も書面による連絡もせぬまま、被告人の意見も求めず控訴趣意書を提出した。	戒告	自正2004年8月号159頁	71,84
85	2004.6.19	酒気を帯びたままの弁護活動	アルコール依存症の国選弁護人が、不眠のため飲酒を続けたため、翌日も飲酒の影響が抜けきらず、酒気を帯びたまま接見や公判に出廷をした。	戒告(原審：懲戒せず)	自正2004年9月号182頁	
86	2004.6.23	依頼者の意に反した公判弁護活動	否認事件の私選弁護人が、証拠に基づく具体的な無罪弁論をせず、別の訴因でも被告人が否認しているのに有罪弁論を行い、さらに情状弁論も被告人の私信を朗読するのみで不充分にしか実行しなかった。	戒告	自正2004年10月号119頁	4,8
87	2004.10.4	業務停止違反	業務停止6月の懲戒処分を受けた弁護人が、辞任せぬまま翌月に遠方の拘置所に勾留中の被告人に対し、弁護人として面会申込をした。	業務停止1年(別件あり)	自正2004年12月号155頁	

その他の懲戒関連事件(出典:朝日新聞オンラインデータベース　1984年4月以降)

	日時	事案	内容		出典	関連設例
1	1987.9.22	公判不出廷の指示	東京地検は、過激派による放火事件の弁護人5名(訴訟指揮に抗議して辞任)が被告人らに公判に出廷しないよう指示したとして、審理妨害を理由に懲戒請求を行った。		朝日新聞1987年9月23日朝刊東京版30面	64
2	1991.7.17	退会命令直後の公判活動	退会命令を受けた弁護士が、2日後の判決公判に弁護人として立ち会った。判決後に事実が判明したので、地検は訴訟手続の法令違反で控訴した。		朝日新聞1991年7月31日朝刊神奈川版	
3	1992.2.28	検察の出頭要請を伝えず	広島弁護士会員は、政治資金規正法違反事件で弁護人が東京地検からの出頭要請を被疑者本人へ伝えぬまま拒否したことは弁護士法1条に違反し、略式起訴手続からも逸脱しているとして、第1東京弁護士会に懲戒請求を行った。		朝日新聞1992年9月28日夕刊東京版15面	
4	1995.3.17	偽証教唆	名古屋地検は、一部無罪の主張を行った弁護人が証人に対して、刑事と検事が関係者を脅し調書を作成した旨電話で述べたとして、執行猶予付の有罪判決後、偽証教唆で懲戒請求を行った。		朝日新聞1995年3月18日朝刊名古屋版31面	56,57
5	1995.7.18	接見録音テープの譲渡	横浜弁護士会は、弁護人が教団代表との接見時に録音したテープを教団関係者に渡したことについて、自己の管理が及ばない状態で利用させた点、テープを東京地検にも提出した点(守秘義務違反)、被疑事実について聴くつもりがなかった点(教団の伝令役)について懲戒理由に当たる疑いが強いとして綱紀委員会の調査を始めた。		朝日新聞1995年7月14日朝刊、19日朝刊神奈川版	15,43,45
6	1995.8.4	接見録音テープの譲渡	東京地検は、弁護人が教団代表と接見した際に信徒向けメッセージを録音したテープを教団に交付した問題について、教団の宣伝活動に手を貸し、正当な弁護活動の範囲を超えているとして懲戒請求を行った。		朝日新聞1995年8月5日朝刊東京版27面	43,45
7	1997.6.8	禁制品の隠し場所移動の伝言	岡山弁護士会は、銃刀法違反事件の弁護人2名が、捜査側に提出する短銃の隠し場所を移動させる旨の伝言を依頼者から受け実行したため、短銃押収後に地検から連絡を受けたものの、綱紀委員会には謝らせ、弁護人らを辞任させ、2週間の謹慎を指示した。		朝日新聞1997年6月9日朝刊大阪版29面	50
8	2001.2.26	国選受任登録禁止処分	大阪弁護士会は、国選事件で不適切弁護を行った高齢弁護士3名の国選弁護名簿登録を1年間または2年間禁止した。		朝日新聞2001年2月26日朝刊大阪版39面	
9	2001.11.13	接見禁止中の双方弁護人を通じた手紙等の連絡	さいたま地検は、接見禁止中の被告人2名が、双方の弁護人を通じて手紙などのやりとりをしていたことにより、取調内容の伝達や自己供述の動揺に使われ捜査妨害となったので秘密接見交通権の濫用として懲戒請求を行った。その後2004年1月9日までに懲戒不相当の議決がなされた。		朝日新聞2001年10月25日朝刊東京版38面、11月13日朝刊37面、2004年1月10日朝刊33面	44,45,46
10	2001.11.15	偽証教唆 記録の取扱い	強姦等事件の弁護人が出廷予定の証人に公判記録の一部や接見禁止中の被告人の手紙を渡し、被害者の年齢に関する証言の依頼を行ったとして、静岡地検が懲戒請求を行った。		朝日新聞2001年11月16日朝刊静岡版35面	56,57,61
11	2003.9.25	国選弁護人の推薦停止解除	鹿児島県弁護士会は、公選法違反事件の国選弁護人2名が接見中に家族からの手紙を見せて否認の被告人らを激励したところ、地検からの示唆により地裁が調査を行い、弁護人を解任したため、抗議の意味で8月6日から国選弁護人の推薦手続を停止していたのを解除した。		朝日新聞2003年9月27日朝刊鹿児島版35頁	44,45
12	2004.3.31	偽証教唆	仙台地検は、弁護人が接見禁止中の被告人から法廷で偽証を促す内容の手紙を預かって知人に渡したとして、懲戒請求を行った。		朝日新聞2004年4月1日朝刊宮城版29面	44,45,56,57

参 考 文 献

＊発行年の古い順に、同年のものは原則として編著者名の五十音順に並べた。また、なるべく項目ごとにまとめたが、内容が多岐にわたっているものもある。

全体に関わるもの

＜関連条文解説・判例注釈書＞

- 松尾浩也「弁護人の地位」『総合判例研究叢書　刑事訴訟法（11）』（有斐閣、1961年）、とくに3～44頁
- 平場安治ほか『注解刑事訴訟法　全訂新版　上巻』（青林書院、1987年）
- 福原忠男『増補弁護士法』（第一法規、1990年）
- 高田卓爾＝鈴木茂嗣編『新・判例コンメンタール刑事訴訟法1～5』（三省堂、1995年）
- 日弁連弁護士倫理に関する委員会編『注釈弁護士倫理［補訂版］』（有斐閣、1996年）
- 伊藤栄樹ほか『注釈刑事訴訟法［新版］1～7巻』（立花書房、1996～2000年）
- 日本弁護士連合会調査室編著『条解弁護士法［第3版］』（弘文堂、2003年）
- 高中正彦『弁護士法概説［第2版］』（三省堂、2003年）
- 松本時夫＝土本武司編『条解刑事訴訟法［第3版］』（弘文堂、2003年）

＜刑事弁護マニュアル＞

- 東京弁護士会法友全期会刑事弁護研究会編『刑事弁護マニュアル』（ぎょうせい、1989年）
- 丹治初彦ほか編著『実務刑事弁護』（三省堂、1991年）
- 宮崎繁樹＝五十嵐二葉＝福田雅章編著『国際人権基準による刑事手続ハンドブック』（青峰社、1991年）
- 捜査弁護マニュアル編集委員会編『新版捜査弁護の実務──逮捕から保釈までの弁護マニュアル──』（大阪弁護士協同組合、1992年）
- 大出良知ほか編著『刑事弁護』（日本評論社、1993年）
- 竹澤哲夫ほか編『刑事弁護の技術　上・下』（第一法規、1994年）
- 山中孝茂『刑事弁護実務提要』（判例タイムズ社、1995年）
- 東京弁護士会刑事弁護委員会編『実践刑事弁護　当番弁護士編』（現代人文社、1999年）
- 東京弁護士会刑事弁護委員会編『実践刑事弁護　国選弁護編［三訂版］』（現代人文社、2002年）
- 大木和広ほか編『外国人刑事弁護マニュアル［改訂版］』（現代人文社、2003年）
- 庭山英雄＝山口治夫編『刑事弁護の手続と技法』（青林書院、2003年）
  ＊3章以降の手続段階ごとの論点は、各書の該当箇所を参照されたい。

＜実務家による刑事弁護体験記集＞

- 日本弁護士連合会編『日弁連研修叢書　現代法律実務の諸問題』（第一法規、各年版）

- 石丸俊彦ほか編『刑事訴訟の実務　上』（新日本法規、1990年）
- 池本美郎『刑事弁護のらせん階段』（第一法規、1994年）
- 五十嵐二葉『刑事訴訟法を実践する』（日本評論社、1996年）
- 渡辺脩『刑事弁護雑記帳』（日本評論社、1998年）
- 山之内事件弁護団編『仕組まれた事件　弁護士無罪　全裁判記録』（システムファイブ、1999年）
- 石川元也『ともに世界を頒かつ：たたかう刑事弁護』（日本評論社、2001年）
- 今井秀智編『事例中心弁護実務シリーズ第1巻（刑事篇）』（東京法令出版、2002年）

第1章　弁護人の基本的役割

＜刑事弁護倫理関係の教科書・参考書＞
- 石井成一「職業としての弁護士とその使命」石井編『講座現代の弁護士1　弁護士の使命・倫理』（日本評論社、1970年）1～118頁
- 宮原守男「弁護士の使命と職業倫理の基本問題」同119～176頁
- 多田辰也『被疑者取調べとその適正化』（成文堂、1999年）
- 岡田悦典『被疑者弁護権の研究』（日本評論社、2001年）
- 後藤昭『捜査法の論理』（岩波書店、2001年）
- 藤田充宏「弁護人の任務と権限」前掲『刑事弁護の手続と技法』(2003年)13～29頁
- 小坂井久「刑事弁護の倫理」塚原英治＝宮川光治＝宮澤節生編著『プロブレムブック法曹の倫理と責任（下）』（現代人文社、2004年）3～73頁
- 小島武司＝田中成明＝伊藤眞＝加藤新太郎編『法曹倫理』（有斐閣、2004年）、とくに「Unit.9　刑事弁護における倫理」同216～252頁
- 白取祐司『刑事訴訟法［第3版］』（日本評論社、2004年）37～45頁
- 田中紘三『弁護士の役割と倫理』（商事法務、2004年）、とくに第13章371～398頁

＜弁護人に対する懲戒関係＞
- 前掲『現代法律実務の諸問題』各年度の弁護倫理関係の章
- 法政大学現代法研究所叢書7『弁護士倫理の比較法的研究』（日本評論社、法政大学出版局、1986年）
- 安土茂『弁護士犯罪』（三一書房、1997年）
- 原誠編『懲戒弁護士』（双葉社、1999年）、とくに第1章15～46頁
- 飯島澄雄＝純子『新人弁護士の肝に銘ずべき10か条』（東京布井出版、2003年）

＜弁護人の役割・機能・義務＞
- 松尾浩也「弁護人の地位」前掲（1961年）、とくに38頁
- 井戸田侃「弁護人の地位・権限」『刑事訴訟法講座（1）』（有斐閣、1963年）9頁
- 田宮裕『刑事訴訟とデュー・プロセス』（有斐閣、1972年）144頁
- 松尾浩也「刑事訴訟における弁護人の真実義務」『刑事訴訟の原理』（東京大学出版会、1974年）4頁
- 松尾浩也「弁護人の使命」同30頁
- 田宮裕編『刑事訴訟法Ⅰ』（有斐閣、1975年）562頁［熊本典道］

- 宮原守男「弁護人の権利および義務」『公判法体系Ⅱ』(日本評論社、1975年)169頁
- 大野正男「楕円の論理：弁護士と依頼者の間」判タ528号（1984年） 7頁
- 田中紘三「弁護士倫理について」前掲『現代法律実務の諸問題　昭和63年版下巻』(第一法規、1988年) 421頁
- 田宮裕「弁護の機能」『刑事手続とその運用』(有斐閣、1990年) 353頁
- 渡部保夫『無罪の発見——証拠の分析と判断基準——』(勁草書房、1992年)、とくに256～272頁、319～345頁
- 笠井治「プロフェッションとしての刑事弁護」宮川光治ほか編『変革の中の弁護士　下』(有斐閣、1993年) 169～198頁
- 石川才顕『捜査における弁護の機能』(日本評論社、1993年)
- 椎橋隆幸『刑事弁護・捜査の理論』(信山社、1993年)、とくに第4章
- 佐藤博史「弁護人の役割とは何か」前掲『刑事弁護の技術　上』(1994年) 3頁
- 前田雅英『刑法各論講義［第2版］』(東京大学出版会、1995年) 514頁、［第3版］(1999年)
- 渡辺修『捜査と防御』(三省堂、1995年)、とくに第4部
- 松尾浩也ほか監修『条解刑事訴訟法［新版］』(弘文堂、1996年) 40頁、［第2版］(2003年)
- 上口裕ほか『刑事訴訟法［第二版］』(有斐閣、1996年) 25頁［後藤昭］、同［第三版］(2002年)
- 渡辺脩「刑事弁護の本質と弁護人の役割」『現代法律実務の諸問題　平成8年版』(1997年) 735頁（前掲渡辺『刑事弁護雑記帳』所収）
- 江川紹子「オウム弁護士の行動を検証する」文藝春秋1997年3月号208～219頁
- 村岡啓一「刑事弁護人の誠実義務と真実義務」前掲『現代法律実務の諸問題　平成8年版』(1997年) 713～734頁
- 小田中聰樹ほか編『刑事弁護コンメンタール1刑事訴訟法』(現代人文社、1998年) 7頁［大出良知］
- 渡辺修『刑事裁判と防御』(日本評論社、1998年)、とくに第2部
- 後藤昭「刑事弁護充実の方策」宮澤節生ほか編『21世紀司法への提言』(日本評論社、1998年) 187頁
- 村井敏邦「刑事弁護の有効性、相当性——三つの事例を素材にして」竹澤哲夫先生古稀祝賀論文集『誤判の防止と救済』(現代人文社、1998年) 93頁
- 森下弘「捜査弁護はどこまで可能か」季刊刑事弁護15号（1998年）54～58頁
- 後藤昭「刑事弁護における依頼者と弁護士」『日本の刑事裁判　21世紀への展望〔大塚喜一弁護士在職30周年祝賀記念論文集〕』(現代人文社、1999年) 119頁、129頁
- 松尾浩也『刑事訴訟法　上［新版］』(弘文堂、1999年) 231頁
- 丸島俊介「被疑者弁護に関する意見交換会　第4～6回」季刊刑事弁護18号（1999年）116～118頁
- 岩佐嘉彦「刑事弁護の課題——少年付添人活動との対比から」自由と正義50巻7号

（1999年）122頁
- 田口守一「刑事弁護の現代的課題」現代刑事法1号（1999年）44頁
- 山名京子「被疑者・被告人の自己決定」ジュリスト1148号（1999年）96頁
- 後藤昭「刑事弁護人の役割」前掲『現代法律実務の諸問題　平成11年版』（2000年）647頁
- 岡慎一「『刑事弁護のあり方』をめぐる議論の到達点と課題」季刊刑事弁護21号（2000年）48〜54頁
- 「特集　刑事弁護の論理と倫理」季刊刑事弁護22号（2000年）
  後藤昭「刑事弁護人の役割と存在意義」同16頁
  村岡啓一「被疑者・被告人と弁護人の関係①」同23頁
  上田國廣「被疑者・被告人と弁護人の関係②」同31頁
  森下弘「刑事弁護ガイドラインへの一私案」同39頁
  小坂井久「弁護人の誠実義務」同44頁
  後藤昭「当番弁護士100人へのアンケート結果から」同63頁
- 福井厚「刑事弁護と弁護士倫理」現代刑事法23号（2001年）4〜14頁
- 村岡啓一「刑事弁護人の役割・再考」前掲『現代法律実務の諸問題　平成13年版』（2002年）493〜517頁
- 「特集　刑事弁護の現代的在り方」現代刑事法37号（2002年）
  田口守一「公的刑事弁護の理念と展開」同5頁
  石井吉一「刑事弁護の現状と課題　新たな刑事司法制度の確立に向けて」同14頁
  佐藤太勝「国費による弁護制度はどうあるべきか　弁護士会の立場から」同22頁
  麻生光洋「刑事弁護の在り方　検察官からみた刑事弁護」同29頁
  廣瀬健二「刑事弁護の在り方　裁判官からみた刑事弁護」同38頁
  長沼範良「公的刑事弁護の制度設計に向けて」同45頁
  椎橋隆幸「刑事弁護の在り方　効果的弁護・不適切弁護」同51頁
- 三井誠＝馬場義宣＝佐藤博史＝植村立郎編『新刑事手続Ⅱ』（悠々社、2002年）、とくに「21　被疑者・弁護人の防御活動」、「37　公判段階における弁護活動」
- 「特集　刑事弁護人の役割」現代刑事法58号（2004年）
  〈座談会〉荒木友雄＝田口守一＝渡辺咲子＝村岡啓一＝椎橋隆幸「弁護人の真実義務と誠実義務をめぐって」同4頁
  小早川義則「捜査における弁護人の役割」同29頁
  小幡雅二「公判における弁護人の役割」同36頁
  佐藤隆之「控訴審における弁護人の役割」同41頁
  守屋典子「少年事件における弁護士の役割」同46頁
- 水谷規男「被疑者取調べの理論的問題点」季刊刑事弁護39号（2004年）160〜162頁
- 川合晋太郎「取調べに対応する弁護活動」季刊刑事弁護39号（2004年）162〜164頁

〈実務的視点から〉
- 村岡啓一＝海渡雄一「国際人権法と起訴前弁護——国際人権法における弁護人の位置付け——」自由と正義43巻2号（1992年）22頁

- 佐伯千仭「刑事弁護の発展のために」季刊刑事弁護1号（1995年）18〜21頁
- 竹澤哲夫＝大川真郎＝丹治初彦＝小田中聡樹＝三井誠＝村井敏邦＝大出良知「《座談会》刑事弁護はどこまで到達したか」季刊刑事弁護1号（1995年）33〜49頁
- 竹之内明「捜査弁護の深化と広がり」季刊刑事弁護15号（1998年）50〜53頁
- ローク・リード「刑事弁護士の社会的責務」季刊刑事弁護17号（1999年）106〜108頁
- 高野隆＝デビッド・ジョンソン＝宮澤節生「《対談》日本の刑事司法──ここは変えようここは守ろう」季刊刑事弁護29号（2002年）94〜103頁

〈「不適切弁護」関係〉
- 藤永幸治＝高野隆＝飯室勝彦「《緊急対談》捜査妨害か正当な弁護活動か──ミランダの会の弁護活動と捜査」季刊刑事弁護3号（1995年）16〜27頁
- 吉弘光男「弁護活動批判の裁判例批判」季刊刑事弁護15号（1998年）45〜49頁
- 若松芳也「苦悩の刑事弁護と混迷の判例」季刊刑事弁護14号（1998年）10〜18頁
- 竹之内明「採択された『刑事弁護ガイドライン』問題の今後の討議方針」季刊刑事弁護26号（2001年）170〜171頁

〈具体的な弁護活動〉
- 鈴木幸子＝牧野丘＝新井修市＝新井毅俊＝小出重義＝萩原猛「ケース・スタディ 覚せい剤無罪事件を語る」季刊刑事弁護12号（1997年）71〜81頁
- 後藤貞人「自白の任意性を争う弁護活動」季刊刑事弁護14号（1998年）42〜50頁
- 森直也「過酷な取調べから依頼者を守る」季刊刑事弁護37号（2004年）17〜21頁
- 神山啓史「預かり手のいない幼児をもった被疑者の弁護」季刊刑事弁護14号（1998年）139頁
- 丹羽雅雄「外国人刑事弁護と国際人権法の活用」季刊刑事弁護4号（1995年）61〜65頁
- 渡辺修「外国人取調べの適正化──ある殺人事件の教訓」季刊刑事弁護4号（1995年）76〜78頁
- 村岡啓一「通訳を確保する義務の主体は誰か？──外国人刑事事件からみえてくるもの」季刊刑事弁護4号（1995年）30〜34頁
- 村田智子＝渡辺修「パワーアップ刑事弁護 横暴な通訳人から被疑者を守る」季刊刑事弁護15号（1998年）118〜119頁

〈真実義務〉
- 伊藤彦造「職務倫理からみた弁護士実務の具体的検討」前掲『講座現代の弁護士1』（1970年）292頁
- 西田公一「公判段階における弁護の技術」前掲『講座現代の弁護士 4』（1970年）177頁
- 松本一郎「弁護人の地位」『刑事訴訟法の争点』（有斐閣、1979年）36頁
- 佐藤博史「弁護人の真実義務」『刑事訴訟法の争点［新版］』（有斐閣、1991年）32頁
- 浦功「弁護人に真実義務はあるか」前掲『刑事弁護の技術 上』（1994年）11頁
- 小坂井久「弁護人の誠実義務」季刊刑事弁護22号（2000年）44〜50頁
- 村岡啓一「弁護人の役割・再考」前掲『現代法律実務の諸問題 平成13年版』

（2002年）493～517頁

<民事訴訟における真実義務>
・中野貞一郎「民事訴訟法における真実義務」『過失の推認』(弘文堂、1978年)153頁
・加藤新太郎「真実義務と弁護士の役割」判時1348号（1990年）3頁

<誠実義務>
・村岡啓一「Q＆A刑事弁護入門　被告人の利益と誠実義務の履行」季刊刑事弁護9号（1997年）171頁
・古賀康紀「Q＆A刑事弁護入門　証拠調べ不同意に関する被告人と弁護人の関係」季刊刑事弁護11号（1997年）139頁
・戸谷茂樹「ケース・スタディ　いかに被告人の弁解を信じるかが重要」季刊刑事弁護12号（1997年）82～84頁
・大川治「詐欺被疑事件──『依頼人の利益』を基準に方針決定」季刊刑事弁護15号（1998年）59～61頁
・村岡啓一「Q＆A刑事弁護入門　被告人の意思と弁護人の判断とが乖離した場合の対処」季刊刑事弁護22号（2000年）150～151頁

<被疑者等の意思に反する弁護活動>
・岡崎敬「死刑事件被告人の控訴取下を無効とした最高裁決定」季刊刑事弁護4号（1995年）166～168頁
・横井貞夫「死刑判決に対する被告人による上訴取下げの問題点」季刊刑事弁護37号（2004年）63～68頁
・岡崎敬「被告人の言い分が信用できない時」季刊刑事弁護3号(1995年)142～143頁
・森下弘「Q＆A刑事弁護入門　無罪事件における有罪交渉の可否」季刊刑事弁護29号（2002年）131～133頁

<身体拘束からの解放>
・寺西和史「令状実務の実態とその批判──逮捕・勾留を中心に」季刊刑事弁護17号（1999年）109～117頁
・佐藤元治「逮捕・勾留をめぐる刑事弁護の課題」季刊刑事弁護38号（2004年）98～101頁
・手塚富士雄「逮捕・勾留に対する弁護活動」季刊刑事弁護38号(2004年)101～104頁
・高見秀一「逮捕状請求書謄本の謄写請求の勧め」季刊刑事弁護4号（1995年）162～165頁
・大賀浩一「勾留理由開示公判後の勾留取消し」季刊刑事弁護6号（1996年）112～115頁
・菅野善夫＝岡崎敬＝渡辺修「逮捕・勾留目的の観護措置取消しを争う」季刊刑事弁護8号（1996年）132～134頁
・岡崎敬「Q＆A刑事弁護入門　取調官による被疑者への暴行、脅迫」季刊刑事弁護9号（1997年）170～171頁
・庭山英雄「93日の未決拘禁を不当とした痴漢事件最高裁決定」季刊刑事弁護34号（2003年）98～105頁

- 秋山亘「刑事弁護レポート　イラン人痴漢否認事件──必要性を消極的に解して勾留取消し」季刊刑事弁護37号（2004年）120〜124頁
- 田岡直博「公務執行妨害事件──初めての準抗告で得た身体拘束の解放」季刊刑事弁護38号（2004年）70〜75頁
- 森下弘「Q＆A刑事弁護入門　任意出頭と逮捕」季刊刑事弁護6号（1996年）108〜109頁

＜黙秘権＞

- 小早川義則「ミランダと被疑者取調べ」（成文堂、1995年）
- 神山啓史＝後藤昭「黙秘権の確立をめざす弁護活動」季刊刑事弁護2号（1995年）126〜131頁
- 髙田昭正「黙秘権について──歴史的意義と現代的意義」季刊刑事弁護38号（2004年）64〜68頁
- 村木一郎「ミランダの会が考える黙秘」季刊刑事弁護38号（2004年）30〜33頁
- 村岡啓一「黙秘権を勧めることは『不適切』弁護か？」季刊刑事弁護38号（2004年）20〜23頁
- 森下弘「黙秘権等行使の戦略と戦術──黙秘権行使の8原則」季刊刑事弁護38号（2004年）24〜29頁
- 佐藤博史「捜査における黙秘権行使──総合考慮説による個別的・段階的行使論」季刊刑事弁護38号（2004年）34〜38頁
- 丸島俊介＝湯川二郎「完全黙秘の是非」季刊刑事弁護2号（1995年）135〜136頁
- 大賀浩一「常習累犯窃盗被疑事件──否認事件と黙秘の選択」季刊刑事弁護15号（1998年）66〜67頁
- 山口健一＝村瀬謙一「和歌山カレー毒物事件・捜査弁護を担当して」季刊刑事弁護18号（1999年）88〜90頁
- 小林つとむ「黙秘を貫いた弁護方針とその実践──和歌山カレー事件」季刊刑事弁護38号（2004年）40〜43頁
- 笹森学「語られなければ真実にたどり着かないこともある──城丸君事件」季刊刑事弁護38号（2004年）44〜48頁
- 三島聡「イングランド＝ウェールズにおける黙秘からの不利益推認──判例の進展に伴って問題性は薄れたのか」季刊刑事弁護38号（2004年）58〜63頁
- 水谷規男「私の『黙秘権』の教え方」季刊刑事弁護38号（2004年）50〜53頁
- 橋本康弘「アメリカにおける市民への『黙秘権』教育──アメリカ法関連教育プロジェクトを手がかりにして」季刊刑事弁護38号（2004年）54〜57頁
- 児玉晃一「余罪と黙秘権」季刊刑事弁護38号（2004年）39頁
- 関聡介「黙秘権行使と主観的要件」季刊刑事弁護38号（2004年）49頁
- 上田國廣「争いのない事件の弁護」季刊刑事弁護2号（1995年）号135頁
- 丸島俊介「反省を迫る弁護活動」季刊刑事弁護2号（1995年）号136頁
- 古閑敬仁「強姦被疑事件──被疑者に積極的に供述させ不起訴になった事案」季刊刑事弁護15号（1998年）64〜65頁

- 小泉武嗣「殺人未遂被疑事件――殺意を争ったが失敗」季刊刑事弁護15号（1998年）68～70頁

<署名・押印許否>
- 小川秀世「署名・指印拒否の弁護活動」季刊刑事弁護2号（1995年）120～123頁
- 安冨潔「被疑者の供述調書への署名・押印拒絶権」季刊刑事弁護5号（1996年）100～103頁

<立会権>
- 多田辰也「弁護人の取調立会権」季刊刑事弁護5号（1996年）104～108頁
- 上田國廣「勾留質問立会い」季刊刑事弁護1号（1995年）112～114頁
- 青木佳史「密室への挑戦――少年事件取調立会い」季刊刑事弁護1号（1995年）115～118頁
- 下村忠利「勾留質問立会い」季刊刑事弁護2号（1996年）116～119頁

<司法取引>
- 「特集―刑事弁護の中の取引」季刊刑事弁護39号（2004年）20～77頁
- 小坂井久「刑事司法取引と弁護人の任務」季刊刑事弁護39号（2004年）52～57頁

<企業犯罪>
- 五木田彬「企業犯罪における弁護活動の留意点」季刊刑事弁護16号（1998年）28～32頁
- 清水肇「企業活動に伴う刑事事件の弁護の実際」季刊刑事弁護16号（1998年）33～36頁
- 神山啓史＝福島啓充＝丸山輝久＝京藤哲久＝大出良知「《座談会》企業活動に伴う刑事事件の特徴と弁護の特徴」季刊刑事弁護16号（1998年）38～53頁

<海外の動向>
- ジェローム・E・カーリン＝棚瀬孝雄訳「アメリカ（1）弁護士倫理――ニューヨーク市弁護士界の実態調査――」『日弁連弁護士倫理叢書』1巻（ぎょうせい、日本弁護士連合会編、1986年）
- ジョエル・F・ハンドラー＝高橋一修訳「アメリカ（2）弁護士とその社会的環境――中都市の実務法曹――」同2巻（1986年）
- デートリッヒ・リューシュマイヤー＝古賀正義訳「アメリカ・ドイツ　法律家の世界――アメリカとドイツにおける法律職の比較研究――」同3巻（1986年）
- ロルフ・シュナイダー＝石川明訳「西ドイツ（1）弁護士――独立の司法機関――」同4巻（1986年）
- ペテル・アレンス＝霜島甲一／福井厚共訳「西ドイツ（2）弁護士倫理と懲戒手続」同5巻（1986年）
- ジャン・フワイエほか＝山口俊夫編訳「フランス　フランス司法」同7巻（1987年）
- P.O.ボールディング＝萩原金美訳「スウェーデン　民事・刑事訴訟実務と弁護士」同8巻（1985年）
- 中村治朗「弁護士倫理あれこれ（上・下）」判時1149号・1150号（1985年）、同『裁判の世界に生きて』（判例時報社、1989年）に所収

- Rodney J. Uphoff editor "Ethical Problems Facing the Criminal Defense Lawyer: Practical Answers to Tough Questions" American Bar Association.（1995年）
- 堺徹「諸外国における刑事弁護活動のルール」判タ936号（1997年）43頁
- キース・エヴァンス＝高野隆訳『弁護のゴールデンルール』（現代人文社、2000年）
- 辻本典央「ドイツにおける刑事弁護人の法的地位論について（一）（二・完）」法学論叢154巻1号（2003年）51〜69頁、同2号（2003年）118〜140頁
- 松生光正「刑事弁護人の訴訟協力義務」姫路法学38号（2003年）150〜194頁
- 吉村弘「刑事『弁護権』の本質と機能　ドイツ理論状況の一断章」法学博士井上正治先生追悼論集編集委員会編『刑事実体法と裁判手続』（九州大学出版会、2003年）245〜266頁

第2章　弁護人の権利

＜マスコミへの対応＞
- 五十嵐二葉「なぜだ！おしゃべり弁護人たち：『被疑者の自白』が公表されていいのか」Ronza 1996年12月号38〜43頁
- 大出良知「事件報道の現状と刑事弁護の課題」季刊刑事弁護31号(2002年)92〜95頁
- 安倍英男＝傍示文昭＝木村哲也＝弘中惇一郎＝大出良知「座談会――マスコミの倫理と論理vs刑事弁護の倫理と論理」季刊刑事弁護31号（2002年）96〜108頁
- ウィリアム・B・クリアリー「弁護人のメディアへの意見表明はどうあるべきか――米国カリフォルニア州の場合」季刊刑事弁護31号（2002年）128〜130頁
- 渕野貴生「事件報道と刑事裁判」季刊刑事弁護31号（2002年）123〜127頁

＜弁護人の押収拒絶権＞
- 渡辺修「弁護人の押収拒否権」『光藤景皎先生古稀祝賀論文集』（成文堂、2001年）上巻205〜228頁

＜弁護活動における正当業務行為（違法性阻却）＞
- 庭山英雄「刑事弁護の限界をめぐって」ジュリスト616号（1976年）50頁
- 正木ひろし『冤罪事件とのたたかい』（現代史出版会、1979年）12章

第3章　受任

＜複数当事者間の利害対立＞
- 朝日純一ほか訳「アメリカ法曹協会の弁護士業務模範規則」法政大学現代法研究所叢書7『弁護士倫理の比較法的研究』（日本評論社、法政大学出版局、1986年）末尾から31頁
- 上野芳久「使用者が使用人のために付した弁護人と利益相反の可能性」（アメリカの刑事新判例紹介）判タ479号（1982年）62頁
- 堺徹「刑事弁護と『利益相反』上・中・下の1、下の2・完」（1995年）警察学論集48巻1号35頁、2号77頁、3号160頁、4号118頁
- 山本正樹『平成9年度重要判例解説（ジュリスト臨時増刊1135号）』（1998年）185〜186頁

- 福井厚・判例評論479（判時1655号〔1999年〕246～250頁）
- 山本正樹「被告人の利害相反と同一弁護人による弁護」ジュリスト1135号（1998年）185頁
- 福井厚「被告人の利害相反と同一弁護人による国選弁護」判評479号（判時1655号〔1999年〕）246頁
- 福井厚「共同被告人の利害相反と刑事弁護」『民衆司法と刑事法学〔庭山英雄先生古稀祝賀記念論文集〕』（現代人文社、1999年）97～110頁
- 後藤貞人「共犯弁護と利害対立」季刊刑事弁護22号（2000年）51～56頁
- 森下弘「Ｑ＆Ａ刑事弁護入門　接見後の利益相反」季刊刑事弁護7号（1996年）126～127頁

第4章　接見交通

- 柳沼八郎＝若松芳也編『接見交通権の現代的課題』（日本評論社、1992年）
- 大出良知「取調べを理由とする接見指定の可否」村井敏邦ほか編『現代令状実務25講』（日本評論社、1993年）
- 丹治初彦「接見交通権の再構成」渡辺修編『刑事手続の最前線』（三省堂、1996年）104頁
- 村木一郎「被疑者・被告人の『信書』の宅下げ――埼玉愛犬家連続殺人事件」季刊刑事弁護7号（1996年）128～132頁
- 松岡泰洪「痛感した、継続的な援助と接見の必要性――酩酊状況下での殺害事件」季刊刑事弁護10号（1997年）156～158頁
- 憲法的刑事手続研究会『憲法的刑事手続』（日本評論社、1997年）287頁〔村岡啓一〕
- 北村泰三「国際人権法と接見交通権・再考」季刊刑事弁護13号（1998年）18～23頁
- 大阪弁護士会刑事弁護委員会編『接見・勾留・保釈・鑑定留置判例33選』（現代人文社、1999年）
- 村岡啓一「接見国賠訴訟大法廷判決の評価と今後の課題」自由と正義50巻7号（1999年）134頁
- 福井厚「接見交通権に関する最高裁大法廷判決を読んで」季刊刑事弁護20号（1999年）10～18頁
- 高田昭正「接見交通権の実効的保障を実現するために」季刊刑事弁護26号（2001年）16～17頁
- 渡辺修「接見交通の到達点と実効的保障の展望」季刊刑事弁護26号（2001年）25～33頁
- 「接見妨害国賠訴訟全国状況一覧表」季刊刑事弁護26号（2001年）18～24頁
- 伊神喜弘「接見交通権の実践的課題と到達方法」季刊刑事弁護26号（2001年）34～37頁
- 高田昭正＝浅井正＝上田國廣＝内田雅敏＝斎藤利幸＝村岡啓一「〈座談会〉最高裁判決を越えて――接見交通のあるべき姿を探る――」季刊刑事弁護26号（2001年）38～52頁

- 日弁連接見交通権確立実行委員会『接見交通権マニュアル　改訂版』（2001年）
- 柳沼八郎＝若松芳也編著『新接見交通権の現代的課題』（日本評論社、2001年）
- 髙見・岡本国賠訴訟弁護団編『秘密交通権の確立』（現代人文社、2001年）
- 「特別企画　接見禁止と弁護活動の自由」季刊刑事弁護31号（2002年）132～149頁
  渡辺修「接見等禁止と『防御の自由』」同132～137頁
  〈座談会〉髙野隆＝村木一郎＝池本誠司＝萩原猛＝村岡啓一＝若松芳也＝斎藤利幸＝小坂井久＝岡村茂樹＝渡辺修「《シンポ》接見禁止と弁護活動を考える――本庄保険金殺人事件弁護活動に対する懲戒請求事件」同138～148頁
- 北村泰三「国際人権法と接見交通権・再考」北村・山口直也編『弁護のための国際人権法』（現代人文社、2002年）42頁
- 後藤国賠訴訟弁護団編『ビデオ再生と秘密交通権』（現代人文社、2004年）
- 鳥丸真人「鹿児島弁護士会――組織的な秘密交通権の侵害と国選弁護人の解任――鹿児島秘密交通権侵害事件」季刊刑事弁護38号（2004年）138～142頁

＜接見の資格・方法＞
- 後藤昭「被疑者の弁護人依頼権と『弁護人となろうとする者』の意義」季刊刑事弁護5号（1996年）96～99頁
- 髙見秀一＝岡田悦典「書面交通」季刊刑事弁護26号（2001年）53～59頁
- 三島聡「電話による通信」季刊刑事弁護5号（1996年）92～95頁
- 村岡啓一＝福井厚「電話接見」季刊刑事弁護26号（2001年）60～67頁
- 森下弘「Q&A刑事弁護入門　接見の際の録音・写真撮影等」季刊刑事弁護35号（2003年）164～165頁

＜接見場所＞
- 大迫唯志「検察庁庁舎内の接見室がないことのみを理由とする接見拒否」季刊刑事弁護22号（2000年）82～85頁
- 大迫唯志＝稲田隆司「接見と施設」季刊刑事弁護26号（2001年）68～73頁
- 竹之内明＝山本正樹「拘置所接見」季刊刑事弁護26号（2001年）74～80頁

＜接見等禁止＞
- 大西英敏＝小坂井久「接見禁止」季刊刑事弁護26号（2001年）81～86頁
- 上田國廣＝白取祐司「準抗告」季刊刑事弁護26号（2001年）87～93頁
- 森下弘「Q&A刑事弁護入門　接見禁止になっている者からの伝言等の取扱い」季刊刑事弁護34号（2003年）154～155頁
- 最高検察庁「資料・接見指定20講」季刊刑事弁護34号（2003年）169～178頁

＜一般接見＞
- 後藤弘子「保護司と接見交通権」季刊刑事弁護15号（1998年）83頁

第5章　証拠

＜教科書・参考書＞
- 熊谷弘ほか編『証拠法大系　Ⅰ～Ⅳ』（日本評論社、1970年）
- 大阪刑事実務研究会編著『刑事証拠法の諸問題　上・下』（判例タイムズ社、2001

年）
- 石井一正『刑事実務証拠法［第 3 版］』（判例タイムズ社、2003年）

＜実務的視点から＞
- 庭山英雄「弁護人の証拠収集に関する理論的問題点」季刊刑事弁護40号（2004年）107～109頁
- 高田昭正「捜査弁護は何をすべきか――実効的捜査弁護の課題と方法」季刊刑事弁護15号（1998年）23～30頁
- 竹村眞史「弁護人の証拠収集」季刊刑事弁護40号（2004年）109～111頁
- 上野勝「被疑事実の把握と反対証拠の収集・保全」季刊刑事弁護15号（1998年）31～34頁
- 森下弘「捜査段階における証拠開示」季刊刑事弁護19号（1999年）36～39頁
- 清水肇「検察官（警察官）交渉――交渉により獲得する有利な結果」季刊刑事弁護15号（1998年）40～44頁
- 財前昌和「被疑者の供述の証拠化」季刊刑事弁護15号（1998年）35～39頁
- 湯川二朗「Q＆A刑事弁護入門　公判外の検察側証拠の閲覧と謄写」季刊刑事弁護5号（1996年）160～161頁
- 金子宰慶＝内海文志「証拠保全による証人尋問――外国人傷害被疑・被告事件」季刊刑事弁護8号（1996年）128～131頁
- 刑事弁護研究会：結城康郎＝金野志保＝花渕茂樹＝高田昭正「パワーアップ刑事弁護　弁護人による証拠保全（刑事訴訟法179条）」季刊刑事弁護21号（2000年）122～125頁
- 波多野進「付添人レポート　敵性証人でもあきらめず接触を・窃盗保護事件（不処分）」季刊刑事弁護33号（2003年）100～113頁
- 小林正憲「緻密な立証活動で戦う否認事件」季刊刑事弁護37号（2004年）25～28頁
- 郷田真樹「暴力行為等処罰に関する法律違反事件――アリバイ証人の協力で処分保留・釈放」季刊刑事弁護38号（2004年）76～79頁
- 森下弘「Q＆A刑事弁護入門　アリバイ証人への対応」季刊刑事弁護30号（2002年）122～123頁
- 神谷慎一「公務執行妨害保護事件――現場検証が明らかにした少年供述の正当性」季刊刑事弁護38号（2004年）80～89頁2004年
- 松島宇乃「窃盗被疑事件――現場確認・検察官面談」季刊刑事弁護15号（1998年）62～63頁
- 上田國廣「Q＆A刑事弁護入門　外国人参考人の強制送還」季刊刑事弁護6号（1996年）109頁
- 森下弘「Q＆A刑事弁護入門　共犯者からの伝言を頼まれた場合」季刊刑事弁護23号（2000年）153頁
- 森下弘「Q＆A刑事弁護入門　記録の取扱い」季刊刑事弁護32号（2002年）125～127頁
- 的場真介「瀬戸際の刑事弁護――第10回刑事弁護経験交流会（岡山）」季刊刑事弁

護32号（2002年）130～132頁

第6章　保釈

- 丹治初彦「保釈請求」［書証意見］前掲『実務刑事弁護』（1991年）26頁
- 「特集　保釈の実情と闘い方」季刊刑事弁護21号（2000年）94～113頁
  竹之内明「人質司法の実態はどうなっているか」同94～101頁
  峯満＝福崎博孝「ケーススタディ③　殺人・否認事件の保釈」同110～111頁
- 「特別企画　保釈の実情と闘い方——理論編——」季刊刑事弁護24号（2000年）64～87頁
  川崎英明「保釈の憲法論と罪証隠滅」同64～68頁
  村岡啓一「国際人権法の利用の仕方」同69～71頁
  大出良知「保釈をめぐる裁判所の対応姿勢と弁護」同85～87頁
- 森下弘「保釈獲得のために弁護人は何をすべきか——憂うべき現状とその打破に向けて」季刊刑事弁護2号（1995年）94～99頁
- 相川裕＝岡崎敬＝渡辺修「パワーアップ刑事弁護　保釈における常習性をどう争うか」季刊刑事弁護6号（1996年）110～111頁
- 内海文志＝川崎英明「否認事件で保釈を目指す」季刊刑事弁護10号（1997年）144～146頁
- 村岡啓一「Q＆A刑事弁護入門　外国人被告の保釈」季刊刑事弁護12号（1997年）156～157頁
- 桑原育朗「Q＆A刑事弁護入門　弁護人による保釈保証書」季刊刑事弁護15号（1998年）116頁

第7章　公判

- 熊谷弘ほか編『公判法大系　Ⅰ～Ⅳ』（日本評論社、1974～75年）
- 大阪刑事実務研究会編著『刑事公判の諸問題』（判例タイムズ社、1989年）
- 浦功「事前準備」前掲『実務刑事弁護』（1991年）8頁
- 谷野哲夫「書証の同意・不同意」［被告人との意見相違］前掲『実務刑事弁護』（1991年）145頁
- 大阪刑事実務研究会編著『刑事実務上の諸問題』（判例タイムズ社、1993年）
- 刑事弁護研究会：神山啓史＝高田昭正「パワーアップ刑事弁護　第1回公判への準備をする」季刊刑事弁護23号（2000年）154～157頁
- 座談会「刑事事件公開延暫定的特例法案」ジュリスト664号（1978年）102頁
- 日本弁護士連合会編『日弁連50年史』（日本弁護士連合会、1999年）122～126頁
- 神山啓史「Q＆A刑事弁護入門　裁判官の法廷態度に問題がある場合」季刊刑事弁護24号（2000年）100～101頁

第8章　情状立証

＜実務的視点から＞

- 「特集　情状弁護を問う」季刊刑事弁護 8 号（1996年）20～55頁
  高野嘉雄「弁護人からみた情状弁護――格闘から生まれる情状弁護」同20～24頁
- 「特集　量刑と情状弁護」季刊刑事弁護30号（2002年）24～73頁
- 後藤貞人「性犯罪における情状弁護」季刊刑事弁護35号（2003年）81～85頁
- 段林和江「性被害と被害者側代理人からみる問題点――痴漢被害を中心に」季刊刑事弁護35号（2003年）103～108頁
- 白川美也子「性犯罪被害者の心理を理解するために」季刊刑事弁護35号（2003年）109～113頁
- 小林功武「音信不通の母親を探して得た執行猶予」季刊刑事弁護37号（2004年）21～24頁
- 桑原育朗「Ｑ＆Ａ刑事弁護入門　被疑者が示談金を払おうとしない場合」季刊刑事弁護21号（2000年）120～121頁
- 上田國廣「Ｑ＆Ａ刑事弁護入門　捜査官が被害者の連絡先を教えてくれない場合」季刊刑事弁護23号（2000年）152～153頁
- 神山啓史「Ｑ＆Ａ刑事弁護入門　嘆願書を埋もれさせないために」季刊刑事弁護 4 号（1995年）169頁

＜被害者への対応＞

- 西日本新聞社会部「犯罪罪被害者」取材班『犯罪被害者の人権を考える』（西日本新聞社、1999年）
- 八澤健三郎「被害者への情報提供とその問題点：被害者通知制度を中心として」法律のひろば52巻 5 号（1999年）20～27頁
- 下村忠利「被害者と弁護人の関係」季刊刑事弁護22号（2000年）57～61頁
- 「特別企画　犯罪被害者と刑事手続」季刊刑事弁護22号（2000年）90～133頁
- 斉藤豊治「被害者問題と刑事手続」季刊刑事弁護22号（2000年）90～98頁
- 高井康行「弁護士会における犯罪被害者保護への取組み」法律のひろば54巻 6 号（2001年）27～33頁
- 「刑事手続における犯罪被害者の法的地位」『刑事訴訟法の争点［第 3 版］』（2002年）34～37頁
- 垣添誠雄「犯罪被害者の刑事手続への参加」現代刑事法58号（2004年）51頁
- 日弁連犯罪被害者支援委員会編『犯罪被害者の権利の確立と総合的支援を求めて』（明石書店、2004年）

第9章　国選弁護

＜国選弁護制度と問題点＞

- 光藤景皎「国選弁護人の辞任と解任」『刑事訴訟法の争点』（1979年）40～43頁
- 椎橋隆幸「国選弁護制度」『刑事訴訟法の争点［新版］』（1991年）34～37頁
- 「特集　国選弁護の到達点と課題」季刊刑事弁護 6 号（1996年）22～72頁
  伊藤博路「弁護士過疎地域における国選弁護の実状」同44～47頁
  村山眞維「国選弁護活動の現状と課題」同22～29頁

内山成樹「せめてマクドナルドの時給を——上告審の国選弁護」同50～51頁
　　藤澤和裕「担当事件数が多いゆえの苦労——弁護士過疎地での国選弁護」同52～53頁
　　大川一夫「国選弁護と私選弁護に違いはあるか」同54～55頁
　　半田靖史「裁判官からみた国選弁護の問題点」同56～61頁
　　高原將光「元検察官からみた国選弁護の問題点」同62～66頁
　　薮下紀一「国選弁護活動の改善に向けた取組み」同上67～72頁
・後藤昭「公的刑事弁護制度」『刑事訴訟法の争点［第3版］』（2002年）32～33頁
・高田昭正「必要的弁護制度の意義」『刑事訴訟法の争点［第3版］』（2002年）144～145頁
・山口治夫「国選弁護」前掲『刑事弁護の手続と技法』（2003年）364頁

＜国選弁護人の最善努力義務＞
・団藤重光「死刑事件と国選弁護人」ジュリスト213号（1960年）6頁
・金末多志雄「国選弁護人問題の経緯」ジュリスト213号（1960年）9頁
・松尾浩也「弁護人の地位」前掲（1961年）38頁
・平場安治「国選弁護人の弁護拒否」判時362号・判例評論66号（3）（1964年）29頁
・田宮裕「国選弁護人の弁護拒否について」ジュリスト291号（1964年）26頁
・鈴木勇「国選弁護人の弁護活動について」自由と正義15巻1号（1964年）19頁
・齋藤秀夫＝櫻田勝義「国選弁護人の私法上の義務」法律のひろば17巻2号（1964年）4頁
・神谷誠人「刑の執行猶予の言渡取消し請求事件」大阪弁護士会・刑弁情報5号（1992年）14頁
・増田祥「保護観察付執行猶予取消請求事件の弁護」季刊刑事弁護5号（1996年）156～158頁
・浦功「保護観察付執行猶予取消の問題点」『新・生きている刑事訴訟法［佐伯千仭先生傘寿祝賀論文集］』（日本評論社、1997年）267頁

＜謄写費用＞
・桑原育朗「Q＆A刑事弁護入門　膨大な書証の謄写とその費用」季刊刑事弁護11号（1997年）138～139頁
・児玉晃一「Q＆A刑事弁護入門　記録謄写費用の請求」季刊刑事弁護25号（2001年）123頁

＜判決後の活動＞
・上田國廣「Q＆A刑事弁護入門　国選弁護人の任務終了時期」季刊刑事弁護10号（1997年）147～148頁
・森下弘「Q＆A刑事弁護入門　実刑判決後の接見」季刊刑事弁護29号（2002年）133頁

弁護士の役割に関する基本原則

第8回国連犯罪防止会議（1990年）採択
http://www.uncjin.org/Standards/Rules/r15/r15.html

弁護士及びリーガル・サービスへのアクセス

1．すべての人は、自己の権利を保護、確立し、刑事手続のあらゆる段階で自己を防禦するために、自ら選任した弁護士の援助を受ける権利を有する。

2．政府は、自国内で、裁判管轄に服するすべての人に対し、いかなる差別もなく、実効的で平等な弁護士へのアクセスのために、効率的な手続と適切な応答をなす機構が提供されるよう保障するものとする。

3．政府は、貧困者及び必要ある場合にはその他の不利な状況にある人々に対し、リーガル・サービスのための十分な基金その他の財源を保証するものとする。弁護士会は、この目的に協力するものとする。

4．（政府及び弁護士会は、）公衆に対して、法の下での権利及び義務ならびに基本的自由を保護するうえでの弁護士の重要な役割を伝えることを目的とする計画を推進するものとする。貧困者その他の不利な状況にある人々が、自らの権利を主張し、必要な場合には弁護士の援助を求めることができるようにするために、これらの人々に対して特別の注意が払われなければならない。

刑事司法での特別の保障

5．すべての人は、逮捕若しくは抑留され、又は犯罪の嫌疑を受けたとき、権限ある当局によって、自ら選任した弁護士の援助を受ける権利を有することを直ちに告知されるよう保障されるものとする。

6．すべての人は、その犯罪の性質に見合う経験と能力を有する弁護士を付される権利を有するものとし、この者に資力がないときには、無償とする。

7．逮捕又は抑留された者は、遅滞なく、遅くも逮捕又は抑留の時から48時間以内に、弁護士へのアクセスができなければならない。

8．逮捕、抑留又は拘禁された者は、遅滞、妨害あるいは検閲なく、完全な秘密を保障されて、弁護士の訪問を受け、ならびに弁護士と通信、相談するための十分な機会、時間及び設備を与えられるものとする。この相談は、法執行機関の職員が見うる範囲内としてもよいが、聴取しうる範囲内であってはならない。

資格付与及び訓練

9．弁護士は十分な教育と訓練を受け、弁護士の理想と倫理的義務、ならびに国内法及び国際法で承認された人権と基本的自由を認識するものとする。

10. 法曹への参入、あるいはそこでの実務を継続するにつき、差別があってはならない。但し、弁護士が当該国の国民でなければならないとの要件は、差別的とはみなされないものとする。

11. 国内に、リーガル・サービスの必要性が充足されていない集団、共同体、地域が存し、特にこれらの集団が、別箇の文化、伝統、言語を有し、あるいは過去の差別の犠牲となっている場合には、これらの集団からの法曹への志願者に機会を与えるよう特別の施策を講じ、これらの者がその集団の必要性に適した訓練を受けられるよう保障しなければならない。

義務と責任

12. 弁護士は、いかなるときでも、司法運営に不可欠の機構である専門職としての名誉と尊厳を保持するものとする。

13. 依頼者に対する弁護士の義務は、以下を含むものとする。
    (a) 依頼者に法的な権利及び義務、ならびに依頼者の法的な権利及び義務に関連する範囲で法制度の作用について助言すること。
    (b) あらゆる適切な方法で依頼者を援助し、その利益を保護するために法的手段をとること。ならびに、
    (c) 相当な場合には、裁判所、審査会又は行政当局の前で依頼者を援助すること。

14. 弁護士は、依頼者の権利を保護し、正義を促進するにあたっては、国内法及び国際法で承認された人権及び基本的自由を支持するよう努めるとともに、いかなるときでも、法律及び法曹界の確立された基準と倫理に則り、自由に、かつ、勤勉に行動するものとする。

15. 弁護士は、常に依頼者の利益を誠実に尊重するものとする。

弁護士の職務の保障

16. 弁護士が、その職務を果たしたことにより、その安全が脅かされるときには、弁護士は、当局により十分に保護されるものとする。

17. 弁護士は、その職務を果たしたことにより、依頼者あるいはその主義と同一視されないものとする。

18. 弁護士依頼権を承認している裁判所、行政当局は、弁護士が依頼者のために出頭する権利を否定することはできない。但し、国の法律及び実務に従い、またこの原則に合致して、当該弁護士の資格が剥奪されている場合を除く。

19. 弁護士は、書面若しくは口頭弁論での、又は裁判所、審査会その他の司法、行政当局の前での、誠実になした陳述について、民事上及び刑事上の責任を問われないものとする。

20. 権限ある当局は、弁護士が依頼者へ実効的な法的援助をなしうるよう、十分早い機会に、その保有又は支配する適切な情報、ファイル及び記録に対する弁護士のアクセスを保障する責務を負う。このアクセスは、できるだけ早い相当な時に与えられるものとする。

21. 政府は、弁護士と依頼者の職業上の関係に基づく通信及び相談はすべて秘

密とされることを承認し、これを尊重するものとする。

言論及び結社の自由

22. 弁護士は、他の市民と同じく、言論、信念、結社及び集会の自由を有する。特に、弁護士は、合法的な活動又は合法的な組織への加入を理由とする職業上の規制を受けることなく、法律、司法運営に関する事項及び人権の促進と保障についての公の討議に参加し、地方的、国家的、国際的な組織に加入し、又はこれを結成し、その会合に出席する権利を有するものとする。これらの権利の実行にあたっては、弁護士は、常に、法律及び法曹界の承認された基準及び倫理に従って行動するものとする。

弁護士会

23. 弁護士は、自らの利益を代弁し、継続的な教育及び訓練を促進し、専門職としての高潔さを保護するため、自治的な専門団体を結成し、これに加入する権利を有する。専門団体の執行機関は、会員から選ばれ、外部からの干渉を受けることなくその職務を果たすものとする。

24. 弁護士会は、すべての人が実効的で公平なリーガル・サービスへのアクセスを有し、弁護士が、不当な干渉を受けることなく、依頼者に助言し、援助することができるよう保障するために、政府と協力するものとする。

懲戒手続

25. 弁護士の職務行為規範は、国の法律及び慣習ならびに承認された国際的基準及び規範に従い、法曹の適当な機関又は立法府によって制定されるものとする。

26. 弁護士に対するその職務に関する告発又は告訴は、適切な手続に則り、迅速かつ公正に処理されるものとする。弁護士は、自ら選任した弁護士の援助を受ける権利その他の公正な聴聞を受ける権利を有する。

27. 懲戒手続は、職務行為規範その他法曹界の承認された規準及び倫理に従い、決定されるものとする。

〔日弁連調査室仮訳（自由と正義41巻11号109～111頁）〕（塚原英治補訂）

参考：大川真郎「国連の『弁護士の役割に関する基本原則』について」自由と正義41巻11号114頁（1990年）

弁護士職務基本規程

日本弁護士連合会会規
平成16年11月10日制定

　弁護士は、基本的人権の擁護と社会正義の実現を使命とする。
　その使命達成のために、弁護士には職務の自由と独立が要請され、高度の自治が保障されている。
　弁護士は、その使命を自覚し、自らの行動を規律する社会的責任を負う。
　よって、ここに弁護士の職務に関する倫理と行為規範を明らかにするため、弁護士職務基本規程を制定する。

第1章　基本倫理

（使命の自覚）
　第1条　弁護士は、その使命が基本的人権の擁護と社会正義の実現にあることを自覚し、その使命の達成に努める。
（自由と独立）
　第2条　弁護士は、職務の自由と独立を重んじる。
（弁護士自治）
　第3条　弁護士は、弁護士自治の意義を自覚し、その維持発展に努める。
（司法独立の擁護）
　第4条　弁護士は、司法の独立を擁護し、司法制度の健全な発展に寄与するように努める。
（信義誠実）
　第5条　弁護士は、真実を尊重し、信義に従い、誠実かつ公正に職務を行うものとする。
（名誉と信用）
　第6条　弁護士は、名誉を重んじ、信用を維持するとともに、廉潔を保持し、常に品位を高めるように努める。
（研鑽）
　第7条　弁護士は、教養を深め、法令及び法律事務に精通するため、研鑽に努める。
（公益活動の実践）
　第8条　弁護士は、その使命にふさわしい公益活動に参加し、実践するように努める。

第2章　一般規律

（広告及び宣伝）
　第9条　弁護士は、広告又は宣伝をするときは、虚偽又は誤導にわたる情報を提供してはならない。
　2　弁護士は、品位を損なう広告又は宣伝をしてはならない。
（依頼の勧誘等）
　第10条　弁護士は、不当な目的のため、

又は品位を損なう方法により、事件の依頼を勧誘し、又は事件を誘発してはならない。

（非弁護士との提携）

第11条　弁護士は、弁護士法第72条から第74条までの規定に違反する者又はこれらの規定に違反すると疑うに足りる相当な理由のある者から依頼者の紹介を受け、これらの者を利用し、又はこれらの者に自己の名義を利用させてはならない。

（報酬分配の制限）

第12条　弁護士は、その職務に関する報酬を弁護士又は弁護士法人でない者との間で分配してはならない。ただし、法令又は本会若しくは所属弁護士会の定める会則に別段の定めがある場合その他正当な理由がある場合は、この限りでない。

（依頼者紹介の対価）

第13条　弁護士は、依頼者の紹介を受けたことに対する謝礼その他の対価を支払ってはならない。

2　弁護士は、依頼者の紹介をしたことに対する謝礼その他の対価を受け取ってはならない。

（違法行為の助長）

第14条　弁護士は、詐欺的取引、暴力その他違法若しくは不正な行為を助長し、又はこれらの行為を利用してはならない。

（品位を損なう事業への参加）

第15条　弁護士は、公序良俗に反する事業その他品位を損なう事業を営み、若しくはこれに加わり、又はこれらの事業に自己の名義を利用させてはならない。

（営利業務従事における品位保持）

第16条　弁護士は、自ら営利を目的とする業務を営むとき、又は営利を目的とする業務を営む者の取締役、執行役その他業務を執行する役員若しくは使用人となったときは、営利を求めることにとらわれて、品位を損なう行為をしてはならない。

（係争目的物の譲受け）

第17条　弁護士は、係争の目的物を譲り受けてはならない。

（事件記録の保管等）

第18条　弁護士は、事件記録を保管又は廃棄するに際しては、秘密及びプライバシーに関する情報が漏れないように注意しなければならない。

（事務職員等の指導監督）

第19条　弁護士は、事務職員、司法修習生その他の自らの職務に関与させた者が、その者の業務に関し違法若しくは不当な行為に及び、又はその法律事務所の業務に関して知り得た秘密を漏らし、若しくは利用することのないように指導及び監督をしなければならない。

第3章　依頼者との関係における規律

第1節　通則

（依頼者との関係における自由と独立）

第20条　弁護士は、事件の受任及び処理に当たり、自由かつ独立の立場を保持するように努める。

（正当な利益の実現）

第21条　弁護士は、良心に従い、依頼者の権利及び正当な利益を実現するように努める。
（依頼者の意思の尊重）
第22条　弁護士は、委任の趣旨に関する依頼者の意思を尊重して職務を行うものとする。
2　弁護士は、依頼者が疾病その他の事情のためその意思を十分に表明できないときは、適切な方法を講じて依頼者の意思の確認に努める。
（秘密の保持）
第23条　弁護士は、正当な理由なく、依頼者について職務上知り得た秘密を他に漏らし、又は利用してはならない。
（弁護士報酬）
第24条　弁護士は、経済的利益、事案の難易、時間及び労力その他の事情に照らして、適正かつ妥当な弁護士報酬を提示しなければならない。
（依頼者との金銭貸借等）
第25条　弁護士は、特別の事情がない限り、依頼者と金銭の貸借をし、又は自己の債務について依頼者に保証を依頼し、若しくは依頼者の債務について保証をしてはならない。
（依頼者との紛議）
第26条　弁護士は、依頼者との信頼関係を保持し紛議が生じないように努め、紛議が生じたときは、所属弁護士会の紛議調停で解決するように努める。

第2節　職務を行い得ない事件の規律

（職務を行い得ない事件）
第27条　弁護士は、次の各号のいずれかに該当する事件については、その職務を行ってはならない。ただし、第三号に掲げる事件については、受任している事件の依頼者が同意した場合は、この限りでない。
一　相手方の協議を受けて賛助し、又はその依頼を承諾した事件
二　相手方の協議を受けた事件で、その協議の程度及び方法が信頼関係に基づくと認められるもの
三　受任している事件の相手方からの依頼による他の事件
四　公務員として職務上取り扱った事件
五　仲裁、調停、和解斡旋その他の裁判外紛争解決手続機関の手続実施者として取り扱った事件

（同前）
第28条　弁護士は、前条に規定するもののほか、次の各号のいずれかに該当する事件については、その職務を行ってはならない。ただし、第一号及び第四号に掲げる事件についてその依頼者が同意した場合、第二号に掲げる事件についてその依頼者及び相手方が同意した場合並びに第三号に掲げる事件についてその依頼者及び他の依頼者のいずれもが同意した場合は、この限りでない。
一　相手方が配偶者、直系血族、兄弟姉妹又は同居の親族である事件
二　受任している他の事件の依頼者又は継続的な法律事務の提供を約している者を相手方とする事件
三　依頼者の利益と他の依頼者の利益

が相反する事件
　四　依頼者の利益と自己の経済的利益
　　が相反する事件

第3節　事件の受任時における規律

（受任の際の説明等）

第29条　弁護士は、事件を受任するに当たり、依頼者から得た情報に基づき、事件の見通し、処理の方法並びに弁護士報酬及び費用について、適切な説明をしなければならない。

２　弁護士は、事件について、依頼者に有利な結果となることを請け合い、又は保証してはならない。

３　弁護士は、依頼者の期待する結果が得られる見込みがないにもかかわらず、その見込みがあるように装って事件を受任してはならない。

（委任契約書の作成）

第30条　弁護士は、事件を受任するに当たり、弁護士報酬に関する事項を含む委任契約書を作成しなければならない。ただし、委任契約書を作成することに困難な事由があるときは、その事由が止んだ後、これを作成する。

２　前項の規定にかかわらず、受任する事件が、法律相談、簡易な書面の作成又は顧問契約その他継続的な契約に基づくものであるときその他合理的な理由があるときは、委任契約書の作成を要しない。

（不当な事件の受任）

第31条　弁護士は、依頼の目的又は事件処理の方法が明らかに不当な事件を受任してはならない。

（不利益事項の説明）

第32条　弁護士は、同一の事件について複数の依頼者があってその相互間に利害の対立が生じるおそれがあるときは、事件を受任するに当たり、依頼者それぞれに対し、辞任の可能性その他の不利益を及ぼすおそれのあることを説明しなければならない。

（法律扶助制度等の説明）

第33条　弁護士は、依頼者に対し、事案に応じ、法律扶助制度、訴訟救助制度その他の資力の乏しい者の権利保護のための制度を説明し、裁判を受ける権利が保障されるように努める。

（受任の諾否の通知）

第34条　弁護士は、事件の依頼があったときは、速やかに、その諾否を依頼者に通知しなければならない。

第4節　事件の処理における規律

（事件の処理）

第35条　弁護士は、事件を受任したときは、速やかに着手し、遅滞なく処理しなければならない。

（事件処理の報告及び協議）

第36条　弁護士は、必要に応じ、依頼者に対して、事件の経過及び事件の帰趨に影響を及ぼす事項を報告し、依頼者と協議しながら事件の処理を進めなければならない。

（法令等の調査）

第37条　弁護士は、事件の処理に当たり、必要な法令の調査を怠ってはならない。

２　弁護士は、事件の処理に当たり、

必要かつ可能な事実関係の調査を行うように努める。
　（預り金の保管）
　第38条　弁護士は、事件に関して依頼者、相手方その他利害関係人から金員を預かったときは、自己の金員と区別し、預り金であることを明確にする方法で保管し、その状況を記録しなければならない。
　（預り品の保管）
　第39条　弁護士は、事件に関して依頼者、相手方その他利害関係人から書類その他の物品を預かったときは、善良な管理者の注意をもって保管しなければならない。
　（他の弁護士の参加）
　第40条　弁護士は受任している事件について、依頼者が他の弁護士又は弁護士法人に依頼をしようとするときは、正当な理由なく、これを妨げてはならない。
　（受任弁護士間の意見不一致）
　第41条　弁護士は、同一の事件を受任している他の弁護士又は弁護士法人との間に事件の処理について意見が一致せず、これにより、依頼者に不利益を及ぼすおそれがあるときは、依頼者に対し、その事情を説明しなければならない。
　（受任後の利害対立）
　第42条　弁護士は、複数の依頼者があって、その相互間に利害の対立が生じるおそれのある事件を受任した後、依頼者相互間に現実に利害の対立が生じたときは、依頼者それぞれに対し、速やかに、その事情を告げて、辞任その他の事案に応じた適切な措置をとらなければならない。

　（信頼関係の喪失）
　第43条　弁護士は受任した事件について、依頼者との間に信頼関係が失われ、かつ、その回復が困難なときは、その旨を説明し、辞任その他の事案に応じた適切な措置をとらなければならない。

第5節　事件の終了時における規律

　（処理結果の説明）
　第44条　弁護士は、委任の終了に当たり、事件処理の状況又はその結果に関し、必要に応じ法的助言を付して、依頼者に説明しなければならない。
　（預り金等の返還）
　第45条　弁護士は、委任の終了に当たり、委任契約に従い、金銭を清算したうえ、預り金及び預り品を遅滞なく返還しなければならない。

第4章　刑事弁護における規律

　（刑事弁護の心構え）
　第46条　弁護士は、被疑者及び被告人の防御権が保障されていることにかんがみ、その権利及び利益を擁護するため、最善の弁護活動に努める。
　（接見の確保と身体拘束からの解放）
　第47条　弁護士は、身体の拘束を受けている被疑者及び被告人について、必要な接見の機会の確保及び身体拘束からの解放に努める。
　（防御権の説明等）
　第48条　弁護士は、被疑者及び被告人に対し、黙秘権その他の防御権について

適切な説明及び助言を行い、防御権及び弁護権に対する違法又は不当な制限に対し、必要な対抗措置をとるように努める。

（国選弁護における対価受領等）

第49条　弁護士は、国選弁護人に選任された事件について、名目のいかんを問わず、被告人その他の関係者から報酬その他の対価を受領してはならない。

2　弁護士は、前項の事件について、被告人その他の関係者に対し、その事件の私選弁護人に選任するように働きかけてはならない。ただし、本会又は所属弁護士会の定める会則に別段の定めがある場合は、この限りでない。

第5章　組織内弁護士における規律

（自由と独立）

第50条　官公署又は公私の団体（弁護士法人を除く。以下これらを合わせて「組織」という。）において職員若しくは使用人となり、又は取締役、理事その他の役員となっている弁護士（以下「組織内弁護士」という。）は、弁護士の使命及び弁護士の本質である自由と独立を自覚し、良心に従って職務を行うように努める。

（違法行為に対する措置）

第51条　組織内弁護士は、その担当する職務に関し、その組織に属する者が業務上法令に違反する行為を行い、又は行おうとしていることを知ったときは、その者、自らが所属する部署の長又はその組織の長、取締役会若しくは理事会その他の上級機関に対する説明又は勧告その他のその組織内における適切な措置をとらなければならない。

第6章　事件の相手方との関係における規律

（相手方本人との直接交渉）

第52条　弁護士は、相手方に法令上の資格を有する代理人が選任されたときは、正当な理由なく、その代理人の承諾を得ないで直接相手方と交渉してはならない。

（相手方からの利益の供与）

第53条　弁護士は、受任している事件に関し、相手方から利益の供与若しくは供応を受け、又はこれを要求し、若しくは約束をしてはならない。

（相手方に対する利益の供与）

第54条　弁護士は、受任している事件に関し、相手方に対し、利益の供与若しくは供応をし、又は申込みをしてはならない。

第7章　共同事務所における規律

（遵守のための措置）

第55条　複数の弁護士が法律事務所（弁護士法人の法律事務所である場合を除く。）を共にする場合（以下この法律事務所を「共同事務所」という。）において、その共同事務所に所属する弁護士（以下「所属弁護士」という。）を監督する権限のある弁護士は、所属弁護士がこの規程を遵守するための必要な措置をと

るように努める。
　（秘密の保持）
　第56条　所属弁護士は、他の所属弁護士の依頼者について執務上知り得た秘密を正当な理由なく他に漏らし、又は利用してはならない。その共同事務所の所属弁護士でなくなった後も、同様とする。
　（職務を行い得ない事件）
　第57条　所属弁護士は、他の所属弁護士（所属弁護士であった場合を含む。）が、第27条又は第28条の規定により職務を行い得ない事件については、職務を行ってはならない。ただし、職務の公正を保ち得る事由があるときは、この限りでない。
　（同前―受任後）
　第58条　所属弁護士は、事件を受任した後に前条に該当する事由があることを知ったときは、速やかに、依頼者にその事情を告げて、辞任その他の事案に応じた適切な措置をとらなければならない。
　（事件情報の記録等）
　第59条　所属弁護士は、職務を行い得ない事件の受任を防止するため、他の所属弁護士と共同して、取扱い事件の依頼者、相手方及び事件名の記録その他の措置をとるように努める。
　（準用）
　第60条　この章の規定は、弁護士が外国法事務弁護士と事務所を共にする場合に準用する。この場合において、第55条中「複数の弁護士が」とあるのは「弁護士及び外国法事務弁護士が」と、「共同事務所に所属する弁護士（以下「所属弁護士」という。）」とあるのは「共同事務所に所属する外国法事務弁護士（以下「所属外国法事務弁護士」という。）」と、「所属弁護士が」とあるのは「所属外国法事務弁護士が」と、第56条から第59条までの規定中「他の所属弁護士」とあるのは「所属外国法事務弁護士」と、第57条中「第27条又は第28条」とあるのは「外国特別会員基本規程第30条の2において準用する第27条又は第28条」と読み替えるものとする。

第8章　弁護士法人における規律

　（遵守のための措置）
　第61条　弁護士法人の社員である弁護士は、その弁護士法人の社員又は使用人である弁護士（以下「社員等」という。）及び使用人である外国法事務弁護士がこの規程を遵守するための必要な措置をとるように努める。
　（秘密の保持）
　第62条　社員等は、その弁護士法人、他の社員等又は使用人である外国法事務弁護士の依頼者について執務上知り得た秘密を正当な理由なく他に漏らし、又は利用してはならない。社員等でなくなった後も、同様とする。
　（職務を行い得ない事件）
　第63条　社員等（第一号及び第二号の場合においては、社員等であった者を含む。）は、次に掲げる事件については、職務を行ってはならない。ただし、第四号に掲げる事件については、その弁護士法人が受任している事件の依頼者の同意がある場合は、この限りでない。

一　社員等であった期間内に、その弁護士法人が相手方の協議を受けて賛助し、又はその依頼を承諾した事件であって、自らこれに関与したもの
二　社員等であった期間内に、その弁護士法人が相手方の協議を受けた事件で、その協議の程度及び方法が信頼関係に基づくと認められるものであって、自らこれに関与したもの
三　その弁護士法人が相手方から受任している事件
四　その弁護士法人が受任している事件（当該社員等が自ら関与しているものに限る。）の相手方からの依頼による他の事件

（他の社員等との関係で職務を行い得ない事件）
第64条　社員等は、他の社員等が第27条、第28条又は第63条第一号若しくは第二号のいずれかの規定により職務を行い得ない事件については、職務を行ってはならない。ただし、職務の公正を保ち得る事由があるときは、この限りでない。
2　社員等は、使用人である外国法事務弁護士が外国特別会員基本規程第30条の2において準用する第27条、第28条又は第63条第一号若しくは第二号のいずれかの規定により職務を行い得ない事件については、職務を行ってはならない。ただし、職務の公正を保ち得る事由があるときは、この限りでない。

（業務を行い得ない事件）
第65条　弁護士法人は、次の各号のいずれかに該当する事件については、その業務を行ってはならない。ただし、第三号に規定する事件については受任している事件の依頼者の同意がある場合及び第五号に規定する事件についてはその職務を行い得ない社員がその弁護士法人の社員の総数の半数未満であり、かつ、その弁護士法人に業務の公正を保ち得る事由がある場合は、この限りでない。
一　相手方の協議を受けて賛助し、又はその依頼を承諾した事件
二　相手方の協議を受けた事件で、その協議の程度及び方法が信頼関係に基づくと認められるもの
三　受任している事件の相手方からの依頼による他の事件
四　社員等又は使用人である外国法事務弁護士が相手方から受任している事件
五　社員が第27条、第28条又は第63条第一号若しくは第二号のいずれかの規定により職務を行い得ない事件

（同前）
第66条　弁護士法人は、前条に規定するもののほか、次の各号のいずれかに該当する事件については、その業務を行ってはならない。ただし、第一号に掲げる事件についてその依頼者及び相手方が同意した場合、第二号に掲げる事件についてその依頼者及び他の依頼者のいずれもが同意した場合並びに第三号に掲げる事件についてその依頼者が同意した場合は、この限りでない。
一　受任している他の事件の依頼者又は継続的な法律事務の提供を約している者を相手方とする事件
二　依頼者の利益と他の依頼者の利益

が相反する事件
　三　依頼者の利益とその弁護士法人の経済的利益が相反する事件
　（同前－受任後）
　第67条　社員等は、事件を受任した後に第63条第三号の規定に該当する事由があることを知ったときは、速やかに、依頼者にその事情を告げ、辞任その他の事案に応じた適切な措置をとらなければならない。
　2　弁護士法人は、事件を受任した後に第65条第四号又は第五号の規定に該当する事由があることを知ったときは、速やかに、依頼者にその事情を告げ、辞任その他の事案に応じた適切な措置をとらなければならない。
　（事件情報の記録等）
　第68条　弁護士法人は、その業務が制限されている事件を受任すること及びその社員等若しくは使用人である外国法事務弁護士が職務を行い得ない事件を受任することを防止するため、その弁護士法人、社員等及び使用人である外国法事務弁護士の取扱い事件の依頼者、相手方及び事件名の記録その他の措置をとるように努める。
　（準用）
　第69条　第1章から第3章まで（第16条、第19条、第23条及び第3章中第2節を除く。）、第6章及び第9章から第12章までの規定は、弁護士法人に準用する。

第9章　他の弁護士との関係における規律

　（名誉の尊重）
　第70条　弁護士は、他の弁護士、弁護士法人及び外国法事務弁護士（以下「弁護士等」という。）との関係において、相互に名誉と信義を重んじる。
　（弁護士に対する不利益行為）
　第71条　弁護士は、信義に反して他の弁護士等を不利益に陥れてはならない。
　（他の事件への不当介入）
　第72条　弁護士は、他の弁護士等が受任している事件に不当に介入してはならない。
　（弁護士間の紛議）
　第73条　弁護士は、他の弁護士等との間の紛議については、協議又は弁護士会の紛議調停による円満な解決に努める。

第10章　裁判の関係における規律

　（裁判の公正と適正手続）
　第74条　弁護士は、裁判の公正及び適正手続の実現に努める。
　（偽証のそそのかし）
　第75条　弁護士は、偽証若しくは虚偽の陳述をそそのかし、又は虚偽と知りながらその証拠を提出してはならない。
　（裁判手続の遅延）
　第76条　弁護士は、怠慢により又は不当な目的のため、裁判手続を遅延させてはならない。
　（裁判官等との私的関係の不当利用）
　第77条　弁護士は、その職務を行うに当たり、裁判官、検察官その他裁判手続に関わる公職にある者との縁故その他の私的関係があることを不当に利用しては

ならない。

第11章　弁護士会との関係における規律

（弁護士法等の遵守）
第78条　弁護士は、弁護士法並びに本会及び所属弁護士会の会則を遵守しなければならない。

（委嘱事項の不当拒絶）
第79条　弁護士は、正当な理由なく、会則の定めるところにより、本会、所属弁護士会及び所属弁護士会が弁護士法第44条の規定により設けた弁護士会連合会から委嘱された事項を行うことを拒絶してはならない。

第12章　官公署との関係における規律

（委嘱事項の不当拒絶）
第80条　弁護士は、正当な理由なく、法令により官公署から委嘱された事項を行うことを拒絶してはならない。

（受託の制限）
第81条　弁護士は、法令により官公署から委嘱された事項について、職務の公正を保ち得ない事由があるときは、その委嘱を受けてはならない。

第13章　解釈適用指針

（解釈適用指針）
第82条　この規程は、弁護士の職務の多様性と個別性にかんがみ、その自由と独立を不当に侵すことのないよう、実質的に解釈し適用しなければならない。第5条の解釈適用に当たって、刑事弁護においては、被疑者及び被告人の防御権並びに弁護人の弁護権を侵害することのないように留意しなければならない。

2　第1章並びに第20条から第22条まで、第26条、第33条、第37条第2項、第46条から第48条まで、第50条、第55条、第59条、第61条、第68条、第70条、第73条及び第74条の規定は、弁護士の職務の行動指針又は努力目標を定めたものとして解釈し適用しなければならない。

附則

この規程は、平成17年4月1日から施行する。

弁護士倫理

平成2年3月2日臨時総会決議
改正：平成6年11月22日

　弁護士は、基本的人権の擁護と社会正義の実現を使命とする。その使命達成のために、弁護士には職務の自由と独立が要請され、高度の自治が保障されている。
　弁護士は、その使命にふさわしい倫理を自覚し、自らの行動を規律する社会的責任を負う。
　よつて、ここに弁護士の職務に関する倫理を宣明する。

第1章　倫理綱領

（使命の自覚）
　第1条　弁護士は、その使命が基本的人権の擁護と社会正義の実現にあることを自覚し、その使命の達成に努める。
（自由と独立）
　第2条　弁護士は、職務の自由と独立を重んじる。
（司法独立の擁護）
　第3条　弁護士は、司法の独立を擁護し、司法制度の健全な発展に寄与するように努める。
（信義誠実）
　第4条　弁護士は、信義に従い、誠実かつ公正に職務を行う。
（信用の維持）
　第5条　弁護士は、名誉を重んじ、信用を維持するとともに、常に品位を高め教養を深めるように努める。
（法令等の精通）
　第6条　弁護士は、法令及び法律事務に精通しなければならない。
（真実の発見）
　第7条　弁護士は、勝敗にとらわれて真実の発見をゆるがせにしてはならない。
（廉潔の保持）
　第8条　弁護士は、廉潔を保持するように努める。
（刑事弁護の心構え）
　第9条　弁護士は、被疑者及び被告人の正当な利益と権利を擁護するため、常に最善の弁護活動に努める。

第2章　一般規律

（広告宣伝）
　第10条　弁護士は、品位をそこなう広告・宣伝をしてはならない。
（依頼の勧誘）
　第11条　弁護士は、不当な目的のため、又は品位・信用をそこなう方法により、事件の依頼を勧誘し又は事件を誘発してはならない。

（非弁護士との提携）

第12条　弁護士は、弁護士法に違反して法律事務を取り扱い又は事件を周旋することを業とする者から事件の紹介を受け、これらの者を利用し、又はこれらの者に自己の名を利用させてはならない。

（依頼者紹介の対価）

第13条　弁護士は、依頼者の紹介を受けたことに対する謝礼その他の対価を支払つてはならない。

（違法行為の助長）

第14条　弁護士は、詐欺的商取引、暴力その他これに類する違法又は不正な行為を助長し、又はこれらの行為を利用してはならない。

（品位をそこなう事業への参加）

第15条　弁護士は、公序良俗に反する事業その他品位をそこなう事業を営み、若しくはこれに加わり、又はこれらの事業に自己の名を利用させてはならない。

（係争目的物の譲受）

第16条　弁護士は、係争の目的物を譲り受けてはならない。

（事務従事者の指導監督）

第17条　弁護士は、その法律事務所の業務に関し、事務に従事する者が違法又は不当な行為に及ぶことのないように指導・監督しなければならない。

第3章　依頼者との関係における規律

（依頼者との関係における自由と独立）

第18条　弁護士は、事件の受任及び処理にあたつて、自由かつ独立の立場を保持するように努めなければならない。

（正当な利益の実現）

第19条　弁護士は、良心に従い、依頼者の正当な利益を実現するように努めなければならない。

（秘密の保持）

第20条　弁護士は、依頼者について職務上知り得た秘密を正当な事由なく他に漏らし、又は利用してはならない。同一の法律事務所で執務する他の弁護士又は同一の場所で執務する外国法事務弁護士の依頼者について執務上知り得た秘密についても同様である。

（受任の諾否の通知）

第21条　弁護士は、事件の依頼に対し、その諾否を速やかに通知しなければならない。

（見込みがない事件の受任）

第22条　弁護士は、依頼者の期待するような見込みがないことが明らかであるのに、あたかもあるように装つて事件を受任してはならない。

（有利な結果の請負）

第23条　弁護士は、事件について、依頼者に有利な結果となることを請け負い、又は保証してはならない。

（不当な事件の受任）

第24条　弁護士は、依頼の目的又は手段・方法において不当な事件を受任してはならない。

（特別関係の告知）

第25条　弁護士は、相手方と特別の関係があつて、依頼者との信頼関係をそこなうおそれがあるときは、依頼者に対し、その事情を告げなければならない。

（職務を行い得ない事件）

第26条　弁護士は、左に掲げる事件については職務を行つてはならない。ただし、第3号及び第4号に掲げる事件については、受任している事件の依頼者の同意がある場合は、この限りでない。

一　事件の協議を受け、その程度及び方法が信頼関係に基づくときは、その協議をした者を相手方とするその事件

二　受任している事件と利害相反する事件

三　受任している事件の依頼者を相手方とする他の事件

四　受任している事件の相手方からの依頼による他の事件

五　公務員若しくは法令により公務に従事する者又は仲裁人として職務上取り扱つた事件

（他の弁護士又はその依頼者との関係において職務を行い得ない事件）

第27条　弁護士は、同一の法律事務所で執務する他の弁護士若しくは同一の場所で執務する外国法事務弁護士又はそれぞれの依頼者との関係において、職務の公正を保ち得ない事由のある事件については、職務を行つてはならない。

（着手後に知つたとき）

第28条　弁護士は、職務に着手した後に前条に該当する事由があることを知つたときは、依頼者に対し速やかにその事情を告げ、事案に応じた適切な処置をとらなければならない。

（受任の趣旨の明確化）

第29条　弁護士は、受任の趣旨、内容及び範囲を明確にして事件を受任するように努めなければならない。

（事件の処理）

第30条　弁護士は、事件を受任したときは、速やかに着手し、遅滞なく処理するように努めなければならない。

（事件処理の報告）

第31条　弁護士は、依頼者に対し、事件の経過及びその帰趨に影響を及ぼす事項を必要に応じ報告し、事件の結果を遅滞なく報告しなければならない。

（利害衝突のおそれのあるとき）

第32条　弁護士は、同一の事件につき依頼者が2人以上あり、その相互間に利害の衝突が生ずるおそれがあるときは、各依頼者に対しその事情を告げなければならない。

（受任弁護士間の意見不一致のとき）

第33条　弁護士は、同一の事件を受任する他の弁護士との間に事件の処理について意見の不一致があつて、依頼者に不利益を及ぼすおそれがあるときは、依頼者に対しその事情を告げなければならない。

（依頼者との信頼関係が失われたとき）

第34条　弁護士は、事件に関し依頼者との間に信頼関係が失われかつその回復が著しく困難なときは、その依頼関係の継続に固執してはならない。

（法律扶助制度等の教示）

第35条　弁護士は、事案に応じ、法律扶助・訴訟救助制度を教示するなど、依頼者の裁判を受ける権利を護るように努めなければならない。

（報酬の明示）

第36条　弁護士は、依頼者に対し、受

任に際して、その報酬の金額又は算定方法を明示するように努めなければならない。

（報酬の妥当性）

第37条　弁護士は、事案の実情に応じ、適正・妥当な報酬を定めなければならない。

（国選弁護事件における報酬）

第38条　弁護士は、国選弁護事件について、被告人その他の関係者から、名目のいかんを問わず、報酬その他の対価を受領してはならない。

（私選弁護への切替）

第39条　弁護士は、国選弁護人に選任されたときは、その事件の私選弁護人に選任するように働きかけてはならない。

（金品の清算）

第40条　弁護士は、事件に関する金品の清算及び引渡し並びに預かり品の返還を遅滞なく行わなければならない。

（依頼者との金銭貸借）

第41条　弁護士は、特別の事情がない限り、依頼者と金銭の貸借をし、又は依頼者の債務についての保証人となつてはならない。

（依頼者との紛議）

第42条　弁護士は、依頼者との信頼関係を保持し紛議が生じないように努め、紛議が生じたときはできる限り所属弁護士会の紛議調停により解決するように努めなければならない。

第4章　他の弁護士との関係における規律

（名誉の尊重）

第43条　弁護士は、相互に名誉と信義を重んじ、みだりに他の弁護士を誹ぼう・中傷してはならない。

（弁護士に対する不利益行為）

第44条　弁護士は、正当な職務慣行又は信義に反して他の弁護士を不利益に陥れてはならない。

（依頼者の関係の尊重）

第45条　弁護士は、他の弁護士が受任している事件の処理に協力するとき又は他の弁護士から事件の受任を求められたときは、その弁護士がその事件の依頼者との間において有する信頼関係を尊重するように努めなければならない。

（受任弁護士間の協調）

第46条　弁護士は、同一事件を受任する弁護士が他にもあるときは、その事件の処理に関し、互いに協調するように努めなければならない。

（他の弁護士の参加）

第47条　弁護士は、事件について依頼者が他の弁護士の参加を希望するときは、正当な理由なくこれに反対してはならない。

（他の事件への介入）

第48条　弁護士は、他の弁護士が受任している事件に介入しようと策してはならない。

（相手方本人との直接交渉）

第49条　弁護士は、相手方に弁護士である代理人があるときは、特別の事情がない限り、その代理人の了承を得ないで直接相手方本人と交渉してはならない。

（弁護士間の紛議）

第50条　弁護士は、弁護士間の紛議については、協議又は弁護士会の紛議調停による円満な解決に努めなければならない。

第5章　事件の相手方との関係における規律

（相手方からの利益供与）
第51条　弁護士は、事件に関し、相手方から利益の供与若しくは供応を受け、又はこれを要求し、若しくはその約束をしてはならない。

（相手方代理人に対する利益の供与）
第52条　弁護士は、事件に関し、相手方代理人に対し、利益の供与若しくは供応をし、又はその約束をしてはならない。

第6章　裁判関係における規律

（裁判の公正と適正手続）
第53条　弁護士は、裁判の公正及び適正手続の実現に努めなければならない。
（偽証のそそのかし）
第54条　弁護士は、偽証若しくは虚偽の陳述をそそのかし、又は虚偽の証拠を提出してはならない。
（裁判手続の遅延）
第55条　弁護士は、怠慢により、又は不当な目的のため、裁判手続を遅延させてはならない。
（裁判官等との私的交渉）
第56条　弁護士は、事件に関し、裁判官、検察官等と私的関係を利用して交渉してはならない。

（私的関係の宣伝）
第57条　弁護士は、その職務に関し、裁判官、検察官等との縁故その他の私的関係があることを宣伝してはならない。

第7章　弁護士会との関係における規律

（弁護士法等の遵守）
第58条　弁護士は、弁護士法、日本弁護士連合会及び所属弁護士会の会則、会規及び規則を遵守しなければならない。
（委嘱事項の処理）
第59条　弁護士は、日本弁護士連合会、所属弁護士会及び所属弁護士会が所属する弁護士会連合会から委嘱された事項を誠実に処理しなければならない。

第8章　官公庁との関係における規律

（官公庁からの委嘱）
第60条　弁護士は、正当な理由なく、法令により官公庁から委嘱された事項を行うことを拒絶してはならない。
（委嘱受託の制限）
第61条　弁護士は、法令により官公庁から委嘱された事項について、職務の公正を保ち得ない事由があるときは、その委嘱を受けてはならない。

附　則（平成6年11月22日改正）
第2条及び第27条の改正規定は、平成7年1月1日から施行する。

刑事法廷における弁護活動に関する倫理規程

（昭和54年5月26日会規第22号）

第1条　この規程は、刑事法廷における弁護活動の正しい運用をはかることを目的とする。

第2条　弁護人は、正当な理由のない不出頭、退廷および辞任等不当な活動をしてはならない。

附則

この規程は、昭和54年6月1日から施行する。

（提案理由）

本規程は、弁護士自治の実質をたかめるとともに、三者協議の場において宣明したことを具体化するものである。

この規程の目的は、刑事法廷における弁護活動に関し、公平な裁判と適正な手続を保障し、弁護活動の正しい運用をはかることにある。

弁護士は、人権を擁護し正義を実現することを使命とし、この使命に基づき常に誠実、公正に職務を行い、このことを通じ憲法の志向する正しい社会秩序の維持と法律制度の改善に努力しなければならないことは当然である。

刑事事件において弁護人は、右の使命と職責に基づき被告人の正当な利益と権利を擁護するため、常に最善の努力をなし、実質的な弁護活動につとめなければならない。

しかしながら、弁護活動は客観的にも肯定されるものでなければならず、実質的弁護の域を逸脱するような不出頭、退廷、辞任は厳につつしまなければならない。

もとより、弁護権行使の限界が問題となる場合には、必要に応じて弁護士相互の自主的論議と批判によって、自律的に是正、改善することが望ましく、また弁護士会における適切な援助、指導、監督がなされるべきものである。

日本弁護士連合会は、かねてよりこの基本的見解を明らかにし、また三者協議の場でも強調してきたところである。

よって、ここに弁護人が遵守すべき刑事法廷における倫理規程として本会規制定を提案するものである。

なお、弁護活動に関する倫理規程については、今後とも総合的に検討し、現行弁護士倫理（昭和30年3月19日理事会決議）についても早急に整備し、本規程もこれに組み入れ、成案を得次第総会に提出し、承認を求める方針であることを明らかにするものである。

決議〔上記倫理規程制定と関連して行なわれた総会決議とその提案理由〕

弁護士自治の制度は、日本国憲法のもとで確立され30周年を迎える。

弁護士自治は、基本的人権の擁護と社会正義の実現を使命とする弁護士の諸活

動を真に自由かつ適正に推進するために欠くことのできないものであり、このことは、戦前における先人の苦難の歴史によって、明白に証明されている。

とりわけ、刑事事件における公平な裁判と適正な手続の確保のため、あらゆる障害に屈することなく、最善をつくすことが弁護人の最も重大な使命である。弁護士自治は、このような弁護権の実質的保障を確保するためにも必要な制度的基盤である。

このたびの「刑事法廷における弁護活動に関する倫理規程」もこのような弁護人の使命と弁護士自治の本旨に基づいて制定・運用するものである。

我々は、主権者である国民から負託された弁護士自治の意義を深く自覚し、これをいっそう豊かなものに発展させていくよう全力をつくす決意である。

右決議する。

昭和54年5月26日
日本弁護士連合会

（提案理由）

今日、弁護士自治制度の確立30周年を期して、これをさらに充実発展させるために、日本弁護士連合会会員は、その総意を結集して、ここに今後の正しい姿勢と方針を明確に確認しておくことがきわめて重要になっている。

折しも、「弁護人抜き裁判」特例法案との関連において、弁護士自治に対する許し難い非難と中傷が公然と語られている状況をみるにつけ、我々は、いつそう弁護士自治を守りぬくものであるとの力強い決意を表明しなければならない。

このことは、弁護権の実質的保障を確保し、弁護士と弁護士会の社会的使命と責務をはたしていくうえで不可欠な態度であるといわなければならない。

ところで、このような状況のもとで、我々は、昨年、弁護士自治に関する基本的見解をまとめ、法曹三者協議を経て、今回、「刑事法廷における弁護活動に関する倫理規程」を制定したが、これも、この基本的見解に基づくものである。

我々は、弁護士と弁護士会の諸活動の源泉が、主権者である国民の支持に基づくことを深く銘記し、それらの活動が必ず国民の信頼と負託にこたえるものにするために、弁護士自治をますます発展させていかなければならない。

弁護士と弁護士会は、今後ともあらゆる場面で毅然として自らの職責を十分に果していくべきものである。

日本弁護士連合会は、この基本的な姿勢を高らかに示すためにこの決議を提案する。

国費による弁護人の推薦等に関する準則[*]

2002年10月22日　日弁連理事会

　前文　当連合会は、憲法及び国際人権法の定める被疑者及び被告人が弁護人の援助を受ける権利を実効あるものとし、弁護活動の自由と独立を保障するため、国費による被疑者及び被告人の弁護人（以下、「弁護人」という。）の、弁護士会による推薦等に関する基準として、本準則を定める。

第1条（弁護人の使命とその誠実義務）　弁護人は、被疑者及び被告人の権利と利益を擁護するため、常に誠実な弁護活動を行う。

第2条（接見交通）　弁護人は、身体拘束を受けている被疑者及び被告人に対し、事案の性質及び手続の状況に応じて接見を行う。

第3条（防御権の助言）　弁護人は、被疑者及び被告人に対し、黙秘権その他の防御権について充分な説明及び助言を行う。

第4条（弁護権等の確保）　弁護人は、接見交通権、防御権ないし弁護権に対する違法・不当な制限や妨害に対し、必要な対抗措置をとる。

第5条（証拠収集）　弁護人は、被疑者及び被告人のために、証拠の収集及び関係者からの事情聴取等、事件に関し必要な調査・検討を行う。

第6条（情報提供）　弁護人は、被疑者及び被告人に対し、必要に応じてその防御に有益な情報を提供する。

第7条（守秘義務）　弁護人は、弁護活動上知り得た被疑者及び被告人の秘密を、正当な事由なく、他に漏らしてはならない。

第8条（身体拘束からの解放）　弁護人は、被疑者及び被告人が身体拘束から解放されるよう努める。

第9条（通信・面会の確保）　弁護人は、身体を拘束されている被疑者及び被告人の外部との通信・面会の確保に努める。

第10条（公判準備）　弁護人は、公判に備え、記録の検討、被告人その他関係者との打ち合わせ等を行う。

第11条（報酬・対価の受領の禁止）　弁護人は、国費による弁護事件について、被疑者及び被告人その他の関係者に対し、名目のいかんを問わず、報酬その他の対価を請求しまたはこれを受領してはならない。

第12条（私選への切替）　弁護人は、国費による弁護事件について、被疑者及び被告人その他の関係者に対し、その事件の私選弁護人に選任するように働きかけてはならない。

第13条（報告義務）　弁護人は、事件終了後速やかに、弁護士会に対し、その

定めるところに従い事件処理の報告をする。

第14条（助言、勧告）　弁護士会は、弁護人において本準則に違反したときは、当該弁護人に対し、助言または勧告の措置をとることができる。

第15条（推薦停止）　弁護士会は、会員に次の各号に掲げる事由があるときは、一定期間、当該会員を弁護人として推薦しないことができる。

1　前条により弁護士会から助言または勧告の措置を受けたにもかかわらず改善が認められないとき

2　刑事弁護人（私選を含む）としての職務の遂行に関して懲戒処分を受けたとき

3　特段の事由なく次のいずれかに該当するとき

- イ　第7条、第11条または第12条に違反した場合
- ロ　被疑者に対して起訴前の接見を怠り、または被告人に接見することなく第1回公判期日に臨んだ場合（第1回公判期日にはじめて接見する場合を含む）
- ハ　第1審において検察官請求予定証拠を閲覧または謄写することなく第1回公判期日に臨んだ場合
- ニ　被疑者が被疑事実を、被告人が公訴事実を争っているにもかかわらず公訴事実を認める弁護活動をした場合
- ホ　被告人に接見することなく控訴趣意書を提出した場合
- ヘ　原審の記録を閲覧または謄写することなく控訴趣意書または上告趣意書を提出した場合
- ト　その他前イからヘまでに定める要件に実質的に該当する弁護活動をした場合

4　高齢、病気その他の事由により、心身の状態が弁護人の職務遂行に支障を生ずると認められるとき

＊編者注──この「国費による弁護人の推薦等に関する準則」の性格・位置づけについては、第1章総論3の注書きを参照されたい。

キーワード索引

数字は設問番号

【あ】

一般面会 …………………………58, 81
違法性阻却 ……………………22, 25, 26, 51
依頼者の開示………………………………36
インフォームド・コンセント ……29, 31, 52
ABAモデルルール …………………17, 23, 29, 56
ABA刑事弁護スタンダード …1, 15, 31, 32, 48, 51, 52, 70
押収拒絶権 ……第1章総論, 第2章総論, 24, 51

【か】

開示証拠 ……第5章第6総論, 29, 31, 52, 60
開示証拠の目的外使用…第5章第6総論, 59, 61
外部交通権 ………2, 第4章総論, 49, 73
鑑定 ……………………………4, 7, 72
偽証 …8, 14, 20, 21, 29, 49, 54, 55, 56, 57, 58
起訴前の証人尋問請求………………………57
起訴便宜主義………………………………22
供述拒否権 ………………………10, 11, 12
供託金の取戻し……………………………69
虚偽供述 ……14, 44, 45, 49, 55, 56, 57, 58
共犯 ………………30, 31, 32, 46, 58, 61, 79
儀礼的範囲…………………………………77
記録・情報の所有者………………………60
記録の閲覧・謄写 …29, 第2章総論, 52, 第5章第6総論, 59, 60
記録の公開 ………………………………59, 60
緊急避難 ………………………第2章総論, 26

金品の清算…………………………………27
グループ分け起訴 ………第3章総論, 79
検察庁における接見………………………42
公共の危険…………………………………18
後見人（保護者）的機能 …………5, 6, 7
公訴事実に対する意見 …第5章第6総論, 63
勾留理由開示 ………………………10, 13, 65
国選弁護 ……72, 73, 74, 75, 76, 77, 78, 79, 80, 81, 82, 83
国選報酬……………………………………77
国連「弁護士の役割に関する基本原則」
  ………第1章総論, 1, 3, 4, 第8章総論
国家刑罰権 ………………19, 20, 21, 22, 51
告知義務 ……………………………30, 32, 67
後藤国賠………………………………………43
顧問会社……………………………………33
固有権 …第1章総論, 7, 第2章総論, 84

【さ】

最善努力義務 ……第1章総論, 1, 2, 3, 71, 72, 73
在廷命令……………………………………64
差入れ …………第4章総論, 44, 45, 52, 第5章第6総論, 59, 60, 62, 73, 81, 84
参考人との接触 …45, 第5章総論, 52, 56, 57, 58
事件単位の原則 ……………………12, 47
自己決定権 …………4, 5, 6, 7, 8, 13, 21, 第3章総論, 49, 52
自首 ………………………………12, 50
私選弁護への切替え ………70, 74, 77, 80
示談 ……5, 22, 27, 53, 第8章総論, 68, 70,

74, 75, 76, 78, 81
実効的弁護 …………………………72
実費 ……………………………27, 78
執務時間外の接見……………………39
自白 …11, 12, 14, 16, 20, 第3章総論, 30, 31, 32, 第4章総論, 43, 47, 48, 59, 63, 第8章総論
司法取引 …………………………22, 50
社会正義 ……………第1章総論, 9, 72
集団事件 ……………第3章総論, 32, 79
受任義務 …………………………1, 3, 82
受任諾否の通知………………………28
受任の可否 ……………………………81
受任の範囲 ……………………………82
守秘義務 …第1章総論, 15, 16, 17, 18, 19, 20, 21, 第2章総論, 23, 24, 第3章総論, 29, 31, 33, 43, 46, 47, 49, 51
準抗告 ……10, 13, 24, 第4章総論, 37, 41, 43, 62, 66, 71, 80, 82
証言拒絶権 …………第1章総論, 18, 19, 第2章総論, 23, 24
証拠隠滅 …9, 14, 16, 20, 21, 24, 29, 39, 44, 48, 49, 50, 51, 53, 54, 55, 56, 57, 58
証拠物の処分 …………………………51
証拠物の保管 …………………………51
定者国賠 ………………………………42
情状弁護 ……………………4, 5, 17, 67
上訴権……………………………………84
証人威迫 ……………29, 45, 46, 57, 58, 59
証人テスト …………………………58, 59
初回接見 …第4章総論, 34, 35, 39, 41, 52
書証に対する意見……………………63
署名・指印の拒否 ………………10, 11, 35
真実 ……第1章総論, 9, 10, 11, 14, 20, 21, 22, 31, 45, 47, 53, 56, 57
身体拘束からの解放 ……2, 13, 14, 34, 35,

37, 38, 39, 40, 42, 43, 第6章総論, 62, 63, 71, 73
信頼関係 …2, 3, 5, 6, 7, 15, 17, 20, 23, 24, 33, 第4章総論, 35, 47, 51, 54, 56, 62, 63, 75, 81
誠実義務 …第1章総論, 2, 3, 4, 5, 6, 7, 8, 14, 17, 19, 20, 21, 22, 第2章総論, 29, 31, 33, 45, 46, 47, 48, 52, 59, 61, 66, 67, 71, 72
精神鑑定 ……………………………4, 7
正当業務行為 ……第2章総論, 25, 26, 50, 51
正当な利益 …………………8, 9, 14, 29, 63
正当理由 ……15, 17, 18, 23, 45, 57, 64, 66
接見指定 …………………37, 40, 41, 42
接見等禁止 ………2, 16, 第4章総論, 43, 第4章第4総論, 44, 45, 46, 58, 73
説明義務 ……………………27, 30, 31
捜査弁護の緊急性……………………31
訴訟関係人との私的交渉……………22
訴訟遅延 …………9, 第7章総論, 64, 66
訴訟法的真実 ……………………20, 21

【た】

退廷 ………………………63, 64, 66, 67
髙見・岡本国賠 ……43, 第4章第4総論
懲戒 …第1章総論, 4, 7, 16, 17, 23, 27, 28, 33, 43, 53, 78
調査義務…………………………………47
調査権 ……………45, 第5章総論, 57
通知事件 ……………………………40, 41
電子機器等の使用……………………43
独自の弁論……………………………67
取調べ受忍義務 …………………10, 11, 12
取調べの実態……………………………14
取調べ立会 …………11, 第2章総論, 24

【な】

二次被害 …………………………45, 70
任意提出 ……………………43, 50, 51
任意の取調べ ……………12, 25, 34, 46
捏造証拠の提出 …………………53, 54

【は】

犯罪の回避 ……49, 50, 51, 53, 54, 55, 56
犯人隠避 ……………9, 19, 21, 29, 50, 55
被害者との接触…6, 10, 15, 16, 27, 29, 43, 45, 53, 56, 58, 61, 62, 第8章総論, 68, 69, 70, 71, 72, 74, 75, 76, 81
被害弁償 ……5, 62, 第8章総論, 68, 69, 70, 71, 74, 75, 76, 78, 80, 81
被疑者等の意思に反する弁護活動 …4, 5, 6, 7, 8, 63, 84
被疑者等の利益 …………3, 6, 10, 14, 16, 第3章総論, 47
被疑者等の承諾 …1, 7, 15, 16, 18, 27, 29, 30, 31, 32, 33, 43, 45, 47, 61
被疑者による接見拒否………………38
被疑者ノート ……………1, 第4章総論, 35
被疑者弁護援助制度 ………1, 72, 80, 82
秘密交通権 …34, 36, 42, 43, 第4章総論, 第4章第4総論, 45
秘密漏示 ……15, 16, 17, 18, 19, 23, 24, 51
費用の負担 ………………1, 28, 29, 32, 72
頻繁な接見要請 ……………………………2
福山国賠……………………………37
訴訟指揮 ………………9, 63, 64, 65, 66
プライバシーへの配慮 ………15, 43, 45, 第5章第6総論, 59, 70
弁護享受権 …第1章総論, 1, 第2章総論, 第3章総論, 第9章総論
弁護士過疎 ………………1, 26, 32, 79

弁護士不足 …………第3章総論, 32, 79
弁護人間の意見対立…………………67
弁護人間の協議……………………46
弁護人選任権者………………………36
弁護依頼契約 ………………………1
弁護人となろうとする者…25, 36, 38, 43, 45, 58
弁護人の思想信条 …………………3
弁護人に対する非難…………………17
弁護費用援助制度……………………72
報告義務 ……………………2, 15, 52
報酬その他の対価 …第9章総論, 74, 77, 78
保釈……13, 14, 第2章総論, 第3章総論, 27, 31, 49, 52, 55, 第6章総論, 61, 62, 63, 71, 83
保釈の条件……………………………62
保釈保証金 ………………27, 62, 71

【ま】

身代り犯 ……………………14, 21, 55
名誉毀損 …………………15, 25, 60
黙秘権…9, 10, 11, 12, 20, 第4章総論, 35, 52
物の授受 …………………第4章総論, 39, 第4章第4総論, 44

【や】

余罪 ………………12, 39, 49, 51, 80, 82

【ら】

利害対立（相反）…3, 第3章総論, 29, 30, 31, 32, 33, 57, 58, 79
労働公安事件 ……………第3章総論, 32

●編集後記

　喧々諤々の議論を経て、本書が、ここにようやく出版の運びとなったことは、執筆編集に携わった者の一人として喜びにたえない。大阪弁護士会刑事弁護委員会制度研究部会における議論を出発として、今日に至るまで、日弁連刑事弁護センター刑事弁護実務研究小委員会に所属する刑事弁護実務に経験の深い弁護士多数が、その経験、考えを持ち寄り、被疑者・被告人の権利と利益の擁護が、今日より明日、明日より明後日と、少しでも前進するように願って生まれたのが本書である。

　今回の出版にあたっては、刑事弁護実務研究小委員会に所属され、本書の原型を模索していただいた委員、とくに同小委員会の「刑事弁護ガイドライン研究会」「刑弁ハンドブック研究会」に参加された方々、資料の収集にご尽力いただいた広島大学大学院教育学研究科講師畑浩人先生、原稿に目を通していただき、貴重なご意見をいただいた香川大学大学院連合法務研究科教授田淵浩二先生に厚くお礼申し上げたい。また、校正においても大変お世話になった現代人文社の成澤壽信さんにも厚くお礼申し上げる。

　本書には未だ足らざる点が多くあることは序文にも記したとおりである。また、裁判員制度や被疑者国選制度の開始により、さまざま新たな検討課題も生じてくるものと思われる。われわれ執筆者は、本書がよりよいものとなるよう議論を重ねたいと考えている。本書を読まれた方々は、ぜひとも下記宛先まで、足らざる点のご指摘、新たな問題点の提起、その他ご意見をお寄せいただくようお願いしたい。

　21世紀の刑事弁護を担う法曹による、被疑者・被告人の権利・利益の擁護に、本書が少しでも資することができればこれに勝る幸せはない。

最後に、本書が少しでもよいものとなるよう、最終校正の段階に至ってまで、激論を戦わせた執筆陣に万感の敬意を表して編集後記とする。

　　　　　　　　　　　　　　　　　　　2005年3月　研究室にて
　　　　　　　　　　　　　　　　　　　　　　　　武井康年

森下　弘　〒530-0054　大阪市北区南森町2丁目2番10号大阪昭興ビル302号室
　　　　　ヒューマン法律事務所
　　　　　TEL：06-6364-3971　FAX：06-6364-3975
　　　　　Email　benhiro@sage.ocn.ne.jp

武井康年　〒730-0005　広島市中区西白島町18番4号城北ビル
　　　　　〒730-0004　広島市中区東白島町14番5号NTTクレド白島ビル7F（2005年9月以降）
　　　　　城北法律会計事務所
　　　　　TEL：082-227-8181　FAX：082-227-8400
　　　　　Email　takei@johoku.jp

● **執筆者一覧（アイウエオ順）**

奥村　回（おくむら・かい／金沢弁護士会）
藏冨恒彦（くらとみ・つねひこ／愛知県弁護士会）
後藤貞人（ごとう・さだと／大阪弁護士会）
下村忠利（しもむら・ただとし／大阪弁護士会）
武井康年（たけい・やすとし／広島大学大学院法務研究科教授・広島弁護士会）
豊田泰史（とよだ・やすふみ／和歌山弁護士会）
中村順英（なかむら・ゆきひで／静岡大学大学院法務研究科教授・静岡県弁護士会）
森下　弘（もりした・ひろし／立命館大学大学院法務研究科教授・大阪弁護士会）
吉川健司（よしかわ・けんじ／福井弁護士会）
渡邉良平（わたなべ・りょうへい／東京弁護士会）

ハンドブック刑事弁護（けいじべんご）

2005年 4 月30日　第1版第1刷
2005年10月20日　第1版第2刷

編　著　武井康年・森下弘
発行人　成澤壽信
発行所　株式会社現代人文社
　　　　〒160-0016 東京都新宿区信濃町20　佐藤ビル201
　　　　振替 00130-3-52366
　　　　電話 03-5379-0307（代表）
　　　　FAX 03-5379-5388
　　　　E-Mail daihyo@genjin.jp（代表）／hanbai@genjin.jp（販売）
　　　　Web http://www.genjin.jp
発売所　株式会社大学図書
印刷所　株式会社ミツワ
装　丁　河村誠（Push-up）

検印省略　PRINTED IN JAPAN　ISBN4-87798-252-3　C2032
©2005　YASUTOSHI TAKEI, MORISHITA HIROSHI

本書の一部あるいは全部を無断で複写・転載・翻訳などをすること、または磁気媒体等に入力することは、法律で認められた場合を除き、著作者および出版者の権利の侵害となりますので、これらの行為をする場合には、あらかじめ小社また編集者宛に承諾を求めてください。